土木工程智能施工

主　编　郭平功　何朋立　卫国祥
副主编　赵亮平　杨毅哲
参　编　范云侠　陈　华　赵　晋
　　　　董佳宁　董新红

北京理工大学出版社
BEIJING INSTITUTE OF TECHNOLOGY PRESS

内 容 提 要

本书按照现行土木工程施工的标准、规范编写，吸收了较为成熟的多种新技术、新工艺和新方法，反映了土木工程施工的基本原理和主要方法。本书共 13 章，包括土方工程智能化施工、地基处理与桩基础工程、脚手架与智能砌筑工程、钢筋混凝土工程智能化施工、预应力混凝土工程、装配式结构工程、防水工程、装饰工程智能化施工、施工组织概论、流水施工基本原理、网络计划技术、单位工程施工组织设计与 BIM 应用及施工组织总设计。

本书可作为高等院校土木工程、工程管理、工程造价等专业的教材，也可作为建筑工程相关职业岗位培训教材，还可供建筑工程施工现场相关技术和管理人员工作时参考。

图书在版编目（CIP）数据

土木工程智能施工 / 郭平功，何朋立，卫国祥主编.

北京：北京理工大学出版社，2025.1.

ISBN 978-7-5763-4672-5

Ⅰ. TU7-39

中国国家版本馆CIP数据核字第2025ZS0677号

责任编辑：陆世立　　**文案编辑**：李　硕

责任校对：刘亚男　　**责任印制**：李志强

出版发行 / 北京理工大学出版社有限责任公司

社　　址 / 北京市丰台区四合庄路 6 号

邮　　编 / 100070

电　　话 / (010) 68914026（教材售后服务热线）

(010) 63726648（课件资源服务热线）

网　　址 / http://www. bitpress. com. cn

版 印 次 / 2025 年 1 月第 1 版第 1 次印刷

印　　刷 / 天津旭非印刷有限公司

开　　本 / 787 mm × 1092 mm　1/16

印　　张 / 18

字　　数 / 459 千字

定　　价 / 88.00 元

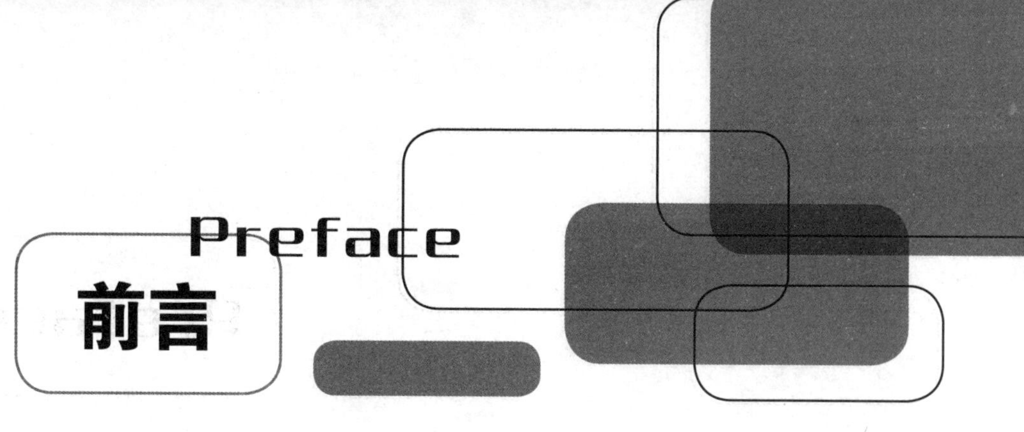

Preface 前言

土木工程智能施工是新一代信息技术与工程建造融合形成的创新模式，以“三化”（数字化、网络化和智能化）和“三算”（算据、算力、算法）为特征，在实现工程建造要素资源数字化的基础上，通过规范化建模、网络化交互、可视化认知、高性能计算及智能化决策支持，实现数字链驱动下的工程立项策划、规划设计、施（加）工生产、运维服务一体化集成与高效率协同，不断拓展工程建造价值链、改造产业结构形态，向用户交付以人为本、绿色可持续的智能化工程产品与服务。

本书是高等院校土木工程专业的核心专业课程之一，对培养高素质应用型人才起着重要作用。其主要研究土木工程的施工原理和方法，以及施工技术和施工组织的基本规律，是一门实践性强、涉及面广、发展迅速的学科。其目标是培养学生能够综合运用土木工程的基本理论与知识，具有分析和解决施工中有关技术和组织问题的能力，为胜任相关的技术与管理工作、进行科学研究和技术创新打下基础。

本书依据高等学校土木工程学科专业指导委员会制定的《高等学校土木工程本科专业指南》（2023 版）的培养目标及对核心知识的要求，并按照我国现行土木工程类的标准、规范进行编写。编写时，结合 BIM 技术、装配式建筑、施工机器人等当前先进的信息化、网络化和智能化技术，研究其施工规律，保证工程质量，做到技术和经济的统一。

本书可作为高等院校土木工程、工程管理、工程造价等专业的教材，也可作为建筑工程相关职业岗位培训教材，还可供建筑工程施工现场相关技术和管理人员工作时参考。在内容上，以土木工程施工技术和施工组织的一般方法为基础，吸收较为成熟的新技术、新工艺和新方法；由于篇幅所限，本书未涉及道路、桥梁、隧道等施工内容。本书配有现场视频、动画演示、习题等教学资源，力求做到层次分明、结构合理、条理清晰、图文并茂、语言简洁、文字规范、图表美观，并密切结合现行施工及验收规范，形成“纸质教材 + 多媒体平台”融合的新形态。

本书注重教书育人，每章均融入课程素养内容，对大部分知识点设计了课程素养的融入方式与内容，提出了课程素养的育人目标，且素养内容在不断完善优化。

本书由河南城建学院郭平功、洛阳理工学院何朋立、河南城建学院卫国祥担任主编。具体编写分工如下：洛阳理工学院何朋立编写第 1 章、第 2 章，河南工程学院赵亮平编写第 3 章、

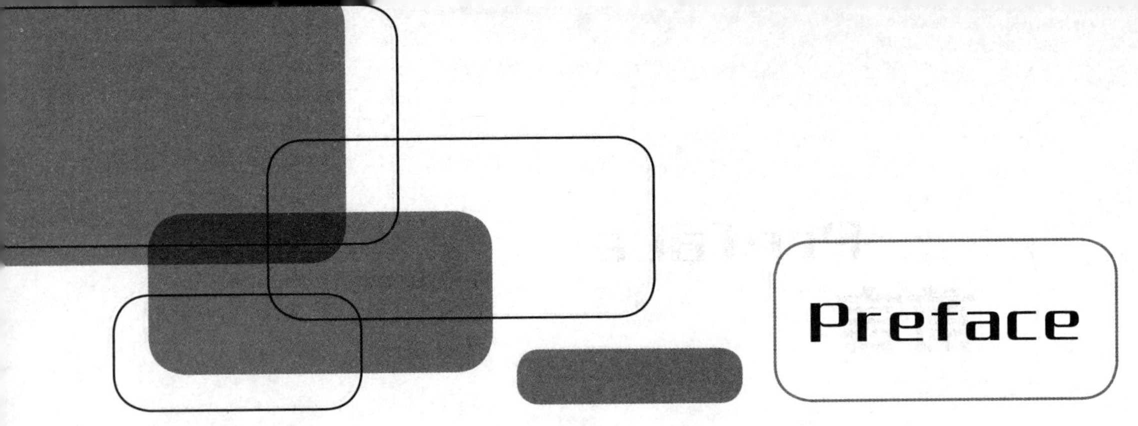

第 13 章，许昌学院杨毅哲编写第 5 章，河南城建学院郭平功编写第 4 章、第 9 章，河南城建学院赵晋编写第 8 章，河南城建学院范云侠编写第 12 章，河南城建学院陈华编写第 7 章，河南城建学院卫国祥编写第 6 章，河南五建建设集团有限公司董佳宁编写第 10 章、第 11 章，另有河南省第二建设集团有限公司董新红协助参与了“清水混凝土”部分的编写工作。全书由河南城建学院郭平功统稿。在编写过程中，使用了河南城建学院土木工程专业等学生在现场录制的视频，参考了许多文献资料和网络图片，得到了业界专业人士的热情帮助，在此表示衷心的感谢。

本书得到了河南省新工科研究与实践项目“基于智慧建造现代产业学院的土木类应用型人才培养模式创新与实践”（2021SJGLX260）、河南城建学院高等教育教学改革研究项目“‘一带一路’引领的土木工程专业‘双元制’工程教育”（2024JG069）的资助，为项目成果之一。

由于编者的水平所限，书中难免存在不足之处，敬请各位读者批评指正。如有建议或意见，请发到邮箱 pgguo@huuc.edu.cn。

编　者

课程素养

Contents

目录

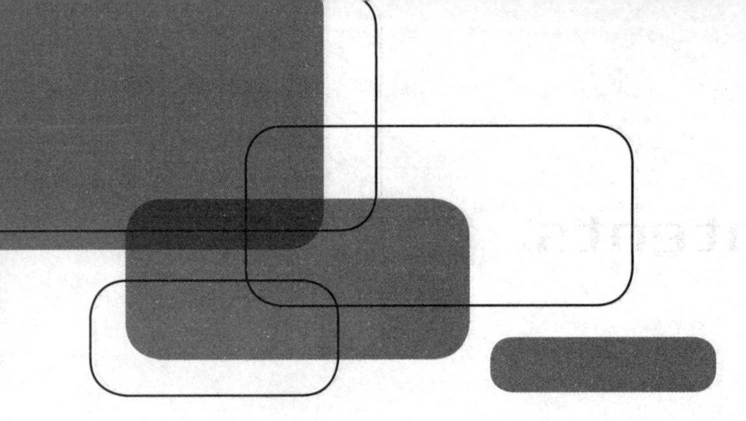

Contents

Contents

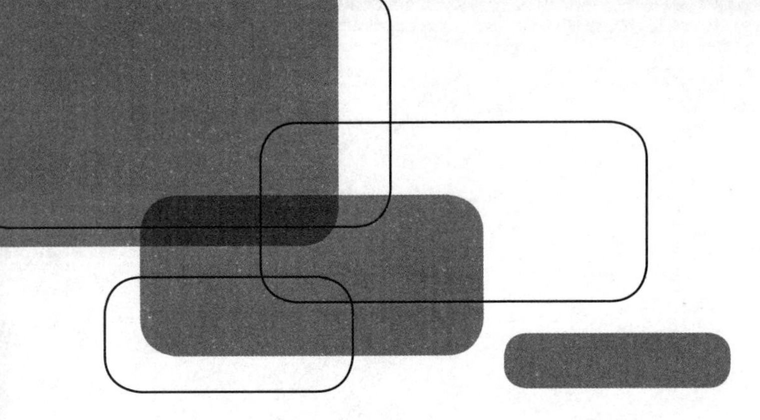

Contents

第 1 章

土方工程智能化施工

熟悉土的分类及基本性质；了解场地平整设计标高的确定步骤与方法；熟悉土方工程量的计算方法，能进行土方工程量的计算；熟悉常见的土方施工机械及其适用范围，能够正确选择土方施工机械；熟悉基坑施工边坡支护的类型；掌握降水与土方开挖方法，并能够根据施工条件正确选择基坑的降水方法，会进行轻型井点降水计算；熟悉土方回填土料的选择及压实方法，并正确选用常见的机械压实设备；熟悉回填压实的影响因素，且掌握土方回填的工程质量验收内容。

1.1 概 述

土方工程是土木工程施工中的主要工种之一。常见的土方工程有场地平整、基坑（槽）开挖、土方回填、压实及相关的运输等主要施工过程；还包括基坑（槽）降水、排水和土壁支护等准备与辅助工作。土方工程的施工质量直接影响基础工程乃至主体结构工程施工的正常进行。

1.1.1 土方工程施工内容及施工特点

1. 土方工程施工内容

(1) 场地平整，依据工程条件，确定地坪标高，计算场地平整土方量、基坑（槽）开挖的土方量；合理进行土方量调配，使土方总施工量最小。

(2) 合理选择土方施工机械，保证使用效率。

(3) 安排好运输道路、弃土场、取土区；做好降水、土壁支护等辅助工作。

(4) 土方的回填与压实，包括回填土的选择、填土压实的方法。

(5) 基坑（槽）开挖，并做好监测、支护等工作，防止流砂、管涌、塌方等问题发生。

2. 土方工程施工特点

建筑施工往往从土方工程开始，这项工作的主要特点是工程量大、施工工期长、劳动强度大且多为露天作业。由于受到气候、水文、地质、邻近及地下建（构）筑物等因素的影响，在施工过程中经常会遇到难以确定因素的制约，施工条件复杂。因此，在土方工程施工前必须做好关于场地的地形地貌、工程地质、管线测量、水文、气象等资料的收集和详细分析研究工作，并进行现场勘察，在此基础上根据有关要求，正确选择施工方法和机械设备，拟订经济可行的施工方案，做好施工组织设计，确保施工安全和工程质量。

1.1.2 土的分类与现场鉴别

土的种类繁多，分类方法也较多，如按土的年代、颗粒级配、密实度、液性指数分类等。在建筑施工中，根据土的开挖难易程度（即硬度系数的大小）可将土分为松软土、普通土等八类，土的工程分类及鉴别方法见表1-1。前四类属于一般土，后四类属于岩石。

表1-1 土的工程分类及鉴别方法

土的分类	土的名称	密度/（10^3 kg·m^{-3}）	开挖方法及工具
一类土（松软土）	砂土、粉土、冲积砂土、疏松的种植土、淤泥	0.6～1.5	用锹、锄头挖掘
二类土（普通土）	粉质黏土；潮湿的黄土；夹有碎石、卵石的砂；粉土混卵（碎）石；种植土、填土	1.1～1.6	用锹、锄头挖掘，少许用镐翻松
三类土（坚土）	软及中等密实黏土；重粉质黏土、砾石土；干黄土、含有碎石卵石的黄土、粉质黏土；压实的填土	1.75～1.9	主要用镐，少许用锹、锄头挖掘，部分用撬棍
四类土（砂砾坚土）	坚硬密实的黏性土或黄土；含碎石卵石的中等密实的黏性土或黄土；粗卵石；天然级配砂石；软泥灰岩	1.9	整个先用镐、撬棍，后用锹挖掘，部分用楔子及大锤
五类土（软石）	硬质黏土；中密的页岩、泥灰岩、白垩土；胶结不紧的砾岩；软石灰及贝壳石灰石	1.1～2.7	用镐或撬棍、大锤挖掘，部分使用爆破方法
六类土（次坚石）	泥岩、砂岩、砾岩；坚实的页岩、泥灰岩，密实的石灰岩；风化花岗石、片麻岩、石灰岩；微风化安山岩；玄武岩	2.2～2.9	用爆破方法开挖，部分用风镐
七类土（坚石）	大理岩、辉绿岩、玢岩；粗、中粒花岗岩，坚实的白云岩、砾岩、砂岩、片麻岩、石灰岩，风化痕迹的安山岩、玄武岩	2.5～3.1	用爆破方法开挖
八类土（特坚石）	安山岩；玄武岩；花岗片麻岩；坚实的细粒花岗岩、闪长岩、石英岩、辉长岩、辉绿岩、玢岩、角闪岩	2.7～3.3	用爆破方法开挖

土方施工与土的级别关系密切，如果现场开挖土质为较松软的黏土、人工填土、粉质黏土等，则要考虑土方边坡的稳定性；如果施工所遇为岩石类土，对土方施工方法、机械的选择、劳动量配置均有较大影响。因此，土的类别涉及施工方法和施工费用等问题。

1.1.3　土的基本性质

1. 土的含水量

土的含水量是指土中所含水的质量与土中固体颗粒的质量之比，用百分率表示，即

$$w=\frac{m_w}{m_s}\times 100\% \tag{1-1}$$

式中　w——土的含水量（%）；

m_w——土中水的质量（kg）；

m_s——土中固体颗粒的质量（kg）。

土的含水量大小对土方的开挖、土方边坡的稳定性都有一定的影响，而对填土压实度的影响更大，所以，填土压实施工时应使土的含水量处于最佳范围之内。

2. 土的自然密度和干密度

（1）土的自然密度。土在自然状态下单位体积的质量，称为土的自然密度。即

$$\rho=\frac{m}{V} \tag{1-2}$$

式中　ρ——土的自然密度（kg/m^3）；

m——土在自然状态下的质量（kg）；

V——土在自然状态下的体积（m^3）。

（2）土的干密度。单位体积土中固体颗粒的质量，称为土的干密度。即

$$\rho_d=\frac{m_s}{V} \tag{1-3}$$

式中　ρ_d——土的干密度（kg/m^3）；

m_s——土中固体颗粒的质量（经 105 ℃烘干的土重）（kg）；

V——土在自然状态下的体积（m^3）。

土的干密度反映了土的紧密程度，常用于填土夯实质量的控制指标。

3. 土的可松性

自然状态下的土经开挖后，其体积因松散而增加，虽经回填压实，仍不能恢复到原来的体积，这种性质称为土的可松性。土的可松性用可松性系数表示，即

$$K_S=\frac{V_2}{V_1} \tag{1-4}$$

$$K'_S=\frac{V_3}{V_1} \tag{1-5}$$

式中　K_S——最初可松性系数；

K'_S——最终（后）可松性系数；

V_1——土在自然状态的体积（m^3）；

V_2——土挖出后松散状态下的体积（m^3）

V_3——挖出的土经回填压实后的体积（m^3）。

土的可松性与土的类别与密实度有关，K_S 用于确定土的运输、挖土机械的数量及留设堆土场地的大小；K'_S用于计算回填土、弃（借）土及场地平整的确定。各类土的可松系数见表 1-2。

表 1-2 土的可松性系数

土的类别	K_S	K'_S
一类土	1.08～1.17	1.01～1.03
二类土	1.14～1.28	1.02～1.05
三类土	1.24～1.30	1.04～1.07
四类土	1.26～1.32	1.06～1.09
五类土	1.30～1.45	1.10～1.20
六类土	1.30～1.45	1.10～1.20
七类土	1.30～1.45	1.10～1.20
八类土	1.45～1.50	1.20～1.30

4. 土的渗透性

土的渗透性也称透水性，是指土体被水透过的性质。土体孔隙中的水在重力作用下会发生流动，流动速度与土的渗透性有关。渗透性的大小用渗透系数 K 表示。

1.2 场地平整及智能土方量计算与调配

1.2.1 场地平整

场地平整就是将自然地面改造为场地设计要求的平面，满足建筑规划、生产工艺及运输、排水等要求，并力求使场地内土方挖填平衡且土方量最小。场地平整是施工方案中计算土方工程量、土方平衡调配、选择施工机械的重要依据。

1. 场地设计标高确定的方法和步骤

场地设计标高确定是依据场地土方量填、挖方平衡的原则计算的，即场地土方的体积在平整前后是相等的。以下为采用方格网法确定场地设计标高及场地土方量计算的步骤：

(1) 初步确定场地设计标高。在具有等高线的地形图上将施工区域划分为边长为 10～40 m 的若干方格（图 1-1），每格的大小依据场地平坦程度确定。然后找出各方格网角点的标高。当自然地形标高地面地形起伏不大时，可根据地形图相邻等高线的标高，使用插入法求得。若地面起伏较大或无地形图时，可以在地面上用方桩式钢钎打好方格网，然后用水准仪直接测出方格网角点标高。

按照挖填平衡的原则，如图 1-1（b）所示，场地设计标高即为各个方格标高的平均值，可按式（1-6）计算。

$$H_0=\frac{\sum(H_{11}+H_{12}+H_{21}+H_{22})}{4N}=\frac{\sum H_1+\sum H_2+\sum H_3+\sum H_4}{4N} \tag{1-6}$$

式中　H_0——计算场地的设计标高（m）；

N——方格数量；

H_{11}、…、H_{22}——任一方格的 4 个角点的标高；

H_1、…、H_4——1 个，…，4 个方格共有角点的标高。

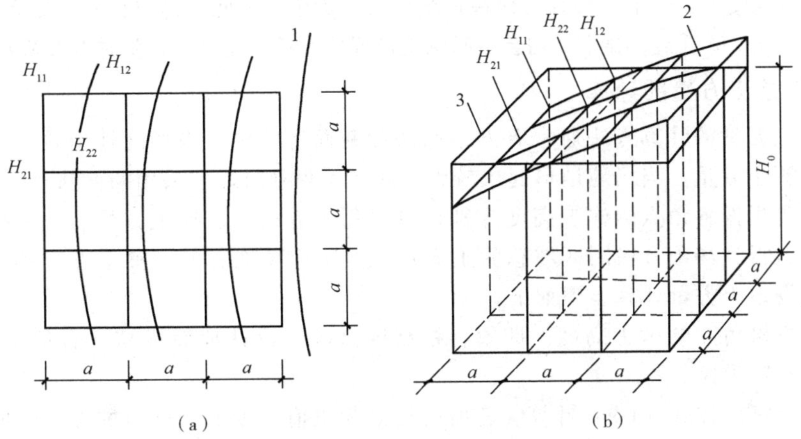

图 1-1　自然地面与设计地面

（a）方格网划分；（b）场地设计标高示意

1—等高线；2—自然地面；3—场地设计标高平面

（2）场地设计标高的调整。场地设计标高 H_0 确定之后，其只是一个理论值，在实际工程中还必须考虑场地泄水坡度的影响（图 1-2）。

1）场地为单向泄水坡度：当场地具有单向泄水坡度时，场地内任意一点的设计标高为

$$H_n = H_0 \pm li \tag{1-7}$$

式中　H_n——场地内任意一点的设计标高；

H_0——场地设计标高；

l——场地内任意一点至场地中心线的距离；

i——场地泄水设计坡度（不少于 2‰）。

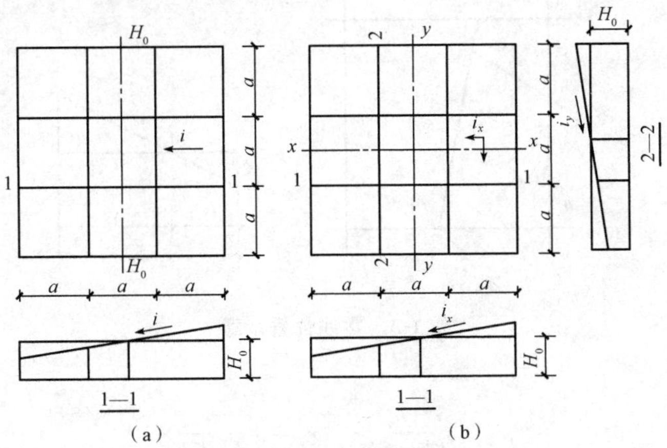

图 1-2　场地排水坡度示意

（a）单向排水；（b）双向排水

2）场地为双向泄水坡度：当场地具有双向泄水坡度时，场地内任意一点的设计标高为

$$H_n = H_0 \pm l_x i_x \pm l_y i_y \tag{1-8}$$

式中 l_x、l_y——任意一点沿 $x-x$、$y-y$ 方向距场地中心的距离；

i_x、i_y——任意一点沿 $x-x$、$y-y$ 方向的泄水坡度。式中其他符号意义同前。

除考虑排水坡度外，由于土具有可松性，填土会有剩余，因此，也需相应地提高设计标高。场内挖方和填土，以及就近借、弃土，均会引起场地挖或填方量的变化，必要时需重新调整设计标高。

2. 场地平整土方量的计算

场地平整土方量的计算方法通常有方格网法和断面法两种。当场地地形较为平坦时，宜采用方格网法计算土方量；当场地地形起伏较大、断面不规则时，宜采用断面法计算土方量。

方格网法是根据各角点的施工高度分别计算出每个方格填、挖土方量后，再将方格区域的土方量汇总，就得到场地方格网区域总的土方量。但工程场地总的平整土方量还应计算场地边坡的土方量。场地土方量计算步骤如下：

（1）求各方格角点的施工高度。即填、挖高度（等于设计地面标高－自然地面标高），以“＋”为填，“－”为挖。

施工高度计算应按式（1-9）计算。若所得结果为正值，表示该点为挖方；若所得结果为负值，表示该点为填方。

$$h_n = h_s - h_j \tag{1-9}$$

式中 h_n——角点施工高度，即各角点的挖填高度，“＋”为挖，“－”为填；

h_s——角点的设计标高（若无泄水坡度时，即场地的设计标高）；

h_j——各角点的自然地面标高。

（2）标注零点、确定零线位置。一个方格内相邻两交叉点，如果一点为填方而另一点为挖方，则这两点间必有一个不填不挖的点，此点处施工高度为零，故称零点，零点位置可用图解法或计算法求出。图解法求零点：用直尺在填方交叉点沿着与零点所在边相垂直的边上，标出一定比例的填方高度，然后在挖方交叉点相反方向标出同样比例的挖方高度，两高度点边线与方格边相并点即为零点。将零点连接成线段，即零线。零线是填、挖方区的分界线。计算法求零点如图 1-3 所示。

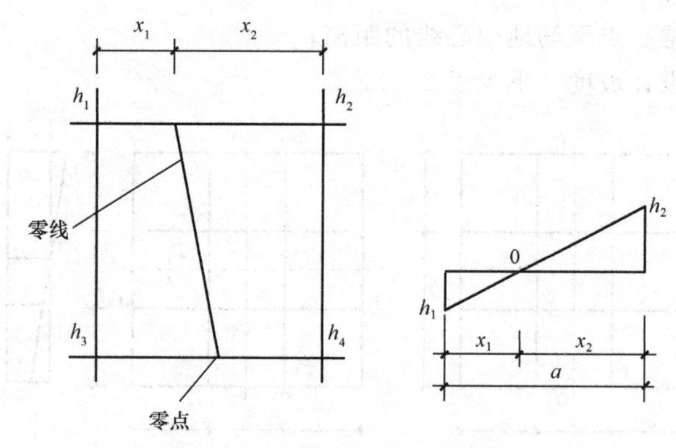

图 1-3　零线位置示意

$$x_1 = a\frac{h_1}{h_1 + h_2},\quad x_2 = a\frac{h_2}{h_1 + h_2} \tag{1-10}$$

式中 x_1、x_2——角点至零点的距离（m）；

h_1、h_2——相邻两角点的施工高度（以绝对值代入）（m）；

a——方格网的边长（m）。

（3）计算土方量。方格中如果没有零线，土方量计算较为简单；否则，由于零线位置不同，其相应的土方量计算公式也不同，计算时要根据表 1-3 的公式求得。

表 1-3　常用方格网土方量计算公式

项目	图式	计算公式
一点填方或挖方（三角形）	h_1 h_2 h_3 h_4 b c	$V=\frac{1}{2}bc\frac{\sum h}{3}=\frac{bch_3}{6}$ 当 $b=c=a$ 时，$V=\frac{a^2h_3}{6}$
二点填方或挖方（梯形）	h_1 h_2 h_3 h_4 a b c d e	$V^+=\frac{b+c}{2}a\frac{\sum h}{4}=\frac{a}{8}(b+c)(h_1+h_3)$ $V^-=\frac{d+e}{2}a\frac{\sum h}{4}=\frac{a}{8}(d+e)(h_2+h_4)$
三点填方或挖方（五角）	h_1 h_2 h_3 h_4 b c	$V=(a^2-\frac{bc}{2})\frac{\sum h}{5}=(a^2-\frac{bc}{2})\frac{h_1+h_2+h_4}{5}$
四点填方或挖方（正方形）	h_1 h_2 h_3 h_4	$V=\frac{a^2}{4}\sum h=\frac{a^2}{4}(h_1+h_2+h_3+h_4)$
注：1. a——方格网的边长（m）； b、c——零点到一角点的边长（m）； d——$a-b$； e——$a-c$； h_1、h_2、h_3、h_4——方格网四角点的施工高程（m），用绝对值代入； $\sum h$——填方或挖方施工高程的总和（m），用绝对值代入； V——挖方或填方体积（m^3）。 2. 本表公式是按各计算图形底面乘积以平均施工高程而得出的		

1.2.2　基坑（槽）土方量计算

1. 边坡坡度与边坡系数

土方的边坡系数 m 用坡底宽 b 与坡高 h（即基础开挖深度）之比表示。即

$$m=\frac{b}{h} \tag{1-11}$$

工程中土方边坡的陡缓程度常用边坡坡度来表示，边坡坡度以土方挖方深度 h 与底宽 b 之比表示（图 1-4），有时可按不同土层或不同放坡系数放坡。即

$$边坡坡度=1:m=1:\frac{b}{h} \tag{1-12}$$

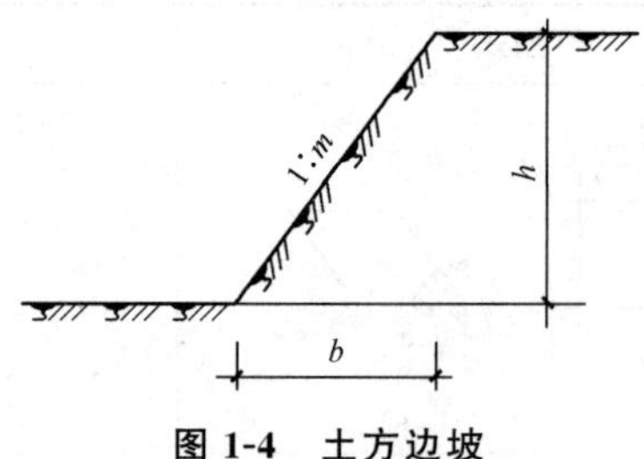

图 1-4　土方边坡

2. 计算基坑（槽）土方量

基坑土方量可按立体几何中的拟柱体体积公式计算（图 1-5）。即

$$V=\frac{H}{6}(A_1+4A_0+A_2) \tag{1-13}$$

式中　H——基坑深度（m）；

A_1、A_2——基坑上、下的底面积（m^2）；

A_0——基坑中截面的面积（m^2）。

注意：*A_0 一般情况下不等于 A_1、A_2 之和的 1/2，而应该按侧面几何图形的边长计算出中位线的长度，再计算中截面的面积 A_0。*

基槽和路堤管沟的土方量计算：若沿长度方向其断面形状或断面面积显著不一致时，可以按断面形状相近或断面面积相差不大的原则，沿长度方向分段后，用同样方法计算各分段的土方量（图 1-6）。最后将各分段的土方量相加即得总土方量 $V_{总}$。即

$$V_i=\frac{L_i}{6}(A_1+4A_0+A_2) \tag{1-14}$$

式中　V_i——第 i 段的土方量（m^3）；

L_i——第 i 段的长度（m）。

式中其他符号意义同前。

$$V_{总}=\sum V_i \tag{1-15}$$

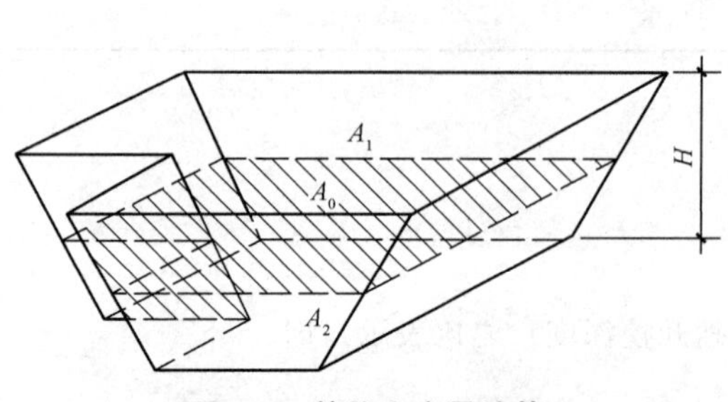

图 1-5　基坑土方量计算

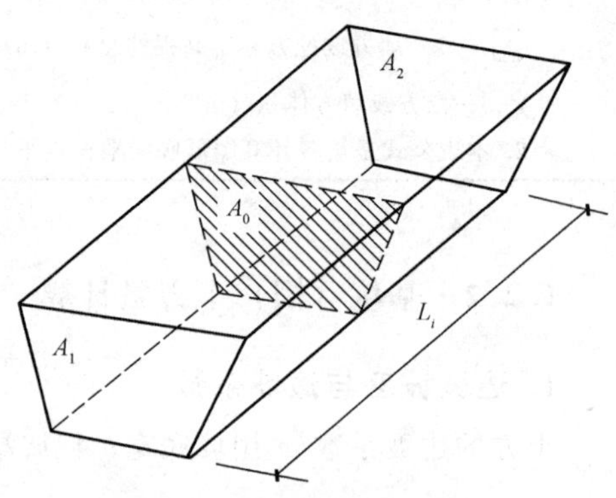

图 1-6　基槽分段施工示意

1.2.3　智能土方量计算

常见的土方计算软件有 GIS 软件、飞时达土方计算软件、鸿业土方计算设计软件、汉迅道路土方计算系统等。软件采用的计算方法有三角网法、断面法、方格网法、等高线法等。

目前，倾斜摄影测量技术已经应用于土方量的计算，适用于各种地形和工程项目中；其基本计算原理与三角网法计算方法相同。用无人机进行倾斜摄影测量，通过多台传感器从不同的角度对施工场地地形进行数据采集，能得到高精度、高分辨率的地形表面数字模型（DSM），同时输出具有空间位置信息的正摄影像数据，可以在影像数据中进行量测。

1. 无人机倾斜摄影测量技术

无人机倾斜摄影测量技术通常包括影像预处理、区域网联合平差、多视影像匹配、DSM 生成、真正射影像纠正、三维建模等关键内容。其关键技术如下：

多视影像联合平差：多视影像不仅包含垂直摄影数据，还包括倾斜摄影数据；多视影像密集匹配：在影像匹配过程中快速准确地获取多视影像上的同名点坐标，进而获取地形物的三维信息；数字表面模型生成和真正射影像纠正：多视影像密集匹配能得到高精度、高分辨率的数字表面模型（DSM），充分表达了地形地物的起伏特征。

使用无人机正射影像方式进行建筑物、地物的测量，拍摄出来的影像会存在不同程度的畸变和失真现象，即影像图上的建筑物、高层设施等建筑具有投影差，具体表现为建筑物特别是高层建筑物有时会向道路方向倾斜、遮挡或压盖其他地物要素，严重影响影像图的准确判读。因此，需要利用数字微分纠正技术对正射影像进行纠正，改正原始影像的几何变形，形成数字正射影像。

无人机倾斜摄影测量的数据本质上就是网格面模型，它是由点云通过一些算法构成的。而点云是在同一空间参考系下用来表示目标空间分布和目标表面特性的海量点集合。内业软件基于几何校正、联合平差等处理流程，可计算出基于影像的超高密度点云。生成测量坐标系统下的真实坐标三维模型，以此为基础，获取数字高程模型（DEM）。

2. 根据 DEM 计算土方量

土方计算的关键在于原始地形地貌和开挖后地貌的准确表达。可通过地理信息系统（GIS）软件计算土方量，以数字高程模型（DEM）作为基础，通过空间分析和叠加分析功能对开挖前后的地形模型进行分析，并用软件所带的统计分析模块计算填挖区域的体积，得到最终的填、挖土方量。

计算软件一般采用栅格数据计算方法。栅格数据结构简单，非常有利于计算机操作和处理，是 GIS 常用的空间基础数据格式。基于栅格数据的空间分析是 GIS 空间分析的基础。通过倾斜摄影测量的方法获得前期地表数据和后期地表数据，将数据网格化，对两个格网数据进行差值计算，其差值就是该格网点的填（挖）高度。

1.2.4　土方调配

土方量计算完成后，即可以进行土方调配工作。土方调配的目的是使工程中土方总运输量最小或土方施工费用最小。这就必须对场地土方的利用、堆弃和填土之间的关系进行综合协调处理，制订优化方案，确定挖、填方区土方的调配方向、数量和运输距离，以利于缩短工期和节约工程成本。

1. 土方调配原则

(1) 应力求达到挖填方平衡，就近调配，以使土方运输量或费用最小。但有时仅局限于一个场地范围内的挖填方平衡难以满足上述原则，即可根据场地和周围地形条件，考虑在填方区周围弃土或在挖方区周围借土。

(2) 土方调配应考虑近期施工与后期利用相结合的原则。可以分期分批施工时，先期工程的土方余土应结合后期工程的需要，考虑可以利用的数量先选择堆放位置，力求为后期工程创造良好的工作面和施工条件，避免重复挖填。

(3) 应考虑分区与全场相结合的原则。分区土方的调配必须配合全场性的土方调配进行。

(4) 合理布置挖、填方分区线，选择恰当的调配方向、运输线路，使土方施工机械和运输车辆的性能得到充分发挥。

(5) 土方调配"移挖作填"要考虑经济运距问题，但这不是唯一的指标，还要综合考虑弃方和借方的占地、赔偿青苗损失及对农业生产的影响等。有的工程虽然运距超出一些，运输费用可能高一些，但如能少占地、少影响农业生产，这样对该地区发展来说未必是不经济的。

(6) 土方调配还应尽可能与大型地下建筑物的施工相结合。如大型建筑物位于填土区时，为了避免重复挖运和场地混乱，应将部分填方区予以保留，待基础施工之后再进行填土。

总之，进行土方调配必须根据现场具体情况、周围环境、相关技术资料、工期要求、施工机械与运输方案等综合考虑，反复比较，确定出经济合理的调配方案。制订方案时，在可能条件下宜将弃土场平整为可耕地，防止乱弃乱堆，或堵塞河流，损害农田。

2. 土方调配区的划分

进行土方调配时首先要划分土方调配区，划分时应注意以下几点：

(1) 与场地平面图上计算土方量时的方格网相协调，方格网图中能够清楚看到挖填区的分界线（零线），再结合地形及运输条件，在挖方区和填方区适当划分若干调配区，可以较方便地计算出各调配区的土方量。

(2) 调配区的划分应与房屋或构筑物的位置相协调，满足工程分期分批的施工要求，尽量使近期施工与后期利用相结合。

(3) 当土方运距较大可根据附近地形，考虑场地以外的借土或弃土时，每一个借土区或弃土区均可以作为一个独立的调配区。

(4) 调配区的大小应该满足土方施工主导机械的施工要求，并使运输车辆的功效得到充分发挥。

1.3 土方边坡与基坑支护

在基坑（槽）开挖中，要求基坑土壁稳定，土壁的稳定性主要依靠土体颗粒间内摩擦阻力和内聚力保持平衡，一旦土体受到外力而失去平衡，坑壁就会坍塌。为防止基坑塌方，保证施工安全，当基础或管沟开挖深度超过一定深度时，边沿应放出足够边坡。当场地受限无法放坡时，则应设置基坑支护结构等有效的防护措施。

1.3.1 土方边坡

1. 边坡形式

为使土壁稳定，基坑及土方的挖、填方边沿应做成一定形状的边坡，这样可以靠土的自稳保证土壁稳定。边坡形式如图 1-7 所示。边坡形式和大小根据不同土质、开挖深度、施工工期、地下水水位、坡顶荷载等因素而定。

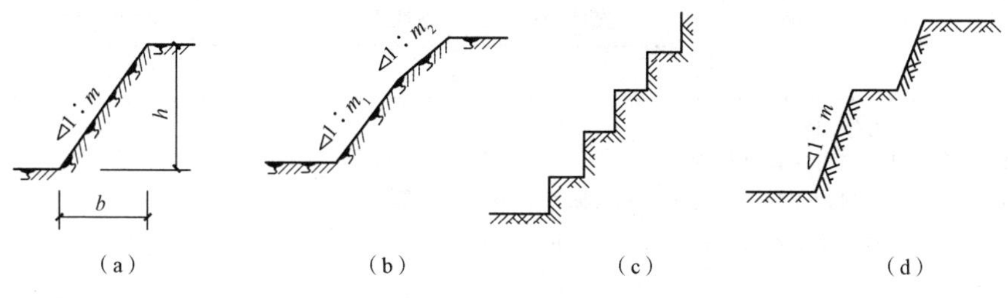

图 1-7　边坡形式

(a) 直线形；(b) 折线形；(c) 阶梯形；(d) 分级形

2. 影响边坡塌方的因素

边坡在一定条件下，局部或一定范围内沿某一滑动面向下或向外移动而丧失其稳定性，这就是边坡失稳现象。一般情况下，边坡失去稳定发生滑动可归结为土体内抗剪强度降低或剪应力增加两个方面。

具体来说，影响边坡塌方的主要因素：气候影响使土质松软；雨水或地下水浸入而产生润滑作用；饱和的细砂、粉砂因振动而液化；边坡上面增加荷载（静、动），尤其是行车等动荷载较大；土体中含水量增加；土体竖向裂缝中的水（地下水）产生侧向静水压力等均对边坡稳定影响较大。因此，在土方施工中应预估可能出现的情况，做好防护措施，特别是及时排除水和防止坡顶荷载的增加。

3. 边坡放坡要求

当基础土质均匀且地下水水位低于基坑或基槽底面标高时，可不放坡也不设支撑，但是挖方深度不宜超过表 1-4 的规定。

表 1-4　不设边坡和支撑的挖方深度

项次	土质情况	挖土深度限值/m
1	密实、中密的砂土和碎石土类	1.00
2	硬塑、可塑的轻亚黏土及亚黏土	1.25
3	硬塑、可塑的黏土和碎石土类	1.50
4	坚硬的黏土	2.00

当地质条件良好，土质均匀、挖土深度在相关规范允许值内的临时性挖方的边坡值应按表 1-5 的规定施工。另外，规范还对开挖深度在 5 m 内的基坑（槽）边坡坡度做了相应规定。在施工时，应根据实际情况对照相应规范设置边坡。

表 1-5　临时性挖方边坡值

土的类别		边坡（高：宽）
砂土（不包含细砂、粉土）		1：1.25～1：1.50
一般性黏土	硬	1：0.75～1：1.00
	硬、塑	1：1.00～1：1.25
	软	1：0.50 或更缓

续表

土的类别		边坡（高：宽）
碎石类土	充填坚硬、硬塑黏性土	1∶0.50～1∶1.00
	充填砂土	1∶1.00～1∶1.50

注：1. 设计有要求时，应符合设计标准。
2. 如采用降水或其他加固措施，可不受本表限制，但应计算复核。
3. 开挖深度，对软土不应超过 4 m，硬土不应超过 8 m

4. 边坡防护

当基坑裸露时间较长时，为防止边坡土失水过多而松散或地面水冲刷而产生滑坡，应采取护面措施，常用的坡面保护有下列方法：

（1）薄膜覆盖法。在已开挖的边坡上铺设塑料薄膜，在坡顶、坡脚处用编织袋装土（砂）压边，并在坡脚处设置排水沟。此方法可用于防止雨水对边坡冲刷引起的塌方。

（2）堆砌土（砂）袋护坡。当各种土质有可能发生滑移失稳时，可以采用装土（砂）的编织袋（或草袋）堆置于坡脚或坡面，加强边坡抗滑能力，增加边坡稳定性。

（3）浆砌片石（砖、石）护坡。基坑高度不大、坡度较大时，可以采用浆砌砖、石压坡护面。另外，还有挂网喷浆、钢丝网混凝土护面等防护方法。

1.3.2 基坑支护

《建筑地基基础工程施工质量验收标准》（GB 50202—2018）中规定，土方开挖的顺序、方法必须与设计工况一致，并遵循“开槽支撑，先撑后挖，分层开挖，严禁超挖”的原则，所以当深基坑开挖采用放坡，而无法保证施工安全或现场无放坡条件时，一般根据基坑侧壁安全等级采用支护结构临时支挡，以保证基坑的土壁稳定。

建筑基坑支护就是为保证地下结构设施及周边环境的安全，对基坑侧壁及周边环境采取支挡、加固与保护的措施。基坑支护结构根据失效后果的严重程度，将安全等级分为一级、二级、三级。常用基坑支护结构按作用原理分为稳定式（如土钉墙）、重力式（如水泥土墙）、支挡式结构三大类。

1. 水泥土搅拌桩支护

水泥土搅拌桩支护是通过沉入地下的设备将喷入水泥浆与软土强制拌和，使软土硬结成整体并具有足够强度的水泥加固土。这种桩是依靠自重和刚度进行支挡周围土体和保护坑壁稳定的。

按施工机具和方法不同，水泥土搅拌桩支护结构分为深层搅拌桩、旋喷桩和粉喷桩。

深层搅拌法的施工工艺：深层搅拌机就位→预搅下沉→提升喷浆搅拌→重复下沉搅拌→重复搅拌提升直至孔口，如图 1-8 所示。为了提高水泥土墙的刚性，也有在水泥土搅拌桩内插入 H 型钢或粗钢筋，使之成为既能受力又能抗渗的支护结构，可用于较深（8～10 m）的基坑支护，水泥掺入比为 20%，这种桩称为劲性水泥土搅拌桩，或称为加筋水泥土搅拌桩。

旋喷桩是采用专用钻机把带有特殊喷嘴的注浆管钻至预定位置后，将高压水泥浆液向四周高速喷入土体，并随钻头旋转和提升切削土层，使其掺和均匀，固结后形成桩墙。

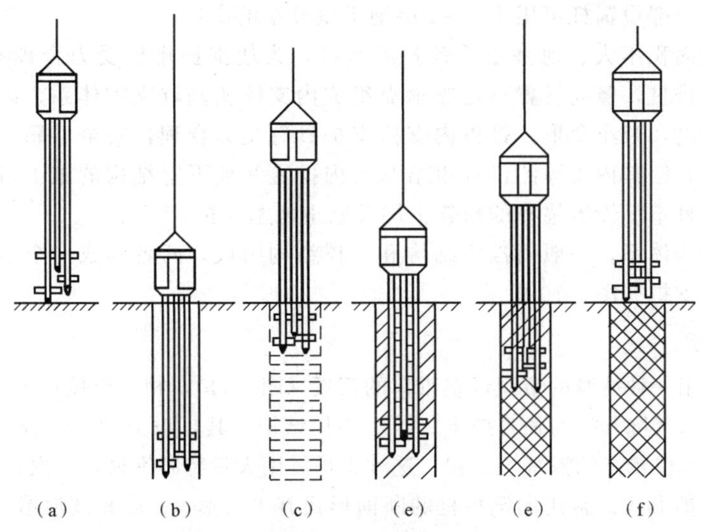

图 1-8　深层搅拌法施工工艺

(a) 定位；(b) 预搅下沉；(c) 提升喷浆搅拌；(d) 重复下沉搅拌；(e) 重复搅拌提升；(f) 成桩结束

粉喷桩是采用粉喷桩机成孔，用压缩空气将粉体输至桩头，呈雾状喷入土中，经钻头叶片旋转搅拌混合而成的桩。

2. 挡土灌注排桩支护

挡土灌注排桩支护是在基坑周围用钻机钻孔、吊钢筋笼，现场灌注混凝土成桩，形成排桩作挡土支护。桩的排列形式有间隔式、双排式和连接式等，平面布置形式如图 1-9 所示。一般桩体顶部设联系梁连成整体共同工作。

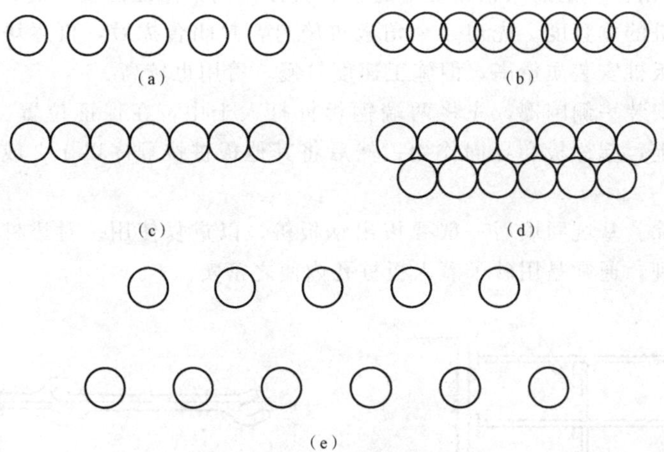

图 1-9　钢筋混凝土灌注排桩布置形式

(a) 一字相间排列；(b) 一字搭接排列；(c) 一字相接排列；(d) 交错相接排列；(e) 交错相间排列

挡土灌注排桩支护具有桩刚度较大，抗弯强度高，施工设备简单，需要工作场地小，噪声低、振动小、费用较低等优点。其适用于黏性土、开挖面积较大且深度大于 6 m 的基坑，以及不允许邻近建筑物有较大下沉、位移时。此法一般在土质较好时可用于悬臂 7～10 m 的情况；

若在顶部设拉杆，中部设锚杆可用于 3～4 层地下室开挖的支护。

对深度较大而面积不大、地基土质较差的基坑，为使围护排桩受力合理和受力后变形小，常在基坑内沿围护排桩，竖向设置一定支承点组成内支撑式基坑支护体系，以减少排桩的无支长度，提高侧向刚度，减小变形。排桩内支撑支护具有受力合理，安全可靠，易于控制围护排桩墙的变形等特点，但其内支撑的设置也给基坑内挖土和地下室结构的施工带来了不便。这种支撑体系适用于各种不易设置锚杆的松软土层及软土地基支护。

排桩内支撑结构体系，一般由挡土结构和支撑结构组成，两者构成一个整体，共同抵挡外力的作用。内支撑支护如图 1-10 所示。

3. 钢板桩支护

钢板桩支护是用一种特制的带锁口或钳口的钢板（图 1-11），相互连接打入土层中，构成一道连续的板墙，作为深基坑开挖的临时挡土、挡水围护结构，其打设方便、承载力高，主要适用于软弱土基和地下水水位较高的深基坑工程。这种支护需用大量特制钢材，一次性投资较高。

（1）钢板桩支护形式。常用的钢板桩的断面形式有平板形、Z 形和波浪形。

钢板桩支护由钢板挡墙系统和拉锚、锚杆、内支撑等支撑系统构成，其形式有悬臂式板桩和有锚板桩。悬臂式板桩易产生较大变形，一般用于深度较小的基坑，悬臂长度在软土层中不大于 5 m；有锚板桩可提高板桩的支护和抗变形能力。

（2）钢板桩打设。钢板桩施工时要选择正确的打桩方法，以便使打设后的板桩墙具有足够的刚度和良好的挡水作用。钢板桩的打设常采用下列方法：

单独打入法：从板桩墙一角开始逐根打入，直至打桩工程结束。其优点是桩打设时不需要辅助支架，施工简便，打设速度快，其缺点是易使桩的一侧倾斜，且误差积累后不容易纠正，平整度难以控制。这种打法只适于对板桩墙质量要求一般，板桩长度不大于 10 m 的情况。

围檩插桩法：在桩的轴线两侧先安装围檩，将钢板桩依次锁口咬合并全部插入两侧围檩之间（图 1-12）。其作用：一是插入钢板桩时起垂直支撑作用，保证位置准确；二是施打过程中起导向作用，保证板桩的垂直度。先对 4 个角板桩施打，封闭合拢后，再逐块将板桩打到设计标高要求。其特点是板桩安装质量高，但施工速度较慢，费用也较高。

分段复打法：安装一侧围檩，先将两端钢板桩打入土中，在保证位置、方向和垂直度后，用电焊固定在围檩上，起样板和导向作用；然后将其他板桩按顺序以 1/2 或 1/3 板桩高度逐块打入。

（3）钢板桩拔除。基坑回填后一般要拔出钢板桩，以重复使用。对拔桩后留下的桩孔，必须及时进行回填处理，通常是用砂子灌入板桩孔内使之密实。

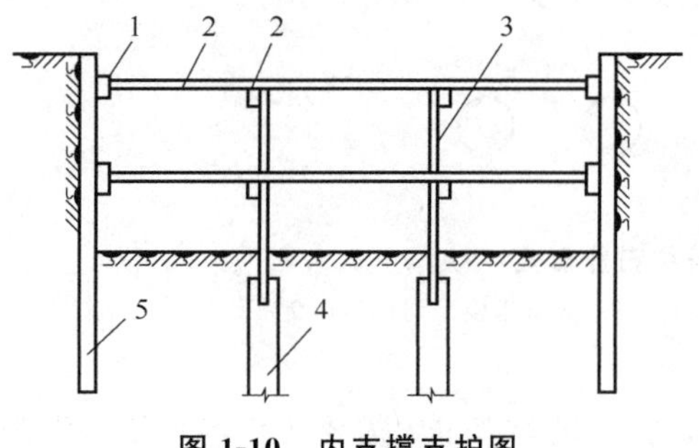

图 1-10 内支撑支护图

1—围檩；2—纵、横向水平支撑；3—立柱；4—工程桩或专设桩；5—围护排桩

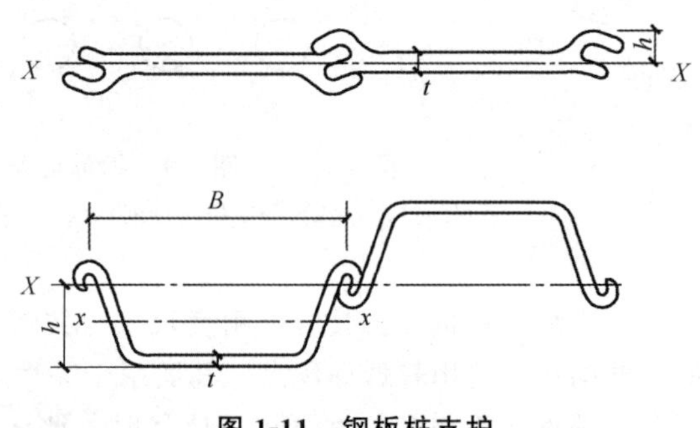

图 1-11 钢板桩支护

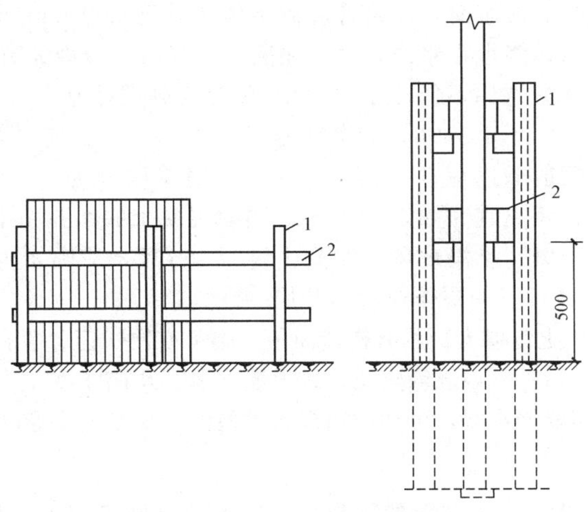

图 1-12　围檩插桩法

1—围檩桩；2—围檩

4. 土钉墙

基坑分层开挖时，在侧壁上设置的密布土钉群、喷射混凝土面板及原位土体所组成的支护结构，称为土钉墙。它属于边坡稳定型支护，能有效提高边坡的稳定性，增强土体破坏的延性，对边坡起到加固作用。由于土钉墙施工简单、造价较低，近些年来得到了广泛应用。

视频 1.1：喷射混凝土面板

（1）构造要求。土钉墙墙面的坡度不宜大于 1∶0.2。土钉是在土壁钻孔后插入钢筋、注入水泥浆或水泥砂浆而形成的。对难以成孔的砂、填土等，也可打入带有压浆孔的钢管，经压浆而形成“管锚”。土钉长度宜为基坑深度的 0.5～1.2 倍，竖向及水平间距宜为 1～2 m，且呈梅花形布置，与水平面夹角宜为 5°～20°。土钉钻孔直径宜为 70～120 mm，插筋宜采用直径 16～32 mm 的带肋钢筋，注浆强度不得低于 20 MPa。墙面板由喷射 80～100 mm 厚 C20 以上的混凝土形成，墙面板内应配置直径为 6～10 mm、间距为 150～250 mm 的钢筋网。为使混凝土墙面板与土钉形成有效连接，应设置承压板或直径为 14～20 mm 的加强钢筋，与土钉钢筋焊接并压住钢筋网。在土钉墙的顶部，墙体应向平面延伸不少于 1 m，并在坡顶和坡脚设置挡、排水设施，坡面上可根据具体情况设置泄水管，以防墙面板后积水。

（2）土钉墙的施工。土钉墙的施工顺序：按设计要求自上而下分段、分层开挖工作面，修整坡面→打入钢管（或钻土钉孔→插入钢筋）→注浆→绑扎钢筋网→安装加强筋，并与土钉钢筋焊接→喷射面板混凝土。逐层施工，并设置坡顶、坡面和坡脚的排水系统。当土质较差时，可在修整坡面前先喷一层混凝土再进行土钉施工。施工要点如下：

基坑开挖应按设计要求分层分段进行，每层开挖高度由土钉的竖向间距确定，每层挖至土钉以下不大于 0.5 m；分段长度按土体能维持不塌的自稳时间和保证施工流程相互衔接要求而定，一般可取 10～20 m。

钢管可用液压冲击设备打入。成孔则常采用洛阳铲，也可用螺旋钻、冲击钻或工程钻机钻孔。成孔的允许偏差：孔深±50 mm；孔径±5 mm；孔距±100 mm；倾斜角±3°。

土钉钢筋应设置对中定位支架再插入孔内。支架常采用 ϕ6 mm 钢筋弯成船形与土钉筋焊接，每点 3 个，互呈 120°角，每 1.5～2.5 m 设置一点。

（3）土钉注浆。注浆前应将孔内松土清除干净，注浆材料采用水泥浆或水泥砂浆。水泥浆的水胶比宜为 0.5～0.55；水泥砂浆的灰砂比宜为 0.5～1，水胶比为 0.4～0.45。浆体应拌和均匀，随拌随用，并在初凝前用完。注浆时，注浆管应插至距离孔底 200 mm 处，使浆液由孔底向孔口流动，在拔管时要保证管口始终埋在浆内，直至注满。注浆后，液面如有下降应进行补浆。

喷射混凝土墙面板。优先选用不低于 42.5 MPa 的普通硅酸盐水泥，石子粒径不大于 15 mm，水泥与砂石的质量比宜为 1∶4～1∶4.5，砂率宜为 45%～55%，水胶比为 0.40～0.45。喷射作业应分段进行，同一分段内喷射顺序应自下而上，一次喷射厚度宜为 30～80 mm。喷射混凝土时，喷头与受喷面应保持垂直，距离宜为 0.6～1.0 m。喷射混凝土的回弹率不应大于 15%；喷射表面应平整，呈湿润光泽，无干斑、流淌现象。混凝土终凝 2 h 后，应喷水养护 3～7 d。待混凝土达到 70%设计强度后，方可进行下一层作业面的开挖。

（4）特点与适用范围。土钉墙支护具有构造简单、施工方便快速、节省材料、费用较低等优点，其适用于淤泥质土、黏土、粉土、砂土等土质，且无地下水、开挖深度在 12 m 以内的基坑。当基坑较深、开挖时稳定性差、需要挡水时，可加设锚杆、微型桩、水泥土墙等以构成复合式土钉墙。

5. 土层锚杆

土层锚杆是将设置在钻孔内，端部伸入稳定土层中的钢筋或钢绞线与孔内注浆体锚固在土层中组成的受拉杆体。钢筋或钢绞线一端伸入稳定土层中，另一端与支护结构相连接。锚杆端部的侧压力通过拉杆传给稳定土层，以达到控制基坑支护变形，保持基坑土体和坑外建筑物稳定的目的。

视频 1.2：土层锚杆

（1）土层锚杆的分类。土层锚杆包括一般灌浆锚杆、扩孔灌浆锚杆、压力灌浆锚杆、预应力锚杆等多种形式。

（2）土层锚杆构造。土层锚杆由锚头（锚具、承压板、横梁和台座）、拉杆和锚固体组成。如图 1-13 所示，土层锚杆以主动滑动面为分界线，分为锚固段（有效锚固长度）和非锚固段（自由长度）。土层锚杆长度应符合以下规定：土层锚杆自由段长度不宜小于 5 m 并应超过潜在滑裂面 1.5 m；锚固段长度不宜小于 4 m；土层锚杆杆体下料长度应为锚杆自由段、锚固段及外露长度之和，外露长度须满足台座、腰梁尺寸及张拉作业要求。

（3）土层锚杆布置规定。土层锚杆上、下排的垂直间距不宜小于 2.0 m，水平间距不宜小于 1.5 m；土层锚杆锚固体上覆土层厚度不宜小于 4.0 m；土层锚杆倾角宜为 15°～25°，且不应大于 45°。

（4）定位支架布置。沿土层锚杆轴线方向每隔 1.5～2.0 m 宜设置一个定位支架；土层锚杆锚固体宜采用水泥浆或水泥砂浆，其强度等级不宜低于 M10。

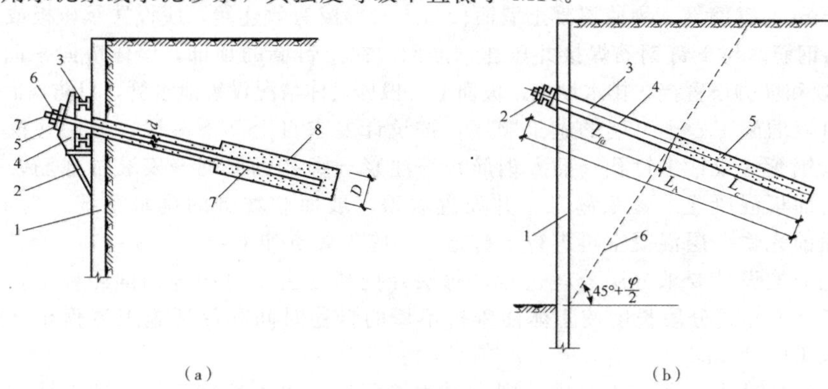

图 1-13　土层锚杆

(a) 土层锚杆构造；

1—挡土灌注桩（支护）；2—支架；3—横梁；4—台座；5—承压垫板；6—紧固器；7—拉杆；8—锚固体

(b) 土层锚杆长度的划分

1—挡土灌注桩（支护）；2—锚杆头部；3—锚孔；4—拉杆；5—锚固体；6—主动土压破裂面

L_A—锚杆长；L_{fa}—非锚固段；L_c—锚固段长度

(5) 土层锚杆施工。土层锚杆施工工艺：定位→钻孔→安放拉杆→注浆→（张拉）锚固。

当土质较好时，可采用单层锚杆；当基坑深度较大、土质较差时，需要设置多层锚杆。

施工中，土层锚杆钻孔水平方向孔距在垂直方向误差不宜大于 100 mm，偏斜度不应大于 3%。注浆分一次注浆法和二次注浆法。一次注浆法宜选用 1∶1～1∶2 灰砂比、水胶比为 0.38～0.45 的水泥砂浆，或水胶比为 0.45～0.5 的水泥浆。二次注浆法宜选用水胶比为 0.45～0.55 的水泥浆，用压力注浆机将灰浆注入孔中。预应力锚杆的张拉应在锚固段的混凝土强度大于 15 MPa，并达到混凝土设计强度的 75%后进行。张拉控制应力不应大于拉杆强度标准值的 75%。锚杆张拉顺序应考虑对邻近锚杆的影响。

1.4　排水与降水

雨期施工地面水会流入基坑（槽）内。在开挖时，土的含水层被切断，地下水也会渗入。为防止边坡失稳、基坑流砂、坑底隆起或管涌、地基承载力下降等现象，必须通过排水、降水、回灌等方法控制地下水。

1.4.1　集水明排法

地面水一般采取设置排水沟、防洪沟、截水沟、挡水堤等方法，并应尽量利用自然地形和原有的排水系统。

集水明排法是在基坑逐层开挖过程中，沿每层坑底四周或中央设置排水沟和集水井。基坑内的水经排水沟流向集水井，通过水泵将集水井内的积水抽走，直到基坑回填，排水过程结束(图 1-14)。集水明排法施工简单、经济、对周围环境影响小，可用于降水深度较小且上层为粗粒土层或渗水量小的黏土层降水。

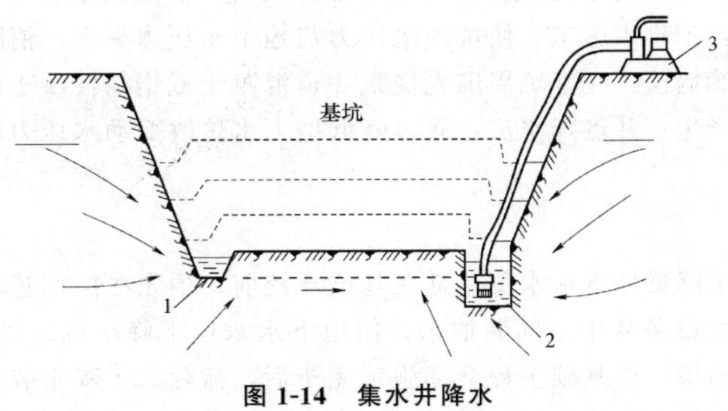

图 1-14　集水井降水

1—排水沟；2—集水坑；3—水泵

集水明排法施工包括基础开挖、设置排水沟和集水井、选用水泵和现场安装设备、抽水及设备拆除等施工过程。排水沟、集水井随基础开挖逐层设置，并设置在拟建建筑基础边净距 0.4 m 以外，井底需要铺设 0.3 m 左右的碎石滤水层，以免抽水时将泥砂抽走，并可防止井底土被扰动。

排水沟边缘距离边坡坡脚不应小于 0.3 m；在基坑四角或每隔 30～40 m 应设一个集水井；

排水沟底面应比挖土面低 0.3～0.4 m，集水井底面应比沟底面低 0.5 m 以上；排水沟纵向坡度宜控制在 2‰～3‰；沟、井截面根据排水量确定。

集水明排法一般用于面积及降水深度较小且土层中无细砂、粉砂情况；若降水深度较大、土层为细砂、粉砂或在软土地区施工时，采用集水明排法易引起流砂、塌方等现象，应尽量采用井点降水法。

1.4.2 流砂及其防治

当开挖深度大、地下水水位较高、土质较差时，用集水明排法降水挖至地下水水位以下时，有时坑底面的土颗粒会形成流动状态，随地下水一起涌入基坑，这种现象称为流砂现象。发生流砂时，土完全丧失承载能力，使施工条件恶化，难以达到开挖设计深度。严重时会造成边坡塌方及附近建筑物下沉、倾斜和倒塌。因此，流砂现象对土方施工和附近建筑物有很大危害。

1. 流砂发生的原因

流砂现象的产生是水在土中渗流所产生的动水压力对土体作用的结果。动水压力是流动的地下水对土颗粒产生的压力，用 G_D 表示，它与单位土体阻力 T 是作用力与反作用力。动水压力 G_D 的大小与水力坡度呈正比，即水位差 h_1-h_2 越大，G_D 越大；而渗流路线 l 越长，G_D 越小。动水压力的作用方向与水流方向相同。

当水流在水位差的作用下对土颗粒产生向上的动水压力时，动水压力可使土颗粒受到水的浮力。如果动水压力等于或大于土的浮重度，即 $G_D \geqslant \gamma'_w$时，土颗粒处于悬浮状态，土的抗剪强度等于 0，土颗粒能随着渗流的水一起流动，也就出现了“流砂现象”。

2. 流砂的防治

在基坑开挖中，防治流砂的原则是“治流砂必先治水”。治理流砂的主要途径有消除、减小和平衡动水压力，改变水的渗流路线。其具体措施：打板桩法：将板桩打入坑底下面一定深度，增加地下水从坑外流入坑内的渗流距离，以减小水力坡度，从而减小动水压力，防止流砂现象的产生；水下挖土法：不排水施工，使坑内水压力与地下水压力平衡，消除动水压力，从而防止流砂产生；地下连续墙法：在基坑周围先浇筑一道混凝土或钢筋混凝土的连续墙，以支承土墙、截水并防止流砂产生；井点降水法：通过降低地下水位改变动水压力的方向，是防止流砂发生的有效措施。

3. 井点降水

井点降水也称人工降低地下水水位，是在基坑开挖前，预先在拟挖基坑的四周埋设一定数量的滤水管，利用抽水设备从中不间断抽水，使地下水水位下降至坑底以下，然后开挖基坑，进行基础施工和土方回填，待基础工程全部施工完毕后，撤除人工降水装置。这样可使动水压力方向向下，所挖的土始终保持干燥状态，从根本上防止流砂发生，并提高土的强度和密实度，改善施工条件。因此，人工降低地下水水位不仅是一种降水措施，也是一种地基加固方法。采用人工降低地下水水位，可适当改陡边坡以减少挖土数量，但在降水过程中，基坑附近的地基土会有一定的沉降，施工时应加以注意。

人工降低地下水水位的方法：轻型井点、喷射井点、电渗井点、管井井点及深井泵等。各种方法的选用，视土的渗透系数、降低水位的深度、工程特点、设备及经济技术比较等具体条件参照表 1-6 选用。其中以一级轻型井点采用较广，下面将对其进行重点介绍。

表 1-6　各类井点的适用范围及方法原理

井点类型	渗透系数/ $(m \cdot d^{-1})$	可能降低的水位深度/m	方法原理
单级轻型井点、二级轻型井点	0.1～20	3～6 6～12	在工程外围竖向埋设一系列井点管深入含水层内，井点管的上端通过连接弯管与集水总管连接，集水总管再与真空泵和离心泵相连，启动真空泵，使井点系统形成真空，井点周围形成一个真空区，当真空区砂井向上、向外扩展到一定范围时，地下水便在真空泵吸力作用下，使井点附近的地下水通过砂井、滤水管被强制吸入井点管和集水总管，排除空气后，由离心水泵的排水管排出，使井点附近的地下水水位得以降低
喷射井点	0.1～20	8～20	在井点内部装设特制的喷射器，用高压水泵或空气压缩机通过井点管中的内管向喷射器输入高压水（喷水井点）或压缩空气（喷气井点），形成水气射流，将地下水经井点外管与内管之间的间隙抽出排走
电渗井点	＜0.1	宜配合其他形式降水使用	利用黏性土中的电渗现象和电泳特性，使黏性土空隙中的水流动加快，起到一定的疏干作用，从而使软土地基排水效率得到提高
管井井点	20～200 （砂类土）	＞10	在深基坑的周围埋设深于基底的井管，使地下水通过设置在井管内的潜水泵将地下水抽出，使地下水水位低于坑底

1.4.3　轻型井点

轻型井点降水（图 1-15）是沿基坑周围以一定间距埋入井点管（下端为滤管），在地面上用水平铺设的集水总管将各井点管连接起来，在一定位置设置离心泵和水力喷射器，用离心泵驱动工作水，当水流通过喷嘴时形成局部真空时，地下水在真空吸力的作用下经滤管进入井管，然后经集水总管排出，从而降低水位。

1. 轻型井点设备

轻型井点设备由管路系统和抽水设备组成。管路系统包括滤管、井点管、弯联管及总管等。井点管常用直径为 38 mm 或 51 mm 的无缝钢管，长为 5～7 m，可整根或分节组成。井点管的下端装有滤管，其构造如图 1-16 所示。井点管上端用弯联管与总管相连，下端与滤管用螺丝套头连接。滤管是井点管的进水设备，常采用长为 1.0～1.5 m 的无缝钢管，其直径与井点管相同，管壁钻有直径为 12～19 mm 呈星棋状排列的滤孔，滤孔面积为滤管表面积的 20%～25%。滤管外包两层金属或尼龙滤网，内层网为 30～80 目，外层网为 3～10 目。常用的滤网类型有方织网、斜织网和平织网。一般在细砂中宜采用平织网，中砂中宜采用斜织网，粗砂、砾石中则用方织网。为避免滤孔淤塞，在管壁与滤网间用铁丝绕成螺旋形隔开，滤网外面再围一层 8 号粗铁丝保护网。滤管下端放一个锥形铸铁头以利井管插埋。井点管的上端用弯管接头与总管相连。弯联管用胶皮管、塑料透明管或钢管弯头制成，直径为 38～55 mm。每个连接管均宜装设阀门，以便检修井点。集水总管一般用直径为 100～127 mm 的钢管分布连接，每节长约 4 m，其上装有与井点管相连接的短接头，间距为 0.8 m 或 1.2 m 或 1.6 m。

抽水设备多使用射流泵井点，采用离心泵驱动工作水运转，当水流通过喷嘴时，由于截面收缩，流速突然增大而在周围产生真空，把地下水吸出，而水箱内的水呈一个大气压的天然状态。射流泵能产生较高真空度，但排气量小，稍有漏气则真空度易下降。因此，它带动的井点管根数较少。但它耗电少、质量轻、体积小、机动灵活。

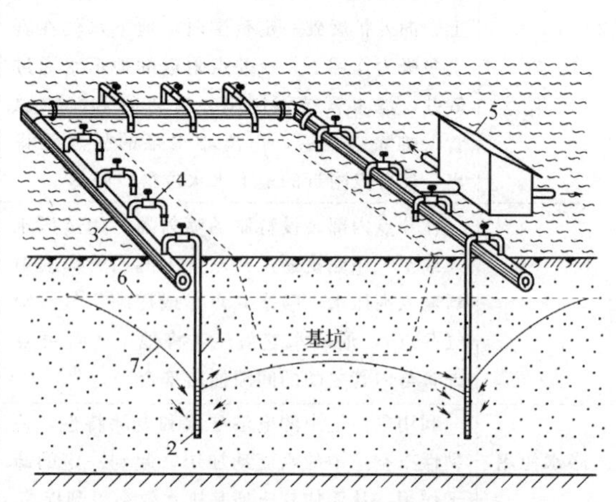

图 1-15 轻型井点降低地下水水位图

1—井点管；2—滤管；3—总管；4—弯联管；5—水泵房；6—原有地下水水位线；7—降低后地下水水位线

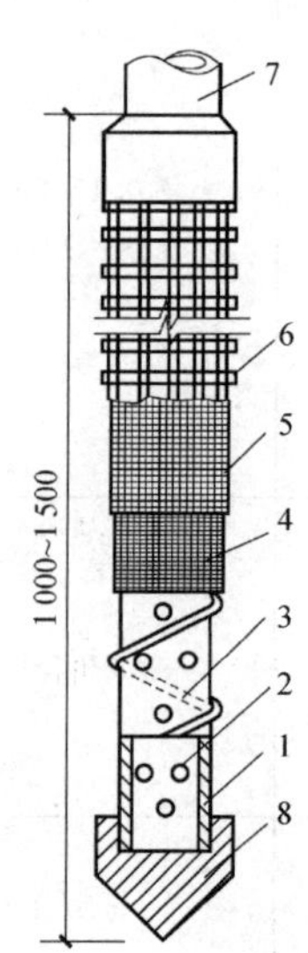

图 1-16 滤管构造

1—钢管；2—管壁上的小孔；3—缠绕的塑料管；4—细滤网；5—粗滤网；6—粗铁丝保护网；7—井点管；8—铸铁头

2. 轻型井点布置

轻型井点布置根据基坑平面形状及尺寸、基坑的深度、土质、地下水位高低及地下水流向、降水深度要求等因素确定。其布置内容包括平面布置和高程布置。

(1) 平面布置。当基坑宽度小于 6 m，降水深度不超过 5 m 时，可采用单排线状井点，布置在地下水上游一侧，两端延伸长度不小于基坑的宽度（图 1-17）。如基坑宽度大于 6 m 或土质不良时，宜采用双排线状井点布置。

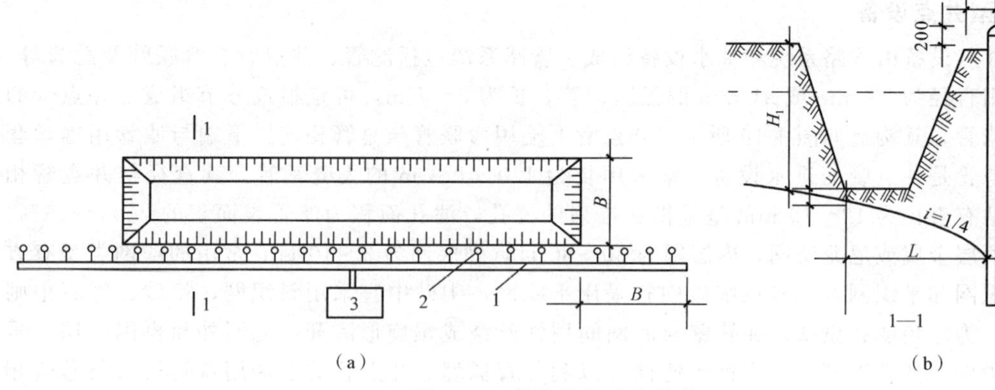

图 1-17 单排线状井点布置

(a) 平面布置；(b) 高程布置

1—总管；2—井点管；3—抽水设备

当基坑面积较大时宜采用环形井点（图 1-18）布置，井点管距离基坑 0.7～1.0 m，以防井点系统漏气。抽水井的间距一般为 0.8～1.5 m，在地下水补给方向和环形井点四角应适当加密。

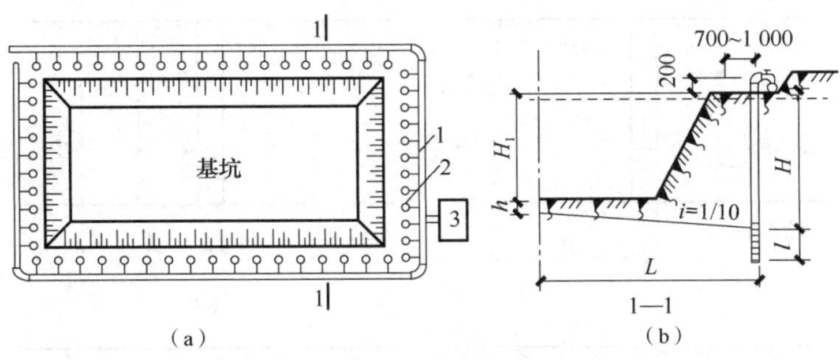

图 1-18　环形井点布置

(a) 平面布置；(b) 高程布置

1—总管；2—井点管；3—抽水设备

采用多套抽水设备时，井点系统应分段，各段长度应大致相等。分段地点宜选择在基坑转弯处，以减少总管弯头数量，提高水泵抽吸能力。水泵宜设置在各段总管中部，使水泵两边水流平衡。分段处应设阀门或将总管断开，以免管内水流紊乱，影响抽水效果。

(2) 高程布置。轻型井点的降水深度一般以不超过 6 m 为宜，井点管需要埋置深度 H_A（不含滤管）可按式（1-16）计算。

$$H_A \geqslant H_1 + h + iL \tag{1-16}$$

式中　H_A——井点管埋置深度（m）；

H_1——总管底面至基坑底面的距离（m）；

h——基坑底面至降低后的地下水水位线的距离，一般取 0.5～1.0 m；

i——水力坡度，单排线状井点为 1/4，环型井点为 1/10；

L——井点管距基坑中心的水平距离（单排井点为井点管至基坑另一边的水平距离）(m)。

根据式（1-16）算出的 H_A 值小于降水深度 6 m 时，可用一级井点；H_A 值稍大于 6 m 时，若降低井点管的埋设面后，可满足降水深度要求时，仍可采用一级井点；当一级井点达不到降水深度要求时，可采用二级井点或多级井点，即先挖去第一级井点所疏干的土，然后在其底部埋设第二级井点，如图 1-19 所示。通常井点管露出地面为 0.2～0.3 m，而滤管必须埋在含水层内。为了充分利用抽水能力，总管的布置标高宜接近地下水水位线，可先下挖部分土方，总管应具有 0.25% ～0.5%的坡度（坡向泵房）。

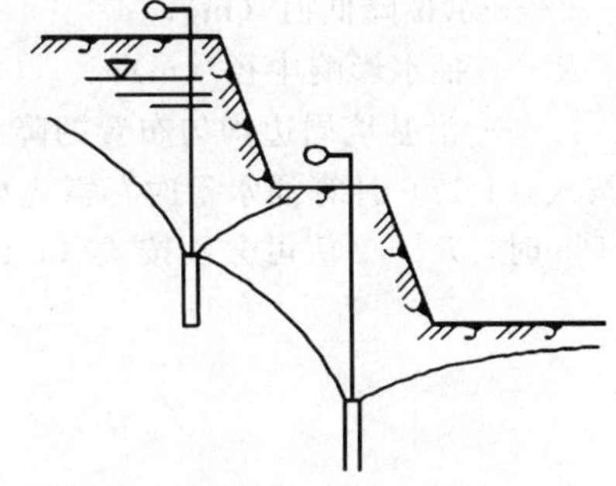

图 1-19　二级井点降水示意

3. 轻型井点计算

轻型井点的计算主要包括涌水量计算、井点管数量与间距的计算。

(1) 涌水量计算。井点系统涌水量受诸多不易确定的因素影响，计算比较复杂，难以得出精确值，目前一般按水井理论进行近似计算。

水井根据所抽取的地下水有无压力、井底是否达到不透水层，分为无压完整井［图 1-20（a）］、无压非完整井［图 1-20（b）］、承压完整井［图 1-20（c）］、承压非完整井［图 1-20（d）］。

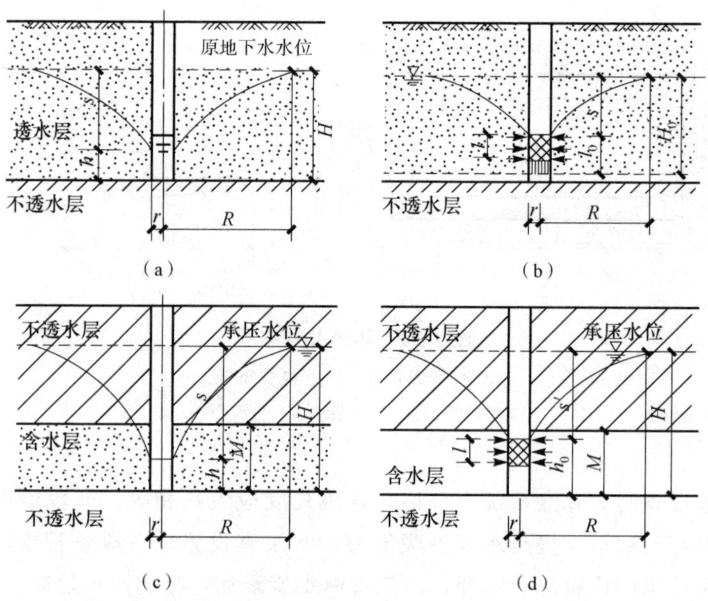

图 1-20　水井分类

（a）无压完整井；（b）无压非完整井；（c）承压完整井；（d）承压非完整井

无压完整井的环形井点系统［图 1-20（a）］，群井涌水量计算公式见式（1-17）。

$$Q=1.366K\frac{(2H-s)\ s}{\lg\ (R+r_0)\ -\lg r_0} \tag{1-17}$$

式中　Q——井点系统的涌水量（m^3/d）；

K——土的渗透系数（m/d）；

H——含水层厚度（m）；

s——水位降低值（m）；

R——抽水影响半径（m）；

r_0——沿基坑周边均匀布置的降水井群所围面积等效圆的半径（m）。

按式（1-17）计算涌水量时，需先确定 R、r_0、K 值。对于矩形基坑，其长度与宽度之比不大于 5 时，R、r_0 值可分别按式（1-18）和式（1-19）计算。

$$R=1.95s\sqrt{HK} \tag{1-18}$$

$$r_0=\sqrt{\frac{F}{\pi}} \tag{1-19}$$

式中　F——环状井点系统所包围的面积（m^2）。

土体渗透系数 K 值，对计算结果影响较大，必须准确确定。渗透系数一般可通过现场抽水试验和实验室测定。对于大型工程，为获取较为准确的 K 值，往往采用现场抽水试验，具体方法是在现场设置抽水孔，并在同一直线上设置观察井，根据抽水稳定后观察井的水深及抽水孔相应抽水量计算 K 值。

对于无压非完整井环状井点系统［图 1-20（b）］，地下潜水不仅从井的侧面流入，还从井点底部渗入，因此，涌水量较完整井大，计算较为复杂。为了简化计算，仍可采用式（1-17）

计算，但此时应将式中 H 换成有效抽水影响深度 H_0，即式（1-20）。H_0 值可按照表 1-7 确定，当计算得到 H_0 大于实际含水层厚度 H 时，仍取 H 值。

$$Q=1.366K\frac{(2H_0-s)s}{\lg(R+r_0)-\lg r_0} \tag{1-20}$$

表 1-7　有效抽水影响深度 H_0 值

$s'/(s'+l)$	0.2	0.3	0.5	0.8
H_0	$1.3(s'+l)$	$1.5(s'+l)$	$1.7(s'+l)$	$1.85(s'+l)$
注：s'为井点管中水位降落值，l 为滤管有效工作长度，当 $H_0>H$ 时，取 $H_0=H$，可按内插法计算				

对于承压完整井井点系统［图 1-20（c）］，涌水量的计算公式见式（1-21）。

$$Q=2.73\frac{KMs}{\lg(R+r_0)-\lg r_0} \tag{1-21}$$

式中　M——为承压含水层厚度（m），其余符号意义同式（1-17）。

对于承压非完整井井点系统［图 1-20（d）］，涌水量的计算公式见式（1-22）。

$$Q=2.73\frac{KMs}{\lg\frac{R+r_0}{r_0}+\frac{M-l}{l}\lg\frac{1+0.2M}{r_0}} \tag{1-22}$$

式中符号意义同前。

应用上述公式进行涌水量计算时，首先要确定井点系统的布置方式和基坑（槽）的计算图形面积。如果基坑（槽）的长宽比大于 5 或基坑（槽）宽度大于抽水影响半径的 2 倍，则需要将基坑（槽）划分为若干个计算单元，使其符合上述各公式的适用条件，然后分别计算各单元的涌水量和总涌水量。

(2) 井点管数量与间距计算。井点管数量确定前，要先确定单根井点管的出水量 q（m^3/d），这取决于滤管的构造和尺寸及土的渗透系数，可按照式（1-23）计算。

$$q=65\pi dl^3\sqrt{K} \tag{1-23}$$

式中　d——滤管内径（m）；

l——滤管长度（m）；

K——土的渗透系数（m/d）。

由涌水量和单根井点管的抽水量可以计算出井点管的最少根数：

$$n=1.1\frac{Q}{q} \tag{1-24}$$

式中，1.1 为备用系数，考虑井点管堵塞等因素。

井点管的间距 D 可由总管长度 L 和井点管的根数 n 得到

$$D=\frac{L}{n} \tag{1-25}$$

式中　L——总管长度（m）；

n——井点管的根数。井点管间距计算后，实际采用时应与总管上实际接头尺寸相适应，可选用 0.8 m、1.2 m、1.6 m、2.0 m 四种间距。

4. 轻型井点施工

轻型井点施工工艺：放线定位→挖井点沟槽→铺设总管→冲孔→安装井点管、灌填砂砾滤料、上部填黏土密封→用弯联管将井点管与总管接通→安装抽水设备与总管连通→安装集水箱和排水管→开动真空泵排气，再开动离心水泵试抽→抽水。

井点管常用的埋设方法是冲孔埋设法，这种方法分为冲孔和埋管两个过程（图 1-21）。冲孔时，先用起重设备将冲管吊起并插在井点的位置上，然后开动高压水泵，将土冲松，冲管边冲边沉。冲管应始终保持垂直、上下孔一致。冲孔直径一般为 300 mm，以保证管壁有一定厚度的砂滤层。冲孔深度应比滤管底深 0.5～1 m，以防拔出时部分土回落填塞滤管。

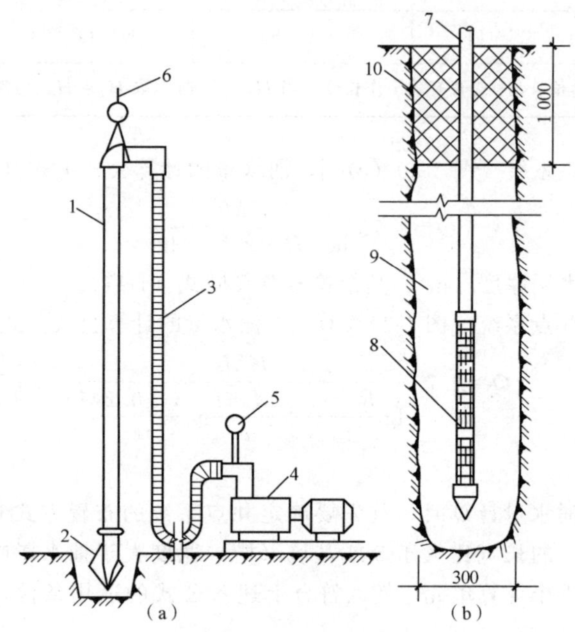

图 1-21　井点管埋设

(a) 冲孔；(b) 埋管

1—冲管；2—冲嘴；3—胶皮管；4—高压水泵；5—压力表；

6—起重机吊钩；7—井点管；8—滤管；9—填砂；10—黏土封口

冲孔完成后拔出冲管，立即插入井点管，并在井点管与孔壁之间迅速填灌砂滤层，以防孔壁塌土。砂滤层所用的砂一般为洁净的中粗砂，充填高度要达到滤管顶以上 1～1.5 m，以保证水流畅通，砂滤层灌好后，在地面以下 1 m 范围内应用黏土封口，以防止漏气。正常情况下，当灌填砂滤料时，井点管口应有泥浆水冒出；如果没有泥浆水冒出，应从井点管口向管内灌清水，测定管内水位下渗快慢情况，如下渗很快，表明滤管质量良好。

井点系统埋设完后应立即进行抽水试验，检查抽水设备是否正常，管路系统有无漏气。如发现漏气和漏水现象应及时处理，如发现“死井”（即井点管被泥砂堵塞），应用高压水反复冲洗或拔出重新沉设。

轻型井点使用时，一般应连续抽水。中途停抽、滤网易堵塞、地下水回升等会引起边坡坍塌等事故。

5. 防止地面沉降措施

轻型井点降水影响范围较大，影响半径可达百米甚至数百米，且会导致周围土壤固结而引起地面沉陷。特别在弱透水层和压缩性大的黏土层中降水时，由于地下水流造成的地下水水位下降、地基自重应力增加和土层压缩等原因，会产生较大的地面沉降，使周围建筑物、地下管线下沉或房屋开裂。因此，在建筑物附近进行井点降水时，在做好监测工作的同时还须阻止建筑物下地下水的流失。工程主要采取措施如下：

（1）在降水区域和原有建筑物、地下管线之间的土层中设置一道固体抗渗帷幕（如水泥搅拌桩、灌注桩加压密注浆桩、旋喷桩、地下连续墙），利用止水帷幕减少或切断坑外地下水的涌入，大大减小对周围环境的影响。

（2）场地外缘设置回灌系统也是有效的方法。回灌系统包括井点回灌和砂沟砂井回灌两种形式。井点回灌是在抽水井点设置线外 4～5 m 处，以间距 3～5 m 插入注水管，将井点中抽取的水经过沉淀后用压力注入管内，形成一道水墙，以防止土体过量脱水，而基坑内仍可保持干燥；砂沟砂井回灌是在降水井点与被保护的建（构）筑物之间设置砂井并作为回灌砂井，沿砂井布置一道砂沟，将降水井点抽出的水适时适量排入砂沟，再经砂井回灌到地下，实践证明也能收到良好的效果。

【例 1-1】 某工程设备基础施工，需要开挖图 1-22 所示的基坑，基坑底宽 10 m，长 15 m，深 4.1 m，边坡坡度为 1∶0.5。场地地质钻探表明，在靠近天然地面处有厚度 0.5 m 的黏土层，下面为厚度 7.4 m 的极细砂层，再下面是不透水的黏土层，现决定采用一套轻型井点设备进行人工降低地下水水位，然后开挖土方，试对该井点系统进行设计。

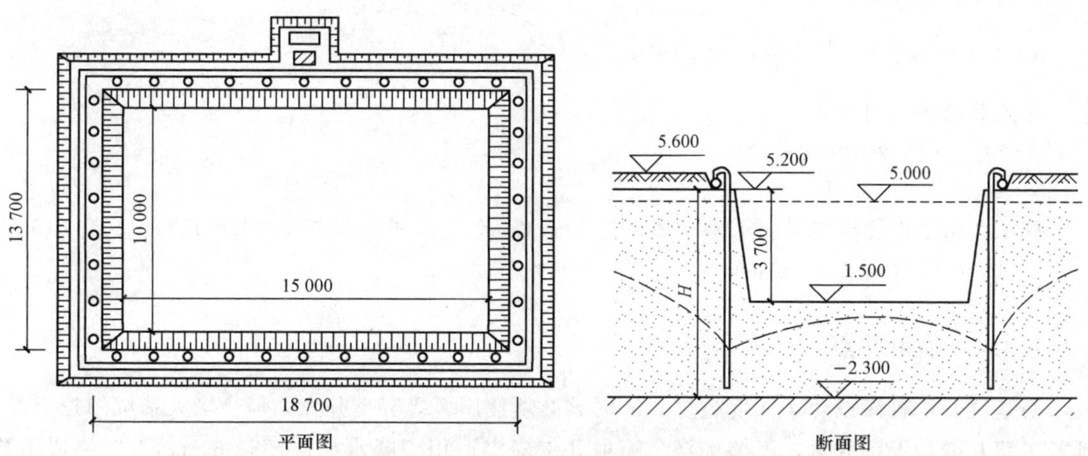

图 1-22　某设备基础基坑井点布置图

解：（1）井点系统布置。该基坑坑底尺寸为 10 m×15 m，边坡坡度为 1∶0.5，表层为 0.5 m 厚的黏土层，为使总管接近地下水水位，可以先挖出 0.4 m，在 5.200 m 处布置井点系统，那么在布置井点系统处的基坑尺寸为 13.7 m×18.7 m；考虑井点管距离基坑边 1 m，则井点管所围成的平面面积为 15.7 m×20.7 m；基坑的长宽比小于 5，且基坑的宽度小于 2 倍抽水影响半径 R，采用环形布置井点。

设采用 6 m 长井点管，且外露于埋设面 0.2 m。

要求的井点管埋深为 $H_A \geqslant H_1 + h + iL =$（5.2−1.5）+0.5+1/10×15.7/2=4.99（m），小于实际埋深（6−0.2）=5.8（m）。基坑中心降水深度 s=5.0−1.5+0.5=4.0（m），故采用一级井点系统即可。

再选用长度为 1.2 m 的滤管，则滤管底口标高为−1.800 m，距离不透水黏土层（−2.300 m 处）0.5 m，故此井点为无压非完整井。

(2) 涌水量计算。确定有效影响深度 H_0：

井点管中水位降落值 $s'=s+iL=4.0+(1/10\times15.7/2)=4.785$ (m)，$l=1.2$ m，由表 1-7 得：

$s'/(s'+l)=4.785/(4.785+1.2)=0.80$

$H_0=1.85(s'+l)=1.85\times(4.785+1.2)=11.07$ (m)

而含水层厚度为 $H=[5.0-(-2.3)]=7.3$ (m) $<H_0$，故 $H_0=H=7.3$ m（无压非完整井按照完整井计算）。

$R=1.95s\sqrt{HK}=1.95\times4.0\sqrt{7.3\times30}=115$ (m)

井点管数量和间距：

$$Q=1.366K\frac{(2H_0-s)s}{\lg(R+r_0)-\lg r_0}$$

$$=1.366\times30\times\frac{(2\times7.3-4)\times4}{\lg(115+10.17)-\lg10.17}=1\ 593.8\ (\mathrm{m^3/d})$$

取井点管直径为 38 mm，则单根井点管出水量为

$q=65\pi dl^3\sqrt{K}=65\times3.14\times0.038\times1.2^3\times\sqrt{30}=28.9$ ($\mathrm{m^3/d}$)

井点管的计算数量为

$$n=1.1\frac{Q}{q}=1.1\times\frac{1\ 593.8}{28.9}=61\ (根)$$

井点管的平均间距为

$$D=\frac{L}{n}=\frac{(15.7+20.7)\times2}{61}=1.19\ (\mathrm{m})$$

取 1.2 m，故实际布置：长边 (20.7/1.2+1)=19（根）（实长 21.6 m）；短边 (15.7/1.2)=13（根）（实长 15.6 m）。

1.4.4 喷射井点

当基坑开挖较深或降水深度超过 6 m 时，必须使用多级轻型井点，但会增大基坑的挖土量、延长工期并增加设备数量，不够经济。喷射井点降水适用于降水深度超过 6 m，土层渗透系数为 0.1～20 m/d 的弱透水层，其降水深度可达 20 m。

1. 喷射井点的主要设备

喷射井点根据其工作时使用的喷射介质不同，可分为喷水井点和喷气井点两种。其主要设备由喷射井点管、高压水泵（或空气压缩机）和管路系统组成，如图 1-23 所示。喷射井点管分内管和外管两部分，内管下端装有喷射器并与滤管相接。喷射器由喷嘴、混合室、扩散室等组成。为防止因停电、机械故障或操作不当而突然停止工作时的倒流现象，应在滤管的芯管下端设一个逆止球阀。喷射井点正常工作时，喷射器产生真空，芯管内出现负压，钢球浮起，地下水从阀座中间的孔进入井管。当井管出现故障真空消失时，钢球下沉堵住阀座孔，阻止工作水进入土层。高压水泵用 6SH6 型或 50S78 型高压水泵（流量为 140～150 $\mathrm{m^3/h}$，管扬程为 78 m）或多级高压水泵（流量为 50～80 $\mathrm{m^3/h}$，压力为 0.7～0.8 MPa）1～2 台，每台可带动 25～30 根喷射井点管。

管路系统包括进水、排水总管（直径为 150 mm，每套长为 60 m）、接头、阀门、水表、溢流管、调压管等管件、零件及仪表。常用喷射井点管的规格直径为 38 mm、50 mm、63 mm、100 mm、150 mm。

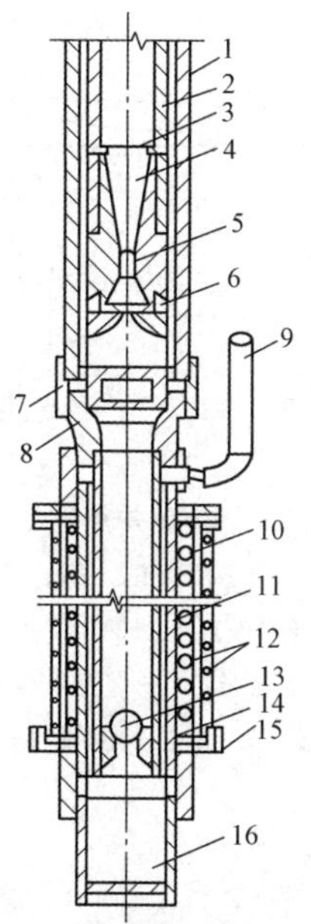

图 1-23　喷射井点管构造

1—外管；2—内管；3—喷射器；4—扩散管；5—混合管；6—喷嘴；7—缩节；8—连接座；9—真空测定管；10—滤管芯管；11—滤管有孔套管；12—滤管外缠滤网及保护网；13—逆止球阀；14—逆止阀座；15—护套；16—沉泥管

2. 喷射井点布置

喷射井点管的布置、埋设方法和要求与轻型井点基本相同。当基坑面积较大时，采用环形布置；当基坑宽度小于 10 m 时，采用单排线形布置；当基坑宽度大于 10 m 时，采用双排线形布置。喷射井点管间距一般为 2～3 m；采用环形布置，进出口（道路）处的井点间距为 5～7 m。冲孔直径为 400～600 mm，深度比滤管底深 1 m 以上。

1.4.5　电渗井点

在饱和黏性土中，特别是在淤泥和淤泥质黏土中，土的渗透系数很小（$K<0.1$ m/d），此时宜采用电渗井点降水。它是利用原有的井点管（轻型井点或喷射井点）作为阴极，沿基坑外围布置；以钢管（ϕ50～ϕ75 mm）或钢筋（ϕ25 mm 以上）作为阳极，埋在井点管内侧（图 1-24）。阳极埋设应垂直，严禁与相邻阴极相碰，阳极外露地面 200～400 mm，其入土深度应该比井点管深 500 mm，以保证降水能达到所需要的深度。阴阳极的间距一般为 0.8～1.0 m（轻型井点）或 1.2～1.5 m（喷射井点），并呈平行交错排列。阴阳电极的数量宜相等，有必要时阳极数量可多于阴极数量。工作电压不宜大于 60 V，土中通电时电流密度宜为 0.5～1.0 A/m^2。通入直流电后带负电荷的土颗粒自阴极向阳极移动（即电泳现象），使土体固结；带正电荷的孔隙水自阳极向阴极移动（即电渗现象）。在电渗和真空的双重作用下，强制土体中的水在井点管附近集聚，由井点管快速排出，井点管连续排水，地下水水位逐渐下降。通过电渗、电泳作用，能使阳极周围土体加密，防止黏土颗粒淤塞井点管的过滤网，保证井点正常抽水。本法与轻型井点或喷射井点结合使用，效果较好。

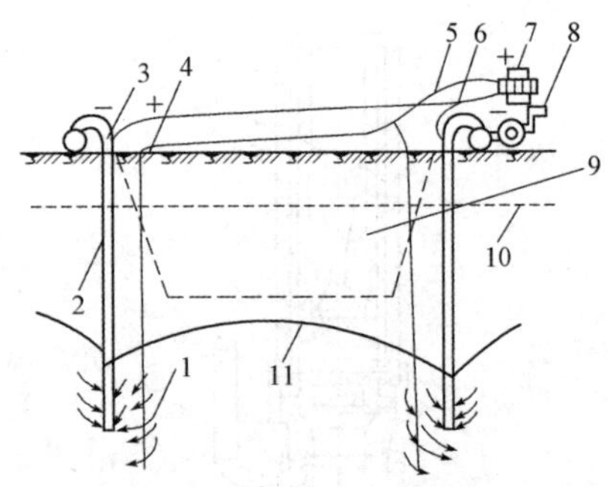

图 1-24　电渗井点布置示意

1—阳极；2—阴极；3—用扁钢、螺栓或电线将阴极连通；4—用钢筋或电线将阳极连通；5—阳极与发电机连接电线；6—阴极与发电机连接电线；7—直流发电机（或直流电焊机）；8—水泵；9—基坑；10—原有水位线；11—降水后的水位线

1.4.6　管井井点

在土体渗透系数较大（$K>20$ m/d）、地下水丰富的土层、砂层或用集水明排法易造成土颗粒大量流失，引起边坡塌方及用轻型井点难以满足要求的情况下可以采用管井井点降水。管井井点沿基坑每隔一定距离设置一个管井，每个管井单独用一台水泵不断抽水降低地下水水位。

管井井点主要机具设备由滤水井管、吸水管和抽水机械等组成（图 1-25）。滤水井管过滤部分用钢筋焊接骨架，外包孔眼为 1～2 mm 滤网，长 2～3 m，上部井管部分用直径为 200 mm 以上的钢管或塑料管；吸水管用直径为 50～100 mm 的钢管或胶皮管，插入滤水井管内，其底端应沉到管井吸水时的最低水位以下，并安装逆止阀，上端装设带法兰盘短钢管一节；水泵采用 BA 型或 B 型、流量为 10～25 m^3/h 的离心式水泵或自吸泵。每个井管装置一台，当水泵排水量大于单孔滤水井涌水量数倍时，可另加设集水总管，将相邻的相应数量的吸水管连成一体，共用一台水泵。

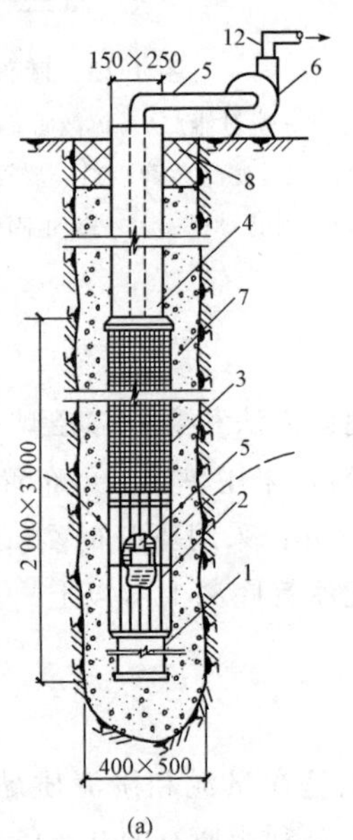

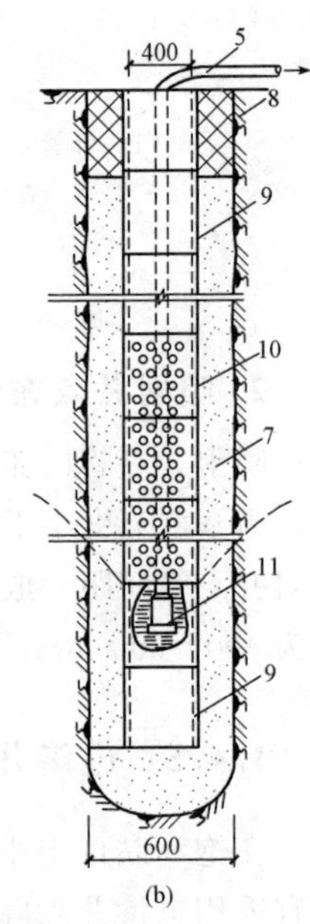

图 1-25　管井井点示意

(a) 钢管管井；(b) 混凝土管管井

1—沉砂管；2—钢筋焊接骨架；3—滤网；4—管身；5—吸水管；6—离心泵；7—小砾石过滤层；8—黏土封口；9—混凝土实管；10—混凝土过滤管；11—潜水泵；12—出水管

管井井点降水可采取基坑外围四周呈环形布置，或沿基坑（或沟槽）两侧或单侧呈直线形布置。井中心距基坑（槽）边缘的距离，当用冲击钻时为 0.5～1.5 m；当用钻孔法成孔时不小于 3 m。管井埋设的深度，一般为 8～15 m，间距为 10～15 m，降水深为 3～5 m。管井埋设可采用泥浆护壁冲击钻成孔或泥浆护壁钻孔方法成孔，钻孔孔径比管外径大 200 mm。钻孔底部应比滤水井管深 200 mm 以上。井管下沉前应进行清洗滤井，冲除沉渣，可灌入稀泥浆用吸水泵抽出置

换，或用空压机洗井法，将泥渣清出井外，并保持滤网的畅通，然后下管。滤水井管应置于孔中心，下端用圆木堵塞管口，井管与孔壁之间用 3～15 mm 厚的砾石填充作过滤层，地面以下 0.5 m 用黏土填充夯实。水泵的设置标高应根据降水深度和选用水泵最大真空吸水高度而定，一般为 5～7 m，当吸程不够时，可将水泵设在基坑内。管井使用时，应经试抽水，检查出水是否正常，有无淤塞等现象；如情况异常，应检修好后方可转入正常使用。抽水过程中，应经常对抽水设备的电动机、传动机械、电流、电压等进行检查，并对井内水位下降和流量进行观测和记录。井管使用完毕，可在井口周围挖 0.3 m 深，使管头外露，用钢丝绳将管口套紧，利用起重设备将井管徐徐拔出，将滤水井管洗去泥砂后储存备用，所留孔洞用砂砾填实，上部 0.5 m 深用黏土填充夯实。

本法具有设备较为简单、排水量大、可代替多组轻型井点作用、水泵设在地面、易于维护等特点。本法适用于渗透系数较大，地下水丰富的土层、砂层，或明沟排水法易造成土颗粒大量流失，引起边坡塌方及用轻型井点难以满足降水要求的情况。但管井属于重力排水范畴，吸程高度受到一定限制，降水深度仅为 3～5 m。

1.5　土方的机械化施工

在土方工程的开挖、运输、填筑、压实等施工过程中，应尽可能采用机械化和先进的作业方法，以减轻繁重的体力劳动，加快施工进度，提高生产率。

1.5.1　土方的开挖与运输

土方工程施工机械的种类很多，常用的有推土机、铲运机、挖土机、装载机、自卸汽车和碾压夯实机械等。应合理选择土方施工机械，充分发挥机械效能，并使各种机械在施工中配合协调，加快施工进度。

1. 推土机

推土机是由拖拉机和推土铲刀组成，如图 1-26 所示。推土机按行走方式可分为履带式和轮胎式两种；推土机按铲刀操作机构又可分为液压操纵和索式操纵两种。索式推土机的铲刀借其自重切土，在硬土中切入深度较小；液压式推土机由液压操纵，能使铲刀强制切入土中，切入深度较大，且铲刀可以调整推土板的角度，工作时具有更大的灵活性。

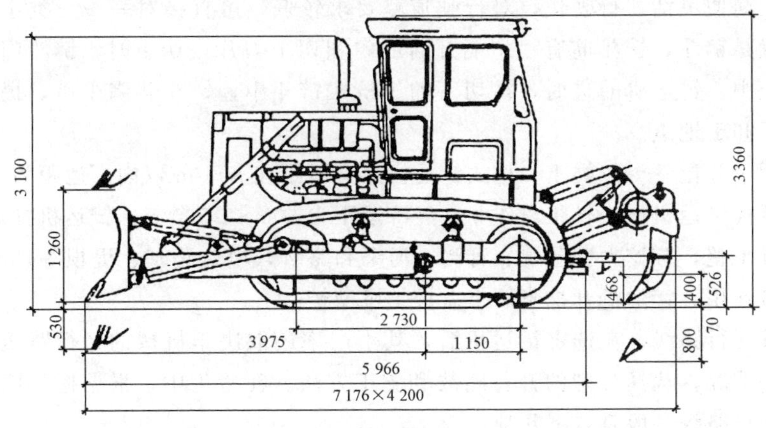

图 1-26　推土机

推土机能够独立完成挖土、运土和卸土工作。其具有操纵灵活、运转方便、工作面小、功率大、行驶快等特点。多用于场地清理、平整基坑、沟槽的回填，推土机适合开挖深度和筑高在 1.5 m 内的基坑、路基、堤坝作业，以及配合铲运机、挖土机的工作。此外，将其铲刀卸下后，还能牵引其他无动力施工机械。

推土机可推挖一～三类土，经济运距在 100 m 以内，效率最高运距为 30～60 m。推土机生产率主要取决于推土刀推移土的体积及切土、推土、回程等工作的循环时间。为了提高生产率，施工中常采取下坡推土、并列推土和槽形推土等作业方法。

2. 铲运机

(1) 铲运机技术性能和特点。铲运机是一种能够单独完成铲土、装土、运土、卸土、压实的土方机械。铲运机按行走方式可分为自行式铲运机（图 1-27）和拖式铲运机（图 1-28）两种；按铲斗操纵系统不同可分为液压操纵和钢丝绳操纵两种。

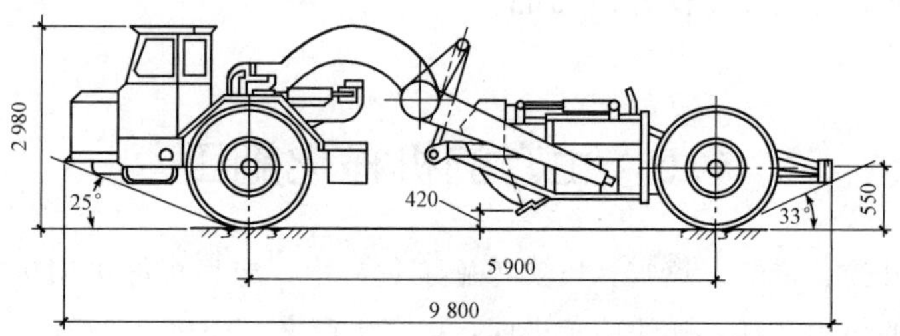

图 1-27　自行式铲运机

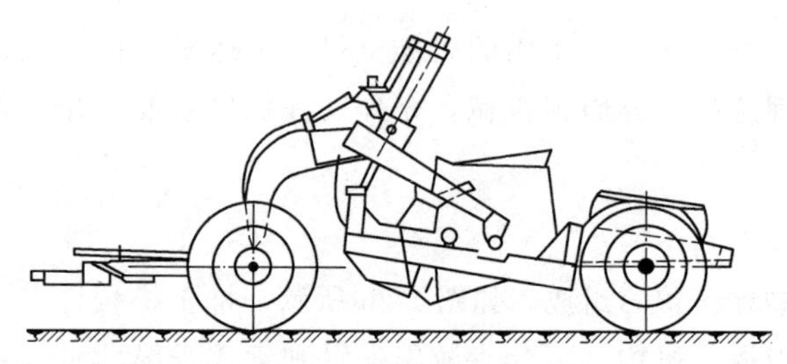

图 1-28　拖式铲运机

铲运机操作简便灵活，行驶快，对行驶道路要求较低，可直接对一～三类土进行铲运。它的主要工作装置是铲斗，铲斗前有一个能开启的门和切土刀片。切土时，铲斗门打开，铲斗下降，刀片切入土中。铲运机前进时，被切下的土挤入铲斗中，铲斗装满土后，提起土斗，放下斗门，将土运至卸土地点。

铲运机适用于开挖一～三类土。拖式铲运机适宜运距在 800 m 以内，运距为 200～350 m 时效率最高，自行式铲运机适于长距离作业，经济运距为 800～1 500 m。铲运机常用于坡度 20°以内的大面积土方平整，开挖大型基坑、管沟、河渠和路堑，填筑路基、堤坝等，不适于砾石层、冻土及沼泽地带使用。铲运机开挖坚硬土需推土机助铲。

(2) 铲运机开行路线。在选定铲运机后，其生产率还取决于机械的开行路线。为提高铲运效率可根据现场情况，选择合理的开行路线和施工方法。在施工中，根据挖、填区的分布情况不同，铲运机开行路线一般有以下几种：

1）环形路线：当施工地段较短，地形起伏不大时，采用小环形路线［图 1-29（a）、（b）］，这种路线每一次循环完成一次铲土卸土。当挖填交替，挖填之间的距离又较短时，可采用大环形路线［图 1-29（c）］，这种路线每一次循环能完成多次铲土和运土，从而减少铲运机的转弯次数，提高工作效率。另外，施工时应常调换方向，以避免机械行驶部分的单侧磨损。

2）“8”字形路线：当地势起伏较大，施工地段又较长时，可采用“8”字形开行路线［图 1-29（d）］，这种开行路线每一次循环完成两次铲土和卸土，减少了转弯次数和运距，因而节约了运行时间，提高了生产效率。这种运行方式在同一循环中两次转运方向不同，还可以避免机械行驶部分的单侧磨损。

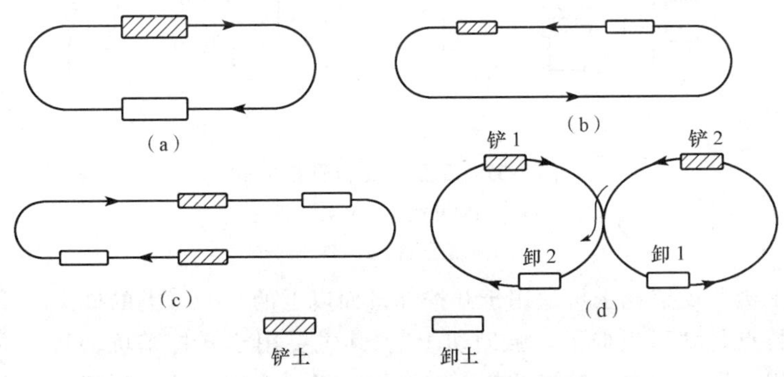

图 1-29 铲运机开行路线

（a）、（b）小环形路线；（c）大环形路线；（d）“8”字形路线

3. 挖土机

挖土机（又称挖掘机）是基坑（槽）开挖的常用机械，当施工高度较大，土方量较多时，可配自卸汽车进行土方运输。挖土机按其工作装置和工作方式可分为正铲、反铲、拉铲和抓铲四种（图 1-30）；按行走方式可分为履带式和轮胎式两种；按操纵机构可分为机械式和液压式两种。由于液压传动具有很大优越性，因而普遍使用。

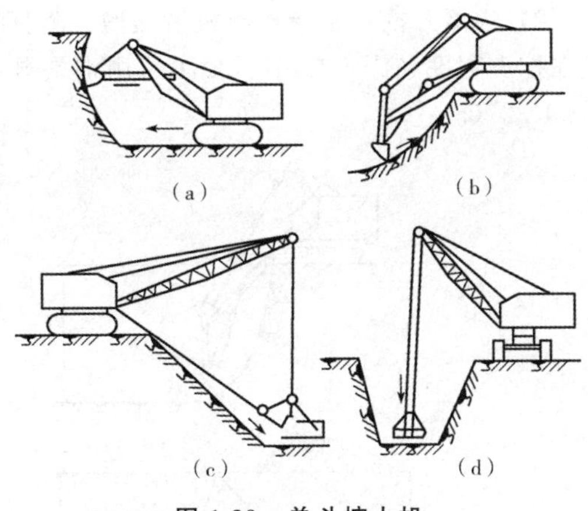

图 1-30 单斗挖土机

（a）正铲；（b）反铲；（c）拉铲；（d）抓铲

（1）正铲挖土机。一般仅用于开挖停机面以上的土，其挖掘力大，效率高，适用于含水量不大于 27%的一～四类土。它可直接往自卸汽车上装土，进行土外运。其作业特点是“前进向上，强制切土”。由于挖掘面在停机面的前上方，因此，正铲挖土机适用于开挖大型、低地下水水位且排水通畅的基坑及土丘等。

根据挖土机的开挖路线与运输机械相对位置的不同，正铲挖土机作业方式主要有侧向装土法和后方装土法。侧向装土法是挖土机沿前进方向挖土，运输工具停在侧面装土［图 1-31（a）］。由于卸土动臂回转角度小，运输机械行驶方便，生产率高，故应用较广。后方装土法是挖土机沿前进方向挖土，运输机械停在挖土机后面装土［图 1-31（b）］。这时卸土动臂回转角度大，装车时间长，生产效率低，且运输车辆需要倒车。因此，其只适用于开挖工作面狭小且较深的基坑。

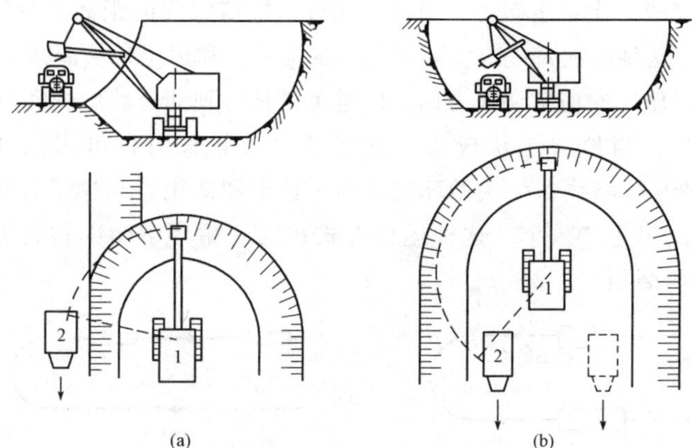

图 1-31　正铲挖土机开挖方式

(a) 侧向开挖；(b) 正向开挖

1—正铲挖土机；2—自卸汽车

(2) 反铲挖土机。反铲挖土机适用于开挖停机面以下的一～三类的砂土和黏性土，作业特点是“后退向下，强制切土”。其主要用于开挖基坑、基槽或管沟；也可用于地下水水位较高处的土方开挖，经济合理的挖土深度为3～5 m。挖土时可与自卸汽车配合，也可以就近弃土。其作业方式有沟端开挖与沟侧开挖两种。

视频 1.3：独立柱基开挖

1) 沟端开挖：是指挖土机停在沟端，向后倒退挖土，汽车停在两旁装土［图 1-32 (a)］。

2) 沟侧开挖：是指挖土机沿沟槽一侧直线移动，边走边挖，将土弃于距离基槽较远处。一般在挖土宽度和深度较小、无法采用沟端开挖或挖土不需要运走的情况下采用这种作业方式［图 1-32 (b)］。

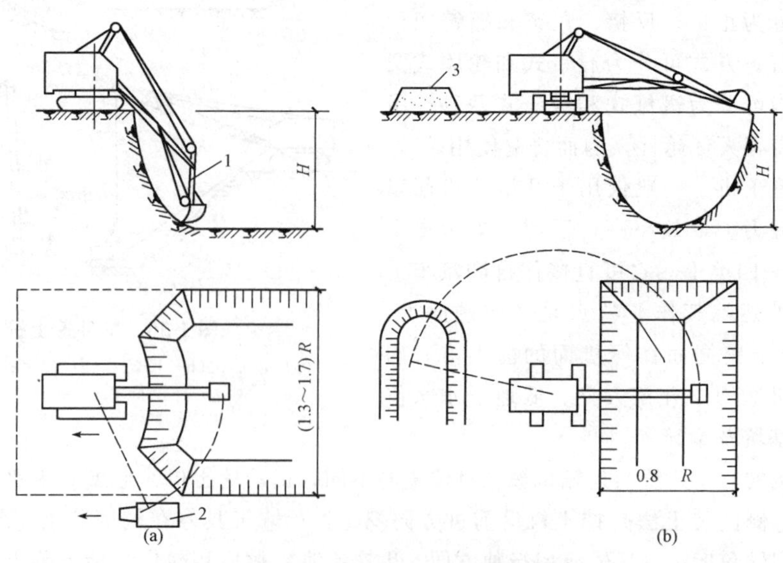

图 1-32　反铲挖土机开挖方式

(a) 沟端开挖；(b) 沟侧开挖

1—反铲挖土机；2—自卸汽车；3—弃土堆

(3) 拉铲挖土机。拉铲挖土机施工时，依靠土斗自重及拉索拉力切土。适用于开挖停机面以下的一～三类土。其作业特点是“后退向下，自重切土”。其开挖深度和半径较大，常用于较大基坑（槽）、沟槽、大型场地平整和挖取水下泥土的施工。工作时一般直接弃土于附近。拉铲挖土机的作业方式与反铲挖土机相同，有沟端开挖和沟侧开挖两种。

(4) 抓铲挖土机。抓铲挖土机是在挖土机臂端用钢丝绳吊装一个抓斗。其作业特点是直上直下，自重切土。抓铲挖土机挖掘力较小，能开挖停机面以下的一～二类土。其适用于开挖较松软的土，特别是在窄而深的基坑、深槽、深井采用抓铲挖土机效果较好；抓铲挖土机还可用于疏通旧有渠道及挖取水中淤泥，或用于装卸碎石、矿渣等松散材料。

4. 挖土机与汽车配套计算

在土方工程中，挖土机挖出的土方要求运土车辆及时运走，所以为达到各种配套机械的配合协调，充分发挥其效能，在施工前应确定出各种机械的数量。现以挖土机配以自卸汽车为例说明机械配套的计算方法。

视频 1.4：挖土机与铲运机配合

(1) 挖土机数量的确定。挖土机数量（N）根据土方量大小、工期长短、经济效果按式（1-26）计算。

$$N=\frac{Q}{p}\times\frac{1}{T\cdot C\cdot K} \tag{1-26}$$

式中　N——挖土机数量（台）；

Q——挖土总量（m^3）；

p——挖土机生产效率（m^3/台班）；

T——工期（工日）；

C——每天工作班数；

K——时间利用系数（0.8～0.9）。

式（1-26）中挖土机生产效率 p，可查定额确定，也可按式（1-27）计算。

$$p=\frac{8\times 3\ 600}{t}\times q\times\frac{K_C}{K_S}\times K_B \tag{1-27}$$

式中　t——挖土机每次循环作业延续时间（s），即开挖一斗的时间。对 W_1-100 正铲挖土机为 25～40 s，对 W_1-100 拉铲挖土机为 45～60 s；

q——挖土机斗容量（m^3）；

K_S——土的最初可松性系数；

K_C——土斗的充盈系数，可取 0.8～1.1；

K_B——工作时间利用系数，一般为 0.7～0.9。

在实际工作中，如挖土机的数量已确定时，也可按式（1-26）来计算工期（T）。

(2) 自卸汽车配合数量计算。为了使挖土机械充分发挥生产能力，应使运土车辆的载重量与挖土机的每斗土重保持一定的倍数关系，并有足够数量车辆以保证挖土机械连续工作。从挖土机方面考虑，汽车的载重量越大越好，可减少等待车辆调头时间。从车辆方面考虑，载重量小的车辆台班费便宜，但使用数量多；载重量大的车辆，则台班费高，但数量可减少。最适合的车辆载重量应当是使土方施工单价为最低，可通过核算确定。一般情况下，汽车载重量以每斗土重的 3～5 倍为宜。自卸汽车数量（N'）应保证挖土机能连续工作，可按式（1-28）计算。

$$N'=\frac{T_S}{t_1} \tag{1-28}$$

式中　N'——自卸汽车的数量（台）；

T_S——自卸汽车每一工作循环的延续时间（min）；

t_1——自卸汽车每次装车时间（min）。

1.5.2 基坑开挖方式

基坑开挖前，应在平整好的拟建场地进行房屋定位和标高引测，定出挖土边线和进行放灰线工作。而后根据基坑开挖深度、土质好坏、支护结构设计、降排水要求及季节性变化等不同情况，确定开挖方案。有内支撑的基坑开挖，应遵循“先撑后挖，限时支撑，分层开挖，严禁超挖”的原则。基坑（槽）开挖有人工开挖和机械开挖，对于大型基坑应优先考虑机械化施工。基坑土方开挖的常用开挖方法包括下坡分层开挖、盆式开挖和岛式开挖。

基坑开挖施工要点如下：

（1）应根据地下水水位、机械条件、进度要求等合理选用施工机械，以充分发挥机械效率，节省机械费用，加快工程进度。

（2）土方开挖前应制订开挖方案，绘制开挖图，包括确定开挖路线、顺序、范围、基底标高、边坡坡度、排水沟、集水井位置，以及挖出的土方堆放地点等。

（3）基底标高不一时，可采取先整片挖至平均标高，再挖较深部位。当一次开挖深度超过挖土机最大挖掘高度时，宜分层开挖，并修筑坡道，以便挖土及运输车辆进出。

（4）应有人工配合修坡和清底，将松土清至机械作业半径范围内，再用机械掏取运走。大基坑宜另配一台推土机清土、送土、运土。

（5）挖掘机、运土汽车进出基坑的运输道路，应尽量利用基础一侧或地下车库坡道部位作为运输通道，以减少挖土量。

（6）软土地基或在雨期施工时，大型机械在坑下作业，需铺垫钢板或铺路基箱垫道。

（7）对某些面积不大、深度较大的基坑，应尽量不开或少开坡道，采用机械接力挖运土方，或采用长臂挖土机作业，并使人工与机械合理地配合挖土。

（8）机械开挖时，基底及边坡应预留 200～300 mm 厚的土层用于人工清底、修坡、找平，以保证基底标高和边坡坡度正确，避免超挖和土层遭受扰动。

（9）基坑挖好后，应紧接着进行下一工序，尽量减少暴露时间。否则，基坑底部应保留 100～200 mm 厚的土暂时不挖，作为保护，待下一工序开始前再挖至设计标高。

（10）经钎探、验槽（必要时还需进行地基处理）满足要求后，方可进行基础施工。

1.6 土方的填筑与压实

为保证工程质量，填土必须满足强度和稳定性要求。施工中应保证土方填筑质量和施工进度及经济效益。

1.6.1 土料的选择和填筑要求

1. 土料的选择

填方土料应符合设计要求，如无设计要求时应符合下列规定：

(1) 碎石类土、爆破石渣（粒径不大于每层铺土厚度 2/3)、砂土可用作表层以下的填料。

(2) 含水量符合压实要求的黏性土可用作各层填料。

(3) 淤泥和淤泥质土一般不能用作填料，但在软土或沼泽地，经过处理，含水量符合压实要求后，可用于填方中的次要部位。冻土、膨胀土也不应作为填方土料。

(4) 对含有大量有机物、水溶性硫酸盐含量大于 5%的土，仅可用于无压实要求的填土。因为地下水会逐渐溶解硫酸盐形成孔洞，影响土的密实度。

2. 填筑要求

填土应分层进行，每层按规定厚度填筑、压实，经检验合格后，再填筑上层。土方填筑最好用原土回填，不能将各种土混杂在一起填筑。如果采用不同类土，应将透水性较大的土层置于透水性较小的土层下面。

视频 1.5：土方回填

深浅坑（槽）相连时，应先填深坑（槽)，相平后与浅坑全面分层填夯。如果采取分段填筑，交接处应填成阶梯形。墙基及管道回填应在两侧用细土同时均匀回填、夯实，防止墙基及管道中心线位移。

回填土每层夯实后，应按规范规定进行环刀取样，测出土的干密度，达到要求后再铺上一层土。填土全部完成后，应进行表面拉线找平，凡高出允许偏差的地方应依线铲平；低于规定高程的地方应补填夯实。

基坑（槽）的回填应连续进行尽快完成。施工中应防止雨水流入，若遇雨淋浸泡，应及时排除积水，晾晒干后再进行施工，尽量避免冬期施工。若在冬期施工，要严格控制土的含水量和虚铺厚度（一般减少 20%～25%)。

1.6.2 填土压实方法

1. 填土的方法

土方回填分为人工填土与机械填土两种方法。

(1) 人工填土方法。用手推车送土，用铁锹、耙、锄等工具进行回填土。填土应从场地最低部分开始，由一端向另一端自下而上分层铺填。每层虚铺厚度，用人工木夯夯实时不大于 20 cm，用打夯机械夯实时不大于 25 cm。

(2) 机械填土方法。

1) 推土机填土。填土应由下而上分层铺填，每层虚铺厚度不宜大于 30 cm。大坡度堆填土，不得居高临下，不分层次，一次堆填。推土机运土回填可采用分堆集中，一次运送方法，分段距离为 10～15 m。土方推至填方部位时，提起一次铲刀，向前行驶 0.5～1.0 m，利用推土机后退时将土刮平。用推土机来回行驶进行碾压，履带应重叠宽度的 1/2。

2) 铲运机填土。铲运机铺填土区段长度不宜小于 20 m，宽度不宜小于 8 m。铺土应分层进行，每次铺土厚度不大于 30～50 cm（视压实机械而定)，每层铺土后，利用空车返回时将地表面刮平。

3) 汽车填土。自卸汽车卸土须配推土机推土、摊平。每层铺土厚度不大于 30～50 cm（视压实机械而定)，可利用汽车行驶做部分压实工作，行车路线须均匀分布于填土层上。

2. 填土压实的影响因素

影响填土压实质量的主要因素有压实功（压实遍数）、土的含水量及每层铺土厚度。

（1）压实功的影响。压实机械在填土压实中所做的功简称压实功。填土压实后的密度与压实机械在其上所做的压实功有一定的关系（图 1-33）。

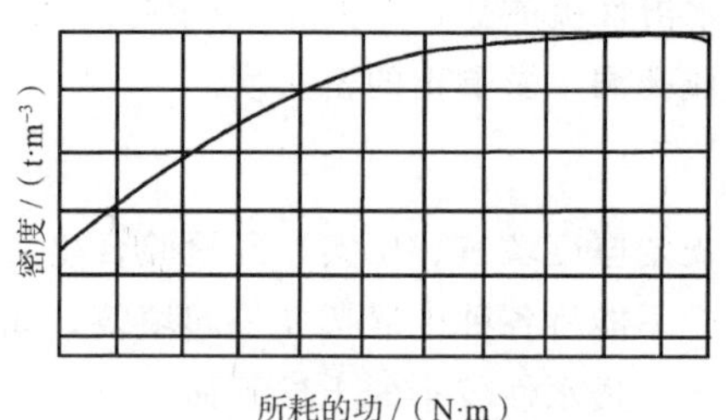

图 1-33 土的密度与压实功的关系

当土的含水量一定，在开始压实时，土的密度急剧增加，待到接近土的最大密度时，压实功虽然增加许多，但土的密度没有多大变化，所以施工时，应根据土的种类、压实密度要求和压实机械来决定填土压实的遍数。压实松土时，如用重碾直接滚压，则起伏过于强烈，效率降低，所以，先用轻碾（压实功小）压实，再用重碾碾压，则可取得较好的压实效果。

（2）含水量的影响。在同一压实功条件下，填土的含水量对压实质量有显著影响。较为干燥的土颗粒之间比较疏松，土中孔隙大多互相连通，水少而气多。在一定的压实功作用下，虽然土体孔隙中气体易被排出，但水膜润滑作用不明显，压实功不易克服土颗粒之间的引力，土颗粒不易相对移动，因而不易压实。当含水量超过一定限度时，孔隙中出现了自由水，且无法排出，压实功部分被自由水抵消，减小了有效作用，压实效果依然会降低。当土的含水量适当时，土颗粒之间的引力缩小，水又起了润滑作用，压实功比较容易使土颗粒移动，压实效果好。不同种类土壤都有其最佳含水量，土在这种含水量条件下，使用同样压实功进行压实，所得到土密度最大时的含水量称为最佳含水量。各种土的最佳含水量和最大干密度关系如图 1-34 所示。工地简单检验黏性土含水量的方法一般是以手握成团落地开花为宜。

土的最佳含水量和最大干密度由击实试验取得。一般砂土的最佳含水量为 8%～12%，粉土为 16%～22%，粉质黏土为 18%～21%，黏土为 19%～23%。施工中，土料的含水量与其最佳含水量之差可控制在 2%～4%（使用振动碾压时，控制在 2%～6%）。

为了保证填土在压实过程中处于最佳含水量状态，当含水量过大时，应采取翻松、晾干、风干、换土回填、掺入干土或其他吸水材料等措施；如土料过干，则应预先洒水润湿，补充水量。

（3）铺土厚度的影响。土在压实功作用下，其应力随土层深度增大而减小（图 1-35）。其影响深度与压实机械、土的性质和含水量有关。在压实过程中，土密度表层大，而随深度加大而逐渐减小，覆土厚度应小于压实机械压土时的作用深度，所以不宜过厚；如果过薄，机械总压实遍数也会增加。因此，最佳铺土厚度可使土方压实而机械功耗最少。每层铺土厚度可参见表 1-8。

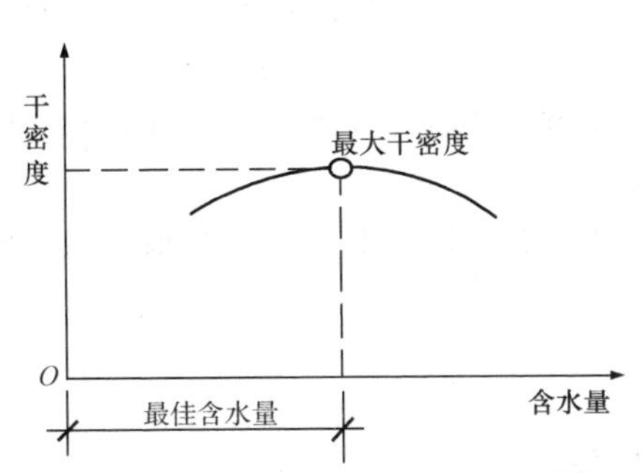

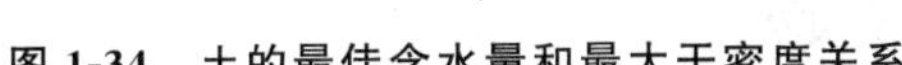

图 1-34　土的最佳含水量和最大干密度关系

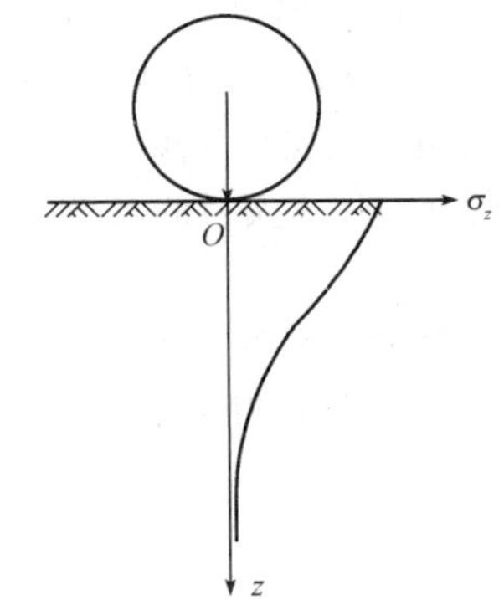

图 1-35　压实作用沿深度的变化

表 1-8　填土施工时的分层厚度及压实遍数

压实机具	每层铺土厚度/mm	每层压实遍数/遍
平碾	250～300	6～8
振动压实机	250～350	3～4
柴油打夯机	200～250	3～4
人工打夯	＜200	3～4

为了保证压实质量，提高压实机械的生产率，重要工程应根据土质和所选用的压实机械在施工现场进行压实试验，以确定达到规定密实度所需的压实遍数、铺土厚度及最优含水量。

3. 填土压实的方法

具体方法有碾压法、夯实法和振动压实法。平整场地等大面积填土采用碾压法，较小面积施工采用夯实法；振动压实法对非黏性土效果更好。

（1）碾压法。碾压法是利用机械滚轮的压力压实填土，常采用压路机碾压。压路机有钢轮和胶轮等形式，按质量分为轻型、重型等多种型号；按碾压方式分为平碾、羊足碾和振动碾。羊足碾产生的压强较大，对黏性土压实效果好。振动碾能力强、效率高。碾压时，对松土应先用轻碾初步压实，再用重碾或振动碾压，否则易造成土层强烈起伏，影响效率和效果。

（2）夯实法。夯实法是利用冲击力来夯实土壤。夯实机械有重锤、内燃夯土机和蛙式打夯机、电动立夯机等机械。夯锤是借助起重机悬挂重锤进行夯土的夯实机械，适用于夯实砂性土、湿陷性黄土、杂填土及含有石块的填土。小型打夯机由于其体积小，质量轻，构造简单，机动灵活、实用、操纵方便、夯击能量大，夯实工效较高，在建筑工程中较为常用。

（3）振动压实法。振动压实法是通过振动力，使土颗粒发生相对位移而达到紧密状态。此外，振动压路机是一种振动和碾压同时作用的高效能压实机械，比一般压路机功效提高 1～2 倍。

1.6.3　填土压实的质量检验

填土压实后必须达到要求的密实度，密实度应按设计规定的压实系数 λ_c 作为控制标准，压实系数 λ_c 为土的控制干密度与最大干密度之比（即 $\lambda_c=\rho_d/\rho_{max}$）。压实系数一般由设计单位根据工程性质、使用要求及土的性质确定，如作为承重结构的地基，在持力层范围内，λ_c 应大于 0.96；在持力层范围以下，应为 0.94～0.95；一般场地平整应为 0.9 左右。

检查土的实际干密度，可采用环刀法取样，其取样组数：基坑回填及室内填土，每层按100～500 m² 取样一组（且不少于一组）；柱基回填，每层抽样基总数的10%，且不应少于5组；基槽或管沟回填，每层按长度20～50 m取样一组；场地平整填土，每层按400～900 m² 取样一组。取样部位在每层压实后的下半部。试样取出后，测定其实际干密度 ρ'_d(g/cm³)，应满足

$$\rho'_d \geqslant \lambda_c \rho_{max} \tag{1-29}$$

填土压实后的干密度，应有90%以上符合设计要求。其余10%的最低值与设计值的差不得大于0.08 g/cm³，且不得集中。

思考题

1. 土方工程的土按什么进行分类？分为哪几类？各用什么方式开挖？
2. 土的可松性对土方施工有何影响？
3. 土的工程性质有哪些？它们对土方工程施工有何影响？
4. 什么是土的密实度？它与土的含水量有什么关系？
5. 试述场地设计标高的确定方法和步骤。
6. 对场地设计标高 H_0 进行调整，应考虑哪些因素？
7. 土方边坡坡度是什么？
8. 试述土方边坡的形式、表示方法及影响边坡稳定的因素。
9. 什么是流砂现象？分析流砂形成的原因。
10. 防治流砂的途径和方法有哪些？
11. 试述轻型井点系统的组成及设备。
12. 如何进行轻型井点系统的平面布置与高程布置？
13. 试述井点降水法的种类及适用范围。
14. 常用的深基坑支护有哪些？
15. 试述土层锚杆支护结构的施工工艺。
16. 试述土钉墙支护结构的施工工艺。
17. 常用的土方机械有哪些？试述其工作特点、适用范围。
18. 单斗挖土机有哪几种类型？正铲挖土机的开挖方式有哪几种？

第2章 地基处理与桩基础工程

课程导学

熟悉地基的概念；熟悉地基加固的原理，掌握常见地基加固施工中的材料要求、构造要求、施工要点、质量检查要求；熟悉桩基础的分类，掌握各类预制桩的制作、起吊、运输要求和沉桩施工工艺；掌握常见的灌注桩的施工原理，能够正确选择施工工艺；掌握桩基工程的质量要求。

2.1 地基处理及加固

任何建筑物都必须有可靠的地基和基础。建筑物的全部质量（包括各种荷载）最终将通过基础传给地基，所以，对某些地基的处理及加固就成为基础工程施工中的一项重要内容。在施工过程中发现地基土质过软或过硬，不符合设计要求时，应本着使建筑物各部位沉降量趋于一致，以减小地基不均匀沉降的原则对地基进行处理。

建筑物对地基的基本要求：无论是天然地基还是人工地基，均应保证其具有足够的强度和稳定性，在荷载作用下地基土不发生剪切破坏或丧失稳定；不产生过大的沉降或不均匀的沉降变形，以确保建筑物的正常使用。

地基处理是指为提高地基承载力，改善其变形性质或渗透性质，而采取人工处理地基的方法。地基处理除应满足工程设计要求外，还应做到因地制宜、就地取材、保护环境和节约资源等。

地基处理是涉及面广、影响因素多、技术复杂的工程技术问题。其涉及地基土的强度与稳定性，地基的压缩与变形，水文地质条件，软弱下卧层，动力荷载作用下的液化、失稳和震陷等问题，必须根据不同情况采取不同处理方法。常用人工地基处理方法有换填法、强夯地基、重锤夯实地基、振冲地基、水泥土搅拌桩地基、预压地基、注浆地基（化学加固）等。

2.1.1 换填法

当建筑物基础的持力层较软弱不能满足上部荷载对地基的要求时，常采用换填法来处理软弱地基。首先将基础下一定范围内承载力低的软土层挖去，然后回填强度较大的砂、碎石或灰土等，并夯至密实。换填法可有效处理某些荷载较小的建筑物地基问题，如一般的三、四层房屋，路堤，油罐和水闸等的地基。换填法按回填材料可分为砂地基、碎（砂）石地基、灰土地基等。

2.1.2 强夯地基

强夯地基是用起重机械将重锤（一般为 8～30 t）吊起，从高处（一般 6～30 m）自由落下，给地基以冲击力和振动，从而提高地基土强度并降低其压缩性的一种地基加固方法。该法具有效果好、速度快、节省材料、施工简便等特点，但施工噪声和振动大。其适用于碎石土、砂土、黏性土、湿陷性黄土及填土地基等的加固处理。

2.1.3 重锤夯实地基

重锤夯实是用起重机械将夯锤提升到一定高度后，利用自由下落时的冲击能来夯实地基土表面，使其形成一层较为均匀的硬壳层，从而使地基得到加固。但与强夯相比所用重锤质量小、提升高度低，加固机理有所区别。该法具有施工简便，费用较低；但布点较密，夯击遍数多，施工期相对较长；同时，夯击能量小，孔隙水难以消散，加固深度有限；当土含水量稍高易夯成橡皮土，处理困难。该法适用于处理地下水水位以上稍湿的黏性土、砂土、湿陷性黄土、杂填土和分层填土地基。当夯击振动对邻近的建筑物、设备，以及施工中的砌筑工程或浇筑混凝土等产生有害影响时，或地下水水位高于有效夯实深度，以及在有效深度内存在软黏土层时，不宜采用。

2.1.4 振冲地基

振冲地基又称振冲桩复合地基，是以起重机吊起振冲器，启动潜水电机带动偏心块，使振冲器产生高频振动，同时开动水泵，通过喷射高压水流成孔；然后分批填以砂石骨料形成一根根桩体，桩体与原地基构成复合地基，以提高地基承载力，减少地基沉降量和沉降差的加固方法。该法具有技术可靠，机具设备简单，操作技术易于掌握，施工简便，节省三材，加固速度快，地基承载力高等特点。

振冲地基按加固机理和效果不同可分为振冲置换法和振冲密实法两类。振冲置换法适用于不排水、抗剪强度小于 20 kPa 的黏性土、粉土、饱和黄土及人工填土等地基。振冲密实法适用于砂土和粉土等地基，不加填料的振冲密实法仅适用于处理黏土粒含量小于 10% 的粗砂、中砂地基。

2.1.5 水泥土搅拌桩地基

水泥土搅拌桩地基是利用水泥、石灰等材料作为固化剂，通过特制的深层搅拌机械，在地基深处就地将软土和固化剂（浆液或粉体）强制搅拌，利用固化剂和软土之间所产生的一系列物理、化学反应，使软土硬结成具有一定强度的优质地基。具体施工方法与第一章水泥土搅拌桩支护施工类似。此法具有无振动、无噪声、无污染、无侧向挤压，对邻近建筑物影响小，施工期较短，造价低，效益显著等特点。该法适用于加固较深较厚的淤泥、淤泥质土、粉土和含水量较高且地基承载力不大于 120 kPa 的黏性土地基，对超软土效果更为显著；且多用于墙下条形基础、大面积堆料厂房地基，在深基开挖时用于防止坑壁及边坡塌滑、坑底隆起等，以及地下防渗墙等工程。

2.1.6 预压地基

预压地基是在建筑物或构筑物建造前，先在拟建场地上施加或分级施加与其相当的荷载，使土体中的孔隙水排出，孔隙体积变小，土体密实，以提高地基承载力和稳定性。堆载预压法处理深度一般可达 10 m 左右，真空预压法可达 15 m 左右。此法具有使用材料、机具方法简单，操作方便，但堆载预压需要一定时间，对深厚的饱和软土，排水固结所需时间很长，同时需要大量堆载材料等特点。该法适用于各类软弱地基，包括天然沉积土层或人工冲填土层沉降要求较低的地基。

2.1.7　注浆地基

高压喷射注浆就是利用钻机把带有喷嘴的注浆管钻入土层预定深度后，将水泥浆（或硅酸钠）通过压浆泵、灌浆管均匀地注入土体中，以填充、渗透和挤密等方式，驱走岩石裂隙中或土颗粒间的水分和气体，并填充其位置，硬化后将岩土胶结成一个整体，形成一个强度大、压缩性低、抗渗性高和稳定性良好的新的岩土体，从而使地基得到加固，可防止或减少渗透和不均匀的沉降，在建筑工程中应用较为广泛。按照使用的材料划分，注浆主要分为水泥注浆和硅化注浆。硅化注浆的主要材料是由硅酸盐（水玻璃）和其他高分子材料组成。此法具有设备工艺简单、加固效果好、可提高地基强度、消除土的湿陷性、降低压缩性等特点。该法适用于局部加固新建或已建的建筑物基础、稳定边坡及防渗帷幕等；也适用于湿陷性黄土地基；对于黏性土、素填土、地下水水位以下的黄土地基，但长期受酸性污水浸蚀的地基不宜采用。

2.1.8　水泥粉煤灰碎石桩（CFG 桩）地基

水泥粉煤灰碎石桩（Cement Fly-ash Gravel Pile，CFG 桩）是指在碎石桩的基础上掺入适量石屑、粉煤灰和少量水泥，加水拌和制成的一种桩体，作为地基中的增强体。在碎石骨料中掺入石屑改善颗粒级配，掺入粉煤灰改善混合料的和易性，并利用其活性减少水泥用量；掺入水泥使其具有一定的粘结强度，形成低强度的混凝土桩体。CFG 桩加固软弱地基主要有桩体作用和挤密作用。

CFG 桩的成孔、灌注一般采用振动式沉管打桩机架配变矩式振动锤，其施工顺序：桩机就位→沉管至设计深度→停振下料→振动捣实后拔管→留振→振动、拔管、复打。应考虑隔排隔桩跳打，新打桩与已打桩间隔时间不少于 7 d。CFG 桩的混合料配合比应根据加固场地的土质情况及加固后要求达到的承载力确定。

2.2　预制桩施工

当天然地基上的浅基础沉降量过大或基础稳定性不能满足建筑物的要求时，常采用桩基础，它由桩和桩顶的承台组成，属于深基础的形式之一。

按桩的受力情况，桩基础可分为摩擦型桩和端承型桩。摩擦型桩是指桩顶荷载全部由桩侧摩擦力或主要由桩侧摩擦力和桩端的阻力共同承担；端承型桩是由桩的下端阻力承担全部或主要荷载，桩尖进入岩层或硬土层。按成桩方式，桩基础可分为挤土桩、非挤土桩和部分挤土桩。

按桩的施工方法，桩基础可分为预制桩和灌注桩。预制桩是在构件预制厂或施工现场制作，施工时用沉桩设备将其沉入土中；灌注桩是在施工现场的桩位上用机械或人工成孔，然后安放钢筋笼、灌注混凝土而成。

2.2.1 桩的准备

1. 概述

预制桩的截面形状有实心方形（图 2-1）、空心方形、圆形管桩等多种。空心方形桩和圆形管桩均为预应力桩，预应力空心方形桩的截面边长应大于或等于 350 mm；预应力圆形管桩的外径应大于或等于 300 mm。普通实心方形桩截面边长应大于或等于 200 mm，一般为 250～550 mm；工厂预制时每节桩长小于或等于 12 m；现场预制时桩长可达到 25～30 m。若设计桩长超过每节桩长，则需接桩。

预制桩制作方便，桩身质量易于得到保证，截面形状、尺寸和桩长可根据需要在一定范围内选择，桩尖可进入坚硬土层或强风化岩层，预制桩的耐久性好，耐腐蚀性强，承载力高。但预制桩自重大，用钢量多，需使大功率打桩机械，否则桩体不易穿透坚硬地层。

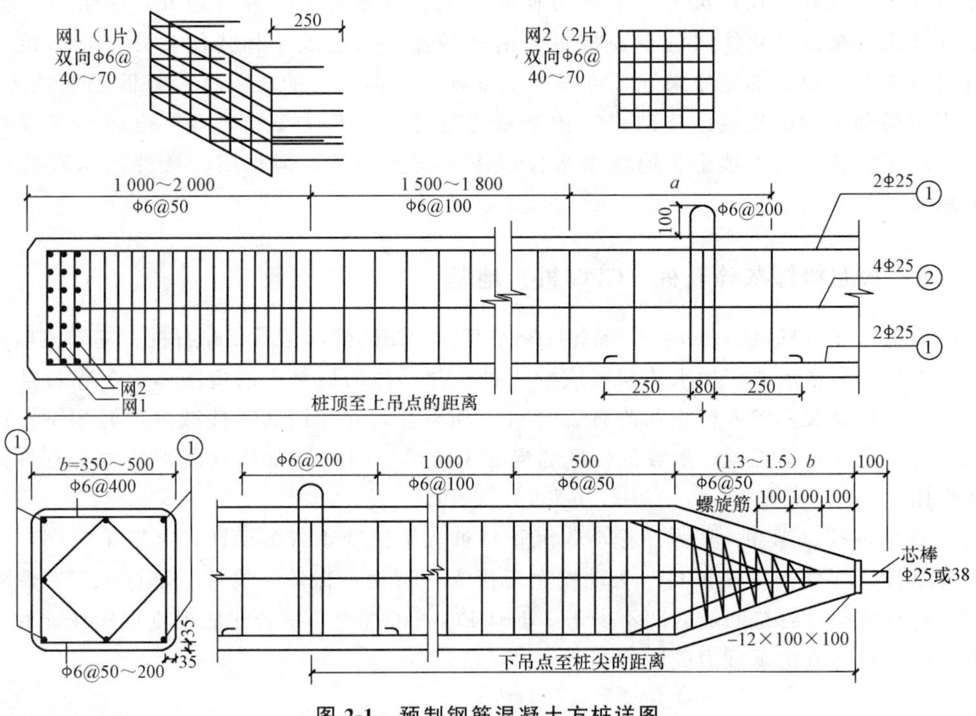

图 2-1 预制钢筋混凝土方桩详图

2. 钢筋混凝土预制桩的制作

（1）制作程序。预制桩可以在工厂或施工现场预制。一般桩长小于或等于 12 m 时多在预制厂生产，采用蒸汽养护；桩长在 30 m 以下时则在施工现场预制，采用自然养护。其制作工艺流程：现场布置→场地平整→场地地坪混凝土浇筑→支模→绑扎钢筋、安装吊环→浇筑混凝土→养护至设计强度的 30％拆模→支上层模板、涂刷隔离剂→重叠制作第二层桩→养护至设计强度的 70％起吊→达到 100％设计强度后运输→堆放→沉桩。

（2）制作方法。预制桩制作方法大多采用重叠法，重叠层数应根据地面承载力和吊装要求而定，一般不宜超过四层。

预制时可采用木模板或钢模板，模板应支在坚实、平整的场地上，模板必须保证桩身及桩尖形状、尺寸和相互位置正确。

桩主筋应通至桩顶钢筋网之下，并与钢筋网焊接，以承受和传递打桩时的冲击力；为保证顺利沉桩，桩尖处主筋应与一根粗钢筋焊接，并箍筋加密；桩尖处可将主筋合拢焊在桩尖辅助钢筋上，在密实砂和碎石类土中，可在桩尖处包以钢板桩靴，加强桩尖。桩顶处箍筋应加密，若采用锤击沉桩还应在桩顶设置钢筋网片。

钢筋混凝土实心桩所用混凝土强度不宜低于 C30，预应力混凝土桩的混凝土强度不宜低于 C40。浇筑时应由桩顶向桩尖连续进行，严禁中断，以确保桩顶混凝土密实。浇筑完毕后，覆盖洒水养护应不少于 7 d，且应自然养护一个月。

（3）质量要求。预制桩的制作质量应符合下列规定：桩的表面应平整，颜色均匀，掉角深度＜10 mm，蜂窝面积小于总面积的 0.5%；混凝土收缩产生的裂缝深度＜20 mm，宽度＜0.25 mm，横向裂缝不超过边长的 1/2。桩几何尺寸的允许偏差：横截面边长±5 mm；桩顶对角线偏差＜10 mm；桩尖中心线偏差＜10 mm；桩身弯曲矢高＜1%桩长；桩顶平整度＜2 mm。

3. 钢筋混凝土预制桩的起吊、运输和堆放

（1）起吊。预制桩混凝土强度达到设计值的 70%方可起吊。起吊时，吊点位置应符合设计规定，即吊点≤3 个时，其位置根据桩身正负弯矩相等的原则确定；吊点＞3 个时，其位置按反力相等原则确定。常见吊点位置的设置情况如图 2-2 所示。

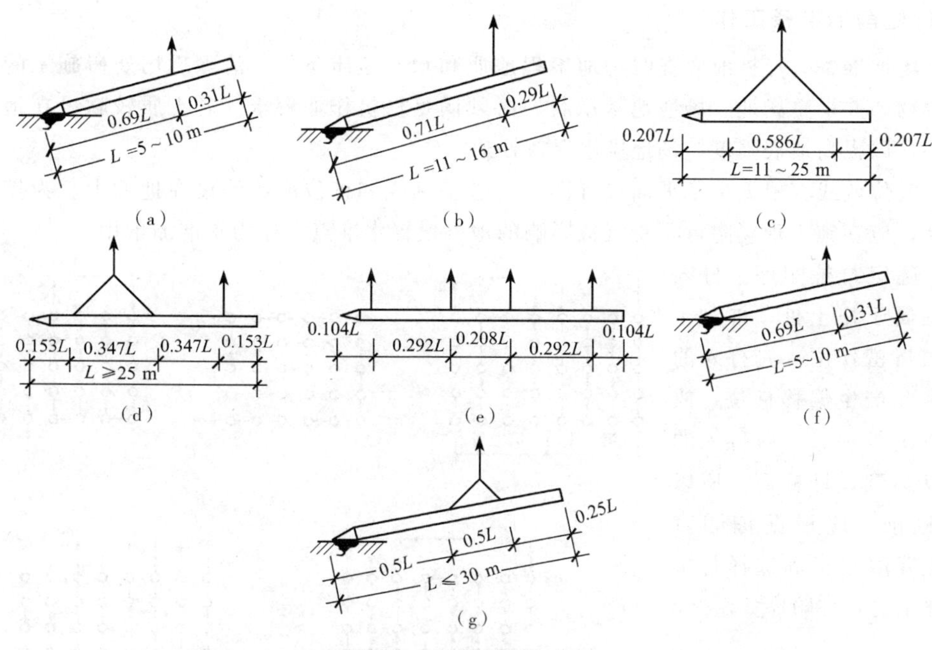

图 2-2　预制桩吊点位置

（a）、（b）实心方桩一点起吊法；（c）实心方桩两点起吊法；（d）实心方桩三点起吊法；（e）实心方桩四点起吊法；（f）预应力管桩一点起吊法；（g）预应力管桩两点起吊法

若桩上吊点处未设吊环，则可采用绑扎起吊，吊索与桩身接触处应加衬垫。起吊时应平稳提升，避免桩身摇晃、受撞击和振动。

（2）运输。预制桩混凝土强度达到设计值的 100%后方可运输。一般情况下，宜根据沉桩进度随打随运，以减少桩的二次搬运。对现场制作桩运距较小时，可在桩下垫以滚筒，用卷扬机拖动运输；运距较大时，可采用平板拖车；严禁在场地上以直接拖拉桩体的方式代替装车运输。

(3) 堆放。桩堆放时，地面必须平整、坚实，垫木位置应与吊点保持在同一横断面平面上，各层垫木应上下对齐，堆放层数不宜超过四层。

2.2.2 锤击沉桩法

锤击沉桩法也称打入桩法，是利用桩锤下落产生的冲击能量，克服土对桩的阻力，将桩沉入土中。锤击沉桩法是预制桩最常用的沉桩方法。该法施工速度快，机械化程度高，适用范围广，但施工时有挤土、噪声和振动现象，使得在市区和夜间施工受到限制。

1. 打桩设备

打桩设备主要包括桩锤、桩架和动力设备三部分。

常见的桩锤有落锤、单动汽锤、双动汽锤、柴油锤等。桩架是打桩时用于起重和导向的设备，其作用是吊桩就位、起吊桩锤和支承桩身，在打桩过程中引导锤和桩的方向，移动桩位。桩架高度应为桩长、桩锤高度、桩帽厚度、滑轮组高度的总和，再加 1～2 m 作为吊桩锤时的伸缩余量。常见的桩架有滚筒式、履带式等。

2. 打桩前的准备工作

(1) 场地准备。打桩前应查明场地工程地质和水文地质条件，清除现场妨碍施工的高空和地下障碍物，并平整场地。场地地基承载力必须满足桩机作业要求。若土质较软可在地表铺设碎石垫层，以提高地表强度。场地排水保持畅通。

(2) 定位放线。根据桩基平面设计图，将桩基轴线和桩位准确测设在地面上。为控制桩顶水平标高，应在施工现场附近不受沉桩影响的地方设置水准点，作为水准测量用。

(3) 确定打桩顺序。打入法预制桩属于挤土桩，桩对土体有横向挤密作用。先打入的桩可能因此产生偏移桩位，或被垂直挤出等现象；后打入的桩又难以达到设计标高。所以施打群桩前，应根据桩的直径、桩距等因素正确选择打桩顺序。常见的打桩顺序如图 2-3 所示。

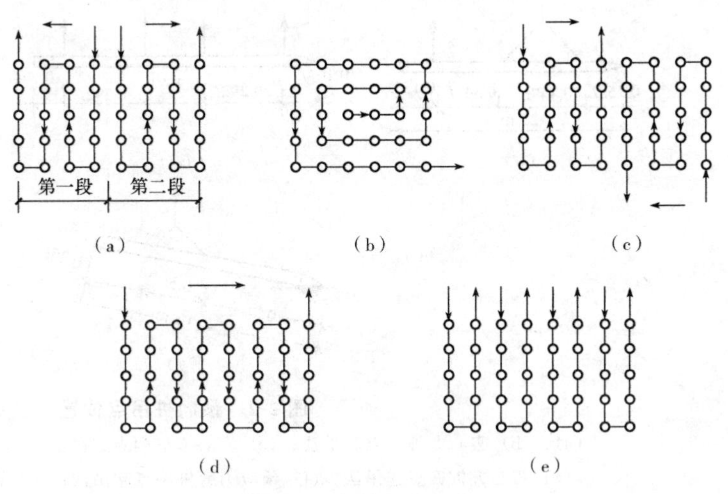

图 2-3 打桩顺序示意

(a) 自中间向两侧打设；(b) 自中间向四周打设；(c) 自两侧向中间打设；(d) 逐排打设；(e) 分段打设

当桩布置较密，即桩距 $S \leqslant 4$ 倍的方桩边长或桩径 d 时，可采用自场地中间向两个方向或向四周对称施打的方法，如图 2-3 (a)、(b) 所示。当桩布置较稀，即 $S > 4\ d$ 时，打桩顺序对桩的打设影响不大，一般可采用自两侧同时向中间施打，或自一侧开始沿单一方向逐排施打，或分段施打等方法进行，如图 2-3 (c) ～ (e) 所示。

若建筑场地一侧毗邻已有建筑物，应自毗邻建筑物一侧向另一方向施打。若桩的规格、承台埋深和桩长不同，则宜按先大后小、先深后浅、先长后短的顺序施打。

3. 沉桩工艺

沉桩工艺包括吊桩就位、打桩、接桩、送桩、截桩等。

（1）吊桩就位。将打桩机移至设计桩位处，桩体运至桩架下，利用桩架上的滑轮组，通过卷扬机把桩吊成垂直状态，再送入桩架上的龙门导管内，扶正桩身，使桩尖准确对准桩位。桩就位后，在桩顶放上草垫、废麻袋等，以形成弹性衬垫，然后在桩顶套上钢制桩帽。在桩帽上放垫木，降下桩锤压住该桩帽。在锤和桩的重力作用下，桩会沉入土中一定深度，待下沉停止，再进行检验，以保证桩锤底面、桩帽和桩顶水平，桩锤、桩帽和桩身处在同一直线上。

（2）打桩。打桩时应遵循“重锤低击”原则。桩开始打入时，桩锤落距宜小，一般小于 1 m，以便使桩能正常沉入土中，待桩入土一定深度，桩体不易发生偏移时，可适当增加桩锤落距，并逐渐提高到设计值，再连续锤击。

打入桩停止锤击的控制原则（或称沉桩深度的控制原则）：摩擦型桩以桩端设计标高为控制，贯入度（指平均每击桩的下沉量）为参考；端承型桩以贯入度为控制，桩端标高为参考。当贯入度已达到而桩端标高而未达到设计值时，应继续锤击 3 阵，按每阵 10 击的贯入度不大于设计规定值为准。施工控制贯入度应通过试验与有关单位协商确定。

（3）接桩。当设计桩长过长时，由于受桩架和运输机械限制，通常将桩分节预制，再逐节沉桩，最后各桩节间需连接起来。桩的连接方法有焊接、法兰连接等。一般混凝土预制桩接头不宜超过 2 个，预应力管桩接头不宜超过 4 个。

（4）送桩。当桩顶设计标高在地面以下时，需要使用送桩器辅助将桩沉送至设计标高。送桩器为一种工具式钢制短桩，它应有足够的强度、刚度和耐打性，长度应满足送桩深度的要求，弯曲度不得大于 1/1 000。送桩深度一般不宜大于 2 m，否则应采取稳定、加强缓冲等措施。送桩作业时，送桩器与桩头之间应设置 1～2 层麻袋或硬纸板等衬垫。

（5）截桩。当桩打完并开挖基坑后，按设计要求的桩顶标高，将桩头多余部分截去。为使桩身和承台连为整体，应保留并剥出足够长度的钢筋以锚入承台。截桩时不得打裂桩身混凝土。

2.2.3　静力压桩法

静力压桩是指在软土地基上，利用机械或液压静力压桩机的自重及配重，产生无振动的静压力，将预制桩沉入土中的沉桩工艺。其优点是施工时无噪声、无振动、无空气污染，且静力压桩施工对桩身产生的应力小，可减少桩体钢筋用量，降低了工程成本。其缺点是只适用于软土地基，若软土中存在厚度大于 2 m 的中密以上砂层时，也不宜采用静力压桩法。

机械静力压桩机（图 2-4）是通过安置在压桩机底盘上的卷扬机、钢丝绳和压梁，将整个桩机的质量反作用于桩顶，使桩克服入土时的阻力而下沉。

液压静力压桩机是由液压起重机、液压夹持和压桩机构、短船行走机构及回转机构、液压系统、电控系统及压重等部分组成的。压桩时，先通过液压起重机将预制桩吊入液压夹持机构内调整桩垂直，用液压夹持机构夹紧，然后借助液压系统将夹持机构连同预制桩一起压入土中。静力压桩的工艺流程：场地清理→测量定位→桩机就位→吊桩插桩→桩尖对中、调直→压桩→接桩→再压桩→（送桩）→停止压桩→截桩。

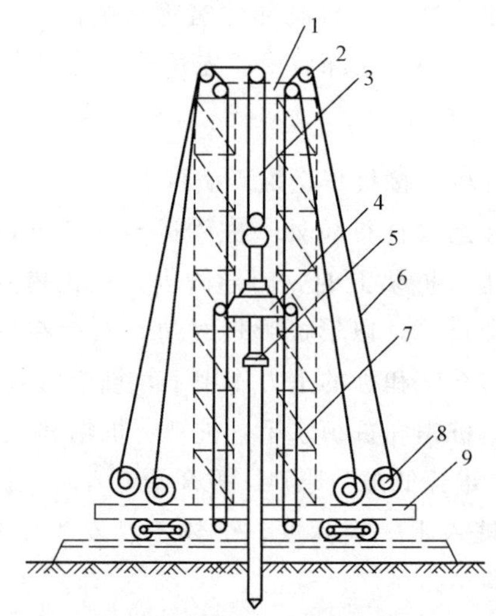

图 2-4　机械静力压桩机示意

1—桩架顶梁；2—导向滑轮；3—提升滑轮组；4—压梁；5—桩帽；
6—钢丝绳；7—压桩滑轮组；8—卷扬机；9—底盘

2.2.4　振动沉桩法

振动沉桩法是借助固定于桩头上的振动沉桩机产生高频振动，使桩周土体产生液化，从而减少桩侧与土体间的摩阻力，再依靠振动桩锤和桩体自重将桩沉入土中。

振动沉桩机由电动机、弹簧支承、偏心振动块和桩帽组成，如图 2-5 所示。振动桩锤内的偏心振动块分左右对称两组，其旋转速度相同，方向相反。工作时，偏心块旋转产生离心力的水平分力相互抵消，而垂直分力相互叠加，形成垂直方向的上下振动力。由于桩头与振动桩锤通过桩帽刚性连接，桩体也沿垂直方向产生上下振动而沉桩。

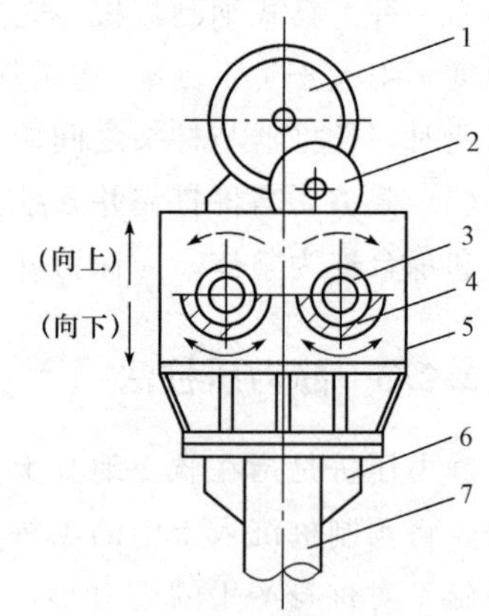

图 2-5　振动沉桩机示意

1—电动机；2—减速箱；3—转动轴；
4—偏心块；5—箱体；6—桩帽；7—桩体

振动沉桩法适用于松砂、粉质黏土、黄土和软土，不宜用于岩石、砾石和密实的黏性土层，也不适用于打设斜桩。

2.2.5　水冲沉桩法

水冲沉桩法一般与锤击沉桩法联合使用。它借助安装于桩身底部的射水管，通过高压水泵产生高压水流冲刷桩尖下土壤，从而减少桩身与土体间的摩阻力，使桩体在自重或锤击作用下沉入土中。施工时，当桩体下落到最后 1～2 m 时，应停止射水，并改用锤击打至设计标高。水冲沉桩法适用于砂土和碎石土层，不能用于粗卵石和极坚硬的黏性土层。

2.2.6　沉桩对周围环境的影响及预防措施

采用锤击法、振动法沉设预制桩，除对周围环境产生噪声、振动影响外，还会因土体受到挤压，土中孔隙静水压力升高，引起地面隆起和土体水平位移，对周围既有建筑物、道路和地下管网设施带来不利影响。严重时会使建筑物基础被推移，墙体开裂，地下管线破损或断裂等。为了减少或预防这种有害影响，可采用下列措施：

(1) 采用预钻孔沉桩。预钻孔沉桩是先在地面桩位处钻孔，然后插入预制桩，再用打桩机将桩打到设计标高。为了不使单桩承载力受到明显影响，预钻孔深度一般不宜超过桩长的 1/2。

(2) 设置防振沟。在需要保护的建筑物附近，开挖防振沟（深 1.5～2 m，宽 0.8～1 m），以隔断沉桩时产生的振动波。同时，还可以隔断近地表处的土体位移。

(3) 采用合理的沉桩顺序。预制桩的沉桩顺序不同，其挤土的情况也不相同。由于先沉入桩周围的土固结后，土与桩之间产生一定的摩阻力，可以阻止土隆起，而桩与桩之间的土又先受到压缩和挤实。因此，土隆起和位移多发生在沉桩推进的前方。因此，为了保护邻近建筑物，群桩沉设宜从离建筑物近的一边开始，向远离建筑物的方向进行。

(4) 预埋塑料排水带排水。塑料排水带的断面中有连通的孔隙，透水性极好。打桩前采用专业机械，按要求的距离将塑料排水带插入打桩区的软土中，打桩时土中的孔隙水受压后沿塑料排水带中的孔道溢出，可减少孔隙水压力，使地基土得到加固。

2.3　灌注桩施工

混凝土灌注桩是直接在施工现场采用机械等方法成孔，孔内放置钢筋笼、灌注混凝土所形成的桩基。根据成孔方法不同，灌注桩一般可分为干作业成孔灌注桩、泥浆护壁成孔灌注桩和沉管灌注桩等。

2.3.1　干作业成孔灌注桩

1. 螺旋钻孔机

干作业成孔灌注桩是指在地下水水位以上干土层中钻孔后形成的灌注桩。成孔用机械主要有螺旋钻孔机等。螺旋钻孔机由动力箱（内设电动机）、滑轮组、螺旋钻杆、龙门导架及钻头等组成，如图 2-6 所示。

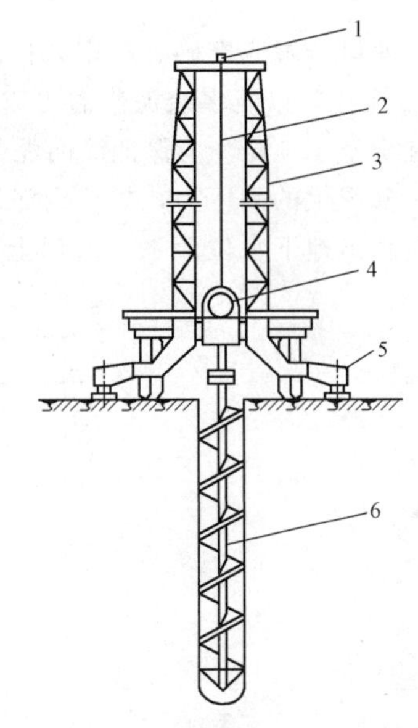

图 2-6　螺旋钻孔机示意

1—导向滑轮；2—钢丝绳；3—龙门导架；4—动力箱；5—千斤顶支腿；6—螺旋钻杆

螺旋钻孔机工作原理：动力箱带动螺旋钻杆旋转，钻头向下切削土层，切下的土块自动沿整个钻杆上的螺旋叶片上升，土块涌出孔外后成孔。

2. 传统干作业成孔灌注桩施工

(1) 施工程序。干作业成孔灌注桩施工程序：场地清理→测设桩位→钻机就位→取土成孔→成孔质量检校→清除孔底沉渣→安放钢筋笼→安置孔口护孔漏斗→浇筑混凝土→拔出漏斗成桩。

(2) 施工质量控制。钻杆应保持垂直稳固，位置正确，防止因钻杆晃动引起扩大孔径；钻进速度应根据电流值变化及时调整；钻进过程中，应随时注意清理孔口积土，遇到地下水、塌孔、缩孔等异常情况时，应及时处理；成孔达到设计深度后，孔口应予以保护，并按相关规定验收；浇筑混凝土前，应先放置孔口护孔漏斗，随后放置钢筋笼并测量孔内虚土厚度。浇筑桩顶以下 5 m 范围内混凝土时，应随浇随振动，每次浇筑高度应≤1.5 m。

3. 压灌混凝土后插筋法

压灌混凝土后插筋法是在长螺旋钻孔机钻孔至设计深度后，利用混凝土泵通过钻杆中心通道，以一定压力将混凝土压灌至桩孔中，钻杆随混凝土上升。混凝土灌注到设定标高以上 0.3～0.5 m 后，移开钻杆，钻机吊钢筋笼就位，借助钢筋笼自重和插筋器（顶部加装振动器的钢管）的振动力，将钢筋笼插入混凝土中至设计标高，再边振动边拔出插筋器而成桩。与传统成桩工艺相比，该方法成桩速度快，单桩承载力高，混凝土密实性好，可减少塌孔，避免缩颈、露筋、桩底沉渣多等质量缺陷，在有少量地下水的情况下仍可成桩。该法近年来得到较为广泛的应用。

2.3.2 泥浆护壁成孔灌注桩

泥浆护壁成孔灌注桩是由钻孔设备在设计桩位处钻孔。在钻孔过程中，为防止孔壁坍塌，在孔内注入泥浆护壁；孔内土屑与护壁泥浆混合后，通过泥浆循环流动，被携带出孔外成孔；钻孔达到设计深度后，清除孔底泥渣，然后安放钢筋笼，在泥浆下灌注混凝土而成桩。

其施工程序：场地清理→测设桩位→埋设护筒→桩机就位→设置泥浆池制备泥浆→钻机成孔→泥浆循环流动清渣→清孔→安放钢筋笼→灌注水下混凝土→拔出护筒。

1. 埋设护筒

护筒是埋置在钻孔口处的圆筒，一般是用 4～8 mm 厚钢板制作的，其内径应大于钻头直径。回转钻机成孔时，宜大于 100 mm；冲击钻机成孔时，宜大于 200 mm，以利于钻头升降。护筒作用是保证钻机能沿着桩位垂直方向工作；提高孔内泥浆水位高度，以防塌孔；并起着保护孔口的作用。

护筒埋设位置应准确、稳定，护筒中心与桩位中心偏差不得大于 50 mm；护筒顶部宜开设 1～2 个溢浆孔，以便多余泥浆溢出流回泥浆池；护筒埋置深度在黏性土中不宜小于 1.0 m，砂土中不宜小于 1.5 m，为保证筒内泥浆面水头，护筒顶应露出地面 0.4～0.6 m。为平衡土中地下水对孔壁产生的侧压力，护筒内泥浆面应高出地下水位面 1.0 m 以上，在受水位涨落影响时，泥浆面应高出地下水位面 1.5 m 以上。泥浆比重应控制在 1.1～1.15，如图 2-7 所示。

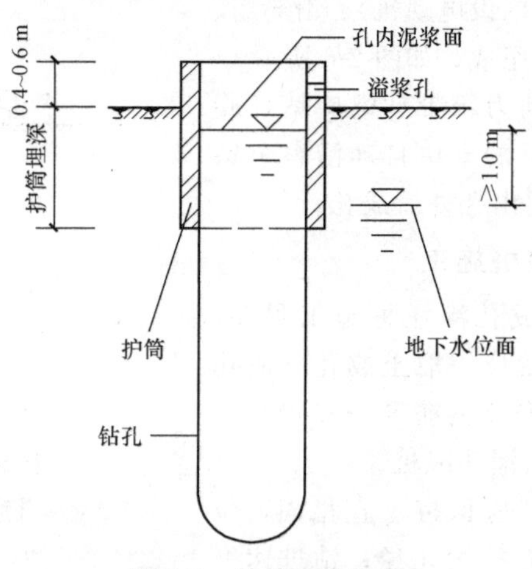

图 2-7 护筒埋设示意

2. 泥浆制备

制备泥浆可采用两种方法：在黏性土层中成孔时，可于孔中直接注入清水，钻机钻削下来的土屑与清水混合后，即可自行造浆；在其他土层中成孔时，应以高塑性黏土或膨胀土为原料，在桩孔外泥浆池中用水调制。

泥浆的作用是将孔内不同深度土层中的孔隙渗填密实，使孔内漏水减少到最低程度，保持孔内维持较稳定的液体压力，以防塌孔。泥浆循环排土时，还起着携渣、冷却和润滑钻头、减少钻进阻力的作用。

3. 成孔及质量控制

泥浆护壁成孔灌注桩有潜水钻机成孔、回转钻机成孔、冲击钻机成孔和冲抓钻机成孔等多种方式。钻削下来的土屑混合进护壁泥浆后，通过泥浆循环流动被带出孔外。泥浆循环流动方式有正循环和反循环两种。

(1) 正循环排渣法。如图 2-8 (a) 所示，当设在泥浆池中的潜水泥浆泵将泥浆和清水从位于钻机中心的送水管射向钻头后，下放钻杆至土面钻进，钻削下的土屑被钻头切碎，与泥浆混合在一起，待钻至设计深度后，潜水电钻停转，但泥浆泵仍继续工作。因此，泥浆携带土屑不断溢出孔外，流向沉淀池，土屑沉淀后，多余泥浆再溢向泥浆池，形成排渣正循环过程。当孔内泥浆比重达到 1.1～1.15 时，方可停泵提升钻机，然后钻机迅速移位，再进行下一道工序。

(2) 反循环排渣法。如图 2-8 (b) 所示，排泥浆用砂石泵与潜水电钻连接。钻进时先向孔中注入泥浆，采用正循环钻孔；当钻杆下降至砂石泵叶轮位于孔口以下时，启动砂石泵，将钻削下的土屑通过排渣胶管排至沉淀池；土屑沉淀后，多余泥浆溢向泥浆池，形成排渣反循环过程。

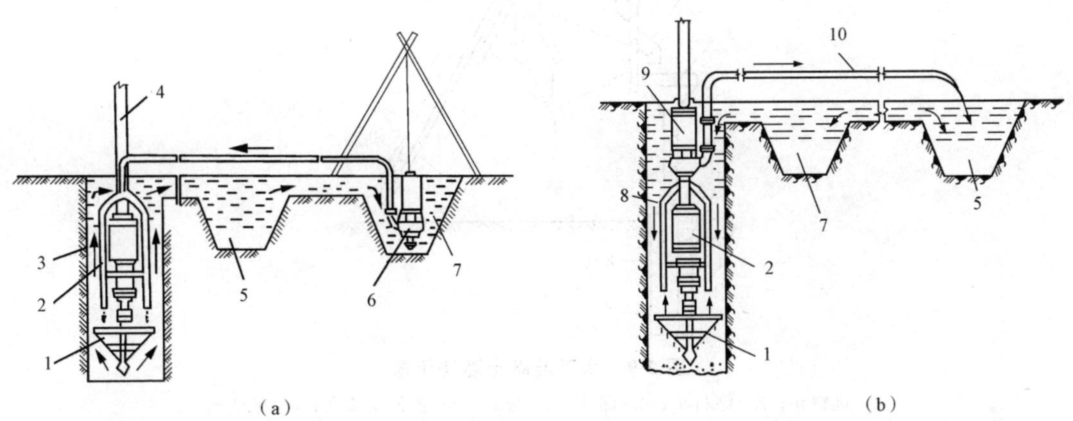

图 2-8　循环排渣方式

(a) 正循环排渣；(b) 反循环排渣

1—钻头；2—潜水电钻；3—送水管；4—钻杆；5—沉淀池；
6—潜水泥浆泵；7—泥浆池；8—抽渣管；9—砂石泵；10—排渣胶管

钻机钻孔至设计深度后，即可关闭潜水电钻，但砂石泵仍需继续排泥，直至孔内泥浆比重达到 1.1～1.15 为止。与正循环排渣法相比，反循环排渣法无需借助钻头将土屑切碎搅拌成泥浆，而直接通过砂石泵排土，因此钻孔效率更高。对孔深大于 30 m 的端承型桩，宜采用反循环排渣法。

4. 清孔

当钻孔达到设计深度后，应及时进行孔底清理。清孔的目的是清除孔底沉渣和淤泥，控制循环泥浆比重，为水下混凝土灌注创造条件。

清孔时，对利用黏性土自行造浆的钻孔，当钻孔达到设计深度后，可使钻机空转不钻进，同时射水，待孔底沉渣磨成泥浆后，再通过泥浆循环流动排出孔外；对在孔外泥浆池中制备泥浆的钻孔，宜采用泥浆循环清孔。清孔后，孔底 500 mm 以内的泥浆比重应小于 1.25，含砂率≤8%。孔底残留沉渣厚度应符合下列规定：端承型桩≤50 mm；摩擦型桩≤100 mm。

桩位清孔符合要求后，应立即吊放钢筋笼，随即灌注混凝土。

5. 灌注水下混凝土

（1）混凝土配合比。泥浆护壁成孔灌注桩混凝土灌注是在泥浆中进行的，故称水下混凝土灌注。水下混凝土必须具备良好的和易性，其配合比宜通过试验确定，坍落度应控制在 180～220 mm。其中，水泥用量应≥360 kg/m³，粗骨料最大粒径应＜40 mm，细骨料宜采用中粗砂。为改善和易性和延长凝固时间，水下混凝土可掺入减水剂、缓凝剂和早强剂等外加剂。

（2）主要机具。水下混凝土灌注的主要机具有导管、漏斗和隔水栓。水下混凝土灌注示意如图 2-9 所示。

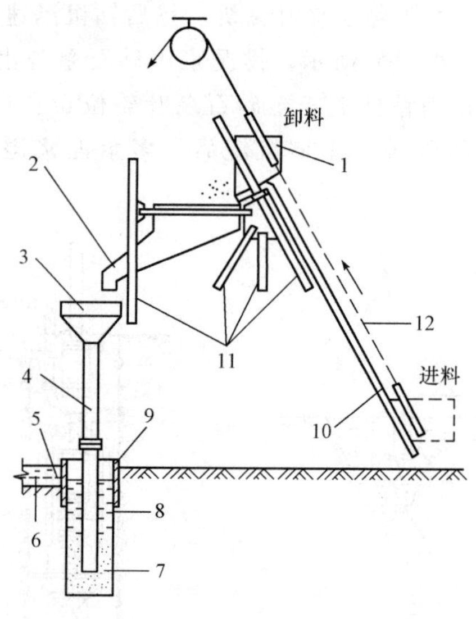

图 2-9　水下混凝土灌注示意

1—进料斗；2—储料斗；3—漏斗；4—导管；5—护筒溢浆孔；6—泥浆池；7—混凝土；8—泥浆；9—护筒；10—滑道；11—桩架；12—进料斗上行轨迹

（3）混凝土灌注。混凝土灌注前，将安装好的导管吊入桩孔内，导管顶部应高出泥浆面，且于顶部连接好漏斗；导管底部至孔底距离为 0.3～0.5 m，管内安设隔水栓，通过细钢丝悬吊在导管下口。灌注混凝土时，在漏斗中储藏足够数量的混凝土，剪断悬吊隔水栓的细钢丝后，混凝土在自重作用下同隔水栓一起冲出导管下口，并将导管底部埋入混凝土内，埋入深度应控制在 0.8 m 以上。然后连续灌注混凝土，并不断提升导管和拆除导管，提升速度不宜过快，应保证导管底部位于混凝土面以下 2～6 m，以免断桩。当灌注接近桩顶部位时，应控制最后一次灌注量，使得桩顶灌注标高高出设计标高 0.5～0.8 m，以满足凿除桩顶部泛浆层后桩顶标高能达到其设计值。凿桩头后，还必须保证暴露的桩顶混凝土强度达到其设计值。

6. 常见质量问题及处理方法

(1) 塌孔。在成孔过程中或成孔后，在泥浆中不断出现气泡或护筒内的水位突然下降，均是塌孔的迹象。其形成原因主要是土质松散、泥浆护壁不力。若发生塌孔，应探明塌孔位置，将砂和黏土混合物回填到塌孔位置以上 1～2 m；若塌孔严重，则应全部回填，等回填物沉积密实后再重新钻孔。

(2) 缩孔。缩孔是指钻孔后孔径小于设计孔径的现象。缩孔是由于塑性土膨胀或软弱土层挤压造成的，处理时可用钻头反复扫孔，以扩大孔径。

(3) 斜孔。斜孔是指成孔后发现垂直偏差过大，这是由于护筒倾斜和位移、钻杆不垂直、钻头导向性差、土质软硬不一或遇上孤石等造成的。斜孔会影响桩基质量，并会给后面的施工造成困难。处理时可在偏斜处吊住钻头，上下反复扫孔，直至把孔位校直。

(4) 孔底沉渣过厚。端承型桩的孔底沉渣厚度不得超过 50 mm，摩擦型桩不超过 100 mm。成孔时应尽量清理，或者采取在钢筋骨架上固定注浆管，待灌注混凝土成桩 2 d后，向孔底高压注入水泥浆的措施，以挤密固结沉渣。后注浆法可提高承载力 40%以上，沉降量减少 30%左右。

2.3.3　沉管灌注桩

沉管灌注桩按施工方法分为锤击沉管灌注桩和振动沉管灌注桩两种。沉管灌注桩是利用锤击打桩法或振动打桩法，将带有活瓣桩尖或预制混凝土桩尖的钢管沉入土中，管内放入钢筋笼，然后边灌注混凝土边锤击或振动拔管而成。施工程序：桩机就位→沉入钢管→放钢筋笼→灌注混凝土→拔出钢管成桩。下面主要介绍锤击沉管灌注桩。

1. 施工机械设备

锤击沉管灌注桩成孔是利用落锤、蒸汽锤或柴油锤将钢管打入土中形成的，如图 2-10 所示。其施工机械设备包括桩架、由无缝钢管制成的桩管、桩锤、活瓣桩尖或预制钢筋混凝土桩尖。

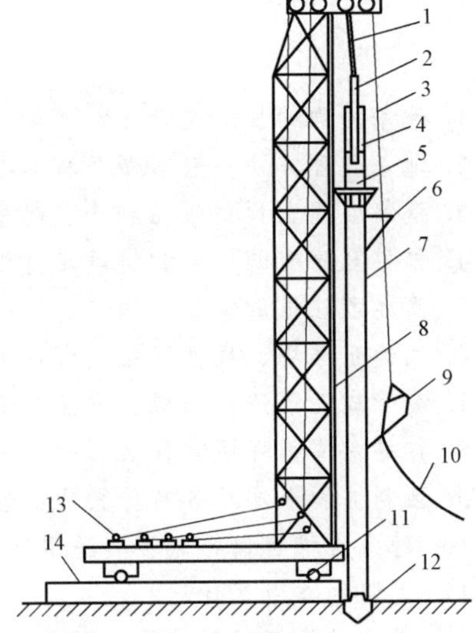

图 2-10　锤击沉管灌注桩机

1—桩锤钢丝绳；2—滑轮组；3—吊斗钢丝绳；4—桩锤；5—桩帽；6—混凝土漏斗；7—桩管；8—桩架；9—混凝土吊斗；10—回绳；11—行驶钢管；12—桩尖；13—卷扬机；14—枕木

2. 施工工艺

锤击沉管灌注桩施工方法一般有单打法、复打法和反插法，下面对前两者进行介绍。

(1) 单打法。先将桩机就位，利用卷扬机吊起桩管，将其垂直套入预先埋设在桩位上的预制钢筋混凝土桩尖上（采用活瓣桩尖时，需将活瓣合拢），借助桩管自重将桩尖垂直压入土中一定深度。预制桩尖与桩管接口处应垫以稻草绳或麻绳垫圈，以防地下水渗入桩管。检查桩管、桩锤和桩架是否处于同一垂线上，在桩管垂直度偏差≤5%后，即可于桩管顶部安设桩帽，起锤沉管。锤击时，先以低锤轻击，观察桩管无偏差后，方可进入正式锤击，直至将桩管沉至设计标高或要求的贯入度。

桩管沉至设计标高后，应先检查桩管内有无泥浆和水，并确保桩尖未被桩管卡住，然后立即灌注混凝土。桩身配置钢筋时，第一次灌注混凝土应浇至钢筋笼底标高处，而后放置钢筋笼灌注混凝土。当混凝土灌满桩管后，即可上拔桩管，边打边拔，确保混凝土灌注密实。拔管速度应均匀，在一般土层以 1 m/min 为宜；在软弱土层和软硬土层交界处宜控制在 0.3～0.8 m/min。拔管过程中，应继续向桩管内灌注混凝土，保持管内混凝土量略高于地面，直至桩管全部拔出地面为止。

（2）复打法。单打法沉管灌注桩有时易出现颈缩和断桩现象。颈缩是指桩身某部位进土，致使桩身截面缩小；断桩常见于地面下 1～3 m 内软硬土层交界处，是由打邻桩使土侧向外挤造成的。为保证成桩质量，常采用复打法扩大灌注桩桩径，并可提高桩的承载力。

复打法是在单打法施工完毕并拔出桩管后，清除桩管外壁上和桩孔周围的泥土，立即在原桩位上再次埋设桩尖，进行第二次沉管，使第一次灌注的混凝土向四周挤压扩大桩径，然后灌注混凝土，拔管成桩。施工中需要注意的是，前后两次沉管轴线应重合，复打施工必须在第一次灌注的混凝土初凝之前完成。

3. 质量控制

桩中心距小于 4 倍桩径的群桩基础应提出保证相邻桩桩身质量的技术措施。预制桩尖加工质量和埋设位置应符合设计要求，桩管和桩尖之间应有良好的密封性。混凝土灌注充盈系数（实际灌注的混凝土量与按桩径计算的桩身体积之比）应≥1.0；对充盈系数小于 1.0 的桩，宜全长复打，对可能的断桩和颈缩桩采用局部复打。成桩后，桩身混凝土顶面标高应≥500 mm。全长复打桩的入土深度宜接近原桩长，局部复打深度应超过断桩或颈缩区 1 m 以上。桩身配有钢筋时，混凝土坍落度宜为 80～100 mm，素混凝土坍落度宜为 60～80 mm。

思考题

1. 地基处理的目的是什么？
2. 地基处理方法一般有哪几种？它们各有什么特点？
3. 钢筋混凝土预制桩在制作、起吊、运输和堆放过程中各有什么要求？
4. 打桩顺序有哪些？如何确定打桩顺序？
5. 简述灌注桩的施工方法。
6. 试述正循环、反循环钻孔灌注桩的应用条件。
7. 套管成孔灌注桩的成孔方法有哪些？
8. 打桩对周围环境有什么影响？如何防止？
9. 预制桩和灌注桩各有什么优、缺点？
10. 静力压桩有何特点？其适用范围如何？施工时应注意哪些问题？
11. 泥浆的作用是什么？
12. 灌注桩施工时护筒的作用是什么？埋设时有哪些要求？

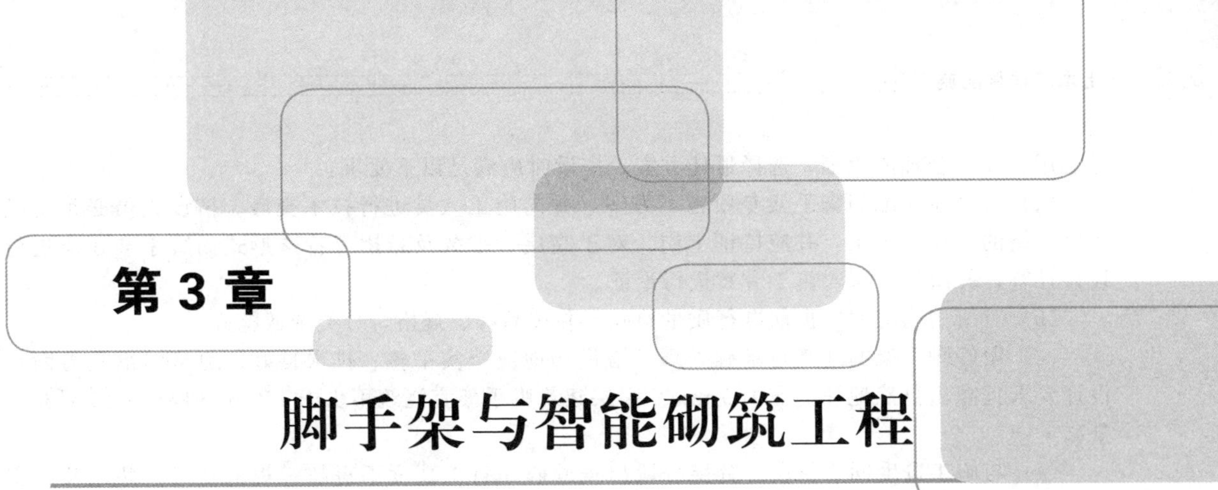

第3章 脚手架与智能砌筑工程

课程导学

了解脚手架的种类、构造及要求，熟悉脚手架的搭设；了解砌体结构工程材料的分类；了解施工机具的种类和适用范围；熟悉脚手架的分类与应用，会进行脚手架的计算；掌握砌体工程的施工工艺及质量要求，了解石砌体和砌块砌体的构造与砌筑质量要求；了解常见的质量问题及处理方法；熟悉砌体工程质量验收、安全施工技术要求。

脚手架是指在施工现场为安全防护、工人操作和施工运输而搭设的临时性支架。脚手架是建筑施工中重要的临时设施，它既是施工工具又是安全设施，在建筑施工中占有特别重要的地位，其构架形式、材料选用及搭设质量直接影响施工安全、工程质量、施工进度和工程成本。

砌筑是指用砂浆等胶结材料，将砖、石、砌块等块体垒砌成墙、柱等砌体的施工。在土木工程中，砖、石砌筑历史悠久，由于其具有取材方便，造价低，施工工艺简单等特点，有些地区仍较多应用。随着国家可持续发展战略的实施，非黏土砖及砌块占据了主要地位。

3.1 脚手架工程

脚手架种类较多，按用途可分为操作脚手架（包括结构架和装修架）、防护脚手架和支撑脚手架；按搭设在建筑物内外的位置可分为里脚手架、外脚手架；按支撑与固定的方式可分为落地式、悬挑式、外挂式、悬吊式、爬升式和顶升平台等；按设置形式可分为单排脚手架、双排脚手架和满堂脚手架；按杆件的连接方式可分为承插式、扣接式和盘扣式等。此外，按搭设脚手架的材料可分为竹脚手架、木脚手架、钢脚手架、铝合金脚手架。按搭设高度分为一般脚手架和高层建筑脚手架（24 m以上）。

1. 对脚手架的基本要求

（1）架体的宽度、高度及步距应能满足使用要求。

（2）应具有足够的承载能力、刚度和稳定性。

（3）架体构造简单、搭拆方便，便于使用和维护。

（4）材料应能多次周转使用，以降低工程费用。

2. 搭设与使用的一般要求

制订脚手架方案时，应根据工程特点、构配件供应情况、施工条件等，遵循安全可靠、先进适用、经济合理的原则，选择最佳方案。搭设时应满足以下要求：

(1) 搭设前应编制脚手架专项施工方案，并向施工人员进行技术交底。搭设人员必须是经考核合格的专业架子工，并应持证上岗。对于高层、重载及悬挑等特殊形式的脚手架还应进行设计计算，并组织专家对施工方案进行论证。

(2) 对所用构配件应提前进行质量检验，并按品种、规格，分类堆放整齐。

(3) 做好脚手架的地基与基础处理。搭设场地应坚实平整、排水良好、地基的承载力满足设计要求且高出自然地坪 50～100 mm。高层建筑脚手架宜浇筑不少于 150 mm 厚的 C15 混凝土基础。

(4) 与施工进度同步搭设，分层分段检查验收。自由高度不得超过规范规定，并应及时安装连墙件。每搭设一定高度，应进行质量和安全检查验收，合格后方可继续搭设或交付使用。大风、浓雾、雨雪天气应停止作业。同时要设置可靠的安全防护设施。

(5) 脚手架使用中不得超载，严禁将模板支架、缆风绳、混凝土泵管等固定在脚手架上，不得在脚手板上集中堆放材料。

(6) 严禁擅自拆除架体结构杆件，严禁在脚手架基础及邻近处进行挖掘作业。做好定期检查及大风、雨雪天气后的检查等。

3.1.1 扣件式钢管脚手架

扣件式钢管脚手架是指为建筑施工而搭设的、承受荷载的由扣件和钢管等构成的脚手架与支撑架。扣件式钢管脚手架具有承载力大、搭设高度高、周转次数多、通用性强、搭设灵活、能适应建筑物平面及高度的变化、一次投资费用低、经济实用等优点。因此，其在建筑工程施工中使用较为广泛。它除用作搭设脚手架外，还可以搭设井架、上料平台和栈桥等。但也存在着扣件（尤以其中的螺杆、螺母）易丢失和损坏、螺栓上紧程度差异较大、节点处受力有偏心、安全性较差、施工工效低等缺点。

扣件式钢管脚手架按设置形式可分为单排架、双排架、满堂脚手架和满堂支撑架。

单排扣件式钢管脚手架是只有一排立杆，横向水平杆的一端搁置固定在墙体上的脚手架，简称单排架。

双排扣件式钢管脚手架是由内外两排立杆和水平杆等构成的脚手架，简称双排架。

满堂扣件式钢管脚手架是在纵、横方向，由不少于三排立杆并与水平杆、水平剪刀撑、竖向剪刀撑、扣件等构成的脚手架；该架体顶部作业层施工荷载通过水平杆传递给立杆，顶部立杆呈偏心受压状态，简称满堂脚手架。

视频 3.1：满堂脚手架

满堂扣件式钢管支撑架与满堂扣件式钢管脚手架的构成相似，该架体顶部的钢结构安装等（同类工程）施工荷载通过可调托撑轴心传力给立杆，顶部立杆呈轴心受压状态，简称满堂支撑架。

扣件式钢管脚手架主要由钢管、扣件、脚手板和底座等组成。

1. 扣件式钢管脚手架的主要组成部件

(1) 钢管。脚手架钢管宜采用 ϕ48.3 mm×3.6 mm 的 Q235 普通钢管，每根钢管的最大质量不应大于 25.8 kg。依据在脚手架中的位置和作用不同，钢管可分为立杆、纵向水平杆（大横杆）、横向水平杆（小横杆）、扫地杆、连墙杆、纵向支撑（剪刀撑）、横向斜撑、抛撑等，如图 3-1 所示。

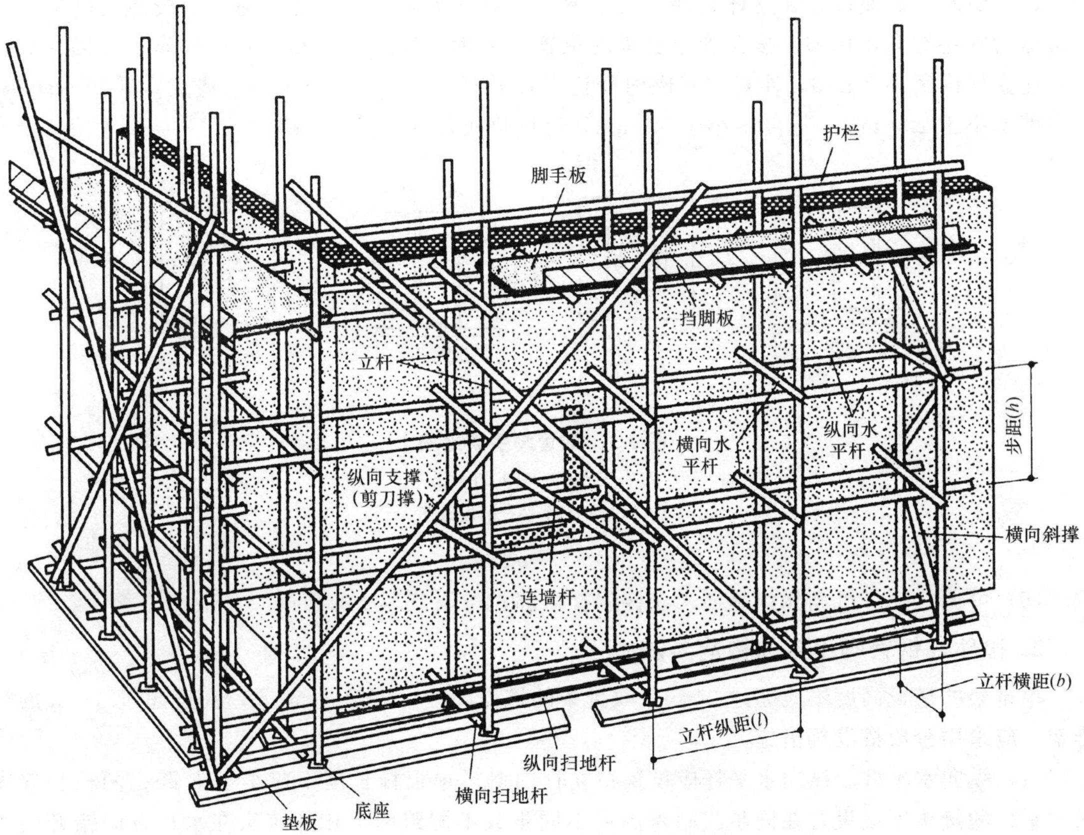

图 3-1　扣件式钢管脚手架的组成

（注：为简便起见，各杆件交叉点处的扣件均未画出。）

（2）扣件。扣件按结构形式分为直角扣件、旋转扣件、对接扣件，如图 3-2 所示。直角扣件是用于垂直交叉杆件间连接的扣件，旋转扣件是用于平行或斜交杆件间连接的扣件，对接扣件是用于杆件对接连接的扣件。

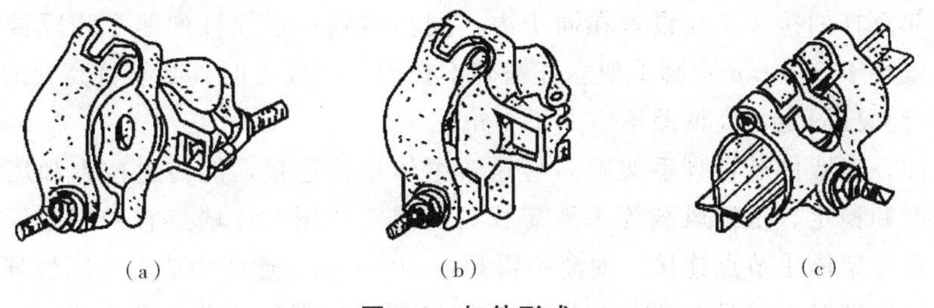

图 3-2　扣件形式

（a）直角扣件；（b）旋转扣件；（c）对接扣件

（3）脚手板。脚手板是提供施工操作条件并承受和传递荷载给纵、横向水平杆的板件，脚手板可采用钢、木、竹材料制作。冲压钢脚手板采用 Q235 级钢，板面有边缘上凸的圆孔以防滑。木脚手板厚度不应小于 50 mm。作业层脚手板应铺满、铺平、铺实，每块脚手板应设置在三根横向水平杆上。

（4）底座。底座设置在立杆底部，用于承受立杆的荷载并分散传给地基。按照底座能否调节可分为固定型和可调型。按钢管与底座的位置可分为内插式底座和外套式底座，内插式底座外径比立杆内径小 2 mm，外套式底座内径比立杆外径大 2 mm（图 3-3）。垫板常采用木垫板，其宽度不小于 200 mm，厚度不小于 50 mm，每块垫板长度不小于 2 跨。

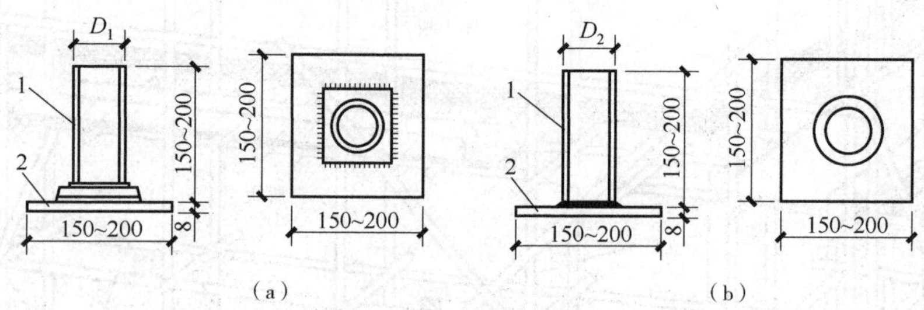

图 3-3　钢管脚手架底座

（a）内插式底座；（b）外套式底座

1—承插钢管；2—钢板底座

（5）可调托撑。可调托撑是插入立杆钢管顶部，可调节高度的顶撑。

2. 扣件式钢管脚手架的构造要求

单排架的搭设高度不应超过 24 m；双排架的搭设高度不宜超过 50 m，高度超过 50 m 的双排架，应采用分段搭设等措施。

（1）纵向水平杆。纵向水平杆应设置在立杆内侧，单根杆长度不应小于 3 跨；两根相邻纵向水平杆的接头不应设置在同步或同跨内；不同步或不同跨两个相邻接头在水平方向错开的距离不应小于 500 mm。大横杆采用搭接连接时，搭接长度不应小于 1 m，并用 3 个回转扣件扣牢。大横杆与立杆之间应用直角扣件连接，纵向水平高差不应大于 50 mm。

（2）横向水平杆。横向水平杆应贴近立杆布置，搭于纵向水平杆之上并与之用直角扣件扣紧。在每个立杆与纵向水平杆的相交处必须设置横向水平杆，以形成基本构架结构。在操作层，应根据脚手板铺设的需要，每跨内加设 1 根或 2 根横向水平杆。

（3）立杆。立杆是脚手架竖向承力杆件。当立杆采用对接接长时，立杆的对接扣件应交错布置，两根相邻立杆的接头不应设置在同步内，同步内隔一根立杆的两个相隔接头在高度方向错开的距离不宜小于 500 mm。脚手架立杆基础不在同一高度上时，必须将高处的纵向扫地杆向低处延长两跨与立杆固定，高低差不应大于 1 m。

（4）连墙件。连墙件是将脚手架架体与建筑主体结构连接，能传递拉力和压力的构件。它对保证架体刚度和稳定、抵抗风载等水平荷载具有重要作用。连墙点宜采用菱形布置。连墙杆应水平设置，宜与架体主节点连接，偏离不得超过 300 mm。连墙构造宜为刚性连接。当脚手架下部暂不能设连墙件时应设置抛撑，以防向外侧倾覆。抛撑间距不大于 3 跨，与地面呈 45°～60°，上部与架体主节点附近连接。连墙件安装后方可拆除抛撑。

（5）剪刀撑。剪刀撑是保证架体稳定、增加纵向刚度的斜向杆件，设置在脚手架外侧立面并沿架高连续布置。高度在 24 m 以下的脚手架在两端、转角必须设置，中间间隔不超过 15 m 设置一道；而高层脚手架则应在外侧全立面连续设置。每道剪刀撑的宽度不小于 4 跨和 6 m，斜杆与地面的夹角为 45°～60°。剪刀撑的斜杆除两端用旋转扣件与脚手架的立杆或横向水平杆伸出端扣紧外，在其中间应增加 2～4 个扣节点。

（6）护栏、挡脚板和安全网。在铺脚手板的操作层上必须设 2 道护栏和高度不少于 180 mm 的挡脚板。上栏杆高度不低于 1.2 m。脚手板下应用双层安全网兜底，施工层以下每隔 10 m 用安全网封底。沿脚手架外围满挂阻燃密目式安全立网封闭。

3.1.2　碗扣式钢管脚手架

碗扣式钢管脚手架是节点采用碗扣方式连接的钢管脚手架，其立杆上带有活动上碗扣，且焊有固定下碗扣和竖向连接套管，水平杆两端焊接有连接板接头，与立杆通过上碗扣和下碗扣连接。安装时只需将上碗扣抬起，将横杆接头插入下碗扣内，然后将上碗扣沿限位销滑下，并顺时针旋转，靠上碗扣螺旋面使之与限位销顶紧，从而将横杆和立杆牢固地连在一起，形成框架结构。碗扣式接头可同时连接 4 根横杆，横杆可相互垂直也可组成其他角度，因而可以搭设各种形式的脚手架。

碗扣式钢管脚手架由钢管立杆、横杆、碗扣接头、底座等组成。其基本构造和搭设要求与扣件式钢管脚手架类似，不同之处在于碗扣接头。立杆的碗扣节点应由上碗扣、下碗扣、水平杆接头和限位销等构成，如图 3-4 所示。碗扣式钢管脚手架可搭设成结构、装饰用的脚手架和模板的支撑架等。

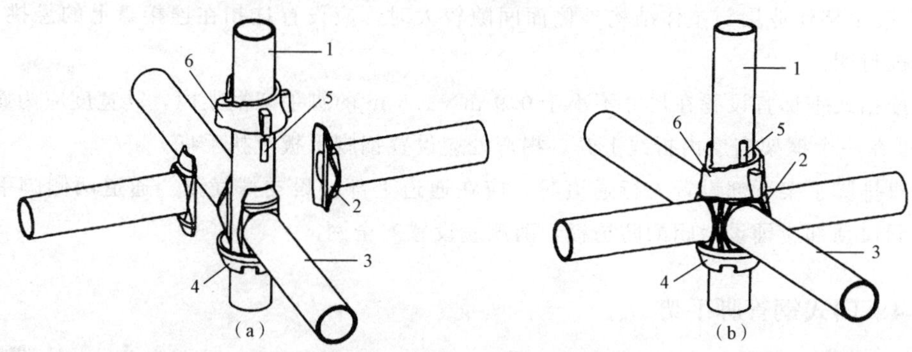

图 3-4　碗扣节点构造图

(a) 组装前；(b) 组装后

1—立杆；2—水平杆接头；3—水平杆；4—下碗扣；5—限位销；6—上碗扣

3.1.3　盘扣式钢管脚手架

盘扣式钢管脚手架是一种新型脚手架，由立杆、水平杆、斜杆、可调底座及可调托架等配件构成。各种杆件均经热镀锌处理，立杆为 Q345 钢材，不但承载力大，而且耐久性好。此外，盘扣式钢管脚手架搭拆简单，连接可靠，构架灵活，配件不易丢失；既可作为脚手架，也可作为支撑架。

1. 杆件及连接方式

盘扣式钢管脚手架的立杆有 ϕ60 mm×3.2 mm（A 型）和 ϕ48 mm×3.2 mm（B 型）两种，单根长度有 0.5 m、1.0 m、1.5 m、2.0 m 四种规格，沿长度方向每 500 mm 焊有一个连接盘。水平杆为 Q235 钢材，有 ϕ48 mm×2.5 mm（A 型）和 ϕ42 mm×2.5 mm（B 型）两种，单根长度有 0.24～1.94 m 七种规格，杆端焊有扣接头。安装时，立杆采用套管承插并穿锁销连接。水平杆和斜杆的杆端接头卡入连接盘，并楔紧具有自锁功能的插销，形成几何不变体系。

2. 搭设要求

(1) 搭设双排脚手架时高度不宜大于 24 m。可根据使用要求选择架体几何尺寸，步距宜为 2 m，立杆纵距宜为 1.5 m 或 1.8 m，立杆横距宜为 0.9 m 或 1.2 m。

(2) 脚手架首层立杆宜采用不同长度的立杆交错布置，使相邻立杆接头位置错开不少于 500 mm，立杆底部应配置可调底座。

(3) 斜杆或剪刀撑的设置：双排架沿架体外侧纵向每 5 跨每层应设置一根竖向斜杆，或者每 5 跨间设置钢管剪刀撑；端跨的横向每层应设置竖向斜杆。

(4) 每步水平杆层，当无挂扣式钢脚手板时，应每 5 跨设置水平斜杆，以加强水平层刚度。

(5) 连墙件水平间距不应大于 3 跨，与主体结构外侧面距离不宜大于 300 mm。连接点应在有水平杆的节点旁，至盘扣节点不应大于 300 mm。可通过扣件钢管与立杆连接。

(6) 作业层设置应符合下列规定：

1) 作业层脚手板应满铺，钢脚手板的挂钩必须完全扣在水平杆上，且处于锁住状态。

2) 作业层应设挡脚板、防护栏杆，并应在外侧立面满挂密目安全网；防护上栏杆宜设置在离作业层高度 1 m 处，中栏杆在 0.5 m 处。

3) 当脚手架作业层与主体结构外侧面间隙较大时，应设置挂扣在连接盘上的悬挑三脚架，并铺脚手板封闭。

(7) 挂扣式钢梯宜设置在尺寸不小于 0.9 m×1.5 m 的脚手架框架内，其宽度应为廊道宽度的 1/2，可在一个框架高度内折线上升，拐弯处应设置钢脚手板及扶手杆。

(8) 双排脚手架下部设置人行通道时，应在通道上部架设支撑横梁。通道两侧脚手架应加设斜杆；洞口顶部应铺设封闭的防护板，两侧应设置安全网。

3.1.4 门式钢管脚手架

门式钢管脚手架是以门架、交叉支撑、连接棒、挂扣式脚手板、锁臂、底座等组成基本结构，再以水平加固杆、剪刀撑、扫地杆加固，并采用连墙件与建筑物主体结构相连的一种定型化钢管脚手架，如图 3-5 所示。门式钢管脚手架是当今国际上应用最普遍的脚手架之一，具有装拆简单、移动方便，使用可靠等特点，既可作外脚手架、里脚手架，又能用作梁、板模板的支撑架和移动式脚手架等。

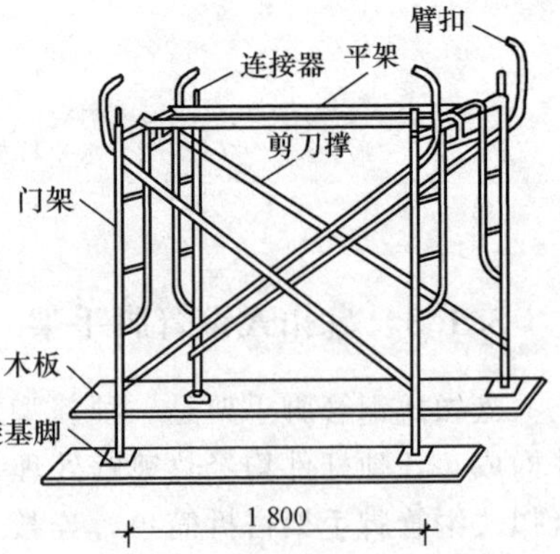

图 3-5 门式钢管脚手架的基本组成单元

门式钢管脚手架基本组成单元：一副门式框架、二副剪刀撑、一副水平梁架和四个连接器。若干基本组成单元通过连接器在竖向叠加，扣上臂扣，组成一个多层框架。在水平方向用加固杆和水平梁架使相邻单元连成整体，加上斜梯、栏杆柱和横杆组成上下步相通的脚手架。

门式钢管支撑架不得用于搭设满堂承重支撑架体系。

3.1.5　悬挑式脚手架

悬挑式脚手架简称挑架，是利用建筑结构外边缘向外伸出的悬挑结构来支承外脚手架，将脚手架的荷载全部传递给建筑结构。其搭设高度（或每个分段高度）一般不宜超过 20 m。悬挑式脚手架由悬挑支承结构和脚手架架体两部分组成。脚手架架体的组成、构造和搭拆与落地式外脚手架基本相同。其搭设要求如下：

（1）型钢挑梁的间距宜与其上架体立杆的纵距相等，使每根立杆下均有悬挑梁。

（2）悬挑架上搭设的脚手架，应符合落地式脚手架的有关规定。但脚手架的宽度一般不宜大于 1.05 m，外立面剪刀撑应自下而上连续设置。

（3）型钢挑梁宜采用工字钢梁，其型号及锚固件应按设计确定。钢梁截面高度不应小于 160 mm，固定段的长度不宜少于悬挑段的 1.25 倍。

（4）固定端至少有两点固定在钢筋混凝土梁板结构上，锚固环或锚固螺栓应采用 HPB300 级钢筋，直径不小于 16 mm，采用冷弯成型；梁板混凝土强度不得低于 C20，厚度不得小于 120 mm。

（5）为防止脚手架立杆滑脱，应在距悬挑梁端不少于 100 mm 处设置脚手架立杆定位点。

3.1.6　附着升降式脚手架

附着升降式脚手架简称爬架，是一种工具式悬空脚手架，主要起到围护和满足施工层作业需要的作用。其架体主要构件为工厂制作，经现场组装并固定于具有初步高度的工程结构外围，其搭设的整体高度一般为 4～4.5 个楼层高度，随工程进展，能依靠自身提升设备沿结构整体或分段升降。附着升降式脚手架不占用塔式起重机，相对于落地式外脚手架，其具有节材节能、外观整洁、安全性好、机械化和智能化程度高等优点，广泛用于外侧较为规整的高层框架、剪力墙、筒体的结构和外装修施工。

附着升降式脚手架主要由架体结构、附着支座、防倾装置、防坠落装置、升降机构及控制装置等构成。其提升设备主要有手动葫芦、电动葫芦和液压设备。按与结构的附着支承方式，附着升降式脚手架可分为套框式、导轨式、导座式和吊套式等，按升降方式可分为单跨（片）升降、交替互爬和整体升降式。导轨式爬架构造如图 3-6 所示。

整体升降式爬架的架体高度不应大于楼层高度的 4.5 倍，架体每步高宜取 1.8 m。架体宽度不应大于 1.2 m。架体支撑跨度，直线布置的不应大于 8 m，折线或曲线布置的不应大于 5 m，单片式升降的不应大于 6 m。架体的悬挑长度不得大于水平支撑跨度的 1/2 和 3 m。架体悬臂高度不应大于架体高度的 2/5 和 6.0 m。架体全高与支撑跨度的乘积不应大于 110 m^2。

架体必须在附着支撑部位沿全高设置竖向主框架，应采用焊接或螺栓连接的片式框架或格构式结构，并能与水平梁架和架体构架整体作用。架体水平梁架应采用焊接或螺栓连接的定型桁架结构，当其不能连续设置时，局部可采用脚手架杆件进行连接，但其长度不应大于 2 m，且须采取加强措施，确保连接刚度和强度不降低。架体外立面必须沿全高设置剪刀撑，剪刀撑跨度不得大于 6.0 m，其水平夹角为 45°～60°，并将竖向主框架、架体水平梁架和构架连成一体。悬挑端应以竖向主框架为中心成对设置对称斜拉杆，其水平夹角应不小于 45°。单片式附着升降式脚手架必须采用直线形架体。架体板内部应设置必要的竖向斜杆和水平斜杆，以确保架体结构的整体稳定性。

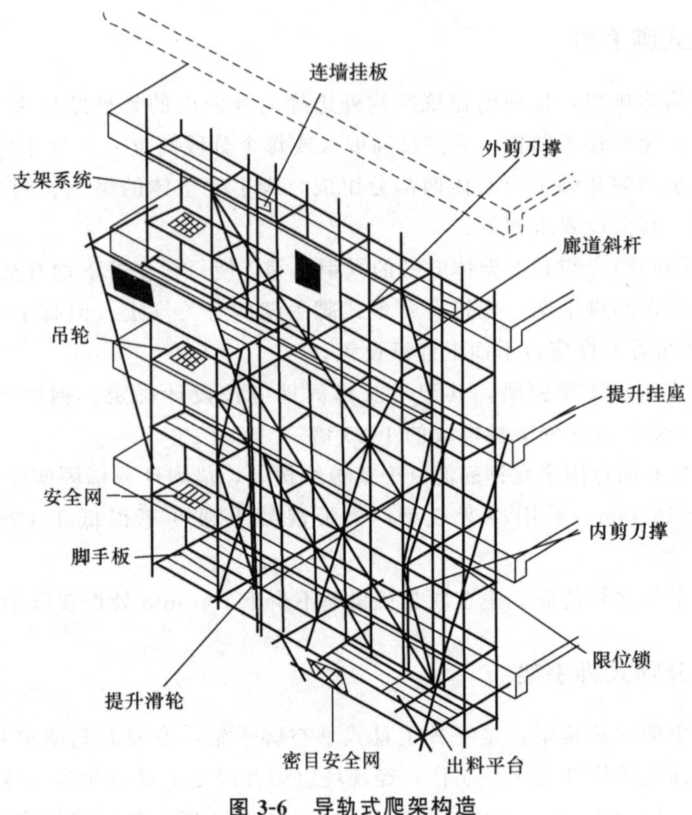

图 3-6 导轨式爬架构造

3.2 砌筑材料与智能化机具设备

3.2.1 砌筑材料

砌筑工程所使用的材料包括块体和砂浆。块体为骨架材料，包括砖、石和砌块等；砂浆起到黏结、衬垫、填充和传力作用，包括水泥砂浆和水泥混合砂浆等。

1. 块体

(1) 砖。根据使用材料、制作方法和规格的不同，可以将砖分为烧结普通砖、烧结多孔砖、烧结空心砖、蒸压灰砂砖、粉煤灰砖等。

烧结砖以页岩、煤矸石、粉煤灰等为主要原料，经过焙烧而成。其中，烧结普通砖和多孔砖均可作为承重用砖，强度等级分为 MU30、MU25、MU20、MU15、MU10。烧结普通砖尺寸为 240 mm×115 mm×53 mm；烧结多孔砖规格有 190 mm×190 mm×90 mm 和 240 mm×115 mm×90 mm 两种。烧结空心砖孔洞率不小于 40%，只能用于非承重结构。

蒸压灰砂砖、粉煤灰砖是以石灰和砂或粉煤灰等为主要原料，经压制成型，蒸压养护而成的实心砖。其规格与烧结普通砖相同，强度等级分为 MU25、MU20、MU15、MU10。

(2) 石。砌筑用石为毛石、料石两类。料石按其加工面的平整程度可分为细料石、半细料石、粗料石和毛料石四种。

(3) 砌块。砌筑用砌块主要有普通混凝土小型空心砌块、轻骨料混凝土小型空心砌块和蒸压加气混凝土砌块等。普通混凝土小型空心砌块采用水泥及砂石骨料制作；轻骨料混凝土小型空心砌块采用浮石、火山渣、陶粒等作为轻骨料。这两种砌块主规格尺寸为 390 mm×190 mm×190 mm；强度等级分为 MU20、MU15、MU10、MU7.5、MU5。

视频 3.2：蒸压加气混凝土砌块

蒸压加气混凝土砌块是在原料中加入发气剂，经搅拌、成型、切割、蒸养而成的实心砌块。常用规格尺寸长度一般为 600 mm，高度为 200、250、300 (mm)，宽度有多种尺寸。砌块按强度分为 A1.0、A2.0、A2.5、A3.5、A5.0、A7.5、A10 七个级别。砌块按干密度分为 B03、B04、B05、B06、B07、B08 六个级别。

2. 砂浆

(1) 原材料。

1) 水泥。水泥强度等级应根据砂浆品种及强度等级的要求进行选择，M15 以上强度等级的砌筑砂浆宜选用 42.5 级普通硅酸盐水泥。应做好进场检查，并对其强度、安定性进行复验。不同品种、不同强度等级的水泥不得混合使用。

视频 3.3：蒸压加气块砌筑

2) 砂。宜选用过筛中砂，水泥砂浆和强度等级不小于 M5 的水泥混合砂浆，砂中含泥量不应超过 5%；强度等级小于 M5 的水泥混合砂浆，砂中含泥量不应超过 10%。

3) 外掺料。砂浆中的外掺料包括粉煤灰、石灰膏等。对生石灰、磨细生石灰粉均应熟化成石灰膏，且其熟化期不得少于 7 d 和 2 d。储存在沉淀池中的石灰膏应防止干燥、冻结和污染。

4) 水。砂浆拌和及养护宜采用饮用水，不得含有有害物质。

5) 外加剂。技术性能应符合有关标准，品种和数量应经试配确定。

(2) 砂浆的分类。砌筑砂浆按材料分为水泥砂浆、水泥混合砂浆；按拌制地点分为现拌砂浆和预拌砂浆，其中预拌砂浆又分为湿拌砂浆和干混砂浆；按用途分为一般砂浆和专用砂浆。砂浆强度等级是用边长为 70.7 mm 的立方体试块，以标准养护条件下养护 28 d 的抗压强度测得。水泥砂浆及预拌砂浆强度等级分为 M5、M7.5、M10、M15、M20、M25、M30 七个等级；水泥混合砂浆分为 M2.5、M5、M7.5、M10、M15 五个等级。

1) 水泥砂浆。水泥砂浆强度高，并具有水硬性能，一般用作砌筑基础、地下室、多层建筑的下层等潮湿环境中的砌体，但水泥砂浆的流动性和保水性较差。

2) 水泥混合砂浆。水泥混合砂浆由水泥、掺合料、砂加水拌制而成。掺入塑性外掺料（如石灰膏、粉煤灰等）既可节约水泥，又可提高砂浆的可塑性，是一般砌体中最常使用的砂浆。

(3) 砂浆的制备与使用。砌筑砂浆应通过试配确定配合比，当砌筑砂浆的组成材料有变更时，其配合比应重新确定。砂浆现场拌制时，各组分材料应采用质量计算，水泥及各种外加剂的允许偏差为±2%，砂、粉煤灰、石灰膏等为±5%。应采用机械搅拌，搅拌时间自投料完起算，水泥砂浆和水泥混合砂浆的搅拌时间不得少于 120 s；对预拌砂浆和掺粉煤灰、外加剂、保水增稠材料的砂浆，其搅拌时间不得少于 180 s。

加水拌制的砂浆应随拌随用，拌制后应在 3 h 内用完；当气温超过 30 ℃时，应在 2 h 内用完。对掺用缓凝剂的砂浆，其使用时间可根据其缓凝时间的试验结果确定。

砌筑砂浆的稠度应满足表 3-1 的规定。

表 3-1 砌筑砂浆的稠度

砌体种类	砂浆稠度/mm
烧结普通砖砌体	70～90
混凝土实心砖、混凝土多孔砖砌体 普通混凝土小型空心砌块砌体 蒸压灰砂砖砌体 蒸压粉煤灰砖砌体	50～70
烧结多孔砖、空心砖砌体 轻骨料小型空心砌块砌体 蒸压加气混凝土砌块砌体	60～80
石砌体	30～50

(4) 砂浆的检验。每一楼层或每 250 m^3 砌体，对每台搅拌机拌制的同种砂浆，应留砂浆试块不少于 3 组；对预拌或专用砂浆，每个验收批预留试块不少于 3 组。湿拌砂浆应在卸料过程中的中间部位随机取样；搅拌的每盘砂浆只应制作 1 组试块。同一验收批砂浆试块强度平均值应不小于设计值的 1.1 倍，且最小一组的强度值应不低于设计值的 85%。

3.2.2 垂直运输机械

砌筑工程中常用的垂直运输机械有塔式起重机、井式提升架（井架）、龙门式提升架（龙门架）、施工升降机（施工电梯）等。（智能化）塔式起重机将在下面的章节中介绍，这里仅介绍井架、龙门架和施工电梯。

1. 井架

井架是砌筑工程施工中常用的垂直运输设施。除用型钢或钢管加工的定型井架外，还可用脚手架材料搭设而成。井架多为单孔，也可制成双孔或多孔。井架由架体、天轮梁、缆风绳、吊盘、卷扬机及索具构成，卷扬机通过上下导向滑轮（天轮、地轮）使吊盘升降。井架搭设高度宜小于 30 m，可用缆风绳与地面拉结锚固。当井架高度在 15 m 以下时设缆风绳一道；当井架高度在 15 m 以上时，每增高 10 m 增设一道缆风绳。缆风绳设置在四角，每角一根，用直径 9 mm 的钢丝绳，与地面夹角为 30°～45°。附着于建筑物的井架可不设缆风绳，设置连墙件与主体结构拉结锚固。井架的优点是价格低，稳定性好、运输量大；缺点是缆风绳多，影响施工和交通。

2. 龙门架与安全监控系统

龙门架由两组格构式立柱及天轮梁（横梁）构成，在龙门架上装设滑轮、导轨、吊盘（上料平台）、安全装置，以及起重索、缆风绳等，即构成一个完整的垂直运输体系，如图 3-7 所示。龙门架构造简单、制作容易、用材少、

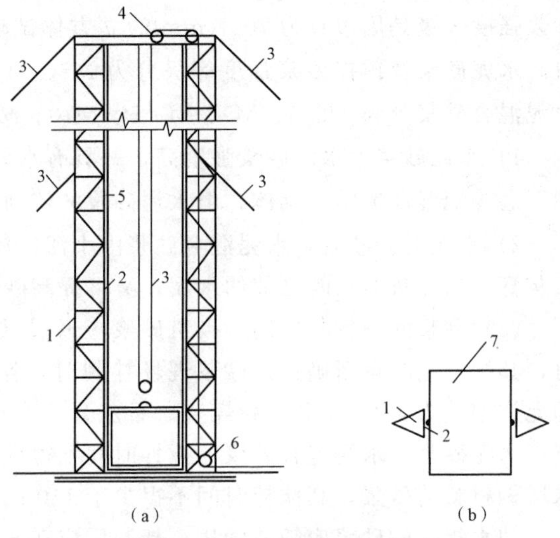

图 3-7 龙门架基本构造

(a) 立面；(b) 平面

1—立杆；2—导轨；3—缆风绳；4—天轮；5—吊盘停车安全装置；6—地轮；7—吊盘

装拆方便，但刚度和稳定性较差，尤其适用于中小工程。因不能做水平运输，所以在地面和高空必须配合手推车等人力运输。

龙门架一般单独设置，采用缆风绳与地面拉结固定。当门架高度在 15 m 以下时设一道缆风绳，四角拉住；当门架高度超过 15 m 时，每增高 5～6 m 增设一道缆风绳。门架起重量一般为 0.6～1.2 t，起重高度为 15～30 m。

在实际生产与吊装的过程中，由于场地环境复杂，同一轨道上的吊机又同时进行着不同工种的作业。在吊机进行难度最大的大型结构构件吊装工作或进行机械件对位作业的过程中，起重工与操作人员的配合、机械件的快速对接等要求已成为该作业的难题，对吊机操作员的操作要求和各类数据监测要求也进一步提高。因此，需要安装一套针对龙门架各个工作环节、各个安全点、各类工况、各类指令的安全监控系统，用来保证龙门架和操作人员的安全，提高工作效率，降低安全隐患。

3. 智能施工升降机

多数施工升降机为人货两用，少数为供货用。升降机按其驱动方式可分为齿条驱动和绳轮驱动两种。齿条驱动升降机又分为单吊箱（笼）式和双吊箱（笼）式两种，并装有可靠的限速装置，适用于 20 层以上建筑工程使用；绳轮驱动升降机为单吊箱（笼）式，无限速装置，轻巧便宜，适于 20 层以下建筑工程使用。

目前，建筑中常用的施工升降机自动化控制水平比较低，需通过驾驶员操作，不便于工地人员的使用，同时对实现建筑机器人无障碍垂直通行造成一定的困难，不便于智慧工地的营运。《智能施工升降机》（T/GDJSKB　001—2020）是 2020 年 11 月 1 日开始实施的一项行业标准，适用于人货两用或智能建筑机器人的运载。其主要特征是具备安全监控功能，升降机能自动响应楼层按钮信号和笼内选层按钮信号，并在这些信号指定的层站平层停靠和自动开关门；也可通过垂直物流调度系统实现升降机与机器人的双向通信，升降机能获取机器人乘梯点位信息，响应机器人乘梯楼层指令，并自动在这些指令指定的层站平层停靠和自动开关门。智能施工升降机在普通施工升降机的基础上进行了自动化和智能化升级。

3.3　砖砌体施工

砌体组砌应上下错缝，内外搭砌；组砌方式宜采用一顺一丁、梅花丁、三顺一丁，如图 3-8 所示。

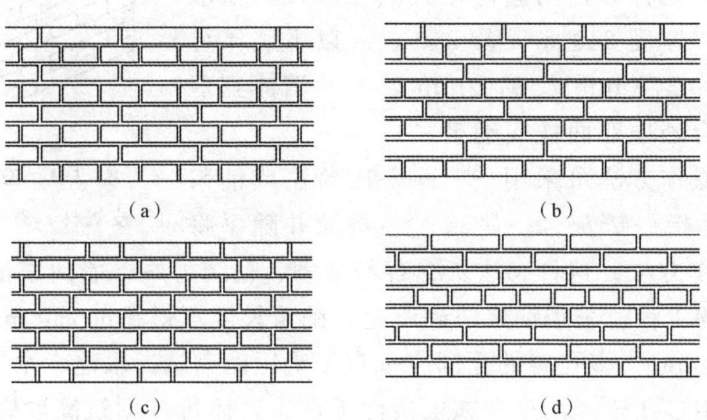

图 3-8　砖砌体组砌方式示意

（a）一顺一丁的十字缝砌法；（b）一顺一丁的骑马缝砌法；（c）梅花丁砌法；（d）三顺一丁砌法

3.3.1 施工准备

混凝土砖、蒸压砖的生产龄期应达到 28 d 后，方可用于砌体的施工。当砌筑烧结普通砖、烧结多孔砖、蒸压灰砂砖和蒸压粉煤灰砖砌体时，砖应提前 1～2 d 适度湿润，不得采用干砖或吸水饱和状态的砖砌筑。砖湿润程度宜符合下列规定：烧结类砖的相对含水率宜为 60%～70%；蒸压砖宜为 40%～50%。现场检验含水率常用断砖法，当砖截面四周融水深度为 15～20 mm 时即符合要求。

3.3.2 砖砌体施工工艺

砖墙的砌筑工艺主要包括抄平、放线、摆砖样、立皮数杆、盘角、挂线、砌筑、清理及勾缝等。

(1) 抄平。砌筑前，在基础防潮层或楼面上先用水泥砂浆或 C10 的细石混凝土找平，使各层砖墙底部标高符合设计要求。

(2) 放线。砌筑前，应将砌筑部位清理干净并放线。砖基础施工前，应在建筑物的主要轴线部位设置标志板（龙门板），标志板上应标明基础、墙身和轴线的位置及标高，外形或构造简单的建筑物也可用控制轴线的引桩代替标志板；然后在垫层表面上放出基础轴线及底宽线。二楼以上砖墙的轴线可以用经纬仪或垂球将轴线引上，并弹出墙的宽度线及门窗洞口位置线。

(3) 摆砖样。摆砖样是在放线的基面上按选定的组砌形式用干砖试摆，一般在房屋外纵墙方向摆顺砖，在山墙方向摆丁砖，摆砖由一个大角摆到另一个大角，砖与砖留 10 mm 缝隙，摆砖是为了校对所放出的墨线在门窗洞口、墙垛等处是否符合砖的模数，以尽可能减少砍砖，并使砌体灰缝均匀、组砌得当。

(4) 立皮数杆。立皮数杆是划有每皮砖和灰缝厚度，以及门窗洞口、过梁、圈梁、楼板等的标高，用来控制砌体的竖向尺寸及各部件标高的方木或角钢标志杆。同时，还可以保证砌体的垂直度。砌基础时，应在垫层转角处、交接处及高低处立好基础皮数杆。砌墙体时，应在转角处及交接处立好皮数杆（图 3-9）。皮数杆间距不超过 15 m。

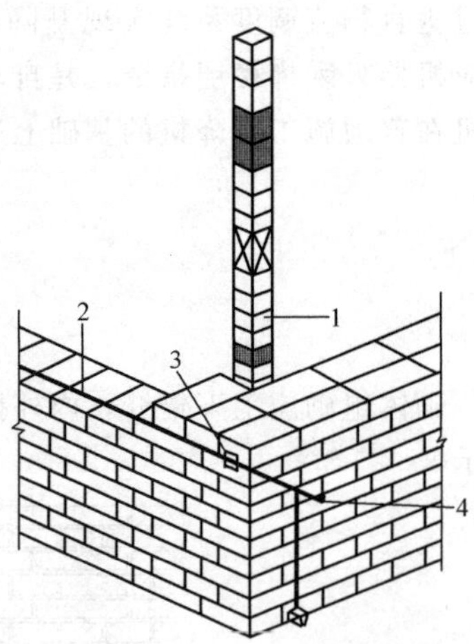

图 3-9 立皮数杆及挂线示意

1—皮数杆；2—准线；3—竹片；4—圆钉

(5) 盘角、挂线。砌体角部是确定砌体横平竖直的主要依据，所以，砌筑时应根据皮数杆先在转角及交接处砌几皮砖，并保证其垂直平整，称为盘角。再在其间拉准线，依准线逐皮砌筑中间部分。厚度 240 mm 及 240 mm 以下墙体可单面挂线砌筑；厚度为 370 mm 及 370 mm 以上的墙体宜双面挂线砌筑；夹心复合墙应双面挂线砌筑。

(6) 砌筑。砌筑操作方法可采用“三一”砌筑法或铺浆法。“三一”砌筑法是指一铲灰、一块砖、一挤揉并随手将挤出的砂浆刮去的操作方法。这种砌法灰缝容易饱满、粘结力好、墙面整洁，故宜采用此方法砌砖，尤其是抗震设防的工程。采用铺浆法砌筑时，铺浆长度不得超过 750 mm；气温超过 30 ℃时，铺浆长度不得超过 500 mm。多孔砖的孔洞应垂直于受压面砌筑。水池、水箱和有冻胀环境的地面以下工程部位不得使用多孔砖。在正常施工条件下，砖砌体每日砌筑高度宜控制在 1.5 m 或一步脚手架高度内。

（7）清理及勾缝。砌筑混水墙时，应随砌随清扫墙面。对清水墙，应及时将灰缝划出 10 mm 深的沟槽，以便于勾缝施工，勾缝宜采用 1∶1.5 的水泥砂浆，填压密实、深浅一致。

3.3.3　砖砌体施工要点与质量要求

（1）砖砌体的灰缝应横平竖直，厚薄均匀。砖砌体水平灰缝厚度和竖向灰缝宽度宜为 10 mm，但不应小于 8 mm，且不应大于 12 mm。砌体灰缝的砂浆应密实饱满，砖墙水平灰缝的砂浆饱满度不得小于 80%，砖柱的水平灰缝和竖向灰缝饱满度不应小于 90%；竖缝宜采用挤浆或加浆方法，不得出现透明缝、瞎缝和假缝，不得用水冲浆灌缝。对水平灰缝的砂浆饱满度用百格网检查，检查时，掀起砌好的砖，测其底面砂浆黏结痕迹的面积，取三块砖的平均值。组砌合理，砖块之间上下错缝、内外搭砌。

（2）与构造柱相邻部位砌体应砌成马牙槎，马牙槎应先退后进，每个马牙槎沿高度方向的尺寸不宜超过 300 mm，凹凸尺寸宜为 60 mm。砌筑时，砌体与构造柱间应沿墙高每 500 mm 设拉结钢筋，钢筋数量及伸入墙内长度应满足设计要求。

（3）砖砌体的转角处和交接处应同时砌筑。在抗震设防烈度为 8 度及 8 度以上地区，对不能同时砌筑的临时间断处应砌成斜槎，其中，普通砖砌体的斜槎水平投影长度不应小于高度（h）的 2/3（图 3-10），多孔砖砌体的斜搓长高比不应小于 1/2。斜槎高度不得超过一步脚手架高度。

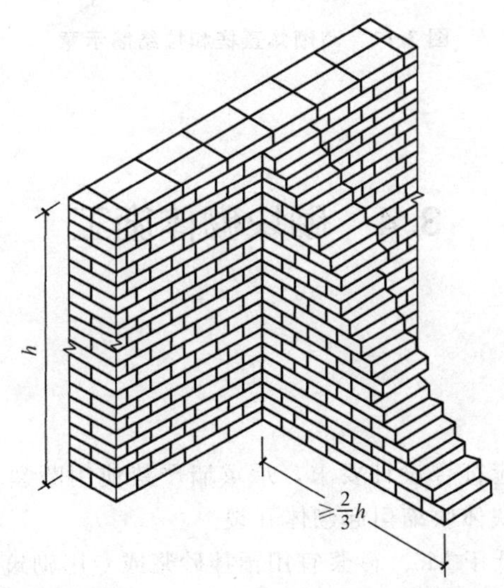

图 3-10　砖砌体斜槎砌筑示意

砖砌体的转角处和交接处对非抗震设防及在抗震设防烈度为 6 度、7 度地区的临时间断处，当不能留斜槎时，除转角处外，可留直槎，但应做成凸槎。留直槎处应加设拉结钢筋（图 3-11），其拉结钢筋应符合下列规定：

1）每 120 mm 墙厚应设置 1ϕ6 拉结钢筋；当墙厚为 120 mm 时，应设置 2ϕ6 拉结钢筋。

2）间距沿墙高不应超过 500 mm，且竖向间距偏差不应超过 100 mm。

3）埋入长度从留槎处算起，每边均不应小于 500 mm；对抗震设防烈度 6 度、7 度的地区，不应小于 1 000 mm。

4）末端应设 90°弯钩。

(4) 砌体接槎时，应将接槎处的表面清理干净，洒水温润，并应填实砂浆，保持灰缝平直。拉结钢筋应预制加工成型，钢筋规格、数量及长度符合设计要求，且末端应设 90°弯钩埋入砌体中的拉结钢筋，应位置正确、平直，其外露部分在施工中不得任意弯折。

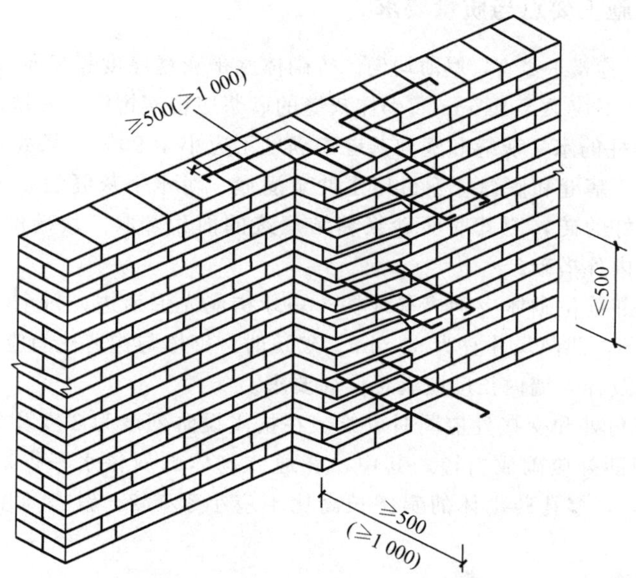

图 3-11 砖砌体直槎和拉结筋示意

3.4 砌块砌体施工

3.4.1 施工准备

1. 材料准备

(1) 砌块和砂浆的强度应符合设计要求，承重墙严禁使用断裂小砌块。至施工时，砌块的龄期不应少于 28 d，以避免块体收缩引起砌体开裂。

(2) 砂浆强度等级不得低于 M5。砂浆宜用预拌砂浆或专用砌筑砂浆。专用砌筑砂浆的和易性好、粘结力强，易保证灰缝饱满和墙体不开裂。

(3) 砌块进场后，应按品种、规格型号、强度等级分别码放整齐，堆高不超过 2 m。堆场应有防潮措施。蒸压加气混凝土砌块应防止雨淋。

(4) 用薄砂浆砌筑的蒸压加气混凝土砌块不得浇水；用普通砂浆或专用砂浆砌筑的蒸压加气混凝土砌块，砌筑当天对砌筑面浇水湿润，且含水率应小于 30%。普通混凝土小型空心砌块及吸水率小的轻骨料混凝土小型空心砌块砌筑前可不浇水，当气候炎热干燥时可提前喷水湿润；对吸水率大的轻骨料混凝土小型空心砌块应提前 1～2 d 浇水湿润，砌块的相对含水率宜为 40%～50%；雨天及砌块表面有浮水时不得施工。

2. 编绘砌块排块图

砌块砌体施工前，应按房屋设计图编绘小砌块平、立面排块图（图 3-12），以便指导砌块准备和砌筑施工。砌块排列应错缝搭接，并以主规格砌块为主，不得与其他块体或不同强度等级的块体混砌。

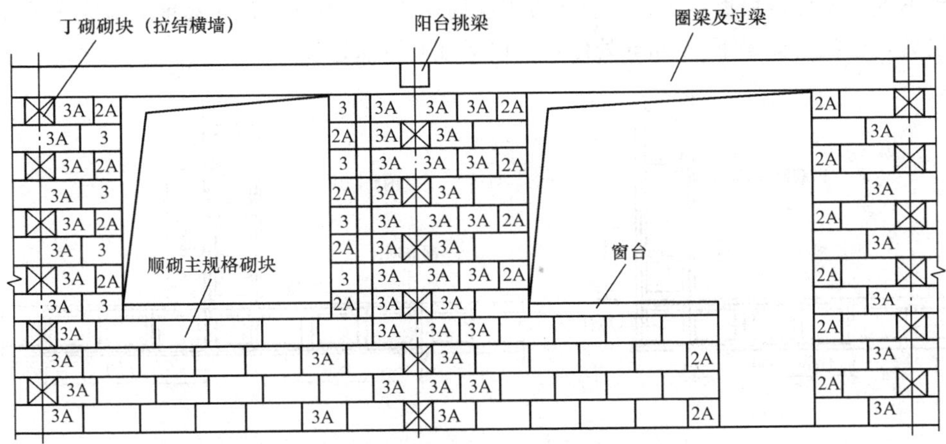

图 3-12　砌块排列图

3.4.2　施工要求

1. 结构墙体砌筑

砌块砌体施工的主要工艺包括抄平弹线、基层处理、立皮数杆、砌块砌筑、勾缝。其主要施工要求如下：

（1）基层与底部处理。拉标高准线，用砂浆找平砌筑基层。当底层砌块下的找平层厚度大于 20 mm 时，应用豆石混凝土找平。

砌筑时，防潮层以下应采用水泥砂浆砌筑，且用不低于 C20 的混凝土灌实小砌块的孔洞。

（2）墙体砌筑要点。

1）墙体砌筑应从房屋外墙转角定位处开始，按照设计图和砌块排块图进行施工。墙厚大于 190 mm 的应双面挂线。

2）砌块以全顺形式组砌，砌筑时空心砌块应上下皮孔对孔、肋对肋错缝搭接，单排孔砌块的搭接长度不少于 1/2 块，多排孔砌块的搭接长度不少于 1/3 块。搭接长度不满足要求时应设拉结钢筋网。

3）应将砌块制作时的底面朝上反砌于墙上，以利铺设砂浆和保证饱满度。为保证芯柱断面不削弱，应将该处砌块底部的毛边清理干净。

4）墙体转角处和纵横交接处应同时砌筑。其他临时间断处应砌成斜槎，其水平投影长度不小于斜槎高度。施工临时洞口可留直槎，但在补砌时应用 C20 混凝土灌孔。

5）采用铺浆法，随铺随砌。水平灰缝，砂浆宜用铺灰器铺满下皮肋的顶面或封底面；竖向灰缝，应将砌块端面朝上铺满砂浆后，就位挤紧，再灌浆捣实。一般砂浆的灰缝厚度和宽度同砖砌体，砂浆饱满度应不低于净截面面积的 90%。随砌随用砂浆勾缝，凹缝深度宜为 2 mm。

6）在固定门窗框处应砌入实心混凝土砌块或灌孔形成芯柱；水电管线、孔洞、预埋件等应与砌筑及时配合进行，不得事后凿槽打洞。

7）在正常施工条件下，每日砌筑高度宜控制在 1.4 m 或一步脚手架高度内。

8）芯柱（图 3-13）混凝土应待墙体砌筑砂浆强度大于 1 MPa 后浇筑。浇筑前，应先从柱脚留设的清扫口清除砂浆等杂物，并冲淋孔壁，排出积水后，再用混凝土预制块封闭清扫口。浇筑时，先注入 50 mm 厚与芯柱混凝土配比相同的去石砂浆，然后浇筑混凝土。每浇筑 400～500 mm 高度，用小直径振捣棒振捣一次，或边浇边用振捣棒捣实。其连续浇筑高度不应大于 1.8 m。与圈梁交接的，应浇至圈梁下 50 mm 处停止，以保证其可靠连接。

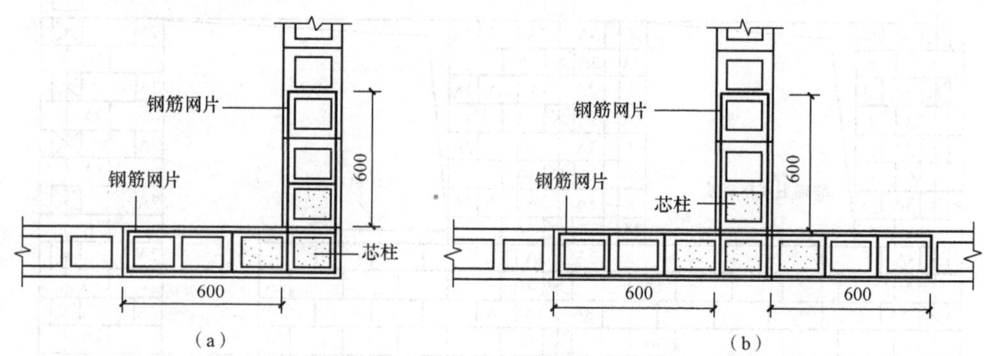

图 3-13　芯柱拉结钢筋网片设置

(a) 转角处；(b) 支接处

2. 二次结构砌筑

二次结构是指在框架、剪力墙、框架剪力墙结构中一些非承重的砌体、构造柱、过梁等在装饰前需要完成的部分。二次结构的非承重砌体即填充墙，常采用轻骨料混凝土小型空心砌块、蒸压加气混凝土砌块、空心砖等轻体砌块砌筑，多用于主体结构不脱开的形式。

视频 3.4：填充墙与构造柱

施工时，在满足相应块体砌筑要求的前提下，应注意以下要点：

(1) 采用轻骨料混凝土小型空心砌块或蒸压加气混凝土砌块砌筑厨房、卫生间、浴室等处墙体的，底部宜现浇混凝土坎台，高度宜为 150 mm，以利于提高墙底防水效果。

视频 3.5：二次结构构造柱留浇筑孔

(2) 填充墙应在该部位主体结构检验批验收合格后进行砌筑。不同种类、不同强度等级的砌块不得混砌（墙顶填塞及门窗洞口处除外），以避免收缩裂缝。

(3) 应设置拉结钢筋等与主体结构连接，抗震设防结构常采用沿墙全长贯通设置。与结构采用化学植筋锚固的应做拉拔试验，确保在 6 kN 拉力下无开裂和滑移。拉结钢筋处的下皮砌块应为半盲孔或灌孔砌块。

(4) 空心砌块应采用整块砌筑；蒸压加气混凝土砌块宜用整块砌筑，需截断时应采用无齿锯切割，且最小长度不得小于整块长的 1/3。水平及竖向灰缝砂浆饱满度均不得低于 80%。

(5) 蒸压加气混凝土砌块上下搭接的长度不宜小于块长的 1/3 和 150 mm。否则应设置 2Φ6 钢筋或 Φ4 钢筋网加强，且自错缝部位起每侧搭接长度不小于 700 mm。用一般砂浆及专用砂浆砌筑时，灰缝厚度不得超过 15 mm。若用薄层砂浆砌筑法砌筑时，应采用专用黏结砂浆，灰缝厚度为 2～4 mm，拉结钢筋需在砌块上镂槽、铺浆卧入。

(6) 填充墙顶部与梁、板间应留出空（缝）隙，且在砌墙 14 d 以后填补。这样做既可减少结构变形的影响，又能避免墙体收缩、干燥、沉降产生上部脱离、缝隙。填补常采用普通砖斜砌顶紧或用干硬性砂浆、混凝土塞紧。

3.4.3　砌筑机器人

国内的建筑砌体砌筑市场存在两个基本特点：一是体量巨大，各类砌体的砌筑施工量年均超过 10 亿 m^3，尽管存在着 ALC 及各类墙板材的竞争，人工现场砌筑在将来很长一段时间内仍会是一个巨大的刚需市场；二是业态原始，砌筑业的人力资源组织方式，包括人员招募与职业培训、施工组织形式和作业工具基本上都还停留在几十年前的状态，表现为用工时临时招募、师徒相授、手工作业拼体力。

行业业态的原始必然导致生产的低效率，表现为较低的人均产值和庞大的用工人数，属于效率低下的劳动力密集型作业。根据资料统计数据，2019 年，全国建筑业砌筑施工从业人员大约为 600 万人，占当年建筑业 4 400 万从业总人数的 14%，砌筑从业人员的人均建筑业名义产值比全行业平均数低 23%。上述 600 万砌筑从业人员中，具备技能的砌筑工人数约占 50%，即 300 万人。近年来，砌筑从业人员大量流失，普遍高龄化及砌筑单价的上行压力不断增强已经非常明显。

砌筑机器人的出现，是对落后的传统手工作业方式进行新技术加持下的工艺变革，可以大幅降低砌筑施工的体力消耗，提升效率，减少砌筑劳动用工，提高工序建造的工业化水平，具有广阔的市场需求。

国内对于机器人砌筑的研究正在积极进行，解决了机器视觉对砖块的辨识定位及六轴机械臂抓取。上海自砌科技的 MOBOT GT 系列在商业应用上获得了实质性进展；博智林砌块搬运机器人主要应用于建筑工地砌块自动搬运作业，具备自动上砖、自动乘梯上楼、自动下砖等功能，支持远程监控、数据报表、在线升级，搭配栈板可实现袋装砂浆等建筑材料搬运，可广泛应用于商品房、厂房、公寓等场景下的砌块搬运作业。

思考题

1. 脚手架有哪些分类？
2. 简述脚手架的基本要求和搭设的一般要求。
3. 扣件式钢管脚手架的构造要求有哪些？
4. 连墙件有哪些作用？布置要求及连墙方法有哪些？
5. 盘扣式、门式钢管脚手架的搭设要求各有哪些？
6. 悬挑式脚手架及吊篮的搭设要求有哪些？
7. 砌筑常用的砖和砌块有哪些？
8. 常用的砌筑垂直运输机械有哪些？
9. 砖砌体的施工工艺流程与施工要点有哪些？皮数杆的作用是什么？树立要求如何？
10. 简述砖砌体施工的“三一”砌筑法和砌块砌筑施工的铺装法。
11. 什么是“马牙槎”？其留设要求有哪些？
12. 对砖砌体的质量要求有哪些？
13. 砌块砌体的施工要点有哪些？芯柱混凝土浇筑的施工要点有哪些？
14. 用轻体砌块砌筑厨房、卫生间墙体时，其底部应如何处理？

第4章

钢筋混凝土工程智能化施工

课程导学

了解钢筋的加工工艺过程，掌握钢筋的连接方法；能够进行钢筋的配料与代换计算；掌握钢筋的安装方法及要求；掌握钢筋的质量验收标准及检测方法。了解模板的类型及特点，了解组合模板的设计要求；掌握模板的安装与拆除方法及要求；掌握模板的质量验收标准及检测方法。了解混凝土的配料计算以及正确选择混凝土施工机械；掌握混凝土的施工工艺及质量控制方法；掌握混凝土的质量验收标准及检测方法；掌握混凝土结构施工的安全技术。

混凝土结构是我国应用最为广泛的一种结构形式，其施工在建筑施工中占主导地位，无论在人力、物力消耗还是对工期的影响方面都占有非常重要的地位。混凝土结构工程包括现浇混凝土结构施工和采用装配式预制混凝土构件的工厂化施工两个方面。现场施工时模板材料消耗多，劳动强度高，工期也相对较长，因而逐渐向工厂化施工方向发展。现浇混凝土结构整体性好，抗震能力强，近年来新型模板和施工机械的出现，商品混凝土的推广，以及流态混凝土、高性能混凝土等新型混凝土的应用，混凝土配比计量、生产、运输等的机械化、自动化程度进一步提高，使得混凝土结构工程现场现浇施工可以达到较好的技术经济指标，因而得到迅速的发展。目前，装配式建筑得到了快速的推广，装配式建筑是指将传统建造方式中的大量现场作业工作转移到工厂进行，在工厂加工制作好建筑用构件和配件（如楼板、墙板、楼梯、阳台等），运输到建筑施工现场，通过可靠的连接方式在现场装配安装而成的建筑。装配式建筑主要包括预制装配式钢筋混凝土结构、钢结构、现代木结构建筑等，因为采用标准化设计、工厂化生产、装配化施工、信息化管理、智能化应用，是现代工业化生产方式的代表。装配式钢筋混凝土结构是装配式建筑的重要组成部分。本章内容以现浇混凝土结构为主，部分内容适用于预制构件的生产。

钢筋混凝土由钢筋和混凝土两种材料组成。混凝土是由水泥、粗细骨料、水和外加剂或外掺料经搅拌而成的混合物，以模板作为成型的工具，经过浇筑、养护，混凝土达到规定的强度后，拆除模板，成为钢筋混凝土结构构件。钢筋混凝土工程是由钢筋、模板和混凝土等多个工种组成的，由于施工过程多，影响质量因素多且复杂，因此要加强施工管理，统筹安排，合理组织，才能保证工程质量、加快施工进度和降低工程造价。其施工工艺流程如图 4-1 所示。

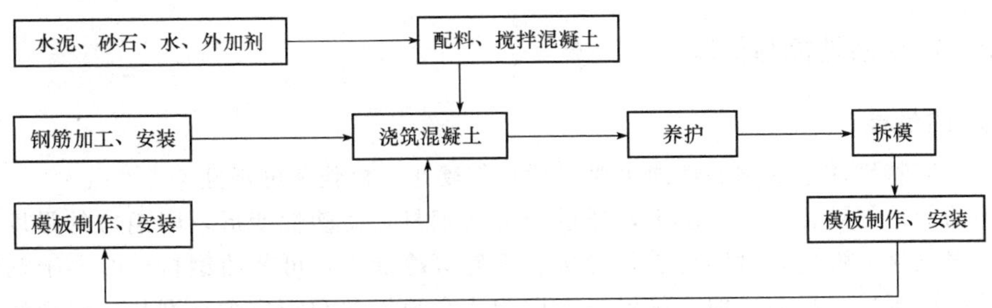

图 4-1　混凝土结构工程施工工艺流程

钢筋和混凝土这两种物理和力学性能完全不同的材料之所以能共同工作，主要是因为混凝土凝结硬化后紧紧握裹钢筋，钢筋又受混凝土保护而不致锈蚀，同时钢筋与混凝土的线膨胀系数又相接近（钢筋为 1.2×10^{-5}，混凝土为 $1.0\sim1.4\times10^{-5}$），当外界温度变化时，不会因胀缩不均而破坏两者间的黏结。

4.1　钢筋智能化加工

4.1.1　钢筋的种类

钢筋混凝土结构中常用的钢材有钢筋、钢丝和钢绞线三类。

混凝土结构用的普通钢筋，可分为热轧钢筋、热处理钢筋和冷加工钢筋。热轧钢筋包括低碳钢（HPB）钢筋、低（微）合金钢（HRB）钢筋；热处理钢筋包括用余热处理（RRB）或晶粒细化（HRBF）等工艺加工的钢筋；冷加工钢筋强度较高但脆性大，已很少使用。

热轧或热处理钢筋按屈服强度分为 300 MPa、400 MPa、500 MPa、600 MPa 四个等级，按表面形状分为光圆钢筋和带肋钢筋；直径 12 mm 以下的钢筋来料多为盘圆，16 mm 以上为直条。

热轧钢筋基本参数见表 4-1。

表 4-1　常用热轧钢筋基本参数

外形	强度等级代号	符号	屈服强度特征值/（$N\cdot mm^{-2}$）	公称直径/mm
光圆	HPB300	ϕ/Ⅰ	300	6～22
带肋	HRB400 HRBF400 RRB400	Φ $Φ^{F}$ $Φ^{R}$/Ⅲ	400	6～50
	HRB500 HRBF500	Φ̄ $\bar{Φ}^{F}$/Ⅳ	500	6～50
	HRB600		600	6～50

4.1.2 钢筋的性能与检验

1. 钢筋的性能

施工中，需特别注意的钢筋性能主要包括冷作硬化、松弛和可焊性。

(1) 钢筋的冷作硬化。在常温下，通过强力使钢材发生塑性变形，则钢材的强度、硬度可大大提高。根据这一性能，对钢筋进行冷拔、冷轧等冷加工，可节约钢材。但由于钢筋脆性加大，影响结构的延性，目前冷加工仅用于工厂制作高强钢丝和定位焊接网片，而现场则将其原理用于直螺纹连接。

(2) 钢筋的松弛。钢筋的松弛是指在高应力状态下，钢筋的长度不变但其应力随时间推移逐渐减少的性能。但钢材的松弛是有限的，一旦完成将不再松弛。在预应力施工中应采取措施，以防止或减少该性能造成的预应力损失。

(3) 钢筋的可焊性。钢筋均具有可焊性，但其焊接性能差异较大。影响焊接性能的主要因素包括钢材的强度或硬度、化学成分、焊接方法及环境等。一般强度越高的钢材越难以焊接；含碳、锰、硅、硫等越多的钢材越难以焊接，而含钛、铌多的钢材则易于焊接。

2. 钢筋的检验

钢筋应有出厂质量证明书（产品合格证、出厂检验报告）和进场复验报告，钢筋端头或每捆（盘）钢筋均应有标志。进场时应按炉罐（批）号及直径分别存放、分批检验。检查内容包括标志和外观，并按现行国家有关标准的规定抽取试件做力学性能检验，其质量必须符合有关标准的规定后方可用于工程。交货检验适用于钢筋验收批的检验，组批规则：钢筋应按批进行检查和验收，每批由同一牌号、同一炉罐号、同一规格的钢筋组成。每批质量通常不大于 60 t。超过 60 t 的部分，每增加 40 t（或不足 40 t），增加一个拉伸试验试样和一个弯曲试验试样。

钢筋外观质量检查应全数进行，检查内容：钢筋应平直、无损伤，表面不得有裂纹、油污、颗粒状或片状老锈。弯折钢筋不得敲直后作为受力钢筋使用。油污会导致钢筋和混凝土之间的粘结力下降，颗粒状或片状老锈会影响钢筋的强度和锚固性能。无论何时，一旦发现钢筋出现脆断、焊接性能不良或力学性能显著不正常等现象，应该对该批钢筋进行化学成分检验或其他专项检验。

对有抗震设防要求的框架结构，其纵向受力钢筋的强度应满足设计要求；当设计无具体要求时，对一、二级抗震等级，检验所得的强度实测值应符合下列规定：钢筋的抗拉强度实测值与屈服强度实测值的比值不应小于 1.25；钢筋的屈服强度实测值与强度标准值的比值不应大于 1.3。

对于加工以后较长时间未使用而可能造成外观质量达不到要求的钢筋半成品，应按照上述方法对钢筋外观质量重新进行检查和评定。

4.1.3 钢筋的连接

钢筋的连接方法包括焊接、机械连接和搭接连接。连接的一般规定如下：

(1) 钢筋的接头宜设置在受力较小处；抗震设防结构的梁端、柱端箍筋加密区内不宜设置接头，且不得进行钢筋搭接。

(2) 同一纵向受力钢筋不宜设置两个或两个以上接头。

(3) 接头末端至钢筋弯起点的距离不应小于钢筋直径的 10 倍。

(4) 钢筋接头位置宜相互错开。当采用焊接或机械连接时，在同一连接区段（35 倍钢筋直径且不小于 500 mm）内，受拉接头的面积百分率不应大于 50%；受压接头或避开框架梁端、柱端箍筋加密区的 I 级机械接头不限。

(5) 直接承受动力荷载的结构构件中，不宜采用焊接接头；采用机械连接时，同区段内的接头量不应大于 50%。

1. 焊接连接

钢筋常用的焊接方法有闪光对焊、电弧焊、电阻点焊、电渣压力焊和埋弧压力焊等。用电焊代替钢筋的绑扎，可以节约大量钢材，而且连接牢固、工效高、成本低。

焊工必须持相应焊接方法的考试合格证上岗操作。在工程开工正式焊接前，参与该项施焊的焊工应进行现场条件下的焊接工艺试验，并经试验合格后，方可正式生产。试验结果应符合质量检验与验收时的要求。当环境温度低于 −5 ℃时应调整焊接参数或工艺，低于 −20 ℃时不得进行焊接，雨、雪及大风天气应采取遮蔽措施。直径大于 28 mm 的热轧钢筋及细晶粒钢筋的焊接参数应经试验确定，余热处理钢筋不宜焊接。

(1) 闪光对焊。闪光对焊是将两钢筋以对接形式安放在对焊机上，通以低电压的强电流，将其端部轻微接触，产生强烈闪光和飞溅，待接触点金属熔化，迅速施加顶锻力，使两根钢筋焊接到一起的压焊方法（图 4-2）。

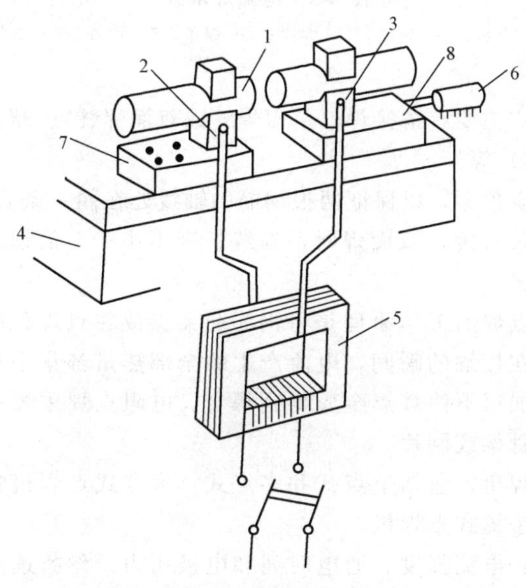

图 4-2 钢筋对焊原理

1—钢筋；2—固定电极；3—可动电极；4—机座；
5—变压器；6—手动顶压机构；7—闸刀开关

闪光对焊根据工艺的不同可分为连续闪光焊、预热闪光焊和闪光—预热—闪光焊三种工艺。不同直径的钢筋焊接时，直径差不得超过 4 mm。

在非固定的专业预制厂（场）或钢筋加工厂（场）内，对直径大于或等于 22 mm 的钢筋进行连接作业时，不得使用闪光对焊工艺。

闪光对焊接头的质量检验，应分批进行外观检查和力学性能检验，按下列规定作为一个检验批：在同一台班内，由同一个焊工完成的 300 个同牌号、同直径钢筋的焊接接头应作为一批；当同一台班内焊接的接头数量较少时，可在一周之内累计计算；累计仍不足 300 个接头时，应按一批计算；力学性能检验时，应从每批接头中随机切取 6 个接头，其中 3 个做拉伸试验，另外 3 个做弯曲试验；异径接头可只做拉伸试验。闪光对焊接头外观检查结果应符合下列要求：接头处不得有横向裂纹；与电极接触处的钢筋表面不得有明显烧伤；接头处的弯折角度不得大于 3°；接头处的轴线偏移不得大于钢筋直径的 0.1 倍，且不得大于 2 mm。

(2) 电弧焊。电弧焊是利用弧焊机在焊条和焊件之间产生高温电弧，使焊条和电弧燃烧范围内的金属焊件熔化，待其凝固便形成焊缝或接头。电弧焊的工作原理如图 4-3 所示。电弧焊常用于钢筋接头、焊制钢筋骨架、装配式钢筋混凝土结构接头的焊接、钢筋与钢板的焊接及结构安装的焊接。

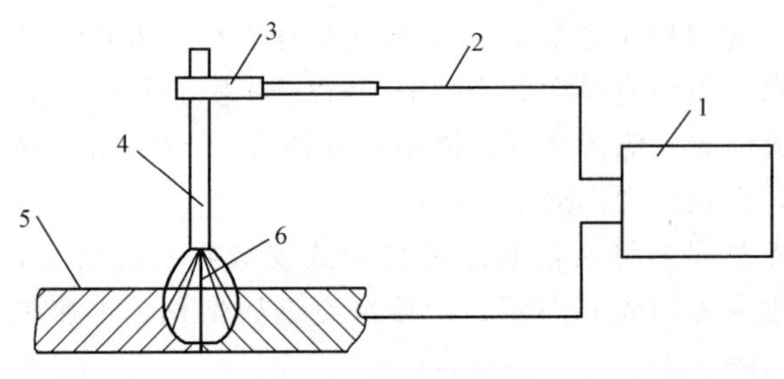

图 4-3　电弧焊示意

1—电源；2—导线；3—焊钳；4—焊条；5—焊件；6—电弧

钢筋电弧焊的接头形式主要有搭接焊（单面焊缝或双面焊缝）、帮条焊（单面焊缝或双面焊缝）、坡口焊（平焊或立焊）等。

搭接焊：焊接前钢筋应预弯，以保证两根钢筋的轴线处在同一条直线上。搭接焊或帮条焊：焊缝长度不小于搭接或帮条长度，双面焊时，焊缝长度不小于 5 倍钢筋直径，单面焊时，焊缝长度不小于 10 倍钢筋直径。

(3) 电阻点焊。电阻点焊的工作原理是将钢筋交叉点放在点焊机的两电极间，接触点只有一点，且接触电阻较大，在接触的瞬间，电流产生的全部热量都集中在一点上，因而使金属受热而熔化，同时，在电极加压下使焊点金属得到焊合。电阻点焊主要用于钢丝或较细钢筋的交叉连接，常用来制作钢筋骨架或网片。

预制厂多使用台式点焊机，包括单点式和多点式。多点式点焊机常用于宽大钢筋网片的联动焊接。施工现场多使用手提式点焊机。

点焊的主要工艺参数：电流强度、通电时间和电极压力。参数选择取决于钢筋的直径和级别。焊点应有足够的相互压入深度，其值应为较小钢筋直径的 18%～25%。

(4) 电渣压力焊。电渣压力焊是利用电流通过渣池产生的电阻热将钢筋端部熔化，施以压力使其融合。主要用于现浇钢筋混凝土结构中直径为 12～32 mm 的 HPB300～HRB500 级竖向或斜向（倾斜度在 4∶1 的范围内）钢筋的焊接接长。直径为 12 mm 的钢筋电渣压力焊时，应采用小型焊接夹具。

电渣压力焊可用手动电渣压力焊机或自动压力焊机。

钢筋电渣压力焊接头应逐个进行检查，要求接头焊包均匀，凸出部分至少高出钢筋表面 4 mm，当钢筋直径为 28 mm 及 28 mm 以上时不得小于 6 mm，不得有裂纹和明显的烧伤缺陷；其他质量的检查与要求同闪光对焊，但不需要进行弯曲试验。

2. 绑扎连接

绑扎连接为钢筋连接方式中较简单的一种，其工艺简单，工效高，不需要连接设备，但当钢筋较粗时，相应地需增加接头钢筋的长度，浪费钢材且绑扎接头的刚度不如焊接接头。

钢筋绑扎一般采用 20～22 号铁丝，要求绑扎位置准确、牢固；有抗震设防要求的结构中，梁端、柱端箍筋加密区范围内不应进行钢筋搭接；接头末端至钢筋弯起点的距离不应小于钢筋直径的 10 倍。接头宜设置在受力较小处，同一纵向受力钢筋不宜设置两个或两个以上接头。

当纵向受力钢筋采用绑扎搭接接头时，接头的设置应符合下列规定：接头的横向净间距不应小于钢筋直径，且不应小于 25 mm；同一连接区段内，纵向受拉钢筋的接头面积百分率应符合设计要求。当设计无具体要求时，应符合下列规定：梁类、板类及墙类构件，不宜超过 25%；基础筏板，不宜超过 50%。柱类构件，不宜超过 50%；当工程中确有必要增大接头面积百分率时，对梁类构件，不应大于 50%。

在梁、柱类构件的纵向受力钢筋搭接长度范围内，箍筋的设置应符合设计要求；当设计无具体要求时，应符合下列规定：箍筋直径不应小于搭接钢筋较大直径的 1/4；受拉搭接区段的箍筋间距不应大于搭接钢筋较小直径的 5 倍，且不应大于 100 mm；受压搭接区段的箍筋间距不应大于搭接钢筋较小直径的 10 倍，且不应大于 200 mm；当柱中纵向受力钢筋直径大于 25 mm 时，应在搭接接头两个端面外 100 mm 范围内各设置二道箍筋，其间距宜为 50 mm。

钢筋搭接长度应满足规范和设计要求。

3. 机械连接

钢筋的机械连接是通过钢筋与连接件的机械咬合作用来传力的连接方法。常用的方法有钢筋冷挤压连接、钢筋直螺纹连接等。机械连接方法具有工艺简单、节约钢材、改善工作环境、接头性能可靠、技术易掌握、工作效率高等优点。

机械连接接头根据极限抗拉强度、残余变形、最大力下总伸长率以及高应力和大变形条件下反复拉压性能，分为Ⅰ级、Ⅱ级、Ⅲ级三个等级，其极限抗拉强度应符合表 4-2 的规定。

表 4-2　接头极限抗拉强度

接头等级	Ⅰ级	Ⅱ级	Ⅲ级
极限抗拉强度	$\geqslant f_{stk}$ 钢筋拉断 或 $\geqslant 1.1f_{stk}$ 连接件破坏	$\geqslant f_{stk}$	$\geqslant 1.25f_{yk}$
注：f_{stk} 为钢筋抗拉强度标准值，f_{yk} 为钢筋屈服强度标准值			

(1) 钢筋冷挤压连接。钢筋冷挤压连接又称钢筋套筒冷压连接，是将两根待连接的变形钢筋插入一个特制钢套筒（管）内，然后利用液压驱动的挤压机和压模在常温下对金属套管加压，使两根钢筋紧固成一体。

钢筋端部应有进入挤压套筒后可检查钢筋插入深度的明显标记，钢筋端头距离套筒长度中点不宜超过 10 mm；挤压应从套筒中央开始，依次向两端挤压；每端挤压点数量，随钢筋直径和等级增大而增多，一般每侧为 3～8 道，压痕深度为套筒外径的 10%～15%；挤压后的套筒不应有可见裂纹。

(2) 钢筋直螺纹连接。钢筋直螺纹连接是在钢筋端部做出相同直径的丝扣螺纹，拧入内壁带有丝扣的高强度套管进行连接的方法。该法施工速度快，对环境要求低，接头强度高（可达到Ⅰ级接头标准）、价格适中，得到了广泛应用。连接套筒均由工厂生产，钢筋螺纹则在施工现场加工。

视频 4.1：钢筋直螺纹连接

按加工方法分为镦粗直螺纹和滚轧直螺纹。镦粗直螺纹是先将钢筋端部连接段用液压设备挤压镦粗后，再用套丝机切削出丝扣。滚轧直螺纹是将钢筋端部利用机床的滚轮轧出螺纹丝扣。两者均是利用了钢材“冷作硬化”的特性，使接头可与母材等强，但后者设备及加工简单，应用广泛，滚轧螺纹又可分为直接滚轧和剥肋滚轧两种加工方法。直接滚轧：采用滚丝机床直接在钢筋端部滚轧出螺纹；此法螺纹加工快、设备简单，但螺纹精度差，由于钢筋粗细不均易导致螺纹直径差异。剥肋滚轧：采用剥肋滚丝机床，前部先将钢筋的纵横肋剥切去除，随后滚轧螺纹；此法使钢筋断面略有减少，但螺纹精度高，接头质量稳定。加工中，应随时检查滚丝段长度、螺纹丝扣高度和质量，并立即拧上套筒，另一端戴好保护帽。

现场连接施工，根据待接钢筋所在部位及转动难易情况，选用不同的套筒类型和螺纹旋向。钢筋安装时可用管钳扳手拧紧，使钢筋丝头在套筒中央位置相互顶紧，其最小拧紧扭矩值应符合要求。安装后，应有露出套筒的螺纹，但不宜超过两圈。

抽检应按验收批进行，同钢筋生产厂、同强度等级、同规格、同类型和同形式接头应以 500 个为一个验收批进行检验与验收，不足 500 个仍为一批，随机截取 3 个试件做抗拉试验，若其中有一个不合格，应加倍抽取试件进行复试。抽取其中 10％的接头进行拧紧扭矩校核，拧紧扭矩值不合格数超过被校核接头数的 5％时，应重新拧紧全部接头，直到合格为止。

4.1.4 钢筋的配料与代换

1. 钢筋的配料

钢筋的配料是根据构件的配筋图计算构件各钢筋的直线下料长度、根数及质量，然后编制钢筋配料单，作为钢筋备料、加工、验收及结算的依据。设计图中注明的钢筋尺寸是钢筋的外轮廓尺寸，称为钢筋的外包尺寸。在钢筋加工时，一般也按外包尺寸进行验收。钢筋加工前按直线长度下料，如果下料长度按钢筋外包尺寸的总和来计算，则加工后的钢筋尺寸将大于设计要求的外包尺寸或弯钩平直段太长，会导致钢筋保护层变小，严重时会导致模板变形，影响施工质量，同时造成材料的浪费。导致上述结果的原因为钢筋弯曲时中轴线长度不变，外皮延伸伸长，内皮缩短。因此，按外包尺寸下料是不准确的，只有按轴线（中心线）长度下料加工，才能使钢筋形状、尺寸符合设计要求。

钢筋的外包尺寸和轴线长度之间存在一个差值，称为量度差值。钢筋的直线段外包尺寸等于轴线长度，两者无量度差值；而钢筋弯曲段，外包尺寸大于轴线长度，两者存在量度差值。所以钢筋的下料长度如下：

钢筋下料长度＝各段外包尺寸之和－量度差值之和＋端头弯钩增加长度

箍筋下料长度＝箍筋周长＋箍筋长度调整值

钢筋弯折的弯弧内直径应符合下列规定：光圆钢筋，不应小于钢筋直径的 2.5 倍；400 MPa 级带肋钢筋，不应小于钢筋直径的 4 倍；500 MPa 级带肋钢筋，当直径为 28 mm 以下时不应小于钢筋直径的 6 倍，当直径为 28 mm 及 28 mm 以上时不应小于钢筋直径的 7 倍；箍筋弯折处不应小于纵向受力钢筋的直径。

纵向受力钢筋的弯折后平直段长度应符合设计要求。光圆钢筋末端做 180°弯钩时，弯钩的平直段长度不应小于钢筋直径的 3 倍。

对一般结构构件，箍筋弯钩的弯折角度不应小于 90°，弯折后平直段长度不应小于箍筋直径的 5 倍；对有抗震设防要求或设计有专门要求的结构构件，箍筋弯钩的弯折角度不应小于 135°，弯折后平直段长度不应小于箍筋直径的 10 倍。

当弯心的直径为 2.5 d（d 为钢筋的直径）时，半圆弯钩的增加长度和各种弯曲角度的量度差值，其计算方法如下：

（1）半圆弯钩的增加长度［图 4-4（a）］。

弯钩全长：$3d+\frac{3.5d\pi}{2}=8.5d$

弯钩增加长度（包括量度差值）：$8.5d-2.25d=6.25d$

（2）弯 90°量度差值［图 4-4（b）］。

外包尺寸：$2.25d+2.25d=4.5d$

中心线弧长：$\frac{3.5d\pi}{4}=2.75d$

量度差值：$4.5d-2.75d=1.75d$（为计算方便，取 $2d$）

（3）弯 45°时的量度差值［图 4-4（c）］。

外包尺寸：$2\left(\frac{2.5d}{2}+d\right)\tan22°30'=1.87d$

中心线长度：$\frac{3.5d\pi}{8}=1.37d$

量度差值：$1.87d-1.37d=0.5d$

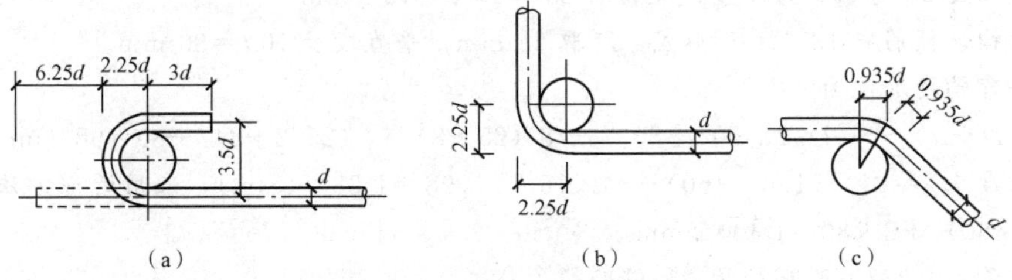

图 4-4　钢筋弯钩及弯曲计算

（a）半圆弯钩；（b）弯曲 90°；（c）弯曲 45°

同理，可得其他常用弯曲角度的量度差值，见表 4-3，此时的弯心直径为 $2.5d$。

表 4-3　钢筋弯曲角度的量度差值

钢筋弯曲角度	30°	45°	60°	90°	135°
量度差值	$0.35d$	$0.5d$	$0.85d$	$2d$	$2.5d$

（4）箍筋长度调整值为弯钩增加长度与弯曲量度差值两项之和。对于 135°/135°弯钩，其下料长度近似为箍筋外包尺寸＋2×平直段长度。

【例 4.1】某房屋为抗震结构，有现浇钢筋混凝土主梁 L1 共 5 根，配筋图如图 4-5 所示，③、④号钢筋为 45°弯起，试计算各种钢筋的下料长度及质量。

解：钢筋下料长度及质量计算：

构件处于室内环境，箍筋保护层厚度取 20 mm，梁主筋保护层厚度则为 20＋8＝28（mm）。

①号钢筋（受拉主筋）：

下料长度 $L_{①}=6\,000+2\times120-2\times28=6\,184$（mm）

每根钢筋质量＝2.47×6.184＝15.27（kg）

②号钢筋（架立筋）：

外包尺寸＝6 000＋2×120－2×28＝6 184（mm）

下料长度 $L_{②}=6\,184+2\times6.25\times10=6\,309$（mm）

每根质量=0.617×6.309=3.89（kg）

③号钢筋（弯起筋）：

外包尺寸分段计算：

端部平直段长=240+50+500−28=762（mm）

斜段长=（500−2×28）×1.414=444×1.414=628（mm）

中间直段长=6 240−2×（240+50+500+444）=3 772（mm）

端部竖直外包长为 200 mm

下料长度 $L_{③}$=2×（762+628+200）+3 772−2×2d−4×0.5d

=（6 952−2×2×20−4×0.5×20）=6 832（mm）

每根质量=2.47×6.832=16.88（kg）

④号钢筋（弯起筋）：下料长度及质量与③号筋相同，分别取 6 832 mm、16.88 kg。

⑤号钢筋（箍筋）：

外包宽度=200−2×20=160（mm）

外包高度=500−2×20=460（mm）

箍筋有三处 90°弯折，每个量度差值为 $2d$=2×8=16（mm）

抗震结构，箍筋取 135°/135°形式，D 取 25 mm；平直段长 $10d$=80 mm。

则每个弯钩增加值为

$3\pi/8\,(D+d)-(D/2+d)+80=3\pi/8\,(25+8)-(25/2+8)+80=98$（mm）

下料长度 $L_{⑤}$=2×（160+460）−3×16+2×98=1 388（mm），采用近似方法的结果为 2×（160+460）+2×80=1 400（mm）

每根质量=0.222×1.388=0.31（kg）

箍筋根数=［（6.24−2×0.05）/0.2+1］=32（根）

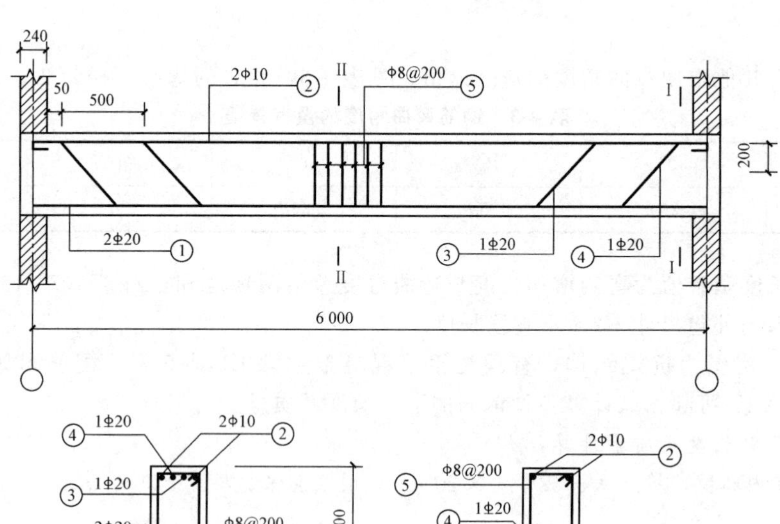

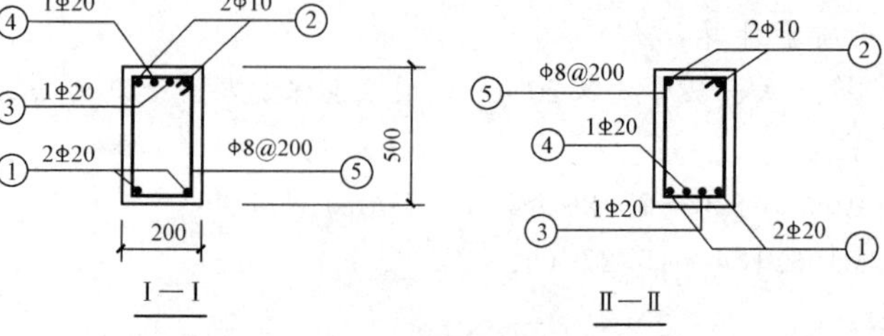

图 4-5　梁 L1 配筋图

2. 钢筋的代换

（1）钢筋代换原则。在施工中，因各种原因施工现场不能供应设计图所要求的钢筋品种和规格时，在征得设计单位的同意并办理设计变更文件后，方可根据实际供应情况（或库存条件）进行钢筋代换。代换前，必须充分了解设计意图、构件特征和代换钢筋性能，严格遵守国家现行设计规范和施工验收规范及有关技术规定。代换后，仍能满足各类极限状态的有关计算要求及配筋构造规定，如受力钢筋和箍筋的最小直径、间距、锚固长度、配筋百分率，以及混凝土保护层厚度等。一般情况下，代换钢筋还必须满足截面对称的要求。

梁内纵向受力钢筋与弯起钢筋应分别进行代换，以保证正截面与斜截面强度。偏心受压构件或偏心受拉构件（如框架柱、承受吊车荷载的柱、屋架上弦等）钢筋代换时，应按受力方向（受压或受拉）分别代换，不得取整个截面配筋量计算。吊车梁等承受反复荷载作用的构件，必要时，应在钢筋代换后进行疲劳验算。同一截面内配置不同种类和直径的钢筋代换时，每根钢筋的拉力差不宜过大（同类型钢筋直径差一般不大于 5 mm)，以免构件受力不匀。钢筋代换应避免出现大材小用，优材劣用，或不符合专料专用等现象。

对抗裂性要求高的构件（如吊车梁、薄腹梁、屋架下弦等），不宜用光面钢筋代换变形钢筋，即不宜用 HPB300 级钢筋代换 HRB400、HRB500 级带肋钢筋，以免裂缝过宽。当构件受裂缝宽度控制时，代换后应进行裂缝宽度验算。如代换后裂缝宽度有一定增大（但不超过允许的最大裂缝宽度)，还应对构件做挠度验算。

进行钢筋代换的效果，除应考虑代换后仍能满足结构各项技术性能要求外，还要保证用料的经济性和加工操作的方便性。

（2）钢筋代换方法。

1）等强度代换。当结构构件配筋受强度控制时，可按强度相等原则代换，称为“等强度代换”。即代换前后钢筋的“钢筋抗力”不小于施工图纸上原设计配筋的钢筋抗力。代换时应满足式（4-1）的要求。

$$A_{s2} \cdot f_{y2} \geqslant A_{s1} \cdot f_{y1} \tag{4-1}$$

式中　A_{s1}——原设计钢筋的计算面积；

A_{s2}——代换后钢筋的计算面积；

f_{y1}——原设计钢筋设计强度；

f_{y2}——代换后钢筋设计强度。

将圆面积公式 $As_1=\frac{\pi d_1^2}{4}$，$As_2=\frac{\pi d_2^2}{4}$代入式（4-1）中，有

$$n_2 \geqslant \frac{n_1 d_1^2 f_{y1}}{d_2^2 f_{y2}} \tag{4-2}$$

式中　d_1——原设计钢筋的直径；

d_2——代换后钢筋的直径；

n_1——原设计钢筋根数；

n_2——代换后钢筋根数。

式（4-2）有两种特例：

①设计强度相同，直径不同的钢筋代换：$n_2 \geqslant n_1 \frac{d_1^2}{d_2^2}$。

②直径相同，设计强度不同的钢筋代换：$n_2 \geqslant n_1 \frac{f_{y1}}{f_{y2}}$。

2）等面积代换。当构件按最小配筋率配筋时，可按代换前后面积相等的原则进行代换，称“等面积代换”。代换时应满足式（4-3）的要求：

$$A_{s2} \geqslant A_{s1} \tag{4-3}$$

3）当结构构件受裂缝宽度或抗裂性要求或挠度控制时，代换后应相应进行裂缝宽度或抗裂性或挠度验算。代换后，尚应满足构造方面的要求（如钢筋间距、最小直径、最少根数、锚固长度、对称性等）及设计中提出的其他要求。预埋构件的吊环，必须采用 HPB300 级热轧钢筋制作，严禁以其他钢筋代换。

4.1.5 钢筋智能化加工与安装

1. 钢筋智能化加工

钢筋的加工包括钢筋调直、除锈、下料切断、弯曲成型等工作。常见的智能化钢筋加工设备有数控钢筋笼滚焊机、钢筋弯曲弯箍机、钢筋网焊接生产线、数控钢筋桁架生产线等。实际生产前，需根据不同钢筋加工成品形式（如钢筋笼、钢筋网、钢筋桁架等），对设备进行选型。根据施工图纸进行钢筋翻样，并对智能钢筋加工设备进行钢筋加工参数设置。若结合 BIM 技术，对结构钢筋信息进行提取后，可省略钢筋翻样步骤直接完成参数设置过程。

视频 4.2：钢筋调直

钢筋的调直宜采用机械方法。直径较小的钢筋（盘圆）可采用调直机进行调直（如 TQY4-4/14 型钢筋调直机，可调直 4～14 mm 直径的钢筋，同时，还具有除锈和自动切断功能），也可采用卷扬机拉直。粗钢筋还可采用锤直和扳直的方法调直。当采用抻拉方法调直钢筋时，HPB300 级钢筋的拉伸率不宜大于 4%；HRB400～HRB500 级带肋钢筋不宜大于 1%。调直过程中不得损伤带肋钢筋的横肋。钢筋除锈常用电动除锈机或喷砂除锈。经调直机或抻拉调直的钢筋，一般不必再除锈，但有鳞片状锈斑的必须除锈。

视频 4.3：钢筋弯曲

钢筋下料时须按下料长度进行切断。钢筋切断可用钢筋切断机或手动切断器。钢筋切断机有电动和液压两种。其切断片以圆弧形刀刃为宜，能确保钢筋断面垂直于轴线，无马蹄形或翘曲，便于钢筋进行机械连接或焊接。

钢筋弯曲常采用弯曲机或弯箍机进行。弯曲时应先画线，以保证成品的尺寸和角度。对弯曲形状较为复杂的钢筋，应先放实样再进行弯曲。

2. 钢筋的安装

钢筋加工后，进行绑扎、安装。钢筋绑扎、安装前，应先熟悉图纸。核对钢筋配料单和钢筋加工牌，研究与有关工种的配合，确定施工方法。

钢筋的接长、钢筋骨架或钢筋网的成型应优先采用焊接或机械连接，如不能采用焊接或机械连接，可采用绑扎的方法。

钢筋绑扎时其交叉点应采用铁丝扎牢；板和墙的钢筋网，除靠近外围两排钢筋的交叉点全部扎牢外，中间部分交叉点可间隔交错扎牢，但必须保证受力钢筋不发生位置偏移；双向受力的钢筋，其交叉点应全部扎牢。

视频 4.4：钢筋检查

箍筋的弯钩或焊点应均匀错开布置，起步筋距构件边缘宜为 50 mm。

柱筋的安装一般在柱模板安装前进行；梁一般先安装梁模，再安装梁筋，断面高度较大（>600 mm）或跨度较大、钢筋较密的大梁，可留一面侧模，待钢筋安装或绑扎完毕后再安装侧模板；楼板钢筋绑扎应在楼板模板安装后进行，楼板模板安装后，即可安装板筋。

钢筋保护层应按设计或规范的要求正确确定。可用预制的水泥砂浆块或塑料卡环放置在模板与钢筋间来保证钢筋的保护层厚度。垫块布置成梅花型，间距不超过 1 m。构件有双层钢筋时，上层钢筋通过绑扎短筋或设置垫块来固定。基础或楼板的双层筋，固定时一般采用钢筋撑脚（马凳筋）来保证钢筋位置，间距 1 m。雨篷、阳台等部位的悬臂板，需严格控制负筋位置，以防悬臂板断裂。

钢筋网片和骨架绑扎完毕后，应符合表 4-4 的规定。

表 4-4　钢筋安装位置的允许偏差和检验方法

<table>
<tr><th colspan="3">项目</th><th>允许偏差/mm</th><th>检验方法</th></tr>
<tr><td rowspan="2">绑扎钢筋网</td><td colspan="2">长、宽</td><td>±10</td><td>尺量</td></tr>
<tr><td colspan="2">网眼尺寸</td><td>±20</td><td>尺量连续三挡，取最大偏差值</td></tr>
<tr><td rowspan="2">绑扎钢筋骨架</td><td colspan="2">长</td><td>±10</td><td>尺量</td></tr>
<tr><td colspan="2">宽、高</td><td>±5</td><td>尺量</td></tr>
<tr><td rowspan="3">纵向受力钢筋</td><td colspan="2">锚固长度</td><td>−20</td><td>尺量</td></tr>
<tr><td colspan="2">间距</td><td>±10</td><td rowspan="2">钢尺量两端、中间各一点，取最大偏差值</td></tr>
<tr><td colspan="2">排距</td><td>±5</td></tr>
<tr><td rowspan="3">纵向受力钢筋、箍筋</td><td rowspan="3">保护层厚度</td><td>基础</td><td>±10</td><td>尺量</td></tr>
<tr><td>柱、梁</td><td>±5</td><td>尺量</td></tr>
<tr><td>板、墙、壳</td><td>±3</td><td>尺量</td></tr>
<tr><td colspan="3">绑扎箍筋、横向钢筋间距</td><td>±20</td><td>尺量连续三挡，取最大偏差值</td></tr>
<tr><td colspan="3">钢筋弯起点位置</td><td>20</td><td>尺量</td></tr>
<tr><td rowspan="2">预埋件</td><td colspan="2">中心线位置</td><td>5</td><td>尺量</td></tr>
<tr><td colspan="2">水平高差</td><td>+3，0</td><td>钢尺和塞尺检查</td></tr>
<tr><td colspan="5">注：检查中线位置时，应按纵、横两个方向测量，并取其中的较大值</td></tr>
</table>

4.1.6　钢筋工程质量检查及验收

钢筋工程属于隐蔽工程，在浇筑混凝土前应对钢筋及预埋件进行隐蔽工程验收，并按规定做好隐蔽工程记录，以便查验。其内容包括纵向受力钢筋的品种、规格、数量、位置是否正确，特别要注意检查负筋的位置；钢筋的连接方式、接头位置、接头数量、接头面积百分率是否符合规定；箍筋、横向钢筋的品种、规格、数量、间距等；预埋件的规格、数量、位置等。检查钢筋绑扎是否牢固、有无变形、松脱和开焊现象。

钢筋工程的施工质量检验分主控项目和一般项目，按规定的检验方法进行检验。检验批合格质量应符合下列规定：主控项目的质量经抽样检验合格；一般项目的质量经抽样检验合格；当采用计数检验时，除有专门规定外，一般项目的合格点率应达到 80％及 80％以上，且不得有严重缺陷；具有完整的施工操作依据和质量验收记录。

4.2　模板工程

4.2.1　模板的组成、分类及基本要求

模板是使钢筋混凝土结构和构件按所要求的几何尺寸成型的模型板。已浇筑的混凝土需要

在此模型内养护、硬化、增长强度，形成所要求的结构构件。

整个模板系统包括模板和支架两部分，此外还需适量的紧固连接件。模板的作用就是形成混凝土构件需要的形状和几何尺寸；支架则是用来保持模板的设计位置。模板工程尽管只是混凝土结构工程施工过程中临时性的设施，一旦混凝土硬化或具备足够的强度后，即予拆除，但它对混凝土结构工程的质量、工期及成本都有着重要影响。混凝土结构工程的工期大部分被模板的搭设和拆除所占用，所以，先进合理的模板系统对工程的提前或按时完工有着明显的影响；模板工程的质量也直接影响混凝土结构工程的质量。

模板可以依据不同的标准进行分类，例如：

（1）按所使用材料，可分为木模板、钢模板和其他材料模板（如胶合板模板、塑料模板、玻璃钢模板、钢木组合模板、钢竹组合模板和铝合金模板等）。目前，木（竹）胶合板模板、钢模板占据主要地位，铝合金模板、塑料模板得到快速发展。

（2）按构造及施工方法，可分为拼装式（如木模板、胶合板模板）、组合式（如定型组合式钢模板、铝合金模板、钢框胶合板模板）、工具式（如大模、台模）、移动式（如爬模、滑模、隧道模）、永久式（如压型钢板模板、预应力混凝土薄板、叠合板）等。

（3）按结构构件类型，可分为基础模板、柱模板、梁模板、楼板模板、墙模板、楼梯模板、壳模板、烟囱模板、桥梁墩台模板等。

在现浇钢筋混凝土结构施工中，对模板有如下要求：保证结构和构件形状、尺寸、位置和饰面效果；具有足够的承载能力、刚度和稳定性，能可靠地承受新浇筑混凝土的自重和侧压力，以及在施工过程中所产生的荷载；构造简单、装拆方便，并便于钢筋的绑扎、安装和混凝土的浇筑、养护等；表面平整，拼缝严密，能满足混凝土内部及表面质量要求；材料轻质、高强、耐用、环保，利于周转使用。

4.2.2 一般现浇构件的模板构造

1. 基础模板

基础的特点是体积大而高度较小。图 4-6 所示为基础模板的常用形式。安装阶梯形基础模板时，要保证上、下模板不发生相对位移，如有杯口还要在其中放入杯口模板。

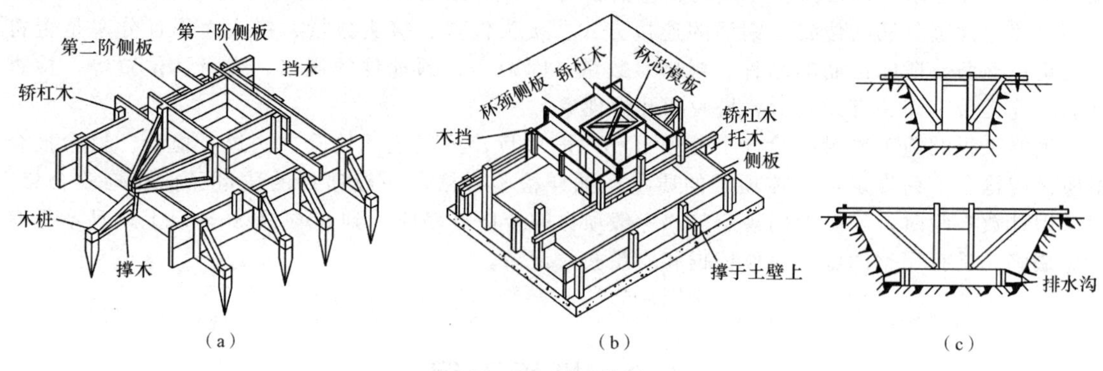

图 4-6 基础模板

（a）阶梯形基础；（b）杯口基础；（c）条形基础

在安装基础模板前，应将地基垫层的标高及基础中心线先行核对，弹出基础边线。若是独立柱基，则将模板中心线对准基础中心线；若是条形基础，则将模板对准基础边线。然后校正模板上口的标高，使之符合设计要求。经检查无误后将模板钉（卡、栓）牢撑稳。在安装柱基础模板时，应与钢筋工配合进行。

2. 柱模板

柱的特点是高度大而截面面积小。图 4-7 所示为矩形柱模板，由两块相对的内拼板、两块相对的外拼板和柱箍组成，柱箍除使四块拼板固定保持柱的形状外，还要承受由模板传来的新浇混凝土的侧压力，因此，柱箍的间距取决于侧压力大小及拼板的厚度。由于柱底部混凝土侧压力较大，因此，柱模板越靠近下部，柱箍越密。柱模板顶部开有与梁模板连接的缺口，底部开有清理孔，必要时沿高度每隔 2 m 开设混凝土浇筑孔，模板底部设有木框，以固定柱模的水平位置。柱模板安装要保证其垂直度，独立柱要在模板四周设斜撑。

3. 梁、板模板

梁的特点是跨度较大而宽度一般不大，梁高随跨度增加而增高，工业建筑有的梁高达 2 m 以上。梁的下面一般是架空的，梁侧模板要承受新浇混凝土的侧压力，底模板要承受混凝土的垂直荷载。这就要求梁模板及其支撑系统稳定性要好，有足够的强度和刚度，不致超过规范允许的变形，图 4-8 所示为 T 形梁模板。

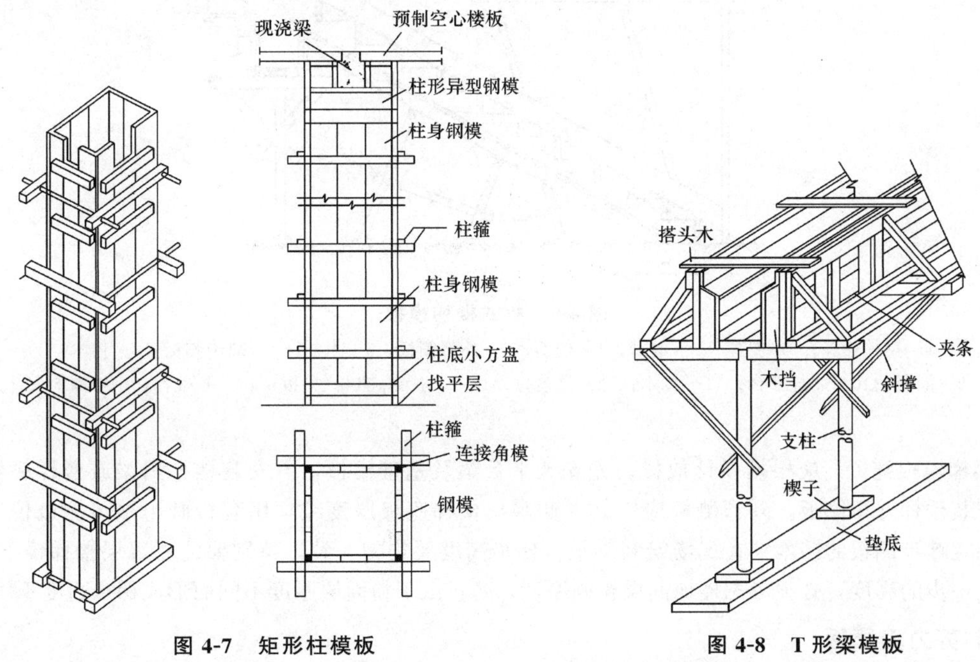

图 4-7　矩形柱模板　　　图 4-8　T 形梁模板

楼板模板由支架、主次龙骨和面板组成，面板宜用大块模板（如覆膜胶合板）以减少接缝和提高平整度。

梁模板应在复核梁底标高，校正轴线位置无误后进行安装。当梁、板的跨度≥4 m 时，应使底模中部略微起拱，以防止由于浇筑混凝土后跨中下垂；如设计无规定时，起拱高度宜为全跨长度的 1/1 000～3/1 000。

一般梁、板模板的支架常采用落地式脚手架材料搭设。立杆纵距、横距均不应大于 1.5 m，底部应设置不少于 50 mm 厚的垫板，顶部使用可调高度的 U 形托（螺杆插入钢管内的长度不少于 150 mm，外露不大于 300 mm）。立杆间应有足够的水平杆件纵横拉结，其底杆距地不宜大于 200 mm，顶杆距梁、板底不宜大于 500 mm，中间拉杆的间距不大于 1.8 m。支架周边应连续设置竖向剪刀撑，中间剪刀撑的间距不宜大于 8 m，以防整体失稳。

上下层模板的支柱，一般应安装在同一竖向中心线上，或采取措施保证上层支柱的荷载，能传递在下层的支撑结构上，防止压裂下层构件。梁较高或跨度较大时，可留一面侧模，待钢筋绑扎完毕后再安装。

4. 楼梯模板

楼梯与楼板相似，但其具有底板倾斜、有踏步的特点。因此，楼梯模板与楼板模板既相似又有区别，如图 4-9 所示。

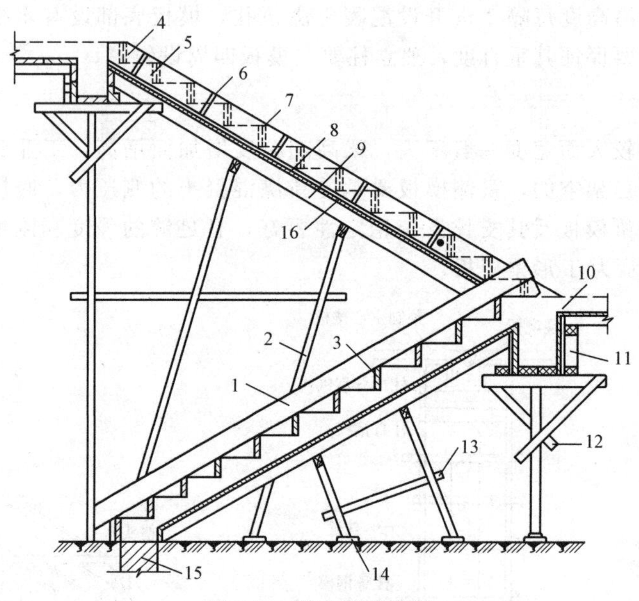

图 4-9　板式楼梯模板

1—反扶梯基；2—斜撑；3—木吊；4—楼面；5—外帮侧板；6—木挡；7—踏步侧板；8—挡木；9—隔栅；10—休息平台；11—托木；12—琵琶撑；13—牵杠撑；14—垫板；15—基础；16—楼梯地板

楼梯模板施工前应根据设计放样，先安装平台梁及基础模板，再安装楼梯斜梁或楼梯底模板，然后安装楼梯外帮侧板。外帮侧板应在其内侧弹出楼梯底板厚度线，用套板画出踏步侧板位置线，钉好固定踏步侧板的挡木，在现场安装侧板。梯步高度要均匀一致，特别要注意每层楼梯最下一步及最上一步的高度，必须考虑楼地面层粉刷厚度，防止由于粉面层厚度不同而形成梯步高度不协调。

5. 剪力墙模板

剪力墙模板由面板、纵横肋、对拉螺栓及支撑构成。面板常用钢、铝模板（含平模、角模）或胶合板模板，通过纵横钢肋组拼成大块模板，以提高刚度和便于安装。对拉螺栓应能承受新浇混凝土的侧压力、冲击力及振捣荷载，其间距、直径应计算确定。对拉螺栓上应套塑料管，以便拆模后抽出重复使用。

4.2.3　组合式模板

组合式模板是由工厂制造、具有多种标准规格面板和相应配件的模板体系。它具有通用性强、装拆方便、周转次数多的特点。施工时，可按设计要求事先组拼成梁、柱、墙的大块模板，整体吊装就位；也可采用散装散拆的方法。

1. 组合式钢模板

组合式钢模板重复使用率高，但一次投资费用大。组合式钢模板由平面模板、阴角模板、阳角模板、连接角模及连接配件组成，如图 4-10 所示。它可以拼成不同尺寸、不同形状的模板，以适应基础、柱、梁、板、墙施工的需要。组合式钢模板尺寸适中，轻便灵活，装拆方便，既适用于人工装拆，也可预拼成大模板、台模等，然后用起重机吊运安装。

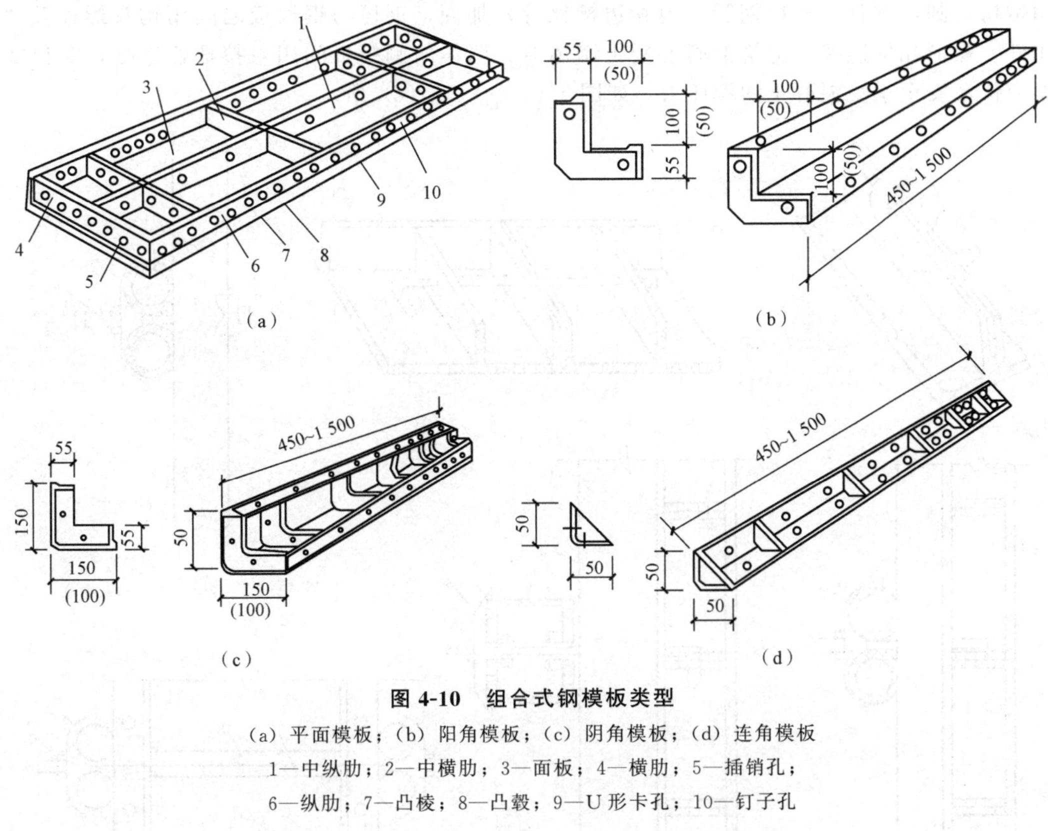

图 4-10　组合式钢模板类型

(a) 平面模板；(b) 阳角模板；(c) 阴角模板；(d) 连角模板

1—中纵肋；2—中横肋；3—面板；4—横肋；5—插销孔；

6—纵肋；7—凸棱；8—凸毂；9—U 形卡孔；10—钉子孔

(1) 组合式钢模板组成。组合式钢模板由边框、面板和纵横肋组成。面板由 2.5～3.0 mm 厚薄钢板压轧成型。面板宽度以 100 mm 为基础，按 50 mm 进级；长度以 450 mm 为基础，按 150 mm 进级，边框及肋为 55 mm×2.8 mm 的扁钢，边框开有圆孔。常用组合式钢模板的尺寸见表 4-5。

用表 4-5 中的板块可以组合拼成长度和宽度方向上以 50 mm 进级的各种尺寸。遇到不符合 50 mm 进级的模数尺寸，空隙部分可用木模填补。

表 4-5　常用组合式钢模板规格　　mm

名称	宽度	长度	肋高
平板模板 (P)	600、550、500、450、400、350、300、250、150、100	1 500、1 200、900、750、600、450	55
阴角模板 (E)	150×150、100×150		
阳角模板 (Y)	100×100、50×50		
连接角板 (J)	50×50		

（2）组合式钢模板连接件。组合式钢模板连接件包括U形卡、L形插销、钩头螺栓、对拉螺栓、紧固螺栓、扣件等，如图 4-11 所示。

U形卡用于钢模板拼接，安装间距一般不大于 300 mm，即每隔一孔卡插一个，安装方向一顺一倒相互错开，如图 4-11（a）所示。

L形插销用于两个钢模板端肋与端肋连接。将L形插销插入钢模板端部横肋的插销孔内［图 4-11（b）］。当需将钢模板拼接成大块模板时，除用U形卡及L形插销外，在钢模板外侧要用钢楞（圆形钢管、矩形钢管、内卷边槽钢等）加固，钢楞与钢模板之间用钩头螺栓及"3"形扣件、蝶形扣件连接。浇筑钢筋混凝土墙体时，墙体两侧模板间用对拉螺栓连接，对拉螺栓截面应保证安全承受混凝土的侧压力，如图 4-11（c）～（e）所示。

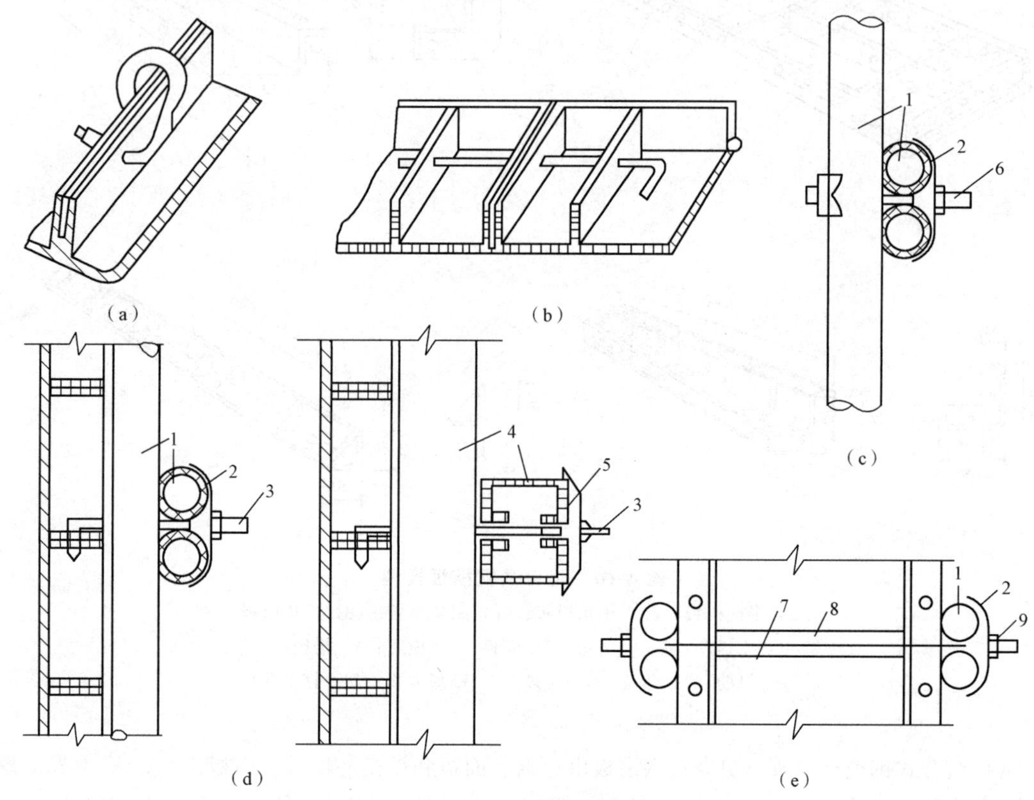

图 4-11　钢模板连接件

（a）U形卡连接；（b）L形插销连接；（c）紧固螺栓连接；（d）钩头螺栓连接；（e）对拉螺栓连接
1—圆钢管钢楞；2—"3"形扣件；3—钩头螺栓；4—内卷边槽钢钢楞；5—蝶形扣件；
6—紧固螺栓；7—对拉螺栓；8—塑料套管；9—螺母

（3）支承件。支承件包括支承梁、板模板的托架、支撑桁架和顶撑及支撑墙模板的斜撑等。

2. 组合式铝合金模板

组合式铝合金模板是新一代的绿色模板技术。它主要由模板系统、支撑系统、紧固系统、附件系统等构成，具有质量轻、刚度大、稳定性好、板面大、精度高、拆装方便、周转次数多、回收价值高、有利于环保等特点。

组合式铝合金模板以销连接为主，施工方便快捷；可将墙与楼板或梁与楼板模板拼装成一体，实现一次浇筑，且稳定性好。顶板模板和支撑系统实现了一体化设计，支撑杆件少，且可采用早拆技术，提高模板的周转率。

组合式铝合金模板，由于质量轻，可全人工拼装，也可以拼成中型模板或大型模板后，用机械吊装，可作为柱、梁、墙、楼板的模板及爬模等使用。

3. 钢框胶合板模板

钢框胶合板模板由钢框和防水木胶合板或竹胶合板组成。胶合板平铺在钢框上，用沉头螺栓与钢框连牢。通过钢边框上的连接孔，可用连接件纵横连接，组装各种尺寸的模板，它具有组合式钢模板的优点，且质量轻、易脱模、保温好，可打钉，能周转 50 次以上，还可翻转或更换面板。

4.2.4　工具式模板

1. 滑升模板

滑升模板（图 4-12）由模板系统、操作平台系统和液压滑升系统三部分组成。模板系统包括模板、围圈和提升架等，其主要作用是成型混凝土。操作平台系统包括操作平台、辅助平台、内外吊脚手架等，是施工操作场所。液压滑升系统包括支承杆、液压千斤顶和操作控制装置等，是滑升动力。这三个部分通过提升架连成整体，再通过固定在提升架上的液压千斤顶支承在支承杆上。当液压千斤顶沿着支承杆向上爬升时，即带动整个滑模装置一起上升。随着滑升模板的上升，依次在模板内浇筑混凝土和绑扎钢筋，即可逐步完成结构混凝土的浇筑工作，直至达到设计所要求的标高为止。当滑升模板不断上升时，由于混凝土出模强度已能承受自重和上部新浇筑混凝土质量，故能保证已获得的结构断面不会塌落变形。

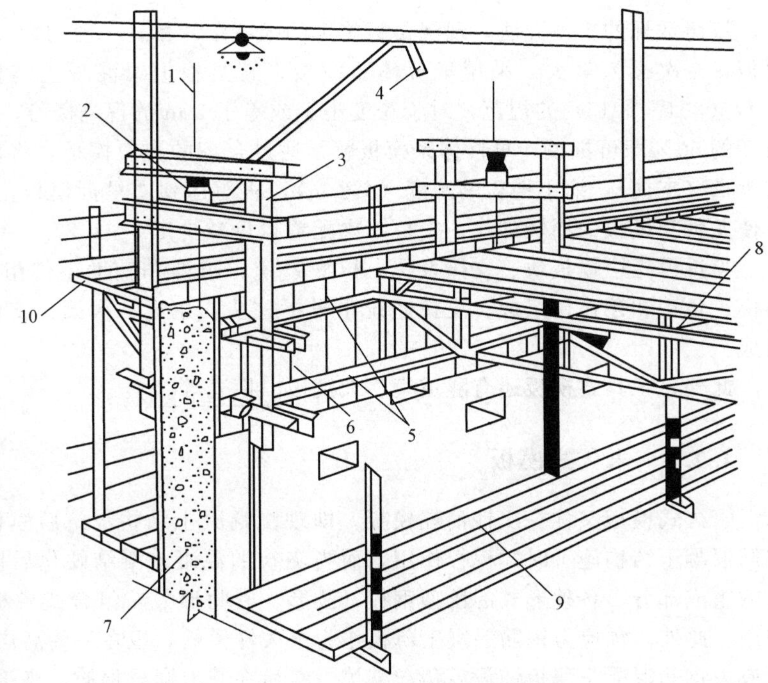

图 4-12　滑升模板组成示意

1—支承杆；2—液压千斤顶；3—油管；4—提升架；
5—围圈；6—模板；7—混凝土墙体；8—操作平台桁架；
9—内吊脚手架；10—外吊脚手架

滑升模板主要用于现浇高耸的构筑物和建筑物，如剪力墙结构、筒体结构的墙体，尤以烟囱、水塔、筒仓、桥墩、沉井等更为适用。对有较多水平构件或截面变化频繁的，效果较差。

2. 台模

台模（或称飞模、桌模）是一种大型工具模板，用于浇筑楼板。台模是由面板、纵梁、横梁和台架等组成的一个空间组合体。台架下装有轮子，以便移动。有的台模没有轮子，用专用运模车移动。台模尺寸应与房间开间相适应，一般是一个房间一个台模。施工时，先施工内墙墙体，然后吊入台模，浇筑楼板混凝土。脱模时，只要将台架下降，将台模推出房间放在临时挑台上，用起重机吊至下一单元（房间）使用。楼板施工后再安装预制外墙板。

目前，国内常用台模有用多层板作面板，铝合金型材加工制成桁架式台模；用组合钢模板、扣件式钢管脚手架、滚轮组装成的移动式台模。

利用台模浇筑楼板可省去模板的装拆时间，能节约模板材料和降低劳动消耗，但一次性投资较大，且需大型起重机械配合施工。

3. 爬升模板

爬升模板（即爬模）是将大块模板与爬升或提升系统结合而形成的模板体系，适用于现浇混凝土竖直或倾斜结构（如墙体、桥墩、塔柱等）施工。目前已逐步形成“单块爬升”“整体爬升”等工艺。前者适用于较大面积房屋的墙体施工，后者多用于筒、柱、墩的施工。

4. 模板早拆体系

按照常规的支模方法，现浇楼板施工的模板配置量，一般均需 3～4 个层段的支柱、龙骨和模板，一次投入最大。采用早拆体系模板，就是根据《混凝土结构工程施工质量验收规范》（GB 50204—2015）的规范，对于跨度小于或等于 2 m 的现浇楼盖，其混凝土拆模强度达到设计强度的 50％即可拆模。早拆体系模板就是通过合理的支设模板，将较大跨度的楼盖，通过增加支承点（支柱），缩小楼盖的跨度（≤2 m），从而达到“早拆模板，后拆支柱”的目的。这样，可使龙骨和模板的周转加快。模板一次配置量可减少 1/3～1/2。

早拆模板由模板块、支撑系统、拉杆系统、附件和辅助零件组成。模板块由平面模板块、角模、角铁和镶边件组成。支撑系统由早拆柱头、主梁、次梁、支柱、模撑、斜撑、调节螺栓组成。

此外，工具式模板还有隧道模、大模板、模壳等。

4.2.5 永久式模板

永久式模板又称一次性消耗模板，即现浇混凝土结构浇筑后模板不再拆除。永久性模板在钢筋混凝土结构施工时起模板作用，而当浇筑的混凝土凝结硬化后模板不再取出而成为结构本身的组成部分。各种形式的压型钢板（波形、密肋形等）组合式模板在房屋建筑中被大力推广应用。此外，预应力钢筋混凝土薄板作为永久性模板，也在一些高层建筑楼板施工中推广应用，预应力钢筋混凝土薄板铺设后稍加支撑，然后在其上铺设钢筋，浇筑混凝土形成楼板。

永久性模板的特点：简化了现浇混凝土结构的模板支拆工艺，加快了现浇混凝土结构的施工进度，使施工简便，效果较好。

4.2.6 模板设计

模板及支架的形式和构造应根据工程结构形式、荷载大小、地基土类别、施工设备和材料供应等条件确定。模板及支架设计应包括：模板及支架的选型及构造设计；模板及支架上的荷载及其效应计算；模板及支架的承载力、刚度验算；模板及支架的抗倾覆验算；绘制模板及支架施工图。

模板系统的设计包括选型、选材、荷载计算、结构计算、拟订制作安装和拆除方案及绘制模板图等。模板及其支架应根据工程结构形式、荷载大小、施工设备和材料供应等条件进行设计。模板安装和浇筑混凝土时，应对模板及其支架进行观察和维护。发生异常情况时，应按施工技术方案及时进行处理。

在计算模板及支架时，可采用下列荷载取值：

(1) 模板及其支架自重（G_1）。模板及支架的自重标准值应根据模板施工图确定。有梁楼板及无梁楼板的模板及支架自重的标准值，可参考下列数据：

1）无梁楼板的模板及小楞：定型组合钢模板 0.5 kN/m²、木模板 0.3 kN/m²。

2）楼板模板（包括梁模板）：定型组合钢模板 0.75 kN/m²、木模板 0.5 kN/m²。

3）楼板模板及支架（楼层高≤4 m）：定型组合钢模板 1.1 kN/m²、木模板 0.75 kN/m²。

(2) 新浇筑混凝土的自重（G_2）。普通混凝土自重标准值可采用 24 kN/m³，其他混凝土可根据实际重量确定。

(3) 钢筋自重（G_3）。钢筋自重标准值根据设计图纸确定。对一般梁板结构，每立方米钢筋混凝土中钢筋的自重标准值可采用下列数值：楼板 1.1 kN/m³；梁 1.5 kN/m³。

(4) 新浇筑混凝土侧压力（G_4）。新浇筑混凝土对模板的侧压力与混凝土的骨料种类、坍落度、外加剂及浇筑速度等有关。采用插入式振动器且浇筑速度不大于 10 m/h、混凝土坍落度不大于 180 mm 时，新浇筑混凝土对模板的侧压力的标准值，可按式（4-4）和式（4-5）分别计算，并应取其中的较小值：

$$F=0.28\gamma_c t_0 \beta V^{1/2} \tag{4-4}$$

$$F=\gamma_c H \tag{4-5}$$

式中　F——新浇筑混凝土作用于模板的最大侧压力标准值（kN/m²）；

γ_c——混凝土的重力密度（kN/m³）；

t_0——新浇筑混凝土的初凝时间（h），可按实测值确定；当缺乏试验资料时，可采用 $t_0=200/(T+15)$ 计算［T 为混凝土的温度（℃）］；

β——混凝土坍落度影响修正系数，当坍落度为 50～90 mm 时，取 0.85；当坍落度为 90～130 mm 时，取 0.9；当坍落度为 130～180 mm 时，取 1.0；

V——混凝土的浇筑速度（m/h）；

H——混凝土侧压力计算位置至新浇筑混凝土顶面的总高度（m）。

当浇筑速度大于 10 m/h，或混凝土坍落度大于 180 mm 时，侧压力的标准值可按式（4-5）计算。

(5) 施工人员及施工设备荷载（Q_1）标准值。施工人员及施工设备荷载（Q_1）标准值可按实际情况计算，且不小于 2.5 kN/m²。

(6) 混凝土下料产生的水平荷载（Q_2）标准值。用溜槽、串筒或导管向模内浇筑混凝土时为 2 kN/m²；起重机配备斗容器下料或小车直接倾倒时为 4 kN/m²。其作用范围可取为新浇筑混凝土侧压力的有效压头高度之内。

(7) 附加水平荷载（Q_3）标准值。泵送混凝土或不均匀堆载等因素产生的附加水平荷载的标准值，可取计算工况下竖向永久荷载标准值的 2%，并应作用在模板支架上端水平方向。

(8) 风荷载（Q_4）标准值。风荷载（Q_4）标准值可按《建筑结构荷载规范》（GB 50009—2012）的有关规定确定，此时基本风压可按十年一遇的风压取值，但基本风压不应小于 0.20 kN/m²。

4.2.7　模板安装及质量验收

安装现浇结构的上层模板及其支架时，下层楼板应具有承受上层荷载的承载能力，或加设支架；上、下层支架的支柱应对准，并铺设垫板。在涂刷模板隔离剂时，不得沾污钢筋和混凝土接槎处。模板的起拱高度应符合设计或规范要求，模板的接缝不应漏浆；固定在模板上的预埋件、预留孔和预留洞均不得遗漏，且应安装牢固。现浇结构模板安装的允许偏差应符合表 4-6 的要求。

表 4-6　现浇结构模板安装的允许偏差及检验方法

项目		允许偏差/mm	检验方法
轴线位置		5	钢尺检查
底模上表面标高		±5	水准仪或拉线、钢尺检查
模板内部尺寸	基础	±10	钢尺检查
	柱、墙、梁	±5	钢尺检查
	楼梯相邻踏步高差	5	钢尺检查
柱、墙垂直度	≤6 m	8	经纬仪或吊线、钢尺检查
	>6 m	10	经纬仪或吊线、钢尺检查
相邻两板表面高差		2	钢尺检查
表面平整度		5	2 m 靠尺和塞尺检查
注：检查轴线位置时，应沿纵、横两个方向量测，并取其中的较大值			

对清水混凝土工程及装饰混凝土工程，应使用能达到设计效果的模板。

4.2.8　模板拆除与智能化处理

现浇混凝土结构模板的拆除日期，取决于混凝土的强度、各个模板的用途、结构的性质和混凝土的硬化速度。及时拆模可提高模板的周转率，为后续工作创造条件；但拆模过早，容易出现因混凝土强度不足而造成混凝土结构构件沉降变形或缺棱掉角、开裂等，严重时，甚至会造成重大的质量事故。

1. 拆模要求

(1) 非承重模板（如侧板）应在混凝土强度能保证其表面及棱角不因拆除模板而受损坏时，方可拆除。

(2) 承重模板（如底模及其支架）拆除时的混凝土强度（与结构同条件养护的试块强度）应符合设计要求；当设计无具体要求时，混凝土强度应符合表 4-7 的规定。

表 4-7　底模及支架拆除时的混凝土强度要求

项次	构件类型	构件跨度/m	按设计混凝土强度的标准值百分率计/%
1	板	≤2	≥50
		>2，≤8	≥75
		>8	≥100

续表

项次	构件类型	构件跨度/m	按设计混凝土强度的标准值百分率计/%
2	梁、拱、壳	≤8	≥75
		>8	≥100
3	悬臂构件	—	≥100

(3) 在模板拆除过程中，如发现混凝土有影响结构安全的质量问题时，应暂停拆除。待查明原因，经过处理后，方可继续拆除。

(4) 已拆除模板及其支架的结构，应在混凝土强度达到设计强度后才允许承受全部计算荷载。当承受施工荷载大于计算荷载时，必须经过核算，加设临时设施。

(5) 后张法预应力混凝土结构构件的拆模，应满足如下要求：侧模宜在预应力张拉前拆除；底模及支架的拆除应按施工技术方案执行，当无具体要求时，不应在结构构件建立预应力前拆除。

2. 拆除模板应注意事项

拆除模板时，操作人员应站在安全处，以免发生安全事故。不能用力过猛、硬砸猛撬，模板坠落应采取缓冲措施，不应对楼层形成冲击荷载；应尽量避免混凝土表面或模板受到损坏。

拆除下来的模板和支架不宜集中存放，宜分散堆放，并应及时清运，以免在楼层上积压形成过大荷载。

模板及其支架拆除的顺序及安全措施应按施工技术方案执行。拆模的程序：先支的后拆，后支的先拆；先拆除非承重部分，后拆除承重部分；谁安装谁拆除。重大复杂模板的拆除，事先应制订拆除方案。

楼板层支柱（架）的拆除，应按下列要求进行：上层楼板正在浇筑混凝土时，下一层楼板的模板支柱（架）不得拆除，再下一层楼板模板的支柱（架），仅可拆除一部分；跨度 4 m 及 4 m 以上的梁下均应保留支柱，其间距不大于 3 m。

3. 螺杆洞封堵机器人

螺杆洞封堵机器人适用于铝模板拆除后，室内螺杆洞封堵施工。该机器人能够通过视觉识别墙面孔洞的位置，配合砂浆封堵工艺系统，完成孔洞封堵。采用室内机器人施工＋外墙半自动电工工具组合配套的施工方式，相较于传统人工具有更高的效率及封堵质量。

4.3　混凝土工程

混凝土工程施工包括配料、搅拌、运输、浇筑、振捣和养护等施工过程。在整个工艺过程中，各个施工过程既相互联系又相互影响，必须保证每一工序的质量，以确保混凝土的强度、密实性和整体性。

4.3.1　混凝土的配料

1. 混凝土施工配制强度的确定

混凝土应按照《普通混凝土配合比设计规程》(JGJ 55—2011) 的有关规定，根据混凝土强度等级、耐久性和工作性等要求进行配合比设计。合理的混凝土配合比应能满足三个方面的基本要求：一是能够保证混凝土的设计强度；二是能够满足混凝土的耐久性要求；三是能够满足混凝土施工性、和易性的要求。对于有抗冻、抗渗等要求的混凝土，还应符合相关的规定。

混凝土制备之前应按式（4-6）确定混凝土的施工配制强度，以达到95%的保证率。

$$f_{cu,0}=f_{cu,k}+1.645\sigma \tag{4-6}$$

式中 $f_{cu,0}$——混凝土的施工配制强度（N/mm^2）；

$f_{cu,k}$——设计的混凝土立方体抗压强度标准值（N/mm^2）；

σ——施工单位的混凝土强度标准差（N/mm^2）。

施工单位如无近期混凝土强度统计资料时，σ 可根据混凝土设计强度等级取值：当混凝土设计强度≤C20 时，σ 取 4 N/mm^2；当混凝土设计强度在 C25～C40 时，σ 取 5 N/mm^2；当混凝土设计强度≥C45 时，σ 取 6 N/mm^2。

2. 混凝土施工配合比及施工配料

施工配料是保证混凝土质量的重要环节之一，必须严格加以控制。影响施工配料的因素主要有两个方面：一是计量不准；二是未按砂、石骨料实际含水率的变化进行施工配合比的换算。后者必然会改变原理论配合比的水胶比、砂石比（含砂率）。当水胶比增大时，混凝土黏聚性、保水性差，而且硬化后多余的水分残留在混凝土中形成水泡，或水分蒸发留下的气孔，使混凝土密实性差，强度低，耐久性差。当水胶比减少时，则混凝土流动性差，施工操作困难，甚至影响成型后的密实度，造成混凝土结构内部松散，表面产生蜂窝、麻面现象。同样，含砂率减少时，则砂浆量不足，不仅会降低混凝土的流动性，而且将影响其黏聚性及保水性，产生粗骨料离析，水泥浆流失，甚至溃散等不良现象。所以，为了确保混凝土的质量，在施工中必须及时进行施工配合比的换算和严格控制称量。

（1）施工配合比换算。混凝土的配合比是在实验室根据配制强度初步计算的配合比（利用经验公式和表格，按绝对体积法或假定容重法计算），并经过试配和调整而确定的，称为实验室配合比。确定实验室配合比所用的骨料（砂、石）都是干燥的。而施工现场使用的砂、石都具有一定含水率，且其含水率大小随季节、气温、气候等条件不断变化。如果不考虑现场砂、石含水率，而仍按照实验室配合比投料，其结果是改变了实际砂石用量和用水量，而造成各种原材料用量间的实际比例不符合原来的配合比的要求。为保证混凝土工程的质量，保证按配合比投料，在施工时要按砂、石实际含水率对实验室配合比进行修正。根据施工现场砂、石含水率，调整以后的配合比称为施工配合比。

假设混凝土实验室配合比：水泥：砂：石子＝1：X：Y，水胶比：$\frac{W}{C}$，现场测得砂石含水率分别为 W_x、W_y，则施工配合比：

$$水泥：砂：石子=1：X（1+W_x）：Y（1+W_y）$$

水胶比：$\frac{W}{C}$不变（但用水量需扣除砂石中的含水量）。

【例 4.2】 某工程混凝土实验室配合比：水泥：砂：碎石＝1：2.3：4.27，水胶比 $W/C=0.6$，每立方米混凝土中水泥用量为300 kg，现场实测砂含水率 W_x 为3%，石子含水率 W_y 为1%，求现场施工配合比。

解：水泥：$C'=300$ kg

砂：$X'=X(1+W_x)=300\times2.3\times(1+0.03)=710.7$（kg）

石子：$Y'=Y(1+W_y)=300\times4.27\times(1+0.01)=1\,293.81$（kg）

水：$W'=W-X'W_x-Y'W_y$

$=300\times0.6-710.7\times0.03-1\ 293.81\times0.01=145.74$（kg）

则施工配合比：

水泥：砂：碎石＝300：710.7：1 293.81

＝1：2.37：4.31

（2）配料要求。对原材料的质量进行检查，如水泥、粗细骨料和水等均按要求使用。应对水泥的强度、安定性及凝结时间进行检验。同一生产厂家、同一等级、同一品种、同一批号且连续进场的水泥，袋装水泥不超过 200 t 应为一批，散装水泥不超过 500 t 应为一批。当使用中水泥质量受不利环境影响或水泥出厂超过 3 个月（快硬硅酸盐水泥超过 1 个月）时，应进行复验，并应按复验结果使用。

工地上现场拌制混凝土，其配合比应严格按实验室的规定执行，以确保混凝土的强度达到设计所要求的强度等级。混凝土现场的配料精度应控制在下列范围内：水泥、外掺混合材料为±2%，粗细骨料为±3%，水、外加剂为±1%。

4.3.2　混凝土的搅拌

1. 混凝土搅拌机及选择

混凝土拌制采用机械搅拌。混凝土搅拌机按其工作原理，可分为自落式和强制式两大类。

（1）自落式搅拌机（图 4-13）。自落式搅拌机的搅拌筒内壁焊有弧形叶片，当搅拌筒绕水平轴旋转时，叶片不断将物料提升到一定高度，利用重力的作用，自由落下。由于各物料颗粒下落的时间、速度、落点和滚动距离不同，从而使物料颗粒达到混合的目的。自落式搅拌机只适宜搅拌流动性较大的普通混凝土。

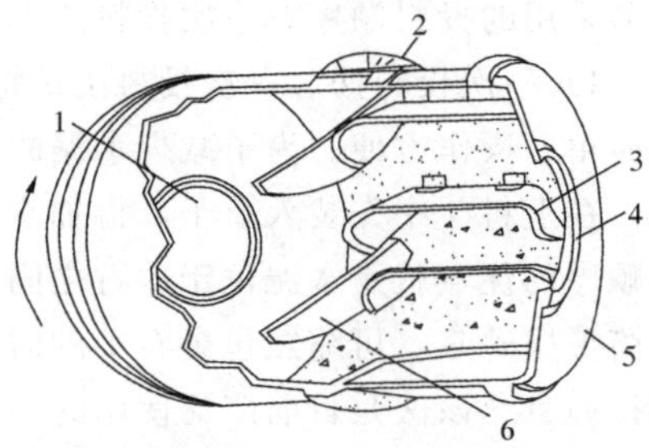

图 4-13　自落式搅拌机

1—进料口；2—大齿轮；3—弧形叶片；4—卸料口；5—斜向叶片；6—搅拌鼓筒

（2）强制式搅拌机（图 4-14）。强制式搅拌机是利用拌筒内运动着的叶片强迫物料朝着各个方向运动，由于各物料颗粒的运动方向、速度各不相同，相互之间产生剪切滑移而相互穿插、扩散，从而在很短的时间内，使物料拌和均匀。强制式搅拌机具有搅拌质量好、速度快、生产效率高、操作简便及安全等优点，但机件磨损严重，适于拌制各种混凝土。对于干硬性混凝土、轻骨料混凝土及高性能混凝土，必须用该类机械搅拌。

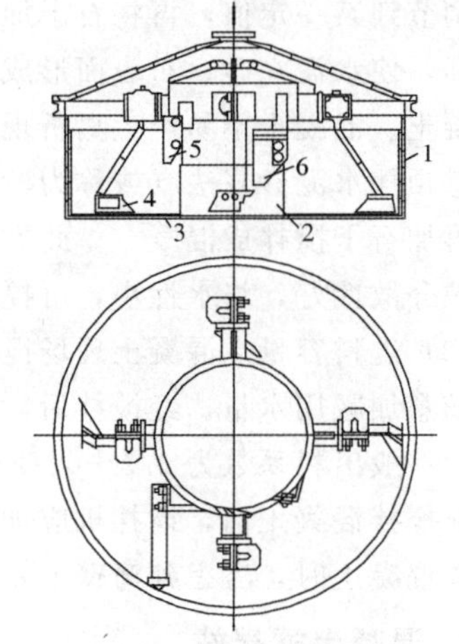

图 4-14　强制式搅拌机

1—外衬板；2—内衬板；3—底衬板；4—拌叶；5—外刮板；6—内刮板

2. 搅拌制度

为了获得均匀优质的混凝土拌合物，除合理选择搅拌机的型号外，还必须正确确定搅拌制度，即搅拌时间、投料顺序和进料容量等。

（1）搅拌时间。混凝土的搅拌时间是指从原材料全部投入搅拌机到混凝土拌合物开始卸出所经历的全部时间，它是影响混凝土质量及搅拌机生产率的重要因素之一。搅拌时间过短，则混凝土不均匀，会降低混凝土的强度及和易性。混凝土搅拌的最短时间可按表 4-8 采用。

表 4-8　混凝土搅拌的最短时间　s

混凝土的坍落度/mm	搅拌机机型	搅拌机出料容量/L		
		＜250	250～500	＞500
≤40	强制式	60	90	120
	自落式	90	120	150
＞40 且＜100	强制式	60	60	90
	自落式	90	90	120
≥100	强制式	60		
	自落式	90		
注：轻骨料混凝土及掺有外加剂的混凝土均应适当延长搅拌时间				

（2）投料顺序。投料顺序应从提高搅拌质量，减少叶片、衬板的磨损，减少拌合物与搅拌筒的黏结，减少水泥飞扬，改善工作环境，提高混凝土强度，节约水泥等方面综合考虑确定。目前采用的投料顺序有一次投料法、二次投料法等。

1）一次投料法。一次投料法是将砂、石、水泥和水一起加入搅拌筒中进行搅拌。此方法工艺简单、操作方便。为了减少水泥的飞扬和水泥的粘筒现象，对自落式搅拌机常采用的投料顺序：在上料斗中先装入石子，再加水泥和砂，将水泥夹在砂、石之间，最后加水搅拌。这种加料顺序的优点就是水泥位于砂石之间，进入拌搅筒时可减少水泥飞扬，同时砂和水泥先进入搅拌筒形成砂浆，可缩短包裹石子的时间，也避免了水向石子表面聚集产生的不良影响，可提高搅拌质量。该法是目前广泛使用的一种方法。

2）二次投料法。近年来，由于对混凝土搅拌工艺的研究，出现了水泥裹砂法、预拌水泥砂浆法等新工艺，统称为二次投料法。

①水泥裹砂法（或称为 SEC 法、两次加水法、造壳法），即先加一定量的水，将砂表面的含水量调节到某一定值，再将石子加入与湿砂一起搅拌均匀，然后投入全部水泥，与润湿后的砂、石拌和，使水泥在砂、石表面形成低水胶比的水泥浆壳，最后将剩余的水和外加剂加入，搅拌成混凝土。混凝土不易产生离析现象，泌水性小，施工性能好。

②预拌水泥砂浆法（或称为砂浆裹石法），是先将水泥、砂和水加入强制式搅拌机中搅拌均匀，再加石子搅拌成混凝土。此方法可避免水向石子表面集聚的不良影响，水泥包裹砂子，水泥颗粒分散性好，泌水性小，可提高混凝土强度。

（3）进料容量。混凝土现场搅拌时，应严格控制混凝土施工配合比，砂、石必须严格过秤，不得随意加减用水量。经搅拌后，各材料由于相互填补孔隙而使总体积变小，即出料量小于装料量，一般出料系数为 0.5～0.75。搅拌机不宜超量装料。

在搅拌混凝土前，搅拌机应加适量的水运转，使拌筒表面润湿，然后将多余水排干。搅拌第一盘混凝土时，考虑到筒壁上粘附砂浆的损失，石子用量应按配合比规定减半。

3. 混凝土搅拌站

混凝土拌合物在搅拌站集中拌制，可以做到自动上料、自动称量、自动出料和集中操作控制，机械化、自动化程度大大提高，劳动强度大大降低，使混凝土质量得到改善，可以取得较好的技术经济效果。搅拌站的机械化及自动化水平一般较高，用自卸汽车直接供应搅拌好的混凝土，然后直接浇筑入模。这种供应“商品混凝土”的生产方式，在改进混凝土的供应，减少环境污染，提高混凝土的质量及节约水泥、骨料等方面，有很多优点。

4.3.3 混凝土的运输

混凝土运输设备应根据结构特点（如是框架结构还是设备基础）、混凝土工程量大小、每天或每小时混凝土浇筑量、水平及垂直运输距离、道路条件、气候条件等各种因素综合考虑后确定。

1. 对混凝土运输的要求

混凝土自搅拌机中卸出后，应及时运至浇筑地点，为了保证混凝土工程质量，混凝土的运输工作应满足下列要求：

（1）在运输中应避免产生分层离析现象，否则要在浇筑前进行二次搅拌。

（2）运输容器及管道、溜槽应严密、不漏浆、不吸水，保证通畅，并满足环境要求。

（3）尽量缩短运输时间，以减少混凝土性能的变化。

（4）连续浇筑时，运输能力应能保证浇筑强度（单位时间浇筑量）的要求。

2. 混凝土运输工具

混凝土的运输分为地面水平运输、垂直运输和楼面水平运输。

（1）地面水平运输。常用的地面水平运输工具有手推车、机动翻斗车、混凝土搅拌运输车等。混凝土运距较远时宜采用搅拌运输车；运距较近的场内运输宜用机动翻斗车，也可用双轮手推车。

混凝土搅拌运输车是一种用于长距离运输混凝土的施工机械，它是将运输混凝土的搅拌筒安装在汽车底盘上。先把在预拌混凝土搅拌站生产的混凝土成品装入拌筒内，然后运至施工现场。在整个运输过程中，混凝土搅拌筒始终在不停地做慢速转动，从而使混凝土在长途运输后，仍不会出现离析现象，以保证混凝土的质量。当运输距离很长，采用上述运输工具难以保证运输质量时，可采用装载干料运输、拌合用水另外存放的方法。在即将到达浇筑地点时加水搅拌，到达浇筑地点时混凝土也已搅拌完毕，便可卸料进行浇筑。

（2）垂直运输。可采用塔式起重机配合混凝土吊斗运输并完成浇灌。当混凝土量较大时，宜采用泵送运输。

（3）楼面水平运输。大多采用混凝土泵通过布料杆运输，塔式起重机也可兼顾楼面水平运输，少量时可用双轮手推车运输。

3. 混凝土泵送运输

泵送混凝土既可做混凝土的地面运输又能做楼面运输，既能做混凝土的水平运输又能做垂直运输，故它是一种很有效的混凝土运输和浇筑机具。它以泵为动力，由管道、布料杆输送混凝土，可将混凝土直接送到浇筑地点。混凝土泵连续浇筑混凝土，中间不停断，施工速度快、生产效率高，工人劳动强度明显降低，还可提高混凝土的强度和密实度。

目前，混凝土泵常用液压活塞式，利用活塞的往复运动，将混凝土吸入和压出（由料斗吸入泵缸，再由泵缸将混凝土压出，沿输送管道输送至浇筑地点）。由于两个缸交替进料和出料，因此，能达到混凝土连续输送的目的。

采用泵送混凝土时，应满足下述要求：骨料最大粒径与输送管道内径之比不宜大于 1∶4；砂宜用中砂，通过 0.315 mm 筛孔的砂应不少于 15%；砂率宜为 40%～50%；最小胶凝材料用量为 300 kg/m^3；混凝土坍落度宜为 8～18 cm，并宜掺适量的外加剂以改善混凝土的流动性。

采用泵送混凝土的工艺要点：①必须保证混凝土连续工作，混凝土搅拌站供应能力至少比混凝土泵的工作能力高出20%；②混凝土泵的输送能力应满足浇筑速度的要求；③输运管线要尽可能直，转弯要少、缓（即选用曲率半径大的弯管），管段接头要严，少用锥形管，以减少阻力和压力损失；④泵送前后应先用适量的与混凝土内成分相同的水泥浆或水泥砂浆润滑输送管内壁；⑤预计泵送间歇时间超过45 min或当混凝土出现离析现象时，应立即用压力水或其他方法冲洗管内残留的混凝土；⑥泵送结束后应及时把残留在混凝土缸体内或输送管道内的混凝土清洗干净；⑦用泵送混凝土浇筑的结构，要加强养护，防止因水泥用量较大而引起裂缝。

4.3.4 混凝土智能浇筑

混凝土的浇筑工作包括布料摊平、捣实和抹面修正等工序。它对混凝土的密实性和耐久性、结构的整体性和外形正确性等都有着重要的影响。因此，混凝土浇筑工作十分重要，应达到如下要求：所浇筑的混凝土必须均匀密实，强度符合设计要求；保证结构构件几何尺寸准确；钢筋和预埋件位置准确；拆除模板后混凝土表面平整、光洁。

1. 浇筑前的准备工作

（1）模板和支架、钢筋及预埋件应进行检查，并作好记录。模板应检查其尺寸、位置（轴线及标高）、垂直度是否正确，支撑系统是否牢固，模板接缝是否严密。钢筋种类、规格、数量、位置和接头是否正确；预埋件位置和数量是否正确，并做好隐蔽工程验收记录。

（2）准备和检查材料、机具、运输道路；注意天气预报，不宜在雨雪天气浇筑混凝土。

（3）浇筑混凝土前，应清除模板内或垫层上的杂物。表面干燥的地基、垫层、模板上应洒水湿润；当现场环境温度高于35 ℃时，宜对金属模板进行洒水降温；洒水后不得留有积水；模板的缝隙和孔洞应堵严。

（4）做好施工组织工作和安全、技术交底。

2. 布料机器人

布料机器人用于高层住宅建筑或商业办公楼墙、柱、梁、楼板的混凝土浇筑，只需1人即可操作。该机器人能根据操作人员发出的运动方向指令，自动控制布料机的大、小臂联合运动，实现出料口跟随操作人员进行移动，使整个布料过程操作简单、便捷。

3. 混凝土浇筑的一般规定

（1）混凝土浇筑应保证混凝土的均匀性和密实性。混凝土宜一次连续浇筑。

视频4.5：混凝土浇筑

（2）混凝土应分层浇筑，上层混凝土应在下层混凝土初凝之前浇筑完毕。如采用振动棒振捣，分层的最大厚度为振动棒作用部分长度的1.25倍。

（3）混凝土运输、输送入模的过程应保证混凝土连续浇筑，从运输到输送入模的延续时间不宜超过表4-9的规定，且不应超过表4-10的规定。掺早强型减水剂、早强剂的混凝土，以及有特殊要求的混凝土，应根据设计及施工要求，通过试验确定允许时间。

表4-9 运输到输送入模的延续时间 min

条件	气温	
	≤25 ℃	>25 ℃
不掺外加剂	90	60

续表

条件	气温	
	≤25 ℃	＞25 ℃
掺外加剂	150	120

表 4-10　运输、输送入模及其间歇总的时间限值　　min

条件	气温	
	≤25 ℃	＞25 ℃
不掺外加剂	180	150
掺外加剂	240	210

(4) 柱、墙模板内的混凝土浇筑不得发生离析，倾落高度应符合规定：粗骨料粒径大于25 mm时，小于或等于3 m；粗骨料粒径小于或等于25 mm时，小于或等于6 m；当有可靠措施能保证混凝土不分层离析时，可不受上述规定限制。当不能满足要求时，应加设串筒、溜管、溜槽等装置。

(5) 浇筑竖向结构混凝土前，底部应先浇入50～100 mm厚与混凝土成分相同的水泥砂浆或“减半石混凝土”(即混凝土施工配比中，石子用量减半，其他不变)，以免产生蜂窝及麻面现象。

4. 施工缝、后浇带的留设与处理

施工缝是按设计要求或施工需要分段浇筑，先浇筑混凝土达到一定强度后继续浇筑混凝土所形成的接缝。后浇带是为适应环境温度变化、混凝土收缩、结构不均匀沉降等因素影响，在梁、板(包括基础底板)、墙等结构中预留的具有一定宽度且经过一定时间后再浇筑的混凝土带。

施工缝和后浇带的留设位置应在混凝土浇筑前确定。施工缝和后浇带宜留设在结构受剪力较小且便于施工的位置。受力复杂的结构构件或有防水抗渗要求的结构构件，施工缝留设位置应经设计单位确认。

水平施工缝的留设位置应符合下列规定：柱、墙施工缝可留设在基础、楼层结构顶面，柱施工缝与结构上表面的距离宜为0～100 mm，墙施工缝与结构上表面的距离宜为0～300 mm；柱、墙施工缝也可留设在楼层结构底面，施工缝与结构下表面的距离宜为0～50 mm，当板下有梁托时，可留设在梁托下0～20 mm；高度较大的柱、墙、梁及厚度较大的基础，可根据施工需要在其中部留设水平施工缝；当因施工缝留设改变受力状态而需要调整构件配筋时，应经设计单位确认；特殊结构部位留设水平施工缝应经设计单位确认。

竖向施工缝和后浇带的留设位置应符合下列规定：有主次梁的楼板施工缝应留设在次梁跨度中间1/3；单向板施工缝应留设在与跨度方向平行的任何位置；楼梯梯段施工缝宜设置在梯段板跨度端部1/3；墙的施工缝宜设置在门洞口过梁跨中1/3，也可留设在纵横墙交接处；后浇带留设位置应符合设计要求；特殊结构部位留设竖向施工缝应经设计单位确认。

有主次梁的楼盖宜顺着次梁方向浇筑，施工缝应留在次梁跨度的中间1/3处(图4-15)。

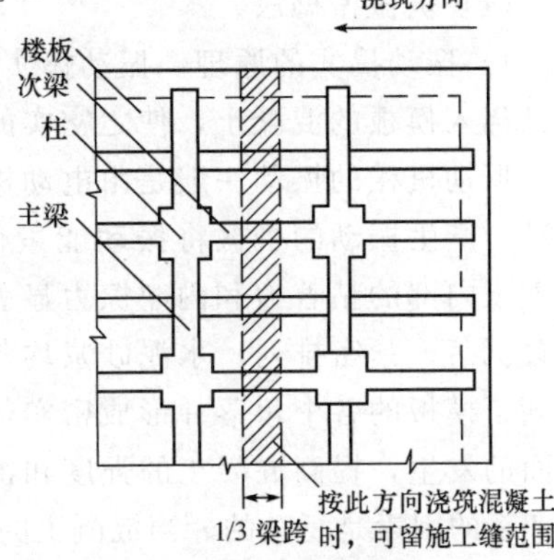

图 4-15　有主次梁楼盖的施工缝位置

施工缝留设方法：水平施工缝应在浇筑混凝土前，在

钢筋或模板上弹出浇筑控制线。垂直施工缝应采取支模板或固定快易收口网、钢板网、钢丝网等封挡，以保证缝口垂直。施工缝、后浇带留设界面，应垂直于结构构件和纵向受力钢筋。

在施工缝或后浇带处浇筑混凝土，应符合下列规定：结合面应为粗糙面，并应清除浮浆、松动石子、软弱混凝土层；结合面处应洒水湿润，但不得有积水；施工缝处已浇筑混凝土的强度不应小于 1.2 MPa；柱、墙水平施工缝水泥砂浆接浆层厚度不应大于 30 mm，接浆层水泥砂浆应与混凝土浆液成分相同；后浇带混凝土强度等级及性能应符合设计要求；当设计无具体要求时，后浇带混凝土的强度等级宜比两侧混凝土提高一级，并宜采用减少收缩的技术措施。

5. 框架、剪力墙结构的浇筑

同一施工段内每排柱子应由外向内对称地顺序浇筑，不应自一端向另一端顺序推进，以防止柱模板向一侧推移倾斜，造成误差积累过大而难以纠正。

视频 4.6：混凝土浇筑标高控制

为防止混凝土墙、柱“烂根”（根部出现蜂窝、麻面、漏筋、漏石、孔洞等现象），在浇筑混凝土前，除对模板根部缝隙进行封堵外，还应在底部先浇筑 50～100 mm 厚与所浇筑混凝土浆液同成分的水泥砂浆，然后浇筑混凝土，并加强根部振捣。应控制每层浇筑厚度，以保证振捣密实。

竖向构件（柱子、墙体）与水平构件（梁、板）宜分两次浇筑，做好施工缝留设与处理。若欲将柱墙与梁板一次浇筑完毕，不留施工缝时，则应在柱墙浇筑完毕后停歇 1～1.5 h，待其混凝土初步沉实后，再浇筑上面的梁板结构，以防止柱墙与梁板之间由于沉降、泌水不同而产生缝隙。

对有窗口的剪力墙，在窗口下部应薄层慢浇、加强振捣、排净空气，以防出现孔洞，洞口两侧应对称下料，以防压斜窗口模板。

当柱、墙混凝土强度比梁、板混凝土高两个等级及两个等级以上时，必须保证节点为高强度等级混凝土。施工时，应在距柱、墙边缘不少于 500 mm 的梁、板内，用快易收口网或钢丝网等进行分隔。后先浇节点的高强度等级混凝土，在其初凝前，及时浇筑梁板混凝土。

梁混凝土宜自两端节点向跨中用赶浆法浇筑。楼板混凝土浇筑应拉线控制厚度和标高。在混凝土初凝前和终凝前，应分别对混凝土裸露表面进行抹面处理。

6. 混凝土的成型方法

混凝土的强度、抗冻性、抗渗性及耐久性等，均与混凝土的密实度有关。为了使混凝土充满模板内的每一空间，并且具有足够的密实度，必须采用适当的方法在其初凝前捣实成型。常用的成型方法有振捣法等。

（1）机械振捣法。

1）振动捣实的原理。振动捣实混凝土是某种振动机械产生的振动能量通过一定的方式传递给已浇入模板的混凝土，使之密实的方法。

振动机械的振动一般是由电动机、内燃机或压缩空气电动机带动偏心块转动而产生的简谐振动。产生振动的机械将振动能量传递给混凝土拌合物使其受到强迫振动。在振动力作用下，混凝土内部的粘着力和内摩擦力显著减少，使骨料犹如悬浮在液体中，在其自重作用下向新的位置沉落，紧密排列，水泥砂浆均匀分布填充空隙，气泡被排出，游离水被挤压上升，混凝土填满了模板的各个角落并形成密实体积。机械振实混凝土可以降低工人的劳动强度，减少蜂窝麻面的发生，提高混凝土的强度和密实性，加快模板周转，节约水泥。影响振动器的振动质量和生产率的因素是复杂的。当混凝土的配合比、骨料的粒径、水泥的稠度，以及钢筋的疏密程度等因素确定之后，振动质量和生产率取决于“振动制度”，也就是振动的频率、振幅和振动时间等。

2）振动机械及其选择。混凝土的振动机械按其工作方式不同，可分为内部振动器、表面振动器、外部振动器和振动台四种（图 4-16）。这些振动机械的构造原理基本相同，主要是利用偏心块的高速旋转，使振动设备因离心力而产生振动。

①内部振动器。内部振动器又称插入式振动器，是目前施工现场用得最多的一种。其多用于振捣基础、柱、梁、墙等构件及大型设备基础等大体积混凝土结构。它由电动机、软轴和振动棒三部分组成（图 4-17），工作时依靠振动棒插入混凝土产生振动力而捣实混凝土。内部振动器按产生振动的原理可分为偏心式和行星式，振捣方法一般为垂直振捣。

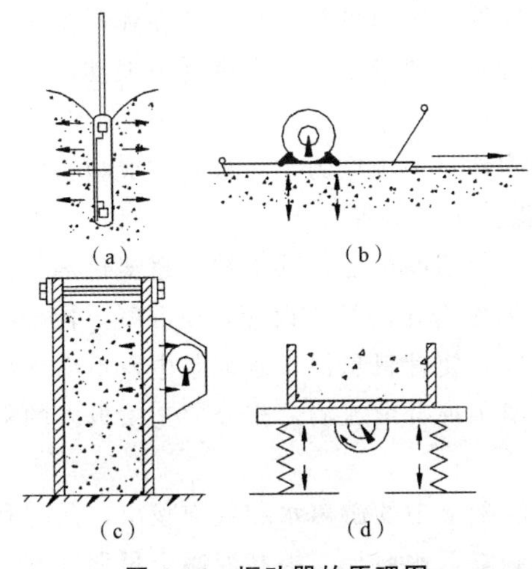

图 4-16　振动器的原理图

(a) 内部振动器；(b) 表面振动器；(c) 外部振动器；(d) 振动台

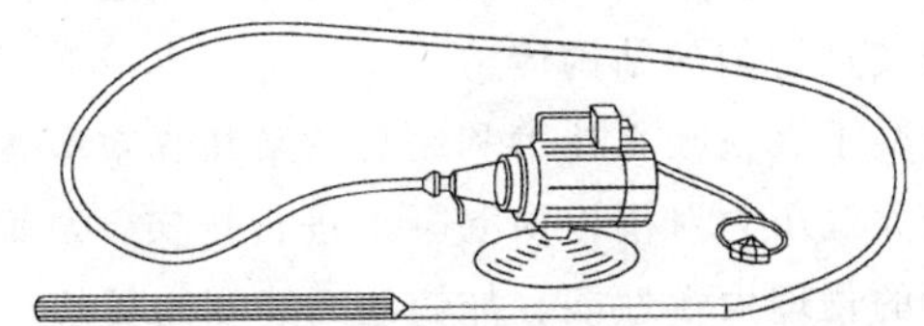

图 4-17　HZ-50A 行星高频插入式振动器图

使用插入式振动器时，要使振动棒自然地垂直沉入混凝土中。为使上下层混凝土结合成整体，振动棒应插入下一层混凝土中不少于 50 mm。振捣时，应将棒上下抽动，以保证混凝土上下振捣均匀。应避免振动棒碰撞钢筋、模板和埋设物。

振动棒各插点的间距不得超过振动棒有效作用半径 R（一般取棒半径的 8～10 倍）的 1.4 倍，振动棒与模板的距离不应大于 $0.5R$。插点的布置方式有行列式与交错式两种（图 4-18），其中，交错式重叠、搭接较多，振捣效果较好。振动棒在各插点的振动时间，以混凝土表面基本平坦、不再明显塌陷、泛出水泥浆、不再冒气泡为止。

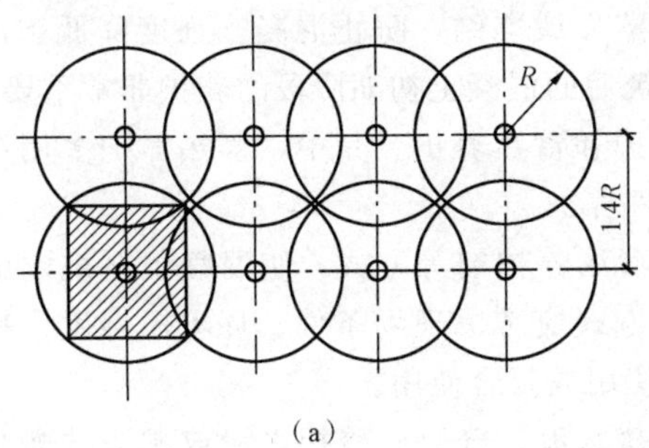

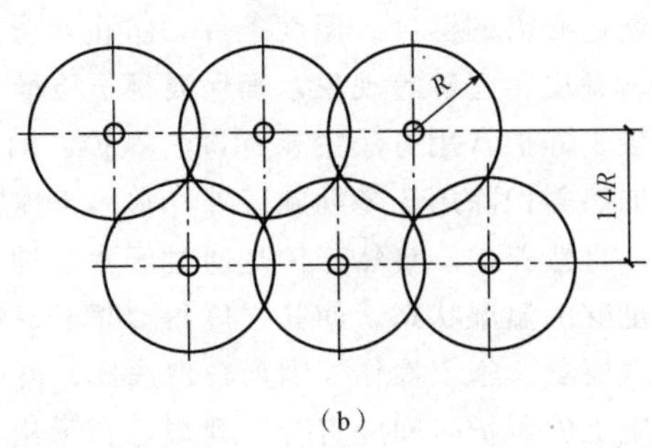

图 4-18　内部振动器插点布置

(a) 行列式；(b) 交错式

②表面振动器。表面振动器又称平板振动器，适用于楼板、地坪等薄形水平混凝土构件的密实成型。它由带偏心块的电动机和平板等组成。在混凝土表面进行振捣，使用时相互应搭接50 mm左右，以防止漏振。

③外部振动器。外部振动器又称附着式振动器，适用于振捣断面小而钢筋密集的构件。它是直接安装在模板外侧的横挡或竖挡上，使用时固定在模板外侧，振动器的偏心块旋转时所产生的振动力通过模板传给混凝土，使之振实，故模板应有一定的刚度。其有效作用范围可通过试验确定，一般取1～1.5 m，作用深度约为250 mm。

④振动台。振动台多用于预制构件厂制作预制构件。振动台是一个支撑在弹性支座上的工作平台，在平台下面装有振动机构，当振动机构运转时，即带动工作台做强迫振动，从而使在工作台上制作构件的混凝土得到振实。

(2) 其他成型方法。挤压成型工艺多用于预制构件（如预应力空心板）的成型密实。离心法成型多用于制作预制圆形构件（如混凝土线杆、混凝土管道等）。

自密实混凝土又称免振混凝土，是通过外加剂（包括高性能、减水剂、超塑化剂、稳定剂等）、超细矿物粉等胶结材料和粗细骨料的搭配，以及配合比的精心设计，使混凝土拌合物屈服剪应力减小到适宜范围，同时又具有足够的塑性黏度，使骨料悬浮于水泥浆中，不出现离析和泌水等问题，在不用外力振捣的条件下通过自重作用实现自由流淌，充分填充模板内的空间而形成密实且均匀的结构体。

混凝土真空吸水技术利用真空泵和真空吸盘将混凝土中的游离水和气泡吸出，同时利用模板外的大气压力对模板内混凝土进行压实，从而达到降低水胶比、提高混凝土早期强度、改善混凝土的物理力学性能、加快施工速度的目的。

7. 楼地面整平机器人

楼地面整平机器人适用于地面、楼面的混凝土整平作业。该机器人通过双自由度自适应系统、高精度激光识别测量系统和实时控制系统，可在钢筋混凝土上稳定行走进行整平作业。配合智能随动布料机，板面施工人数减少，在降低人工成本的同时，又大幅提升了施工质量，相较传统施工平整度误差更小。

4.3.5 混凝土的养护

混凝土浇筑后，为保证水泥水化作用能正常进行，应及时进行养护。养护的目的是为混凝土硬化创造必需的湿度、温度条件，防止水分过早蒸发或冻结，防止混凝土强度降低和出现收缩裂缝、剥皮、起砂等现象，确保混凝土质量。浇筑后的混凝土初期阶段的养护非常重要。

混凝土养护常用方法主要有自然养护、加热养护和蓄热养护。其中，蓄热养护多用于冬期施工；加热养护除用于冬期施工外，常用于预制构件养护。

(1) 自然养护。自然养护是通过洒水、覆盖、喷涂养护剂等方式，使混凝土在规定的时间内保持足够的温湿状态，使其强度得以增长。养护方式应考虑现场条件、环境温湿度、构件特点、技术要求、施工操作等因素合理选择，可单独使用或复合使用。

混凝土的养护时间应符合下列规定：采用硅酸盐水泥、普通硅酸盐水泥或矿渣硅酸盐水泥配制的混凝土，不应少于7 d；采用其他品种水泥时，养护时间应根据水泥性能确定；采用缓凝型外加剂、大掺量矿物掺合料配制的混凝土，不应少于14 d；抗渗混凝土、强度等级C60及C60以上的混凝土，不应少于14 d；后浇带混凝土的养护时间不应少于14 d；地下室底层墙、柱和上部结构首层墙、柱，宜适当增加养护时间；大体积混凝土养护时间应根据施工方案确定。

洒水养护宜在混凝土裸露表面覆盖麻袋或草帘后进行，也可采用直接洒水、蓄水等养护方式；洒水养护应保证混凝土表面处于湿润状态；当日最低温度低于 5 ℃时，不应采用洒水养护。

覆盖养护应符合下列规定：覆盖养护宜在混凝土裸露表面覆盖塑料薄膜、塑料薄膜加麻袋、塑料薄膜加草帘进行；塑料薄膜应紧贴混凝土裸露表面，塑料薄膜内应保持有凝结水；覆盖物应严密，覆盖物的层数应按施工方案确定。

喷涂养护剂养护应符合下列规定：应在混凝土裸露表面喷涂覆盖致密的养护剂进行养护；养护剂应均匀喷涂在结构构件表面，不得漏喷；养护剂应具有可靠的保湿效果，保湿效果可通过试验检验。

柱、墙混凝土养护方法应符合下列规定：地下室底层和上部结构首层柱、墙混凝土带模养护时间不应少于 3 d；带模养护结束后，可采用洒水养护方式继续养护，也可采用覆盖养护或喷涂养护剂养护方式继续养护；其他部位柱、墙混凝土可采用洒水养护，也可采用覆盖养护或喷涂养护剂养护。

混凝土强度达到 1.2 MPa 前，不得在其上踩踏、堆放物料、安装模板及支架。

(2) 蒸汽养护。蒸汽养护是将构件放在充满饱和蒸汽的养护室内或就地覆盖围挡后通入蒸汽，在较高的温湿度环境中加速水泥水化反应，使混凝土强度快速增长的养护方法。蒸汽养护主要用于构件厂制作构件，也可用于现场冬期施工。蒸汽养护过程分为静停、升温、恒温、降温四个阶段。

4.3.6　混凝土的质量检查

混凝土结构施工质量检查可分为过程控制检查和拆模后的实体质量检查。过程控制检查应在混凝土施工全过程中，按施工段划分和工序安排及时进行；拆模后的实体质量检查应在混凝土表面未做处理和装饰前进行。

混凝土浇筑前应检查混凝土送料单，核对混凝土配合比，确认混凝土强度等级，检查混凝土运输时间，测定混凝土坍落度，必要时还应测定混凝土扩展度。对混凝土的质量检查应贯穿工程施工的全过程，包括混凝土的配料、搅拌、运输、浇筑、混凝土试块强度的评定等。

混凝土施工后的检查主要是对已完成混凝土的外观质量检查及其强度检查。对有抗冻、抗渗要求的混凝土，还应进行抗冻、抗渗性能检查。

1. 混凝土外观检查

混凝土结构构件模板拆除后，应检查尺寸偏差和外观缺陷。检查是否有麻面、蜂窝、孔洞、露筋、缺棱掉角、缝隙夹层等外观缺陷。不影响受力和使用功能的外观和尺寸偏差属于一般缺陷，否则属于严重缺陷。对严重缺陷不得擅自处理，施工单位应制订专项修正方案，经论证审批后再实施。现浇结构拆模后的尺寸的允许偏差和检验方法应符合表 4-11 的规定。

表 4-11　现浇结构位置、尺寸的允许偏差和检验方法

项目		允许偏差/mm	检验方法
轴线位置	整体基础	15	经纬仪及尺量
	独立基础	10	经纬仪及尺量
	墙、柱、梁	8	尺量

续表

项目			允许偏差/mm	检验方法
垂直度	层高	≤6 m	10	经纬仪或吊线、尺量
		>6 m	12	经纬仪或吊线、尺量
	全高（H）≤300 m		H/30 000+20	经纬仪、尺量
	全高（H）>300 m		H/10 000且≤80	经纬仪、尺量
标高	层高		±10	水准仪或拉线、尺量
	全高		±30	
截面尺寸	基础		+15，−10	尺量
	柱、梁、板、墙		+10，−5	尺量
	楼梯相邻踏步高差		6	尺量
电梯井	中心位置		10	尺量
	长、宽尺寸		+25，0	尺量
表面平整度			8	2 m靠尺或塞尺检查
预埋件中心位置	预埋板		10	尺量
	预埋螺栓		5	
	预埋管		5	
	其他		10	
预留洞、孔中心线位置			15	尺量
注：检查轴线、中心线位置时，应沿纵、横两个方向量测，并取其中的较大值。H 的单位为 mm				

2. 混凝土强度检查

混凝土强度的检查，主要是指抗压强度的检查。

视频 4.7：混凝土试块

（1）试件的留置。结构混凝土的强度等级必须符合设计要求。用于检查结构构件混凝土强度的试件，应在混凝土的浇筑地点随机抽取。取样与试件留置应符合下列规定：

1）每拌制 100 盘且不超过 100 m^3 的同配比的混凝土，取样不得少于一次。

2）每工作班拌制的同一配合比的混凝土不足 100 盘时，取样不得少于一次。

3）每一次连续浇筑超过 1 000 m^3 时，同一配合比的混凝土每 200 m^3 取样不得少于一次。

4）每一楼层、同一配合比的混凝土，取样不得少于一次。

5）每次取样应至少留置一组标准养护试件，同条件养护试件的留置组数应根据实际需要确定。

（2）混凝土强度评定。每组试块强度代表值的确定混凝土强度应分批进行验收。同一验收批的混凝土应由强度等级、龄期、生产工艺和配合比相同的混凝土组成。每一验收批的混凝土强度，应以同批内各组标准试块的强度代表值来评定。每组试块的强度代表值按以下规定确定：

1）取三个试件强度的算术平均值。

2）当三个试件强度中的最大值和最小值之一与中间值之差超过中间值的 15%时，取中间值。

3）当三个试件强度中的最大值和最小值与中间值的差均超过中间值的 15%时，该组试件不应作为强度评定的依据。

（3）强度评定方法。根据混凝土生产情况，在混凝土强度检验评定时，有以下三种评定方法：

1）当混凝土的生产条件在较长时间内能保持一致，且同一品种混凝土的强度变异性能保持稳定时，由连续的三组试件代表一个验收批进行评定。

2）当混凝土的生产条件在较长时间内不能保持一致，且混凝土强度变异性不能保持稳定时，或在前一检验期内的同一品种混凝土无足够的强度数据用以确定验收批混凝土立方体抗压强度的标准差时，应由少于 10 组的试件组成一个验收批，进行强度评定。

3）对零星生产的预制构件的混凝土或现场拌制的批量不大的混凝土，可采用非统计法评定。此时，验收批混凝土的强度必须满足：同一验收批混凝土立方体抗压强度平均值不低于 1.15 倍设计标准值，且其中最小值不低于 0.95 倍设计标准值。

4.3.7　大体积混凝土施工技术

大体积混凝土是混凝土结构物实体最小尺寸不小于 1 m 的大体量混凝土，或预计会因混凝土中胶凝材料水化引起的温度变化和收缩而导致有害裂缝产生的混凝土。在工业与民用建筑中多为设备基础、桩基承台或基础底板等。整体性要求较高，通常不允许留施工缝。因此，必须保证混凝土搅拌、运输、浇筑、振捣各工序协调配合，并在此基础上，根据结构大小、钢筋疏密等具体情况，一次连续浇筑完毕。

1. 大体积混凝土结构浇筑方案

为保证结构的整体性，混凝土应连续浇筑，要求每处的混凝土在初凝前就被后续部分混凝土覆盖并捣实成整体，根据结构特点不同，可分为全面水平分层、斜面分层（图 4-19）、分块分层等浇筑方案。

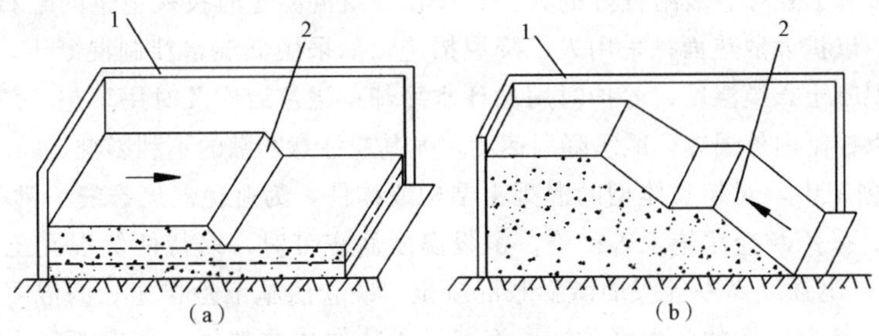

图 4-19　大体积混凝土浇筑方案

(a) 全面水平分层；(b) 斜面分层

1—模板；2—新浇筑混凝土

（1）全面水平分层浇筑方案［图 4-19（a）］。当结构平面面积不大时，可将整个结构分为若干层进行浇筑，即第一层全部浇筑完毕后，再浇筑第二层，如此逐层连续浇筑，直到混凝土浇筑结束。为保证结构的整体性，要求次层混凝土在前层混凝土初凝前浇筑完毕。若结构平面面积为 A（m^2），浇筑分层厚度为 h（m），每小时浇筑量为 Q（m^3/h），混凝土从开始浇筑至初凝的延续时间为 T（h）（一般等于混凝土初凝时间减去混凝土运输时间），为保证结构的整体性，则应满足：

$$A \cdot h \leqslant Q \cdot T$$

故

$$A \leqslant Q \cdot T/h \tag{4-7}$$

即采用全面水平分层浇筑方案时，结构平面面积应满足式（4-7）的条件。

（2）斜面分层浇筑方案［图4-19（b）］。斜面分层浇筑方案适用于结构长度较大的工程，是目前大型建筑基础底板或承台最常用的方法。当结构宽度较大时，可采用多台机械分条同步浇筑，使其形成连续整体。分条宽度不宜大于10 m，每条的振捣应从浇筑层斜面的下端开始，逐渐上移，或在不同高度处分区振捣，以保证混凝土施工质量。

（3）分块分层适用于厚度不太大而面积较大的结构。混凝土从底层开始浇筑，进行一定距离后回来浇筑第二层，如此依次向前浇筑各层段。

大体积混凝土浇筑的分层厚度取决于振动器的棒长和振动力的大小，也需考虑混凝土的供应能力和可能浇筑量的多少，一般不宜超过500 mm。

为保证结构的整体性，在初定浇筑方案后要计算混凝土的浇筑强度（单位时间内浇筑混凝土体积），以检验在现有供应能力下方案的可行性，或采用初定方案时确定资源配置。

2. 防止开裂的措施

视频4.8：混凝土测温孔

厚大体积钢筋混凝土结构由于体积大，水泥水化热聚积在内部不易散发，内部温度显著升高，外表散热快，形成较大的内外温差，内部产生压应力，外表产生拉应力。如内外温差过大（25 ℃以上），则混凝土表面将产生裂缝。当混凝土内部逐渐散热冷却，产生收缩，由于受到基底或已硬化混凝土的约束，不能自由收缩，而产生拉应力。温差越大，约束程度越高，结构长度越大，则拉应力越大。当拉应力超过混凝土的抗拉强度时即产生裂缝，裂缝从基底向上发展，甚至贯穿整个基础。要防止混凝土早期产生温度裂缝，就要降低混凝土的温度应力，控制混凝土的内外温差，使之不超过25 ℃，以防止表面开裂；控制混凝土冷却过程中的总温差和降温速度，以防止基底开裂。早期温度裂缝的预防方法主要有：优先采用水化热低的水泥（如矿渣硅酸盐水泥和火山灰质硅酸盐水泥）；尽量减少水泥用量；掺入缓凝剂或缓凝型减水剂，也可掺入适量的粉煤灰；采用中粗砂和大粒径、级配良好的石子，或在浇筑混凝土时投入适量的毛石；放慢浇筑速度和减小浇筑厚度，以扩大散热面；采用人工降温措施，如采用低温水拌制混凝土，水泥、砂、石遮阳降温，以降低混凝土入模温度；养护时用循环水冷却；浇筑后应及时用草包、炉渣、锯末等保温材料进行覆盖，以控制内外温差，减缓降温速度，尤其应注意寒潮的不利影响。

另外，现代施工中，对超长体型的混凝土结构或构件，为避免温度裂缝，常采用留设后浇带、设置膨胀加强带、采用跳仓法施工等措施。留设温度后浇带时，需待两侧混凝土收缩完成且龄期不少于14 d后，补浇强度高一等级的微膨胀混凝土。跳仓法施工是将超长的混凝土块体分为若干小块体间隔施工，经过短期的应力释放，再将若干小块体连成整体，依靠混凝土抗拉强度抵抗温度收缩应力的施工方法。采用跳仓法施工时，补仓浇筑应待周围块体龄期不少于7 d后进行。

4.3.8　清水混凝土施工技术

清水混凝土是指直接利用混凝土成型后的自然质感作为饰面效果的混凝土。按照现行《清水混凝土应用技术规程》（JGJ 169—2009）分为普通清水混凝土、饰面清水混凝土、装饰清水混凝土三类，如图4-20所示。

普通清水混凝土是指表面无明显色差，对饰面效果无特殊要求的清水混凝土，适用于工业厂房；饰面清水混凝土，是指表面颜色基本一致，由有规律的对拉螺栓孔眼、明缝、蝉缝、假眼等组合形成的，以自然质感为饰面效果的清水混凝土，适用于工业厂房、公共建筑、民用建筑等；装饰清水混凝土则是指表面形成装饰图案、镶嵌装饰片或彩色的清水混凝土，适用于工业厂房、公共建筑、民用建筑等。

普通清水混凝土于 20 世纪 90 年代开始得以推广，饰面和装饰清水混凝土则于近几年开始兴起，是更为高级的清水混凝土，符合环保和绿色施工的发展要求，具有更加强烈的视觉冲击力和艺术展现力，市场前景尤为广阔。

(a)　(b)

(c)

图 4-20　清水混凝土

(a) 普通清水混凝土；(b) 饰面清水混凝土；(c) 装饰清水混凝土

清水混凝土施工重在前期策划，施工前，根据项目所在地实际情况进行策划，深化设计图纸，确定施工方案，严格按照方案施工。施工前对原材料选用有着严格的要求，需要在施工现场设立实验室，在清水混凝土外加剂选型和配合比优化，调整材、水泥等地域化差异条件下，确定外加剂选型和用量，实现混凝土流动性、泌水性、光泽度等诸多要点，保证清水混凝土内在及外在的质量。清水混凝土常用的模板体系有槽钢背楞组合钢模板模架体系、槽钢背楞胶合板模架体系、木工字梁胶合板模架体系、三角桁架背楞胶合板模架体系、其他特殊构件清水混凝土模架体系等。

4.3.9　混凝土冬期施工

为防止新浇筑混凝土受冻，需采取一系列防范措施，提前做好各种准备，以保证混凝土的质量。我国规范规定：根据当地多年气温资料，室外日平均气温连续 5 d 低于 5 ℃时，进入冬期施工阶段，混凝土结构工程应采取冬期施工措施，并应及时采取气温突然下降的防冻措施。

1. 冻结对混凝土质量的影响

新浇筑混凝土中的水可分为两部分：一是吸附在组成材料颗粒表面和毛细管的水，这部分水能使水泥颗粒起水化作用，称为“水化水”；二是存在于组成材料颗粒空隙之间的水，称为“游离水”，它只对混凝土浇筑时的和易性起作用。从某种意义上讲，混凝土强度的增长取决于在一定温度条件下水化水与水泥的水化作用及游离水的蒸发。因此，混凝土强度增长的速度在湿度一定时，就取决于温度的变化。研究表明，当混凝土温度在 5 ℃时，强度增长速度仅为 15 ℃时的 1/2；温度为 0 ℃时，游离水开始冻结；当温度降低到 −4 ℃时，水化水开始冻结，水化作用停止，混凝土的强度也停止增长。

水结冰后体积膨胀 8%～9%，使混凝土内部产生很大的冰胀应力，可导致强度较低的混凝土开裂。同时由于混凝土与钢筋的导热性能不同，在钢筋周围将形成冰膜，减弱两者之间的粘结力。

受冻后的混凝土在解冻以后，其强度虽能继续增长，但已不可能达到原设计强度。试验证明，塑性混凝土终凝前（浇后 3 ～6 h）遭受冻结，开冻后后期抗压强度要损失 50%以上，凝结后 2～3 d 遭冻，强度损失 15%～20%，而干硬性混凝土在同样条件下强度损失要少得多。为了使混凝土不致因冻结而引起强度损失，就要在遭受冻结前具有足够的抵抗上述冰胀应力的能力。一般将遭受冻结混凝土后期抗压强度损失在 5%以内的预养强度值定义为“混凝土受冻临界强度”。

临界强度与水泥的品种、混凝土强度等级有关。硅酸盐水泥或普通硅酸盐水泥配制的混凝土为混凝土设计强度等级值的 30%；矿渣硅酸盐水泥、粉煤灰硅酸盐水泥、火山灰质硅酸盐水泥配制的混凝土为 40%；抗渗混凝土为 50%；有抗冻耐久性要求的混凝土为 70%。

2. 混凝土冬期施工的措施

混凝土冬期施工宜采用硅酸盐水泥或普通硅酸盐水泥，混凝土最小水泥用量不宜低于 280 kg/m^3，水胶比不应大于 0.55；采用蒸汽养护时，宜采用矿渣硅酸盐水泥。粗、细骨料中，不得含有冰、雪冻块及其他易冻裂物质。采用非加热养护方法时，混凝土中宜掺入引气剂、引气型减水剂或含有引气组分的外加剂。

对原材料预热，宜加热拌合水，当仅加热拌合水不能满足热工计算要求时，可加热骨料，当采用 42.5 级及 42.5 以上强度等级水泥时，水和骨料的温度分别不能超过 60 ℃和 40 ℃。水泥、外加剂、矿物掺合料不得直接加热，应置于暖棚内预热。

混凝土在运输、浇筑过程中的温度和覆盖的保温材料，应进行热工计算后确定，且入模温度不应低于 5 ℃。对混凝土运输、输送机具及泵管应采取保温措施。混凝土运输与输送机具应进行保温或具有加热装置；泵送混凝土在浇筑前应对泵管进行保温，并应采用与施工混凝土同配比砂浆进行预热。混凝土浇筑前，应清除模板和钢筋上的冰雪和污垢。冬期不得在强冻胀性地基土上浇筑混凝土；在弱冻胀性地基土上浇筑混凝土时，地基土不得受冻；在非冻胀性地基土上浇筑混凝土时，混凝土受冻临界强度应符合要求。大体积混凝土分层浇筑时，已浇筑层的混凝土在未被上一层混凝土覆盖前，温度不应低于 2 ℃。采用加热法养护混凝土时，养护前的混凝土温度也不得低于 2 ℃。

混凝土浇筑后，对裸露表面应采取防风、保湿、保温措施，对边、棱角及易受冻部位应加强保温；在混凝土养护和越冬期间，不得直接对负温混凝土表面浇水养护。对墙、板等薄壁结构构件，宜推迟拆模。

混凝土冬期养护方法有蓄热法、蒸汽加热法、电热法、暖棚法及掺外加剂法等。

思考题

1. 简述钢筋混凝土施工工艺过程。

2. 钢筋的焊接方法有哪些？其特点和适用范围是什么？如何保证焊接质量？

3. 简述机械连接的方法及适用范围。

4. 如何计算钢筋的下料长度？

5. 试述钢筋代换的原则和方法。

6. 钢筋的加工包括哪些内容？如何进行除锈？

7. 钢筋安装后质量检查的内容有哪些？

8. 现浇钢筋混凝土结构对模板有何要求？有哪些常用的模板类型？

9. 简述滑模施工的特点和施工过程。滑升模板系统的构成是什么？

10. 设计模板时应考虑哪些原则？模板设计应考虑哪些荷载？如何组合？

11. 模板拆除时应注意哪些事项？

12. 简述混凝土搅拌机的类型、搅拌原理及适用范围。

13. 简述混凝土搅拌时正确的投料顺序。

14. 搅拌时间对混凝土质量有何影响？

15. 对混凝土运输有哪些要求？混凝土常用运输工具有哪些？

16. 泵送混凝土的特点和工艺要点有哪些？

17. 框架结构混凝土浇筑时应注意哪些事项？

18. 大体积混凝土浇筑有何特点？浇筑时应注意哪些主要问题？

19. 大体积混凝土浇筑方案有哪些？其适用范围是什么？

20. 现场施工常用的混凝土振捣机械有哪些？如何选择？

21. 使用内部振动器垂直振捣时，为何要上下抽动，快插慢拔？插点布置方式有哪几种？有何要求？

22. 自然养护和加热养护应注意哪些问题？

23. 如何进行混凝土质量检查？

24. 如何对已发生缺陷的混凝土进行修补？

25. 简述混凝土受冻临界强度的定义。试述冻结对混凝土质量的影响。

26. 混凝土冬期施工的养护方法有哪些？在施工中如何才能保证质量？什么情况下应禁止使用氯盐？

27. 混凝土雨期施工应注意哪些问题？

28. 混凝土施工缝的留设原则有哪些？现浇框架结构柱、梁、板施工缝的留设位置是哪里？

29. 泵送混凝土作业应注意哪些安全事项？

30. 混凝土试块如何留设？

31. 混凝土的强度等级如何进行评定？

32. 滑模施工时模板的滑升分哪三个阶段？每个阶段有哪些操作要点？

33. 混凝土搅拌制度有哪些？

第 5 章

预应力混凝土工程

课程导学

通过本章的学习要求了解预应力混凝土的基本概念和分类；熟悉先张法和后张法的施工工艺与要求；熟悉常用的夹具及锚具的分类和适用范围，能正确选用张拉设备；掌握预应力筋下料长度的计算；了解无粘结预应力混凝土的施工工艺。

预应力混凝土是在结构受力之前，对结构构件的钢筋在弹性范围内进行拉伸，利用钢筋的弹性回缩，对混凝土预先施加预压应力，以提高结构构件的抗裂性、刚度和耐久性等性能的技术。与普通钢筋混凝土比较，预应力混凝土可以提高结构或构件的刚度、抗裂性和耐久性，增加结构的稳定性，也能将散件拼成整体。预应力混凝土结构能有效地发挥高强材料的作用，结构跨度大、自重轻，构件截面小，材料省，结构变形小、抗裂度高，有较高的综合经济效益，在现代结构中具有广阔的发展前景。但预应力混凝土施工，需要专门的材料与设备、特殊的工艺、单价较高。

预应力混凝土按施工方式不同可分为预制预应力混凝土、现浇预应力混凝土和叠合预应力混凝土等。

预应力混凝土按预应力度的大小可分为全预应力混凝土和部分预应力混凝土。全预应力混凝土是在全部使用荷载下受拉边缘不允许出现拉应力的预应力混凝土，适用于要求混凝土不开裂的结构。部分预应力混凝土是在全部使用荷载下受拉边缘允许出现一定的拉应力或裂缝的混凝土，其综合性能较好，费用较低，适用面广。

按预加应力的方法不同可分为先张法预应力混凝土和后张法预应力混凝土。按预应力筋粘结状态又可分为有粘结预应力混凝土和无粘结预应力混凝土。

在建筑工程中，预应力混凝土结构体系主要有部分预应力混凝土现浇框架结构体系、无粘结预应力混凝土现浇楼板结构体系。在特种构筑物中，预应力混凝土结构也用于电视塔、安全壳、筒仓、储液池等。此外，预应力技术在房屋加固与改造中也得到推广应用。

5.1 先张法

先张法是在浇筑混凝土构件之前，张拉预应力筋，并将其临时锚固在台座上或钢模上，然后浇筑混凝土，待混凝土达到一定强度（一般不低于混凝土强度标准值的 75%），保证预应力筋与混凝土之间有足够的粘结力时，放松预应力筋。当预应力筋弹性回缩时，借助于混凝土与预应力筋之间的粘结力，使混凝土产生预压应力。先张法具有钢筋和混凝土之间黏结可靠度高、构件整体性能好、节省锚具、经济效益高等优点；其缺点是生产占地面积大，养护要求高，必须有承载能力强且刚度大的台座。因此，先张法目前大多用于生产中小型预应力构件，如屋面板、楼板、小梁、檩条等。

图 5-1 所示为先张法混凝土构件生产示意。

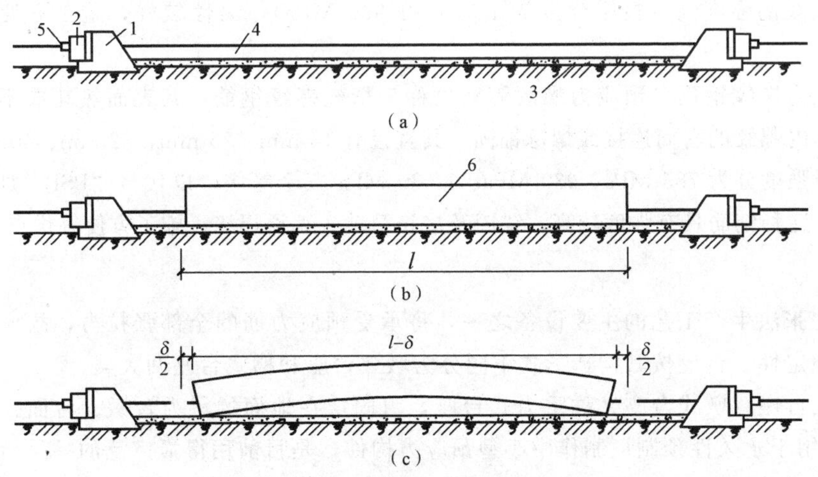

图 5-1　先张法混凝土构件生产示意

(a) 张拉预应力筋；(b) 浇筑混凝土；(c) 放松预应力筋

1—台座承力墩；2—横梁；3—台面；4—预应力筋；5—夹具；6—构件

先张法工艺根据生产设备的不同又可分为台座法和机组流水法两种工艺。用台座法生产时，预应力筋的张拉、锚固，混凝土构件的浇筑、养护及预应力放松等工序均在台座上进行。采用台座法生产，设备成本较低，但大多为露天作业，劳动条件较差。机组流水法是用钢模代替台座，预应力筋的张拉力主要是由钢模承受。机组流水法大多用在预制厂生产定型的中小型构件，机械化程度高，劳动条件好，且厂房占用场地面积小，但一次投资费用大，耗用钢材多。

5.1.1　材料、设备与机具

1. 材料

预应力混凝土结构或构件的预压应力来自预应力筋的回弹力，因此，对预应力筋的要求较高，包括高强度、低松弛、与混凝土黏结性能好等。目前以高强钢材为主，碳纤维、纤维增强树脂等非钢预应力筋也开始探索性使用。同时，预应力结构或构件所用的混凝土也应协调配套，其强度等级不应低于 C30（宜 C40 以上），以提供足够的抗压支撑力。

预应力筋按材料类型可分为预应力钢丝、预应力钢绞线、预应力螺纹钢筋等。预应力筋进场时应检查规格、尺寸、外观及质量证明文件，并抽样复验。在运输、存放、加工、安装过程中，应采取防止损伤、锈蚀、污染等措施。

(1) 预应力钢丝。常用预应力钢丝包括中强度预应力钢丝和消除应力钢丝两类。

1）中强度预应力钢丝是将低碳钢通过冷拔、冷轧等冷加工或再进行稳定化热处理制成，其强度级别为 800～1 370 MPa。常加工成螺旋肋或刻痕等形式，提高了锚固性能，宜用于先张法施工的构件。由于存在脆性大、残余应力大等弱点，因此使用较少。

2）消除应力钢丝是将高碳钢盘条经淬火、酸洗、拉拔和回火处理制成。其极限强度为 1 470～1 860 MPa，钢丝直径一般为 3～8 mm，其中，直径为 3～4 mm 的钢丝主要用于先张法，直径为 5～8 mm 的钢丝用于后张法。

（2）预应力钢绞线。预应力钢绞线是将冷拉钢丝在绞线机上绞和，并经回火消除应力处理而成的。钢绞线的强度高（极限强度为 1 570～1 960 MPa），柔性较好，施工方便，应用极为广泛。

（3）预应力螺纹钢筋。预应力螺纹钢筋也称为精轧螺纹钢筋。其表面热轧成不连续的外螺纹，可用带有内螺纹的套筒连接或螺母锚固。其直径有 18 mm、25 mm、32 mm、40 mm、50 mm 几种，按屈服强度分为 785 MPa、930 MPa、1 080 MPa 三个等级，以代号"PSB"加上规定屈服强度值表示。这种钢筋具有强度较高、锚固及接长简单、无须焊接、施工方便等优点。

2. 台座

台座是先张法生产工艺的主要设备之一，将承受预应力筋的全部张拉力，故应有足够的强度、刚度和稳定性。台座按其构造形式不同分为墩式台座和槽式台座两大类。

（1）墩式台座。墩式台座又称重力式台座，由固定在地面的承力台墩、台面、横梁等组成（图 5-2），适用于永久性预制厂制作中小型预应力构件，是目前用得最广泛的一种台座形式。其长度一般为 100～150 m，张拉一次预应力筋可生产多个构件（长线台座），不但能减少张拉的工作量，还可减少应力损失。

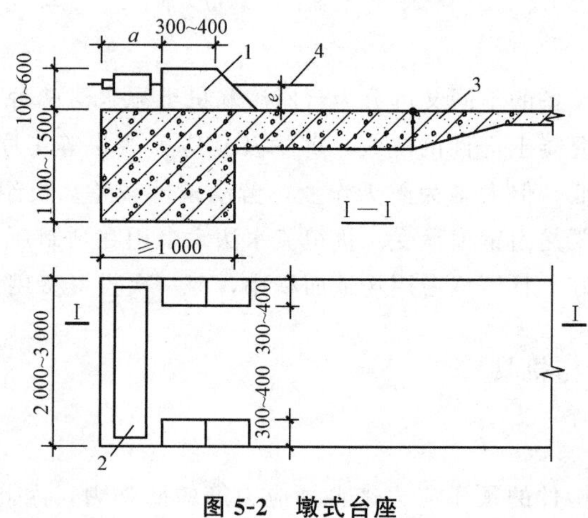

图 5-2　墩式台座

1—钢筋混凝土墩式台座；2—横梁；3—混凝土台面；4—预应力筋

（2）槽式台座。槽式台座又称柱式或压杆式台座，主要由传力柱、上横梁、下横梁、台面等组成（图 5-3），它既可以承受钢筋张拉时的反力，又可以作为构件采用蒸汽养护时的养护槽。槽式台座适用于在预制厂制作粗钢筋配筋的大型构件，如吊车梁、屋架等。

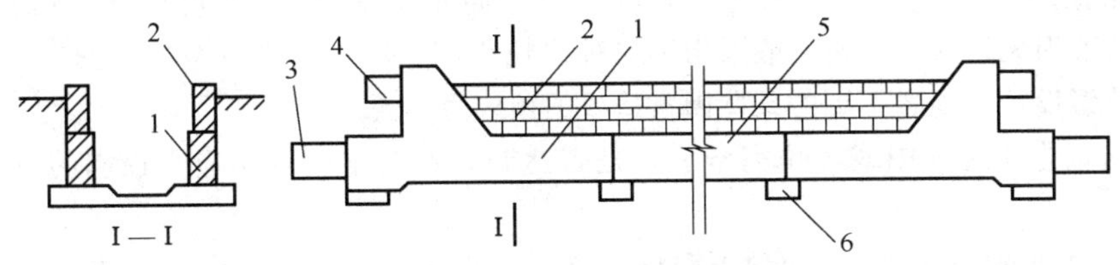

图 5-3　槽式台座

1—钢筋混凝土端柱；2—砖墙；3—下横梁；4—上横梁；5—传力柱；6—柱垫

3. 张拉机具与夹具

预应力张拉常采用液压千斤顶作为主要机具，并使用悬吊、支撑、连接等配套组件。夹具是在先张法施工中用于夹持或固定预应力筋的工具，可重复使用。将预应力筋与张拉机械相连的夹持工具称为张拉夹具，张拉后将预应力筋固定于台座的称为锚固夹具。应根据预应力筋的种类及数量、张拉与锚固方式不同，选用相应的机具和夹具。

(1) 单根钢筋张拉。单根螺纹钢筋的张拉常用拉杆式千斤顶，张拉时，将千斤顶的螺母头与钢筋螺纹旋紧而连接。张拉后，通过垫板和拧紧的螺母锚具锚固于台座横梁。

(2) 多根钢筋成组张拉。多根钢筋成组张拉时，可采用三横梁装置，通过台座式液压千斤顶对横梁进行张拉。其张拉夹具固定于张拉横梁上；张拉后，将锚固夹具锁固于前横梁上。

所谓锚固夹具，对螺纹钢筋可采用螺母锚具；对非螺纹钢筋可采用套筒夹片式锚具，通过楔形原理夹持住预应力筋。施工中应使各钢筋锚固长度及松紧程度一致。

(3) 钢丝张拉。钢丝常采用多根成组张拉。先将钢丝进行冷镦头，固定于模板端部的梳筋板夹具上，用千斤顶依托钢模横梁、用张拉抓钩拉动梳筋板，再通过螺母锚固于钢模横梁上。当采取单根张拉时，可使用夹片夹具。

5.1.2　先张法施工工艺

1. 预应力筋的张拉

预应力筋的张拉应符合设计要求，控制应力 σ_{con} 不宜超过表 5-1 的要求。

表 5-1　张拉控制应力和超张拉允许最大应力

项次	预应力筋种类	张拉控制应力 σ_{con}	调整后的最大 σ_{con}
1	消除应力钢丝、预应力钢绞线	$0.75\ f_{ptk}$	$0.80\ f_{ptk}$
2	中强度预应力钢丝	$0.70\ f_{ptk}$	$0.75\ f_{ptk}$
3	预应力螺纹钢筋	$0.85\ f_{pyk}$	$0.90\ f_{pyk}$
注：f_{ptk} 预应力筋极限抗拉强度标准值； f_{pyk} 为预应力筋屈服强度标准值			

预应力筋张拉一般可按下列程序进行：

$$0 \rightarrow 1.05\ \sigma_{con} \xrightarrow{\text{持荷 2 min}} \sigma_{con}$$

$$0 \rightarrow 1.03\ \sigma_{con}$$

建立上述第一种张拉程序是为了减少松弛预应力损失。在高应力状态下，钢筋在 1 min 内可完成应力松弛的50%左右，24 h内可完成80%。如先超张拉5%，再持荷2 min，则可减少50%以上的松弛损失。为了方便一般采用第二种张拉程序，即一次张拉至1.03 σ_{con}，超张拉3%，主要是为了补偿设计中预料不到的某些因素造成的预应力损失。

预应力筋在张拉过程中或张拉完毕后，是否达到设计要求，可用应力控制的方法，并用伸长值来校核。

多根预应力筋同时张拉时，应预先调整初应力，使其相互之间的应力一致。当采用应力控制方法张拉时，应校核预应力筋的伸长值。实际伸长值与设计计算理论伸长值的相对允许偏差为±6%。预应力筋张拉锚固后，实际预应力值与工程设计规定检验值的相对允许偏差应在±5%以内。在张拉过程中预应力筋断裂或滑脱的数量，严禁超过结构同一截面预应力筋总根数的3%，且每束钢丝不得超过一根；对多跨双向连续板，其同一截面应按每跨计算。先张法构件在浇筑混凝土前发生断裂或滑脱时，预应力筋必须予以更换。预应力筋张拉锚固后，预应力筋位置与设计位置的偏差不得大于5 mm，且不得大于构件截面最短边长的4%。张拉过程中，应按混凝土结构工程施工及验收规范要求填写施加预应力记录表。

施工中应注意安全。张拉时，正对钢筋两端禁止站人。敲击锚具的锥塞或楔块时，不应用力过猛，以免损伤预应力筋而断裂伤人，但又要锚固可靠。冬期张拉预应力筋时，其温度不宜低于－15 ℃，应考虑预应力筋容易脆断的危险。在已张拉钢筋后进行其他钢筋绑扎、预埋件安装、模板安装及混凝土浇筑等操作时，要防止踩踏、敲击或碰撞预应力筋。

2. 混凝土施工

预应力筋张拉完成后，应及时浇筑混凝土。混凝土应采用低水胶比，控制水泥用量和骨料级配以减少收缩和徐变，降低预应力损失。混凝土的浇筑必须一次完成，不得留设施工缝。应振捣密实，注意加强端部的振捣，并防止振捣设备碰触预应力筋。

混凝土可采用自然养护或蒸汽养护。若进行蒸汽养护，应采用二次升温法，即控制初期升温速度，使蒸汽与构件间的温差不超过20 ℃，以免预应力筋膨胀而台座长度无变化所引起的预应力损失；当混凝土强度达到10 MPa以上后，方可转入正常蒸养温度。

3. 预应力筋放张

预应力筋的放张必须待混凝土达到设计规定的强度以后才可以进行，当设计无要求时应不低于混凝土设计强度标准值的75%。

预应力筋的张放应按设计规定的顺序进行。若设计无规定，可按以下要求进行：

(1) 轴心受预压的构件（如拉杆、桩等），所有预应力筋应同时放张。

(2) 偏心受预压的构件（如梁等），应先同时放张预压力较小区域的预应力筋，再同时放张预压力较大区域的预应力筋。

(3) 如不能满足前两项要求时，应分阶段、对称、交错地放张，以防止在放张过程中构件产生弯曲、裂缝和预应力筋断裂。

放张方法包括：

(1) 板类构件。宜从生产线中间处开始放张，以减少回弹量且有利于脱模；对每一块板，应从外向内对称放张，以免构件扭转而端部开裂。其钢丝或细钢筋，可直接用钢丝钳剪断或切割机锯断。

(2) 粗钢筋放张。放张应缓慢进行，以防击碎端部混凝土，目前常采用千斤顶放张。放张时，对单根钢筋应拉动钢筋、松开螺母，然后缓慢回油放松；对成组张拉的应推动钢梁、退出夹片，再缓慢回油放松。

5.2　后张法

后张法是先制作构件或先浇筑结构混凝土，在预应力筋的部位预先留出孔道，待混凝土达到设计规定的强度等级后，在预留孔道内穿入预应力筋，并按设计要求的张拉控制应力进行张拉，利用锚具把预应力筋锚固在构件端部，最后进行孔道灌浆。张拉后的钢筋通过锚具传递预应力，使构件或结构混凝土得到预压。图 5-4 所示为后张法混凝土构件生产示意。

后张法的特点是直接在构件上张拉预应力筋，构件在张拉过程中受到预压力而完成混凝土的弹性压缩。因此，混凝土的弹性压缩不直接影响预应力筋有效预应力值的建立。后张法适宜在施工现场制作大型构件（如屋架等），以避免大型构件长途运输的麻烦。

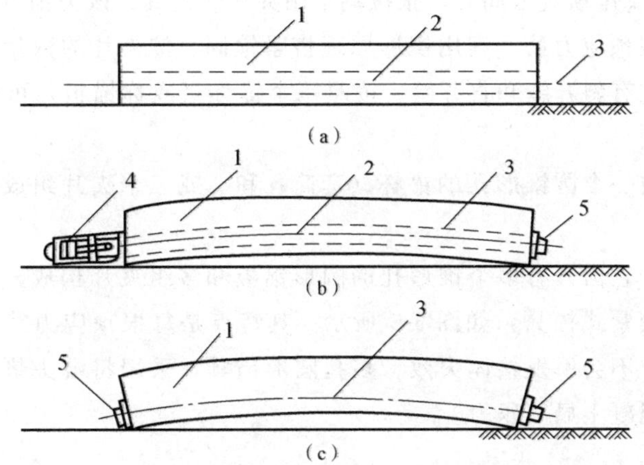

图 5-4　后张法混凝土构件生产示意

(a) 制作混凝土构件；(b) 张拉预应力筋；(c) 锚固和孔道灌浆

1—混凝土构件；2—预留孔道；3—预应力筋；4—千斤顶；5—锚具

后张法除作为一种预加应力的工艺方法外，还可以作为一种预制构件的拼装手段。大型构件（如拼装式大跨度屋架）可以预制成小型块体，运至施工现场后，通过预加应力的手段拼装成整体；或各种构件安装就位后，通过预加应力手段，拼装成整体预应力结构。但后张法预应力的传递主要依靠预应力筋两端的锚具，锚具作为预应力筋的组成部分，永远留置在构件上，不能重复使用。这样，不仅需要耗用钢材多，而且锚具加工要求高，费用高；由于后张法工艺本身要预留孔道、穿筋、张拉、灌浆等因素，因此，施工工艺比较复杂，成本也较高。

预应力后张法构件的生产分为两个阶段，第一阶段为构件的生产，第二阶段为施加预应力阶段，其中包括预应力筋的制作、预应力筋的张拉和孔道灌浆等工艺。

5.2.1　后张法的锚具和张拉机具

1. 锚具和预应力筋的制作

在后张法预应力混凝土结构中，预应力筋张拉以后，需要采取一定措施锚固在构件的两端，以维持其预加的应力。锚具是在后张法结构或构件中为保持预应力筋拉力并将其传递到混凝土上用的永久性锚固装置。

预应力筋用锚具按锚固方式不同，可分为夹片式（单孔与多孔夹片锚具）、支承式（镦头锚具、螺母锚具等）、锥塞式（钢质锥形锚具等）和握裹式（挤压锚具、压花锚具等）四类。

锚具是后张法构件中建立预应力值的关键，必须有可靠的锚固能力，以及足够的强度和刚度。

后张法构件中所使用的预应力筋有螺纹钢筋、碳素钢丝和钢绞线等，对应的锚固体系有粗钢筋锚固体系、钢绞线锚固体系、钢丝束锚固体系等。

（1）粗钢筋锚固体系。采用预应力螺纹钢筋作为预应力筋，其张拉端和非张拉端均可使用螺母锚具。它由螺母和垫板构成，一般采用 45 号钢制作。预应力筋需要接长时，可使用螺纹接长套筒。

（2）钢绞线锚固体系。

1）张拉端。钢绞线作预应力筋时，张拉端常用夹片式锚具。该类锚具由锚杯与楔形夹片组成。夹片包裹并夹持住预应力筋，利用楔形原理挤紧锁固。按夹片的数量分为二夹片式或三夹片式，夹片的开缝形式有斜开缝和直开缝。按照一个锚杯（或称锚板）可锚固钢绞线的数量又分为单孔式和多孔式。

①单孔锚具。它由一个圆锥形孔的锚杯（套筒）和二或三个夹片组成，适用于单根钢筋的锚固。

②多孔圆形锚具。它由开有多个锥形孔的圆形锚板和多组夹片构成，利用每孔内的夹片来夹持一根预应力筋的楔紧式锚具，如图 5-5 所示。其特点是每根预应力筋都是分开锚固的，某根钢绞线的锚固失效，不会引发整体失效。多孔圆形锚具常采用将端头垫板与喇叭管铸成整体的锚座，以分散端部混凝土局部压力。

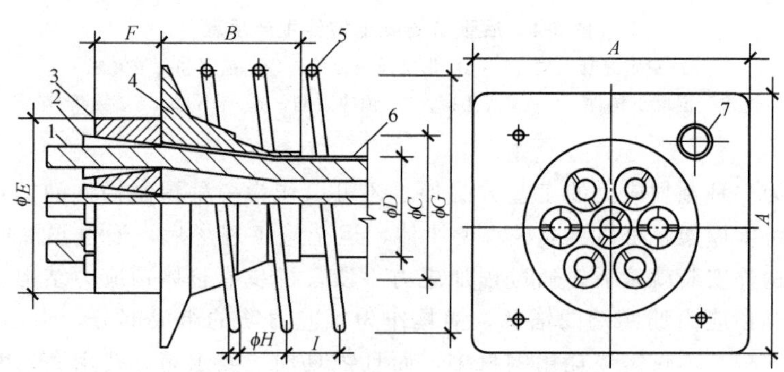

图 5-5　多孔圆形锚具装配构造图

1—钢绞线；2—夹片；3—锚板；4—锚垫板（铸铁喇叭管）；

5—螺旋筋；6—金属波纹管；7—灌浆孔

③多孔扁形锚具（BM 型）。BM 型锚具是一种新型的多孔夹片式扁形群锚，简称扁锚。扁锚由扁锚板、扁形喇叭管锚垫板及扁形波纹管组成。扁锚的优点是张拉槽口扁小，可减少混凝土板厚，钢绞线单根张拉，施工方便。其主要适用于楼板、城市低高度箱梁，以及桥面横向预应力等。

2）固定端。钢绞线束的非张拉端（固定端）的锚固，有挤压锚具和压花锚具。

①挤压锚具。挤压锚具是在钢绞线端部安装异形钢丝衬圈和挤压套，利用专用挤压机将挤压套挤过模孔后，使其产生塑性变形而握紧钢绞线，挤压套与钢绞线之间没有任何空隙，形成可靠的锚固，用于有粘结预应力钢绞线，如图5-6所示。当一束钢绞线根量较多，设置整块钢垫板有困难时，可将钢垫板分为若干块。

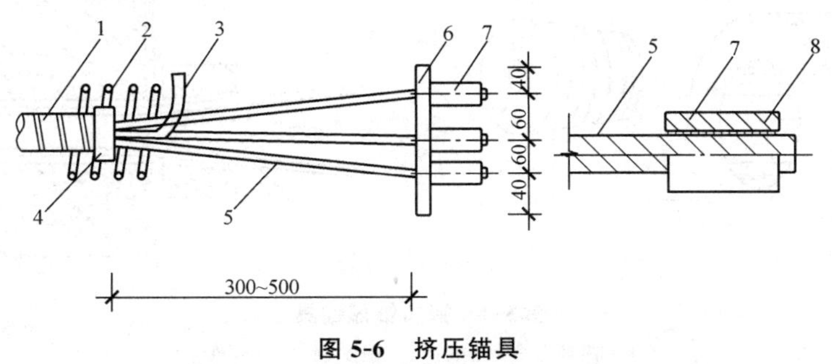

图5-6　挤压锚具

1—金属波纹管；2—螺旋筋；3—排气管；4—约束圈；
5—钢绞线；6—锚垫板；7—挤压锚具；8—异形钢丝衬圈

②压花锚具。压花锚具是利用专用压花机将钢绞线端头压成梨形散花头的一种握裹式锚具，如图5-7所示。

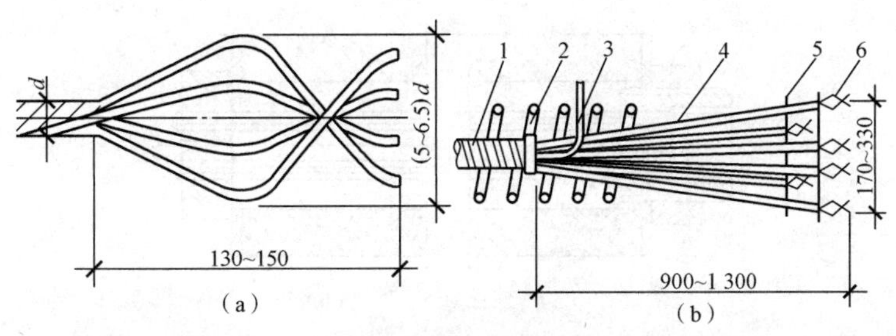

图5-7　压花锚具

(a)、(b) 两种压花锚具

1—波纹管；2—螺旋筋；3—排气管；4—钢绞线；5—构造筋；6—压花锚具

多根钢绞线的梨形头应分排埋置在混凝土内。为提高压花锚具四周混凝土及散花头根部混凝土的抗裂强度，在散花头头部配置构造筋，在散花头根部配置螺旋筋。混凝土强度不低于C30，压花锚具距构件截面边缘不小于900 mm。

3）钢绞线连接器。单根钢绞线锚头连接器是由带外螺纹的夹片锚具、挤压锚具与带内螺纹的套筒组成。前段筋采用带外螺纹的夹片锚具锚固，后段筋的挤压锚具穿在带内螺纹的套筒内，利用该套筒的内螺纹拧在夹片锚具的外螺纹上，达到连接作用。

单根钢绞线接长连接器是由两个带内螺纹的夹片锚具和一个带外螺纹的连接头组成，为了防止夹片松脱，在连接头与夹片之间装有弹簧。

(3) 钢丝束锚固体系。钢丝束一般由几根到几十根直径为3～5 mm的平行的碳素钢丝组成。目前常用的锚具有钢质锥形锚具、钢丝束镦头锚具等。

1）钢质锥形锚具。钢质锥形锚具由锚环和锚塞组成（图5-8），锚环为带有圆锥形孔洞的圆环，锚塞为周围带齿的圆锥体，中间有一个直径为 10 mm 的小孔作为锚固后灌浆之用。钢质锥形锚具适用于锚固由 18 根 Φ5 碳素钢丝组成的钢丝束，现主要用于桥梁方面的后张法结构，需用锥锚式 YZ 型千斤顶进行张拉和顶压锚固。

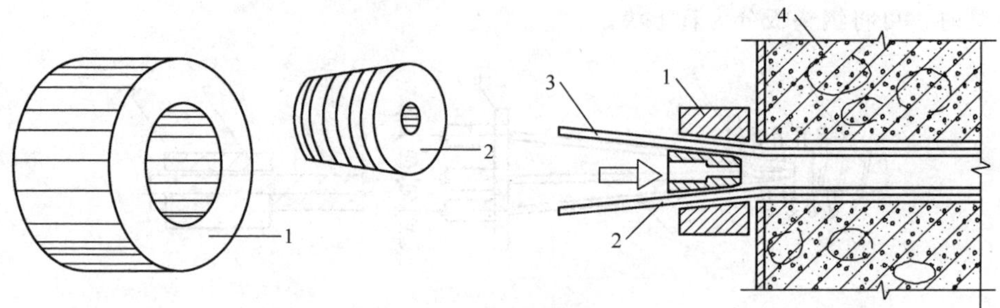

图 5-8　钢质锥形锚具

1—锚环；2—锚塞；3—钢丝束；4—构件

2）钢丝束镦头锚具。钢丝束镦头锚具分为 DM5A 型和 DM5B 型两种（图 5-9），DM5A 型由锚环和螺母组成，用于张拉端，DM5B 型用于固定端。钢丝束镦头锚具适用于锚固由 12～54 根 Φ5 碳素钢丝组成的钢丝束，需用拉杆式千斤顶进行张拉。

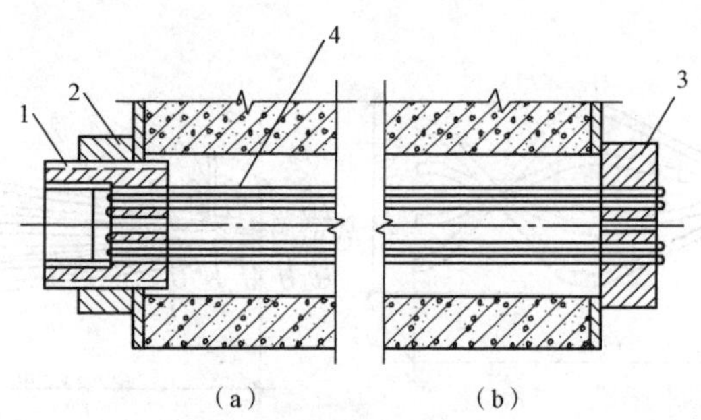

图 5-9　钢丝束镦头锚具

(a) DM5A 型锚具；(b) DM5B 型锚具

1—锚环；2—螺母；3—锚板；4—钢丝束

钢丝束的制作包括调直、下料、编束和安装锚具等工序。为了防止钢丝束扭结，钢丝必须编束。编束工作在平整的场地上将钢丝理顺放平，然后沿全长每隔 1 m 用铁丝编成帘子状。

2. 张拉机具设备

后张法常用的张拉机具有拉杆式千斤顶、穿心式千斤顶和锥锚式千斤顶以及供油用的高压油泵等。为保证张拉控制力的准确、可靠，应对预应力筋张拉机具及仪表，进行定期维护和校验。张拉设备应配套标定，并配套使用。张拉设备的标定期限不应超过半年。当在使用过程中出现反常现象时或在千斤顶检修后，应重新标定，未经标定的设备不能直接用于工程施工。

（1）拉杆式千斤顶可用于螺母锚具、镦头锚具等预应力筋。张拉带螺丝端杆的粗钢筋及其他一些带螺丝杆锚具的钢丝束。由于这种千斤顶只能完成张拉钢筋一个动作，因此又称为单作用千斤顶。常用的拉杆式千斤顶为 YL60 型、YL400 型和 YL500 型。

（2）穿心式千斤顶是一种具有穿心孔，利用双液缸张拉预应力筋和顶压锚具的双作用千斤顶。这种千斤顶适应性强，既适用于张拉需要顶压的锚具；配上撑脚与拉杆后，也可用于张拉螺杆锚具和镦头锚具。该系列产品有 YC20D 型、YC-60 型、YC120 型和 YC200 型千斤顶等。

下面以 YC-60 型千斤顶为例进行介绍。YC-60 型千斤顶是一种穿心式双作用千斤顶，主要是由张拉油缸、顶压油缸、顶压活塞和弹簧等组成（图 5-10）。其特点是沿千斤顶的轴线上有一个直通的穿心孔道作为穿预应力筋之用。YC-60 型千斤顶可用于张拉钢绞线束。经改装后，即加撑脚、张拉杆和连接器，可用于张拉带螺丝端杆锚具的粗钢筋和钢丝束。

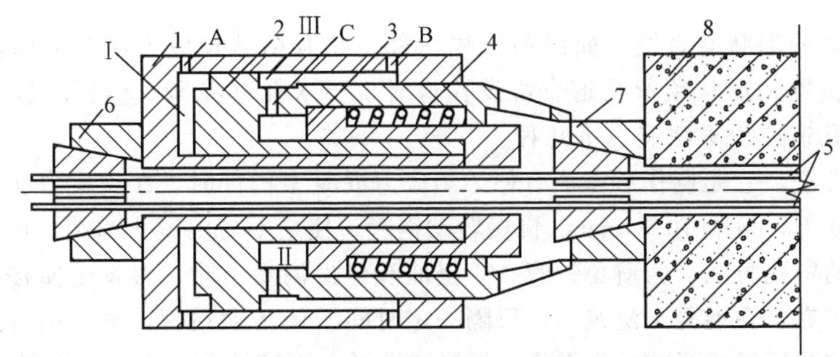

图 5-10　YC-60 型千斤顶构造

1—张拉油缸；2—顶压油缸（即张拉活塞）；3—顶压活塞；4—弹簧；5—预应力筋；6—工具式锚具；7—工作锚具；8—混凝土构件

(3) 锥锚式（双作用）千斤顶如图 5-11 所示。由于它能完成张拉与顶锚和退楔功能三个动作，因此又称三作用千斤顶。其适用于张拉使用钢质锥形锚具锚固的钢丝束。锥锚式千斤顶常见的型号有 YZ38 型、YZ60 型和 YZ85 型。

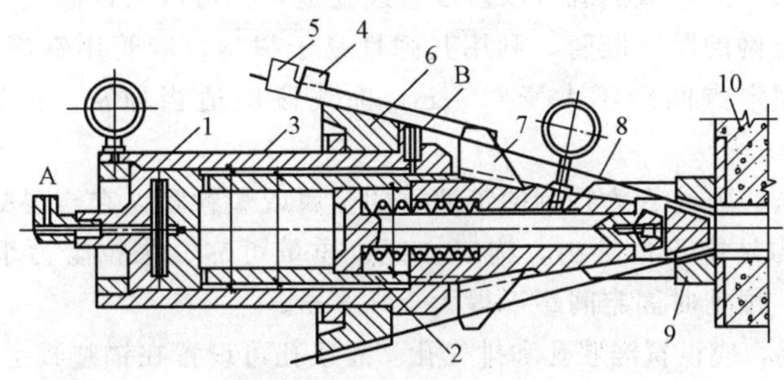

图 5-11　锥锚式千斤顶

1—张拉油缸；2—顶压油缸；3—退楔缸；4—楔块（张拉时位置）；5—楔块（退出时位置）；6—锥形卡环；7—退楔翼片；8—钢丝；9—锥形锚具；10—构件；A、B—油嘴

(4) 前置内卡式千斤顶。前置内卡式千斤顶是将工具锚安装在前端体内的穿心式千斤顶。由于工作夹具在千斤顶前端，只要钢绞线外露长度在 200 mm 以上即可张拉。其优点是节约预应力筋、小巧灵活、操作简单快捷、张拉时可自锁锚固、使用安全可靠、效率高，适用于单根钢绞线张拉或多孔锚具单根张拉。

(5) 大孔径穿心式千斤顶。大孔径穿心式千斤顶，主要用于群锚钢绞线束的整体张拉，常见的有 YDC 系列，该类千斤顶有多种型号，张拉力为 650～12 000 kN，穿心孔径为 72～280 mm，外形尺寸为 ϕ200 mm×300 mm ～ϕ720 mm×900 mm，每次张拉行程为 200 mm。不但张拉力大、操作简单，而且性能可靠。

5.2.2 后张有粘结预应力施工

后张法有粘结预应力混凝土构件的制作过程：混凝土构件的制作（预留孔道）→预应力筋的张拉，锚固→孔道灌浆。其关键工艺介绍如下。

1. 孔道留设

预应力筋孔道的形状有直线、曲线和折线三种。在有粘结预应力混凝土构件中，需要按照预应力筋设计的位置和形状预留孔道。留设孔道时，要求孔壁光滑、位置准确，形状和尺寸符合要求。常用的孔道留设方法有以下几种。

（1）钢管抽芯法。它是制作后张法有粘结预应力混凝土构件时，在预应力筋位置预先埋设钢管，然后浇捣混凝土，每隔 10～15 min 慢慢转动钢管，使之不与混凝土黏结，待混凝土初凝后再将钢管旋转抽出的留孔方法。为避免钢管产生挠曲和浇捣混凝土时位置发生偏移，每隔 1.0 m 用钢筋井字架固定牢靠。在混凝土浇筑后，每隔一定时间慢慢转动钢管，避免钢管与混凝土黏结在一起；待混凝土初凝后、终凝前抽出钢管，即形成孔道。钢管抽芯法仅适用于留设直线孔道。

用于预留孔道的钢管应光滑平直，否则转动时易导致混凝土孔壁开裂。钢管长度一般不超过 15 m，外漏长度不小于 0.5 m，以便于转管和抽管。较长构件可用两根钢管用木塞对接，且接头处外包长度为 30～40 cm 的薄钢板套管。

抽管顺序宜先上后下，抽管可用人工或卷扬机，抽管要边抽边转，速度均匀，与孔道呈一直线。

（2）胶管抽芯法。它是在绑扎构件钢筋时，在预应力筋的位置处安装固定胶管，待混凝土终凝后拔出的留孔方法。采用该法既可以留设直线孔道，也可以留设曲线孔道。

胶管常采用衬有丝网的厚壁胶管，利用其弹性易于拔出。胶管用钢筋井字架与其他钢筋固定牢靠。在直线段，固定点间距不大于 0.5 m，曲线段应适当加密。抽管宜先上后下，先曲后直。

（3）预埋波纹管法。波纹管为特制的带波纹的金属或塑料管，它与混凝土有良好的粘结力。波纹管预埋在混凝土构件中不再抽出，施工方便、质量可靠、张拉阻力小，常用于大型构件，更适合现场结构施工。预埋时固定间距不得大于 0.8 m。

预应力筋孔道两端，应设置灌浆孔和排气孔。灌浆孔可设置在锚垫板上或利用灌浆管引至构件外，其间距对抽芯成型孔道不宜大于 12 m。孔径应能保证浆液畅通，一般不宜小于 20 mm。曲线预应力筋孔道的每个波峰处，应设置泌水管。泌水管伸出梁面的高度不宜小于 0.3 m，泌水管也可兼作灌浆孔用；灌浆孔的做法，对一般预制构件，可采用木塞留孔。木塞应抵紧钢管、胶管或波纹管，并应固定，严防混凝土振捣时脱开。对现浇预应力结构金属波纹管留孔，其做法是在波纹管上开口，用带嘴的塑料弧形压板与海绵片覆盖并用铁丝扎牢，再接增强塑料管（外径为 20 mm，内径为 16 mm）。

2. 预应力筋准备和张拉和孔道灌浆

（1）预应力筋准备。如多根钢绞线同时穿一个孔道时，应对钢绞线进行编束，钢绞线编束宜用 20 号铁丝绑扎，间距为 2～3 m。编束时应先将钢绞线理顺，并尽量使各根钢绞线松紧一致。

为保证钢丝束两端钢丝的排列顺序一致，穿束与张拉时不至于产生紊乱，每束钢丝都必须先进行编束。根据锚具形式，可采用不同的编束方法。

（2）预应力筋穿束。预应力筋穿入孔道，简称穿束。根据穿束与浇筑混凝土之间的先后关系分可为先穿束和后穿束两种。先穿束即在浇筑混凝土之前穿束。此法穿束省力，但穿束占用工期，束的自重引起的波纹管摆动会增大摩擦损失，束端保护不当易生锈。后穿束即在浇筑混凝土之后穿束。此法可在混凝土养护期内进行，不占工期，便于用通孔器或高压水通孔，穿束后即行张拉，易于防锈，但穿束较为费力。

根据一次穿入预应力筋的数量，穿束方法可分为整束穿和单根穿。钢丝束应整束穿；钢绞线宜采用整束穿，也可用单根穿。穿束工作可由人工、卷扬机和穿束机进行。

（3）混凝土强度检验。施加预应力时构件的混凝土强度应在设计图纸上标明；如设计无要求时，不应低于设计立方体抗压强度标准值的 75%。对于拼装的预应力构件，其拼装处的混凝土或砂浆强度如设计无要求，不宜低于块体混凝土设计强度的 40%，且不得低于 15 N/mm^2。

（4）预应力筋的张拉。为保证预应力筋张拉后能够建立起有效地预应力，应根据预应力混凝土构件的特点制订相应的张拉方案。其主要包括预应力筋的张拉的控制、张拉方式、张拉程序等。

1）张拉的控制。在预应力筋张拉时应控制好预应力筋的张拉应力，具体张拉值应满足表 5-1 的要求，确定应力时还应考虑施工方法的影响。张拉工艺应能保证同一束中各根预应力筋的应力均匀一致；后张法施工中，当预应力筋是逐根或逐束张拉时，应保证各阶段不出现对结构不利的应力状态；同时，宜考虑后批张拉预应力筋所产生的结构构件的弹性压缩对先批张拉预应力筋的影响，确定张拉力。当采用应力控制方法张拉时，应校核预应力筋的伸长值，实际伸长值与设计计算理论伸长值的相对允许偏差为±6%。预应力筋张拉锚固后实际建立的预应力值与工程设计规定检验值的相对允许偏差为±5%。

2）张拉方式。根据预应力混凝土的结构特点、预应力筋形状与长度方法的不同，预应力筋的张拉方式有以下几种：

①一端张拉方式。张拉设备放置在预应力筋一端的张拉方式。其适用于长度≤30 m 的直线预应力筋与锚固损失影响长度 $L_f \geq L/2$（L——预应力筋长度）的曲线预应力筋；如有可靠措施时，也可采用一端张拉，但张拉端宜分别设置构件的两端。

②两端张拉方式。张拉设备放置在预应力筋两端的张拉方式。其适用于长度＞30 m 的直线预应力筋与锚固损失影响长度 $L_f < L/2$ 的曲线预应力筋，也可先在一端张拉完成后，再移至另一端张拉，补足张拉力后锚固。

③分批张拉方式。对配有多束预应力筋的构件或结构分批进行张拉的方式。后批预应力筋张拉所产生的混凝土弹性压缩对先批张拉的预应力筋造成预应力损失，所以，先批张拉的预应力筋张拉力应加上该弹性压缩损失值或将弹性压缩损失平均值统一增加到每根预应力筋的张拉力内。

④分段张拉方式。在多跨连续梁板分段施工时，统长的预应力筋需要逐段进行张拉的方式。对大跨度多跨连续梁，在第一段混凝土浇筑与预应力筋张拉锚固后，第二段预应力筋利用锚头连接器接长，以形成统长预应力筋。

⑤分阶段张拉方式。在后张传力梁等结构中，为了平衡各阶段的荷载，采取分阶段逐步施加预应力层重量，也包括由内部体积变化（如弹性缩短、混凝土收缩与预应力筋的徐变）产生的荷载。梁的跨中处下部与上部纤维应力应控制在容许范围内。这种张拉方式具有应力、挠度与反拱容易控制、材料节省等优点。

⑥补偿张拉方式。在早期预应力损失基本完成后，再进行张拉的方式。采用这种补偿张拉，可

克服弹性压缩损失，减少钢材应力松弛损失，混凝土收缩徐变损失等，以达到预期的预应力效果。

3）张拉程序。后张法预应力筋的张拉程序根据构件类型、锚固体系、预应力筋的松弛等因素来确定。

当采用低松弛钢丝和钢绞线时，张拉程序：

$$0 \to \sigma_{con}\ \text{锚固}$$

当采用普通松弛预应力筋时，可以按照以下程序进行：

$$0 \to 1.05\sigma_{con} \xrightarrow{\text{持荷 } 2\ \text{min}} \sigma_{con}$$

$$0 \to 1.03\sigma_{con}$$

由于张拉程序引起的应力损失及弥补或减少损失的措施如下。

①由于孔道摩阻引起的预应力损失。预应力张拉阶段，存在着由于孔道摩阻引起的预应力损失，预应力损失直接影响着预应力筋的应力分布。一端张拉时孔道摩阻预应力损失是沿着构件长度方向自张拉端至固定端逐渐增大，使预应力筋中的有效预应力值自张拉端至固定端逐渐减小。由于上述预应力损失的存在，预应力筋在张拉和锚固阶段，当预应力筋不长时，一般可以采用一端张拉，对跨中预应力筋有效预应力的建立没有影响；只有当预应力筋较长时，则固定端有效预应力的建立时预应力损失较大，故宜采用两端张拉工艺。为了保证一端张拉的质量，在施工中应注意预留孔道的质量和预应力筋制作质量，尤其是对焊钢筋接头毛刺应做打光处理，尽可能减少影响；当多根预应力筋张拉时，张拉端应交错布置在构件的两端，以保证构件应力的均匀性。

②混凝土构件压缩对先批张拉的预应力筋产生的损失。分批张拉预应力筋时，混凝土构件压缩对先批张拉的预应力筋会产生损失。当构件配有多根（束）预应力筋时，为了避免构件在张拉过程中承受过大的偏心压力，应分批、分阶段、对称地进行张拉，如图 5-12 所示，配有 4 根钢筋的屋架，张拉时可分两批对角张拉，即先张拉两根①号筋，再张拉两根②号筋。但此时应注意，由于在张拉第二批钢筋时会使混凝土继续产生弹性压缩，使第一批已张拉好的钢筋产生预应力损失，因此，张拉前必须算出由于分批张拉所造成的应力损失，并加到先批张拉钢筋的张拉控制应力值中。在实际施工中，除采用上述方法外，也可以采用反复张拉的方法去消除分批张拉损失。例如，第一次先将两根①号筋张拉至控制应力的 50%，第二次将②号筋张拉至控制应力的 100%（或 105%），第三次再将两根①号筋张拉至控制应力的 100%，最后在每根预应力筋的非张拉端进行张拉复核。

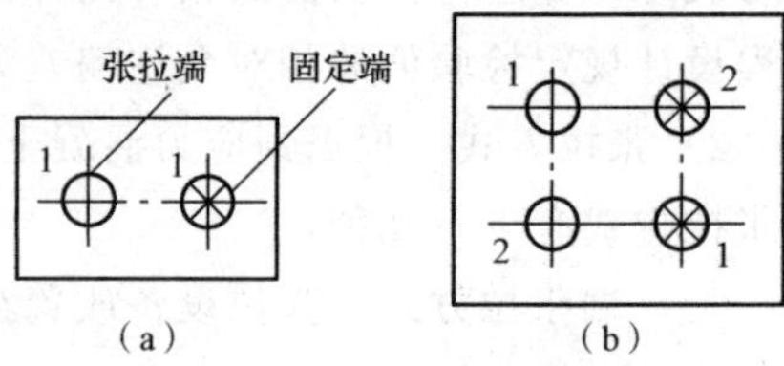

图 5-12　预应力筋张拉顺序示意

(a) 两束；(b) 四束

对于预应力筋张拉应符合设计要求，当设计无具体要求时，应符合下列规定：当孔道为抽芯成型时，对曲线预应力筋和长度大于 24 m 的直线预应力筋，应在两端张拉，对于长度不大于 24 m 的直线预应力筋，可在一端张拉；当孔道为预埋波纹管时，对曲线预应力筋和长度大于 30 m 的直线预应力筋，宜在两端张拉，对于长度不大于 30 m 的直线预应力筋可在一端张拉。当同一截面中有多根一端张拉的预应力筋时，张拉端宜分别设置在结构构件的两端。当两端同时张拉一根预应力筋时，宜先在一端锚固后，再在另一端补足张拉力后进行锚固。

③平卧叠浇构件制作时，构件自重作用产生的摩阻损失。对于平卧叠浇制作的构件（如后张法屋架），由于构件自重的作用会产生摩阻损失，其大小与构件形式、隔离层材料和张拉方式等有关，目前尚无精确的测定数据。现大多采用逐层加大张拉力的方法一次张拉，即最上层

（第一层）构件可按设计要求的控制应力张拉，不予提高，下面几层构件的张拉控制应力适当加大，见表 5-2。

表 5-2　平卧叠浇构件逐层增加的张拉百分数

预应力筋类别	隔离剂类型	逐层增加的张拉百分数			
		顶层	第二层	第三层	底层
高强钢丝束	Ⅰ	0	1.0	2.0	3.0
	Ⅱ	0	1.5	3.0	4.0
	Ⅲ	0	2.0	3.5	5.0
注：第一类隔离剂：塑料薄膜、油纸。 第二类隔离剂：废机油滑石粉、纸筋灰、石灰水废机油、柴油石蜡。 第三类隔离剂：废机油；石灰水、石灰水滑石粉					

要保证底层构件的控制应力，热轧钢筋不得大于屈服强度的 95%，钢丝、钢绞线和热处理钢筋不大于抗拉强度的 75%。后张法构件一般均采用千斤顶张拉，张拉力一般是用油压表控制，并用钢筋的伸长值来进行校核。

在张拉过程中应避免预应力筋断裂或滑脱，当发生断裂或滑脱时，对后张法预应力结构构件，断裂或滑脱的数量严禁超过同一截面预应力筋总根数的 3%，且每束钢丝不得超过一根，对多跨双向连续板，其同一截面应按每跨计算。对先张法预应力构件，在浇筑混凝土前发生断裂或滑脱的预应力筋必须予以更换。

后张法预应力筋锚固后的外露部分宜采用机械方法切割，其外露长度不宜小于预应力筋直径的 1.5 倍，且不宜小于 30 mm。

（5）孔道灌浆与锚具封闭防护。预应力筋张拉后应尽快进行灌浆，孔道内水泥浆应饱满、密实。孔道灌浆的目的是防止钢筋锈蚀，增加结构的耐久性，并使预应力筋与构件之间有良好的粘结力，有利于增加构件的整体性。

灌浆用的灰浆应能与钢筋及孔壁很好地黏结，因此，灰浆应具有较高的强度、足够的流动度、较好的保水性（3 h 后的泌水率宜控制在 2%，最大不得超过 3%）和较小的干缩性。由于水胶比对灰浆的干缩性、泌水性及流动性有直接影响，是保证灰浆质量的关键之一，因此必须严格控制。要求灰浆应采用强度等级不低于 42.5 级的普通硅酸盐水泥调制，灌浆用水泥浆的水胶比不应大于 0.45，灌浆用水泥浆的抗压强度不应小于 30 N/mm^2，泌水应能在 24 h 内全部重新被水泥吸收。

由于纯水泥浆沉缩性大，凝结后往往留有月牙形空隙，因此可在灰浆中掺入膨胀剂，以增加孔道的密实性。但严禁掺入对预应力具有腐蚀作用的外加剂。对单根钢筋预应力筋及孔隙较大的孔道，水泥浆中可掺入适量的细砂。

灌浆前，对抽管成孔的预留孔道要用压力水冲洗干净，对预埋成孔的可采用压缩空气清孔。对可能产生漏浆的部位应进行封堵。灌浆可用电动灰浆泵或手动灰浆泵进行。水泥浆倒入灰浆泵时应过筛，以免管道发生堵塞。泵内应保持一定量的灰浆，以免漏入空气。

灌浆顺序应先下后上，以免上层孔道泥浆把下层孔道堵住。直线孔道灌浆可从构件的一端到另一端，依次进行。在灌满孔道并封闭排气孔后，宜再继续加压至 0.5～0.7 MPa，稳压 2 min 后再封闭灌浆孔。在曲线孔道上由侧向灌浆时，应从孔道最低处开始向两端进行，直至最高点排气孔溢出浓浆为止。灌浆人员应穿戴保护用具，防止水泥浆射出伤人。

较长的孔道宜采用真空辅助灌浆。

如构件采用拼装方法施工，灌浆时要做试块，当灰浆强度达到 15 N/mm^2 以上，混凝土强度达到 75%的设计强度标准值时才允许吊装。

孔道灌浆完毕后，锚具的封闭保护应符合设计要求；当设计无具体要求时，应符合下列规定：应采取防止锚具腐蚀和遭受机械损伤的有效措施；凸出式锚固端锚具的保护层厚度不应小于 50 mm；当设计无要求时，外露锚具和预应力筋的混凝土保护层厚度不应小于：一类环境时 20 mm，二 a、二 b 类环境时 50 mm，三 a、三 b 类环境时 80 mm。

5.2.3　后张无粘结预应力施工

无粘结预应力是后张法预应力的一个分支，是指预应力筋不与混凝土接触，而通过锚具传递预应力的方法。施工时，把无粘结预应力筋安装固定在模板内，然后浇筑混凝土，待混凝土达到要求的强度时，进行预应力张拉和锚固。与后张法有粘结预应力相比，后张无粘结预应力具有的特点：占用空间小，施工简单，无须预留孔道和孔道灌浆；在受力方面，当荷载作用于结构构件不同位置时，预应力筋可自行调整使各部位的应力基本相同。但构件整体性略差；预应力完全依靠锚具传递，因此对锚具要求高。该法在现浇楼板中应用最为广泛。

(1) 无粘结预应力筋。无粘结预应力筋由预应力筋、涂料层和护套组成。预应力筋一般采用钢绞线、钢丝等柔性较好的钢材制作。涂料层主要起润滑、防腐蚀作用，且有较好的耐高低温和耐久性，常用油脂、环氧树脂等。护套材料应具有足够的刚度、强度及韧性，且能防水抗蚀，低温不脆化，高温化学稳定性好，常用高密度的聚乙烯或聚丙烯，其厚度不得小于 0.7 mm。材料进场后，应成盘立放，避免挤压和暴晒。

(2) 锚具。钢丝束无粘结预应力筋的张拉端和固定端均可采用镦头锚具或夹片式锚具；钢绞线无粘结筋的张拉端可用夹片锚具，固定端宜用压花锚具。无粘结预应力筋的锚具性能应符合 I 类锚具的规定。

(3) 布筋工艺。预应力筋的敷设。铺设无粘结预应力筋时，可用铁马凳控制其曲率，铁马凳的间距不宜大于 2.0 m，并用铁丝与无粘结预应力筋扎牢。对双向配筋的无粘结预应力筋，应先铺设标高较低的无粘结筋，再铺设标高较高的无粘结筋，以避免两个方向的无粘结预应力筋相互穿插编结。

无粘结预应力筋的铺设通常是在底部钢筋铺设后进行。水电管线一般宜在无粘结预应力筋铺设后进行，且不得将无粘结预应力筋的竖向位置抬高或压低。支座处负弯矩钢筋通常是在最后铺设。无粘结预应力筋的铺设除应符表 5-3 的规定外，还应符合下列要求：无粘结预应力筋的定位应牢固，浇筑混凝土时不应出现移位和变形；端部的预埋锚垫板应垂直于预应力筋；内埋式固定端垫板不应重叠，锚具与垫板应贴紧；无粘结预应力筋成束布置时应能保证混凝土密实并能裹住预应力筋；无粘结预应力筋的护套应完整，局部破损处应采用防水胶带缠绕紧密。

张拉端模板应按施工图中规定的无粘结预应力筋的位置钻孔。张拉端的承压板应采用钉子固定在木模板的端模板上或用点焊固定在钢筋上。

无黏结预应力曲线筋或折线筋末端的切线应与承压板相垂直，曲线段的起始点至张拉锚固点应有不小于 300 mm 的直线段。当张拉端采用凹入式做法时，可采用塑料穴模或泡沫塑料、木块等形成凹口，如图 5-13 所示。

(4) 无粘结预应力筋的张拉。无粘结预应力筋张拉前，应清理锚垫板表面，并检查锚垫板后面的混凝土质量。如有空鼓现象等质量缺陷，应在无粘结预应力筋张拉前修补完毕。板中的无粘结预应力筋一般采用前卡式千斤顶单根张拉，并用单孔夹片锚具锚固。单孔夹片锚具适用于锚固单根无粘结预应力钢绞线、钢丝束。单孔夹片锚具是由锚环与夹片组成，夹片的种类很多。按片数可分为三片或二片式。二片式夹片的背面上部锯有一条弹性槽，以提高锚固性能，但夹片易沿纵向开裂；也有通过优化夹片尺寸和改进热处理工艺，取消了弹性槽。按开缝形式可分为直开缝与斜开缝。直开缝夹片最为常用，斜开缝偏转角的方向应与钢绞线的扭角相反。预应力筋锚固时夹片自动跟进，不需要顶压。

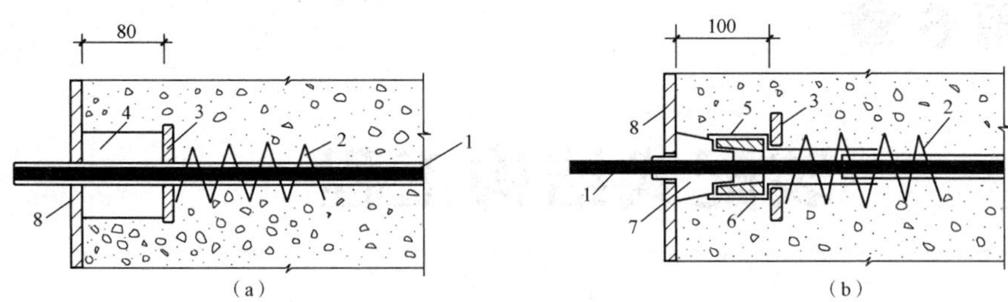

图 5-13　无粘结预应力筋张拉端凹口做法

(a) 泡沫穴模；(b) 塑料穴模

1—无粘结预应力筋；2—螺旋筋；3—承压钢板；4—泡沫穴模；5—锚环；6—带杯口的塑料套管；7—塑料穴模；8—模板

无粘结预应力混凝土楼盖结构的张拉顺序，宜先张拉楼板，后张拉楼面梁。板中的无粘结预应力筋可依次张拉。梁中的无粘结预应力筋宜对称张拉。当无粘结预应力筋的长度超过 40 m 时，宜采取两端张拉。当筋长超过 50 m 时，宜采取分段张拉和锚固。对成束无粘结预应力筋，在正式张拉前宜先用千斤顶往复张拉抽动 1～2 次，以降低张拉的摩阻损失。无粘结预应力筋张拉过程中，当有个别钢丝发生滑脱或断裂时，可相应降低张拉力，但滑脱或断裂的钢丝根数，不应超过结构同一截面钢丝总数的 2%。在梁板顶面或墙壁侧面的斜槽内张拉无粘结预应力筋时，宜采用变角张拉装置。

无粘结预应力筋张拉伸长值校核与有粘结预应力筋相同；对超长无粘结预应力筋由于张拉初期的阻力大，初拉力以下的伸长值比常规推算伸长值小，应通过试验修正。

(5) 封锚。无粘结预应力筋张拉完毕后，其锚固区应立即用防腐油脂或水泥浆通过锚具或其他附件上的灌注孔，将锚固部位张拉形成的空腔全部灌注密实，以防无粘结预应力筋发生局部锈蚀。无粘结预应力筋锚固后的外露长度不小于 30 mm，对多余部分宜用手提砂轮锯切割，但不得采用电弧切割。在锚具与锚垫板表面涂以防水涂料。为了使无粘结预应力筋端头全封闭，在锚具端头涂防腐润滑油脂后，罩上封端塑料盖帽。

思考题

1. 试述锚具和夹具的种类及适用范围。
2. 在进行预应力筋张拉时，为什么要进行超张拉？
3. 简述预应力筋放张的方法和适用范围。
4. 简述后张法预应力孔道留设的方法及使用范围。
5. 在后张法中，预应力筋张拉的方法有哪些？
6. 在后张法施工中，孔道灌浆的目的是什么？对灌浆材料有何要求？如何进行灌浆？
7. 当采用后张法时，对于平卧叠浇构件应如何保证有效预应力的建立？
8. 在无粘结预应力混凝土结构中，预应力筋张拉完毕后，封锚的要求有哪些？

第 6 章 装配式结构工程

课程导学

了解起重机械的类型、构造、性能及工作特点，能正确选择起重机械，熟悉起重机械的分类与适用范围，熟悉单层工业厂房构件的安装工艺要求及方法，熟悉单层工业厂房结构、多高层结构的吊装方案设计、工艺及要求，了解安装工程的质量要求及安全技术标准。

6.1 起重机械与设备

6.1.1 履带式起重机

履带式起重机主要由行走装置、回转机构、机身、起重臂及平衡重等部分组成（图 6-1）。行走装置为链式履带，对场地、路面要求不高，而且能够减少对地面的压力。回转机构为安装在底盘上的机械转盘，使机身可进行 360°回转。

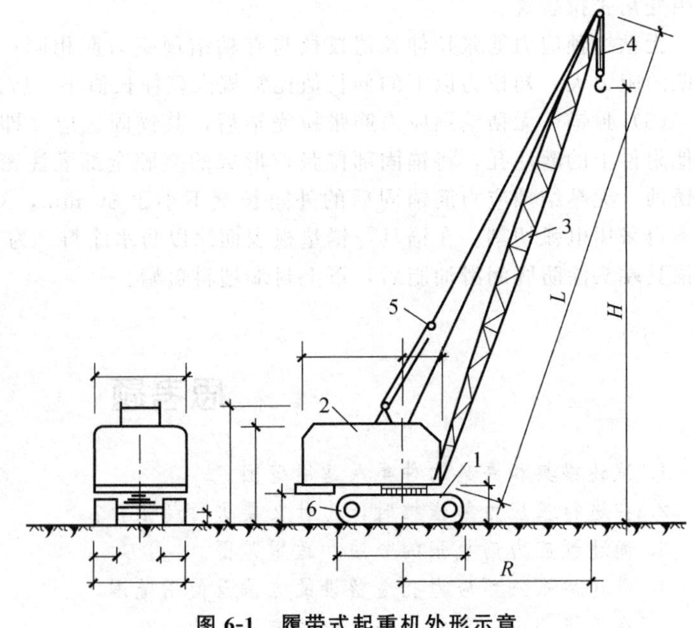

图 6-1 履带式起重机外形示意

1—底盘；2—机身；3—起重臂；4—起重滑轮组；5—变幅滑轮组；6—履带；L—起重臂长；H—起重高度；R—起重半径

1. 常用型号

目前，在结构安装工程中常用的国产履带式起重机，主要有 W1-50、W1-100、W1-200 型号等，外形尺寸和技术规格见表 6-1。

表 6-1　履带式起重机技术规格

<table>
<tr><td colspan="2" rowspan="2">参数</td><td rowspan="2">单位</td><td colspan="8">型号</td></tr>
<tr><td colspan="3">W1-50</td><td colspan="2">W1-100</td><td colspan="3">W1-200</td></tr>
<tr><td colspan="2">起重臂长度</td><td>m</td><td>10</td><td>18</td><td>18
带鸟嘴</td><td>13</td><td>23</td><td>15</td><td>30</td><td>40</td></tr>
<tr><td colspan="2">最大工作幅度
最小工作幅度</td><td>m
m</td><td>10
3.7</td><td>17
4.5</td><td>10
6.0</td><td>12.5
4.23</td><td>17
6.5</td><td>15.5
4.5</td><td>22.5
8.0</td><td>30
10</td></tr>
<tr><td>起重
重量</td><td>最小工作幅度
最大工作幅度</td><td>t
t</td><td>10
2.6</td><td>7.5
1.0</td><td>2
1.0</td><td>15
3.5</td><td>8
1.7</td><td>50
8.2</td><td>20
4.3</td><td>8
1.5</td></tr>
<tr><td>起重
高度</td><td>最小工作幅度
最大工作幅度</td><td>t
t</td><td>9.2
3.7</td><td>17.2
7.6</td><td>17.2
14.0</td><td>11.0
5.8</td><td>19.0
16.0</td><td>12.0
3.0</td><td>26.8
19.0</td><td>36.0
25.0</td></tr>
</table>

W1-50 型履带式起重机车身小，自重轻，速度快，可在较狭窄的场地工作，适用于吊装跨度在 18 m 以下，安装高度在 10 m 左右的小型厂房和做一些辅助工作，如装卸构件等。W1-50 型履带式起重机的工作性能曲线如图 6-2 所示。W1-100 型履带式起重机车身较大，速度较慢，但由于有较大的起重量和接长的起重臂，适用于吊装跨度在 18～24 m 的厂房。W1-200 型履带式起重机车身特别大，适用于大型工业厂房安装。

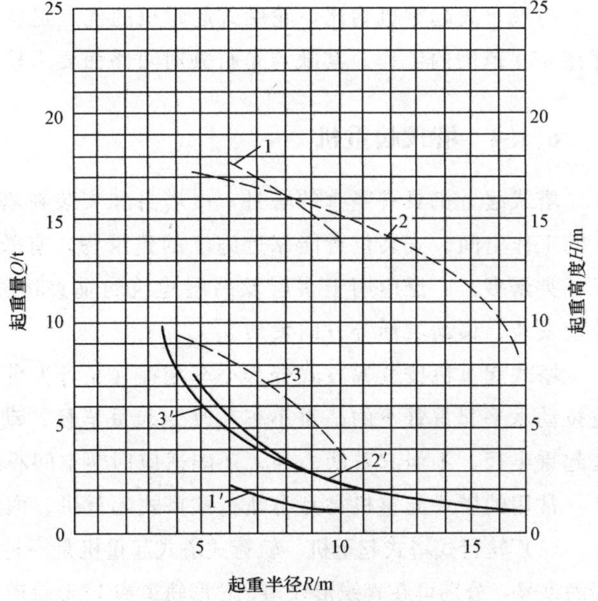

图 6-2　W1-50 型履带式起重机的工作性能曲线

1—起重臂长 18 m 带鸟嘴时起重高度曲线；

2—起重臂长 18 m 时起重高度曲线；

3—起重臂长 10 m 时起重高度曲线；

1′—起重臂长 18 m 带鸟嘴时起重量曲线；

2′—起重臂长 18 m 时起重量曲线；

3′—起重臂长 10 m 时起重量曲线

2. 履带式起重机技术性能

履带式起重机主要技术性能包括起重量 Q、起重半径 R 及起重高度 H 三个参数。起重量 Q 是指起重机安全工作所允许的最大起重重物的质量；起重半径 R 是指起重机回转中心至吊钩之间的水平距离；起重高度 H 是指起重吊钩中心至停机地面之间的垂直距离。

起重量 Q、起重半径 R、起重高度 H 三个参数之间存在相互制约的关系，其数值的变化取决于起重臂的长度及其仰角的大小。每一种型号的起重机都有几种臂长，当起重臂长 L 一定时，随着起重臂仰角 α 的增大，起重量 Q 和起重高度 H 随之增大，而起重半径 R 减小；当起重臂仰角 α 一定时，随着起重臂长 L 的增加，起重半径 R 及起重高度 H 增加，则起重量 Q 减小，即起重量、回转半径和起重高度的数值，取决于起重臂长及其仰角。

起重机进行大负荷吊装时，需进行稳定性验算，稳定安全系数不小于 1.15。

6.1.2 汽车式起重机

汽车式起重机是将起重机械安装在普通载重汽车或特制汽车底盘上的一种自行式起重机，其行驶的驾驶室与起重操纵室是分开的。它具有行驶速度快，转移迅速，机动性能好，对路面损毁小等优点。其缺点是安装作业时稳定性较差，为加强其稳定性，一般在车身两侧设有可伸缩支腿，起重前要平整场地，保证机身基本水平，将支腿放置在硬木块之上。

6.1.3 轮胎式起重机

轮胎式起重机是把起重机构安装在加重型轮胎和轮轴组成的特制底盘上的一种全回转式起重机，其上部构造与履带式起重机基本相同，为了保证安装作业时机身的稳定性，起重机设有四个可伸缩的支腿以保证机身的稳定性。在平坦地面上可不用支腿进行小起重量吊装及吊物低速行驶。

与汽车式起重机相比，轮胎式起重机的优点是轮距较宽、稳定性好、车身短、转弯半径小，可在360°范围内工作。其缺点是行驶时对路面要求较高，行驶速度较汽车式起重机慢。

6.1.4 塔式起重机

塔式起重机具有竖直的塔身，由塔身和安装在塔身顶部的起重臂组成，塔式起重机具有较大的工作空间。安装位置能靠近施工的建筑物，有效工作半径较其他类型起重机大。塔式起重机种类繁多，广泛应用于多层及高层建筑的垂直运输中。目前，塔式起重机正向着轻型多用、快速安装、移动灵活等方向发展。

塔式起重机按变幅方式分为小车变幅（又分为塔头式、平头式）、动臂变幅。小车变幅是通过拉动水平起重臂下的吊重小车来改变起重半径；动臂变幅是通过起重臂俯仰角度的变化来改变起重半径，不但起重能力强，还能适应回转空间小的工程及群塔作业。

常用的塔式起重机类型有轨行式塔式起重机、内爬式塔式起重机和附着式塔式起重机。

（1）轨行式塔式起重机。轨行式塔式起重机是一种能在轨道上自行行驶的塔式起重机。根据不同的型号，分别可在直线形轨道、L形轨道或U形轨道上行驶。常用的有QT1-2型、QT1-6型等。

（2）内爬式塔式起重机。内爬式塔式起重机通常安装在建筑物的电梯井或特设的开间内，也可安装在筒形结构内，依靠爬升机构随着结构的升高而升高，一般是每施工两层，起重机就爬升一次。由于其体积小、不占施工用地、易于随建筑物升高，非常适用于现场狭窄的高层建筑结构安装。

（3）附着式塔式起重机。附着式塔式起重机是固定在建筑物近旁的混凝土基础上的起重机械，它可以借助于顶升系统随建筑施工进度而自行向上接高。为了减少塔身的计算高度，规定每隔20 m左右将塔身与建筑物用锚固装置连接起来。这种塔式起重机适用于高层建筑的施工。附着式塔式起重机还可以装在建筑物内作为爬升起重机使用。常用的附着式塔式起重机的型号有QTZ-100型等。

塔式起重机的初始安装需利用自行杆式起重机，安装完一个基本高度后，可通过本身的自升系统向上接高塔身（图6-3）或整体爬升。

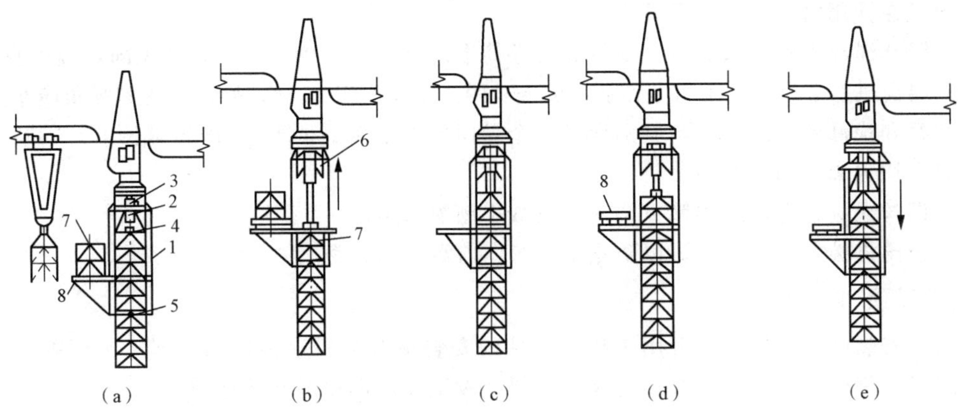

图 6-3　塔式起重机自升过程

(a) 准备状态；(b) 顶升塔顶；(c) 推入标准节；(d) 安装标准节；(e) 塔顶与塔身连成整体

1—套架；2—千斤顶；3—支撑座；4—顶升横梁；5—定位销；6—过渡节；7—标准节；8—摆渡小车

6.1.5　桅杆式起重机

桅杆式起重机制作简单、装拆方便，能在比较狭窄的条件下使用，能吊装其他起重机械难以吊装的特殊构筑物和重大结构；工作半径小，移动不便，需拉设较多缆风绳以保持稳定，一般仅用于吊装工程量比较集中的工程。

在建筑工程当中，常用的桅杆式起重机有独脚拔杆、人字拔杆、悬臂拔杆和牵缆式桅杆起重机等。

(1) 独脚拔杆起重机：其拔杆有圆木、钢管或型钢格构等形式。拔杆的倾角 β 不得大于 10°。

(2) 人字拔杆起重机：其优点是侧向稳定性较好，缺点是构件起吊空间小。两杆夹角不宜超过 30°，起重时拔杆前倾不得超过 10%。

(3) 悬臂拔杆起重机：其起重臂可以左右转动和上下起伏。其特点是起重高度和工作空间较大，但起重量较小，需两台卷扬机。

(4) 牵缆式桅杆起重机：其可全回转和起伏起重臂，扩大服务范围，起重量大且操作灵活。但臂杆安装位置低，服务空间受限。

6.1.6　起重索具设备

结构安装工程施工中除起重机外，还要使用许多辅助工具及设备，如卷扬机、千斤顶、钢丝绳、滑轮组及吊具等。

1. 卷扬机

卷扬机是通过卷筒卷绕钢丝绳产生牵引力的起重设备，主要由电动机、齿轮变速箱、制动器和卷筒组成，是各种起重机械或起重设备的主要工作装置。卷扬机分为快速、慢速两种。常用快速卷扬机的卷筒拉力为 4.0～50 kN，主要用于垂直、水平运输；慢速卷扬机的卷筒拉力为 30～200 kN，主要用于结构吊装。

卷扬机在使用时应注意以下几点：

(1) 钢丝绳放出的最大长度，要保证在卷筒上的缠绕量不少于5圈，以免固定端拉脱。

(2) 卷扬机安装位置，距吊装作业区的安全距离不得少于15 m；操作员的仰视角应小于30°，以保证观察和构件就位准确；与其前面第一个导向轮的距离不少于20倍卷筒长度，以利于钢丝绳在卷筒上均匀缠绕而不乱绳。

(3) 钢丝绳应水平地从卷筒下绕入，以减小倾覆力矩。

(4) 卷扬机必须可靠固定，以防止工作时向前滑移和倾翻。

2. 千斤顶

在结构安装中，千斤顶既可用于校正构件的安装偏差和矫正构件的变形，又可以顶升或提升大跨度屋盖等。常用千斤顶有螺旋式千斤顶、液压千斤顶和提升千斤顶。

(1) 螺旋式千斤顶是通过往复扳动手柄，通过齿轮传动使顶举件上升，而进行顶举的千斤顶。其常用于构件校正或起重量较小的作业。为进一步降低外形高度和增大顶举距离，可做成多级伸缩式。

(2) 液压千斤顶是采用柱塞或液压缸作为刚性顶举件的千斤顶。通用液压千斤顶可用于起重、校正、推移、卸荷等多种作业需求。工作时，只要往复扳动手动液压泵的摇把或开动液压泵，不断向液压缸内压油，就迫使活塞及活塞上的重物一起向上运动。打开回油阀，液压缸内的高压油便流回储油腔，于是重物与活塞也就一起下落。

(3) 提升千斤顶是将预应力锚具锚固技术与液压千斤顶技术有机融合而成的。所组成的液压提升系统是通过锚具锚固钢绞线，再利用计算机集中控制的液压泵站输出高压油，驱动千斤顶活塞动作，带动钢绞线与构件移动，实现大型构件的整体同步提升（或下降、连续平移）。选用时，千斤顶的额定起重量应大于起重构件的质量，多台联合作业时应大于所分担起重量的1.2倍。

3. 钢丝绳

钢丝绳由若干根钢丝扭合为一股，再由若干股围绕储油绳芯扭合而成。通常规格是以“股数×每股丝数”表示，如施工中常用的6×19、6×37、6×61等。当绳径相同时，每股钢丝越多则绳的柔性就越好。按丝捻成股与股捻成绳的方向，钢丝绳可分为交互捻和同向捻等。交互捻在使用中不易扭转和松散，在起重作业中广泛使用。同向捻的表面顺滑、柔软、寿命长，但易扭转而松散，只用作缆风绳或牵引绳。

钢丝绳的容许拉力为

$$[S] \leqslant \frac{P\alpha}{K} \tag{6-1}$$

式中 P——钢丝绳的钢丝破断拉力总和；

α——受力不均匀系数，6×19取0.85、6×37取0.82、6×61取0.8；

K——安全系数（缆风绳 $K=3.5$；起重绳 $K=5\sim6$；捆绑吊索 $K=8\sim10$；载人电梯 $K=14$）。

钢丝绳使用时应该注意，当钢丝绳穿过滑轮组时，滑轮直径应不小于绳径的10～12倍，轮槽直径应比绳径大1～3.5 mm，应定期对钢丝绳加油润滑，以减少磨损和腐蚀；使用前应检查核定，断丝过多或磨损超过钢丝直径40%以上的，应报废。

4. 滑轮组

滑轮组由若干个定滑轮、若干个动滑轮和绳索组成。它既省力，又可根据需要改变用力方向。滑轮组中共同负担吊重的绳索根数称为工作线数，即在动滑轮上穿绕的绳索根数。滑轮组的省力系数主要取决于工作线数的多少。

使用滑轮组前应检查有无损伤及容许荷载值。使用时应保证定、动滑轮间距不小于 1.5 m，以通过足够长的直线段钢丝间滑动，来平衡弯曲处里外侧的应力差。

5. 吊具

吊具是吊装作业中用于捆绑、连接的重要工具，如吊索、卡环、横吊梁等，各种吊具的用途与要求如下。

(1) 吊索：主要用于绑扎材料或构件，分为环状和开口式两种。开口式的两端绳套中可根据需要装上桃形环、卡环或吊钩。吊索常用 6×37 或 6×61 钢丝绳制作，易于捆紧。

(2) 卡环：也称卸甲，主要用于吊索间连接或吊索与构件吊环的连接。卡环分为活络式和螺栓式两种。活络式可用拉绳拔销，便于解开；而螺栓式则需拧出螺栓销，安全性高。

(3) 横吊梁：也称铁扁担，用于满足对吊索角度的要求，起到降低所需起重机的起吊高度、避免构件损坏的作用，常用的有钢板和钢管两种。对于大型构件，可使用工字钢或钢桁架吊梁。制作时，应采用 Q235 或 Q345 钢材，并通过设计计算后进行。

6.2 钢筋混凝土结构单层工业厂房吊装

6.2.1 吊装前的准备

钢筋混凝土单层工业厂房一般面积较大，构件质量及尺寸较大，主要承重构件除基础为现浇构件外，其他构件（柱、吊车梁、基础梁、屋架、天窗架、屋面板等）均为预制构件。根据构件尺寸和质量及运输构件的能力，预制构件中较大型的一般在施工现场就地制作；中小型的大多集中在工厂制作，然后运送至现场进行吊装。

1. 场地清理与道路铺设

起重机进场之前，按照现场平面布置图标出起重机的开行路线，清理道路上的杂物，进行平整压实。在回填土或松软地基上，要用枕木或厚钢板铺垫，敷设水、电管线。雨期施工时，要提前做好排水工作，准备足够的抽水机械，便于及时排水。

2. 基础的准备

预制混凝土柱一般采用现浇杯形基础。在浇筑杯形基础时，应保证定位轴线及杯口尺寸准确。同时，为了便于调整柱子牛腿面的标高，杯底浇筑后的标高较设计标高略低 50 mm。在吊装前要对杯底标高进行一次调整（抄平），以保证校正安装后牛腿标高符合设计要求。此外，在基础杯口顶面应弹出纵、横向的定位轴线作为柱子对位、校正的基准。

3. 构件的运输和堆放

要按照进度计划和平面布置图将构件运至现场并准确就位，避免二次搬运。构件运输时，混凝土强度不应低于设计强度的 75%；要合理选择运输机具、支承合理、固定牢靠，避免开裂、变形。堆放场地要坚实平整、排水良好，垫点及堆高应符合设计要求，垫木要处在同一条垂直线上。

4. 构件的质量检查、弹线

(1) 构件的质量检查。为保证工程质量，在构件吊装前对全部构件要进行全面的质量检查。

1）构件的型号、数量、外形尺寸、预埋件位置及尺寸、构件混凝土的强度以及构件有无损伤、变形、裂缝等。

2）构件混凝土的强度应不低于设计规定的吊装强度。一般柱的混凝土强度应不低于设计强度等级的75%；跨度较大的梁及屋架的混凝土强度要达到设计强度的100%；预应力屋架孔道灌浆的强度应不低于15 N/mm^2。

（2）弹线。构件经质量检查及清理后，在构件表面弹出吊装准线作为吊装对位、校正的依据。

1）柱应在柱身的三个面上弹出几何中心线（两个小面一个大面），作为吊装基准线，此线应与柱基础杯口上吊装准线相吻合。对于工字型截面柱除应弹出几何中心线外，还应在其翼缘部分弹一条与中心线平行的线，以避免校正时产生观测视差。此外，在柱顶面和牛腿面上要弹出屋架及吊车梁的吊装准线。

2）屋架应在上弦顶面弹出几何中心线，并从跨中向两端分别弹出天窗架、屋面板的吊装准线；在屋架的两个端头弹出屋架的吊装准线，以便屋架安装对位及校正。

3）吊车梁应在两端面及顶面弹出吊装准线。

5. 构件的拼装与加固

大跨度屋架和天窗架一般制成两个半榀，在施工现场拼装成整体。拼装工作一般在拼装台上进行，拼装台要求坚实牢固，不允许产生不均匀沉降。拼装台的高度应满足屋架拼装操作的要求。构件的拼装方法有立拼和平拼两种，平拼构件在吊装前要临时加固后翻身扶直。

6.2.2 构件吊装工艺

钢筋混凝土单层工业厂房预制构件的吊装程序为绑扎、起吊、对位与临时固定、校正与最后固定等。现场预制的构件有些还需要翻身扶正后，才能进行吊装。

1. 柱的吊装

柱的吊装方法，按柱起吊后柱身是否垂直，可分为直吊法和斜吊法；按柱在吊升过程中柱身运动的特点，可分为旋转法和滑行法。

（1）柱的绑扎。柱子的绑扎点数和位置应根据柱子的外形、长度、配筋和起重机性能确定：中、小型柱子（重13 t以下），可以绑扎一点，绑扎点在牛腿根部，工字型断面柱的绑扎点应选在矩形断面处，否则应在绑扎位置用方木垫平；重型柱子或配筋少而细长的柱子（如抗风柱），为防止起吊过程中柱身断裂，则需绑扎两点，甚至三点，绑扎点合力作用线应高于柱重心位置。

1）一点绑扎斜吊法（图6-4）。首先，当柱子的宽面抗弯能力满足吊装要求时，可采用一点绑扎斜吊法。其优点是直接把柱子在平卧的状态下从底模上吊起，无须翻身，也不用铁扁担；其次，柱身起吊后呈倾斜状态，吊索在柱子宽面的一侧，起重钩可低于柱顶，当柱身较长，起重杆长度不足时，可用此法绑扎。但因柱身倾斜，故就位时对正比较困难。

2）一点绑扎直吊法（图6-5）。当柱平放起吊的抗弯强度不足时，需将柱翻然后起吊。采用这种方法，柱吊起后呈竖直状态。其优点：柱翻身后刚度大，抗弯能力强；起吊后柱与基础杯底垂直，容易对位。其缺点：采用这种绑扎起吊方法，要预先完成柱翻身。

与一点绑扎斜吊法相比，一点绑扎直吊法具有以下优点：柱翻身后刚度大，抗弯能力强，不易产生裂纹；起吊后柱身与杯底垂直，容易对线就位。其缺点：需将柱翻身；起重吊钩一般需超过柱顶，因而需较长的起重杆。当起重机吊杆长度受到限制，而柱不翻身起吊不会产生裂纹时，可用斜吊法，否则宜采用直吊法。

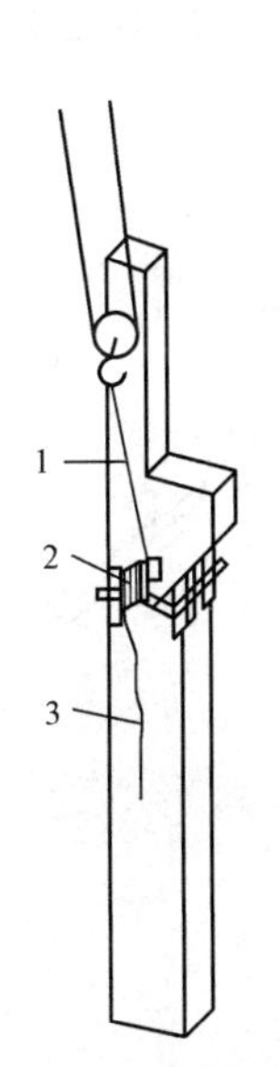

图 6-4　一点绑扎斜吊法

1—吊索；2—卡环；3—卡环插销拉绳

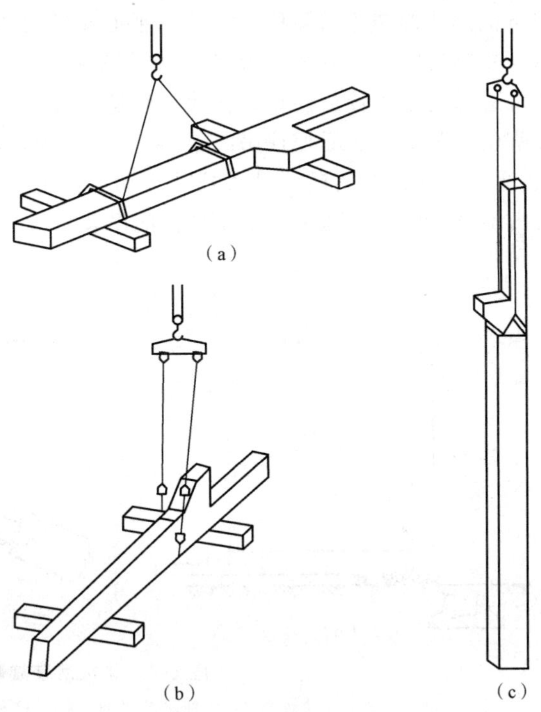

图 6-5　一点绑扎直吊法

(a) 柱翻身时绑扎法；(b) 柱直吊时绑扎法；(c) 柱的吊升

3) 多点绑扎法。当柱身较长，一点绑扎时柱的抗弯能力不足时可采用两点或多点绑扎起吊。图 6-6 所示为两点绑扎法。

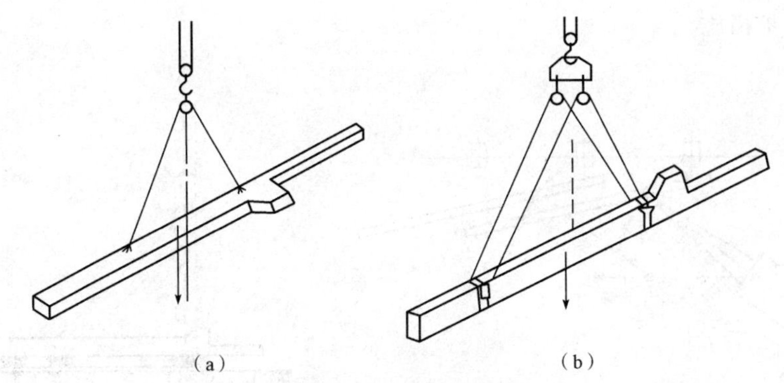

图 6-6　两点绑扎法

(a) 斜吊；(b) 直吊

(2) 柱的吊升。柱的吊装方法根据其重量、长度、起重机性能和现场施工条件而定。采用单机吊装时，有单机吊装旋转法和单机吊装滑行法。重型柱有时可采用两台起重机抬吊。

1) 单机吊装旋转法。起重机一边升钩，一边旋转，柱绕柱脚旋转而逐渐吊起的方法称为旋转法。其特点是保持柱脚位置不动，并使吊点、柱脚和杯口中心在同一圆弧上；圆弧半径即起重机起重半径。

采用单机吊装旋转法吊装柱时，柱的平面布置要满足绑扎点、柱脚中心与柱基础杯口中心三点共弧，在以吊柱时起重半径 R 为半径的圆弧上，柱脚靠近基础。因此，起吊时起重半径不变，起重臂边升钩边回转。柱在直立前，柱脚不动，柱顶随起重机回转及吊钩上升而逐渐上升，使柱在柱脚位置竖直。然后把柱吊离地面 20～30 cm，回转起重臂把柱吊至杯口上方，插入杯口（图 6-7）。采用单机吊装旋转法升吊柱受震动小，生产效率高，但对起重机的机动性要求较高，柱布置时占地面积较大，适用于中小型柱的吊装。

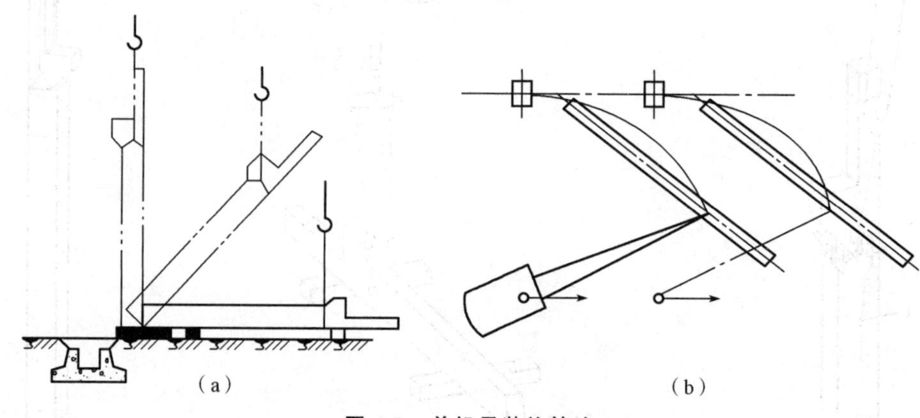

图 6-7　单机吊装旋转法

(a) 柱吊升过程；(b) 柱平面布置

2）单机吊装滑行法。采用单机吊装滑行法吊装柱时，柱的平面布置要满足绑扎点与基础杯口中心两点共弧，在以起重半径 R 为半径的圆弧上，绑扎点靠近基础杯口。因此在柱起吊时，起重臂不动，起重钩上升，柱顶上升，柱脚沿地面向基础滑行，直至柱竖直。然后起重臂旋转，将柱吊至柱基础杯口上方，插入杯口（图 6-8）。这种起吊方法因柱脚滑行时柱受震动，起吊前应对柱脚采取保护措施。

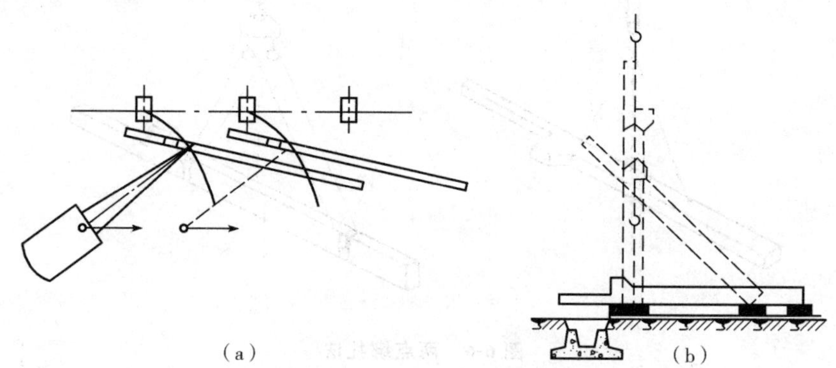

图 6-8　单机吊装滑行法

(a) 平面布置；(b) 滑行过程

3）双机抬吊旋转法。对于重型柱，当一台起重机吊不起来时，可采用两台起重机抬吊。采用双机旋转法抬吊时，应两点绑扎，一台起重机抬上吊点，另一台起重机抬下吊点。当双机将柱抬至离地面一定距离（为下吊点到柱脚距离＋300 mm）时，上吊点的起重机将柱上部逐渐提升，下吊点不需要再提升，使柱呈直立状态后旋转起重臂使柱脚插入杯口（图 6-9）。

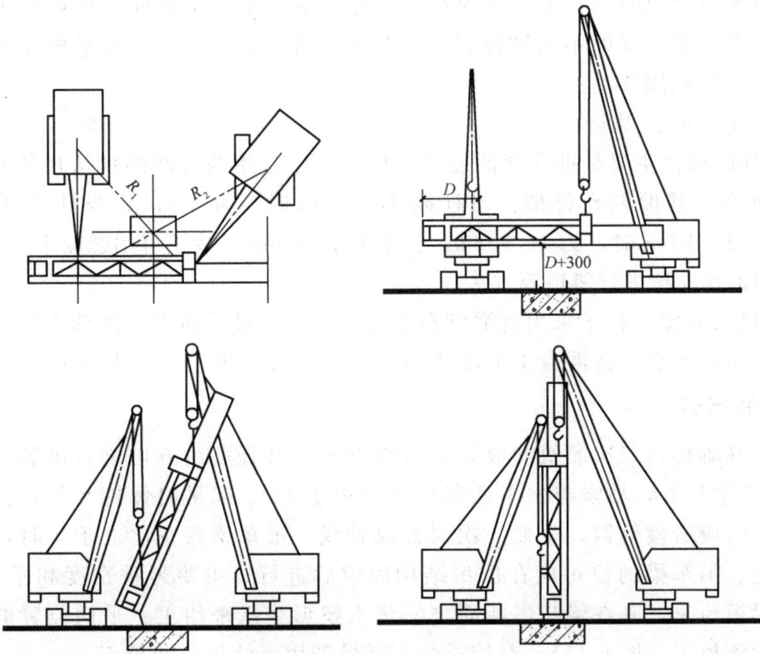

图 6-9　双机抬升旋转法

4）双机抬吊滑行法。柱为一点绑扎，且绑扎点靠近基础。起重机在柱基础的两侧，两台起重机在柱的同一绑扎点吊升抬吊，使柱脚沿地面向基础滑行，呈直立状态后，将柱脚插入基础杯口内。

（3）柱的对位与临时固定。柱子插入杯口后，应使柱身基本垂直。在柱脚距离杯底 30～50 mm 时，停止吊钩下降，开始对位。对位时，先在柱基础四边各放两块楔块，并用撬棍拨动柱脚，使柱的吊装准线对准杯口顶面的吊装准线（图 6-10）。

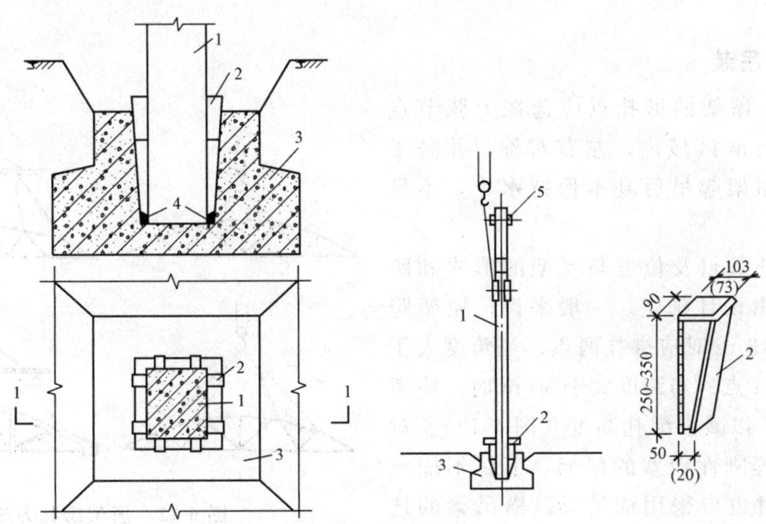

图 6-10　柱的对位与临时固定

1—柱子；2—楔块；3—杯形基础；4—石子；
5—安装缆风绳或挂操作台的夹箍

对位后，将 8 只楔块略加打紧，放松吊钩，让柱靠自重沉至杯底。再观察吊装中心线对准的情况，若已符合要求，立即用大铁锤将楔块打紧，将柱临时固定。打紧楔子时，应同时在柱子的两侧对打，以防柱脚移动。

(4) 柱的校正与最后固定。

1) 校正。柱的校正主要是垂直度的校正。校正方法是用两台经纬仪从柱的相邻两边检查柱的中心线是否垂直。其偏差允许值：当柱高 $H<5$ m 时，为 5 mm；当柱高 $H>5$ m 时，为 10 mm；当柱高 $H>10$ m 时，为 $H/1\,000$，且不大于 20 mm。校正可用螺旋千斤顶进行斜顶或平顶，或利用可调钢管支撑进行斜顶等方法。

2) 柱子的最后固定。柱子采用浇灌细石混凝土的方法最后固定，灌缝工作应在校正后立即进行，第一次灌至楔子底，待混凝土强度达到 30%后，拔去楔子，再进行第二次灌满混凝土。

2. 吊车梁的吊装

吊车梁须在基础杯口二次灌筑的混凝土达到 50%设计强度后方可进行吊装。绑扎点应在距两端各 1/6～1/5 梁长处，吊索与水平面夹角不得小于 45°。起吊时保持水平，在梁的两端需用溜绳控制，就位时应缓慢落钩，争取一次对好纵轴线。吊车梁高宽比大于 4 时，需与柱焊拉结钢板做临时固定。吊车梁的校正应在厂房结构固定后进行，主要为垂直度和平面位置的校正。垂直度可通过铅锤检查，并在梁与牛腿面之间垫入楔形垫铁来纠正。平面位置的校正方法常用拉钢丝通线法检测校正（图 6-11），对较重的宜随吊随用经纬仪监测校正。

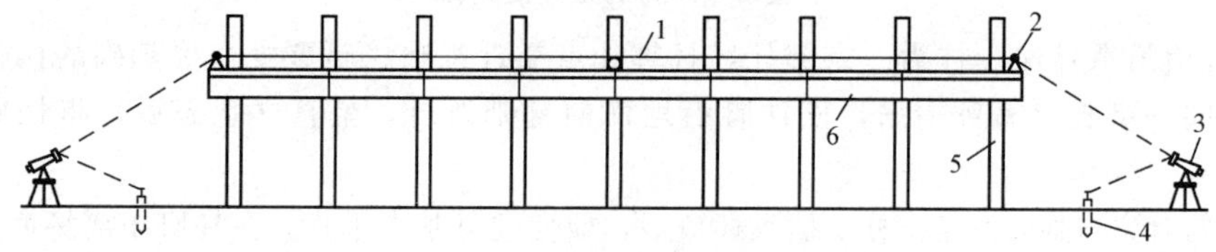

图 6-11　通线法校正吊车梁示意

1—通线；2—支架；3—经纬仪；4—木桩；5—柱；6—吊车梁

3. 屋架的吊装

(1) 绑扎。屋架的绑扎点应选在上弦节点处或附近 500 mm 区域内，左右对称，并高于屋架重心，使屋架起吊后基本保持水平，不晃动、不倾翻。

屋架吊点的数目及位置与屋架的形式和跨度有关，一般由设计确定。一般来说，屋架跨度小于或等于 18 m 时应绑扎两点；当跨度大于 18 m 时需绑扎 4 点；当跨度大于 30 m 时，应考虑采用横吊梁，以减小绑扎高度（图 6-12）。对三角组合屋架等刚性较差的屋架，下弦不能承受压力，绑扎时也应采用横吊梁。横吊梁的选用应经过计算确定，以确保施工安全。

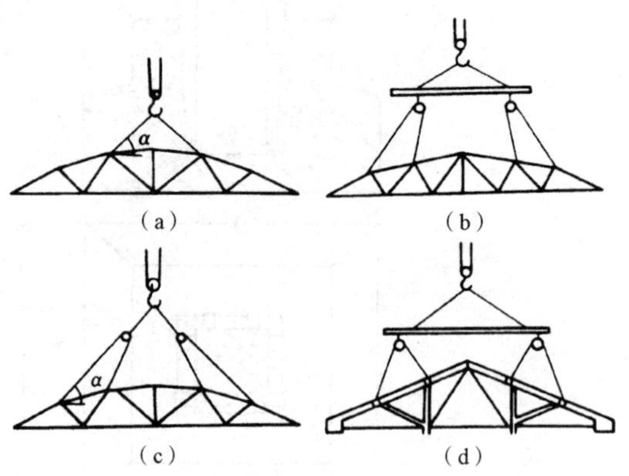

图 6-12　屋架绑扎方法

(a) 屋架小于或等于 18 m 时；(b) 屋架跨度大于 18 m 时；(c) 屋架跨度大于 30 m 时；(d) 三角形组合屋架

(2) 扶直就位。钢筋混凝土屋架一般在施工现场平卧浇筑，在屋架吊装前，先要将屋架扶直（翻身）。扶直就是先将屋架由平卧状态变为直立状态，然后将其吊运到预定地点就位。钢筋混凝土屋架的侧向刚度较差，扶直时由于自重影响，上弦杆极易扭曲，造成屋架扭伤，发生损毁。因此，在屋架扶直时必须采取一定的临时加固措施，严格遵守操作要求才能保证安全施工。

屋架扶直时，根据起重机与屋架的相对位置不同，可分为正向扶直和反向扶直。

1）正向扶直：起重机位于屋架下弦一边，以吊钩对准屋架中心，收紧吊钩，略微起臂使屋架脱模，然后起重机升钩并起臂，使屋架以下弦为轴，缓缓转为直立状态［图 6-13（a）］。

2）反向扶直：起重机位于屋架上弦一边，以吊钩对准屋架中心，收紧吊钩，起重机升钩并降臂，使屋架以下弦为轴，缓缓转为直立状态［图 6-13（b）］。

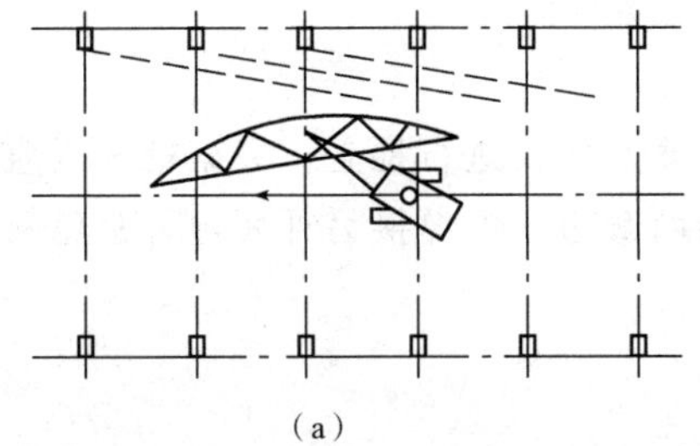
（a）

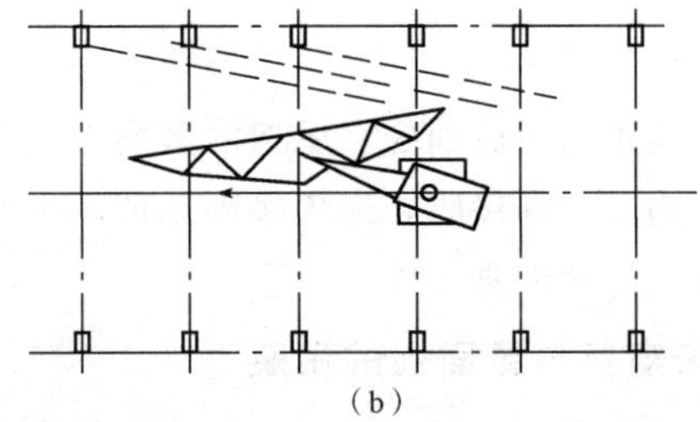
（b）

图 6-13　屋架的扶直

（a）正向扶直；（b）反向扶直

正向扶直与反向扶直两者最主要的不同点在于扶直过程中，正向扶直为升臂，反向扶直为降臂。升臂比降臂易于操作且更加安全，故应尽可能采用正向扶直。

屋架扶直后，应立即进行就位。屋架就位的位置与屋架安装方法、起重机械性能有关。原则是应少占场地，便于吊装，且应考虑屋架的安装顺序，两端朝向等问题。一般靠柱边斜放或以 3～5 榀为一组，平行柱边就位；屋架就位后，应用 8 号铁丝、支撑等与已安装的柱或已就位的屋架相互拉牢撑紧，以保持稳定。

（3）吊升、对位和临时固定，屋架吊升是先将屋架吊离地面约 300 mm，并将屋架转运至吊装位置下方，然后起钩，将屋架提升超过柱顶约 300 mm。最后，利用屋架端头的溜绳将屋架调整对准柱头，并缓缓降至柱头，用撬棍配合进行对位。屋架对位后，应立即进行临时固定。临时固定稳妥后，起重机方可脱钩。

第一榀屋架的临时固定必须十分可靠，因为这时它只是单片结构，而且第二榀屋架的临时固定，还要以第一榀屋架作支撑。第一榀屋架的临时固定，通常是用 4 根缆风绳，从两边将屋架拉牢，也可将屋架与抗风柱连接作为临时固定。第二榀屋架的临时固定。是用工具式支撑撑牢在第一榀屋架上。以后各榀屋架的临时固定，也都是用工具式支撑撑牢在前一榀屋架上（图 6-14）。

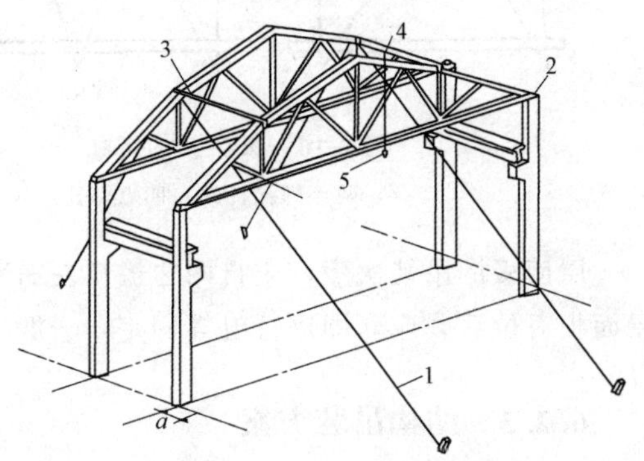

图 6-14　屋架的临时固定

1—柱；2—屋架；3—缆风绳；4—工具式支撑；5—屋架垂直屋架

工具式支撑是用 $\phi 50$ 钢管制成的，两端各装有两只撑脚，上有可调节松紧的螺栓，使用时调紧螺栓，即可将屋架可靠地固定。撑脚上的这对螺栓，既可夹紧屋架上弦杆件，又可使屋架平移位置，所以也是校正机具。每榀屋架至少要用两个工具式支撑，才能使屋架撑稳。当屋架经校正，最后固定并安装了若干块大型屋面板后，方可将该支撑取下（图 6-15）。

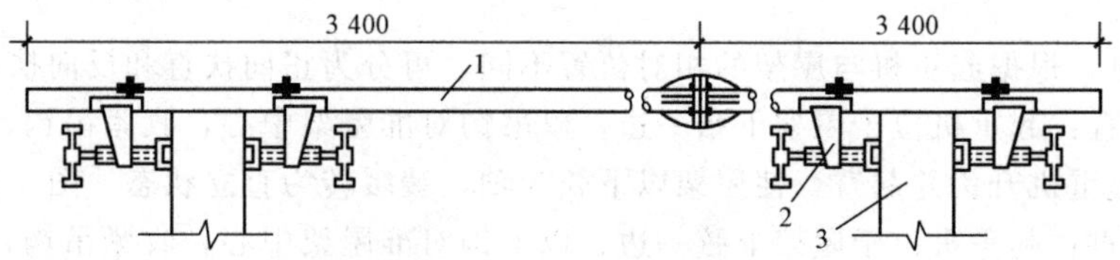

图 6-15　工具式支撑的构造

1—钢管；2—撑脚；3—屋架上弦

（4）校正与最后固定。屋架的竖向偏差可用垂球或经纬仪进行检查。屋架校至垂直后，立即用电焊固定。焊接时，先焊接屋架两端成对角线的两侧边，再焊接另外两边，避免两端同侧施焊而影响屋架的垂直度。

4. 天窗架与屋面板的吊装

天窗架既可以单独吊装，也可以在地面上先与屋架拼装成整体后再共同吊装。共同吊装虽然减少了高空作业，但对起重机的起重量及起重高度要求较高。目前，钢筋混凝土天窗架采用单独吊装的方式较多。天窗架单独吊装时，应在天窗架两侧的屋面板吊装后进行，其吊装过程与屋架基本相同（图 6-16）。

屋面板一般埋有吊环，用带钩的吊索钩住吊环即可吊装。根据屋面板平面的尺寸大小，吊环的数目为 4～6 个。为充分发挥起重机的起重能力，提高生产率，也可采用叠吊的方法（图 6-17）。

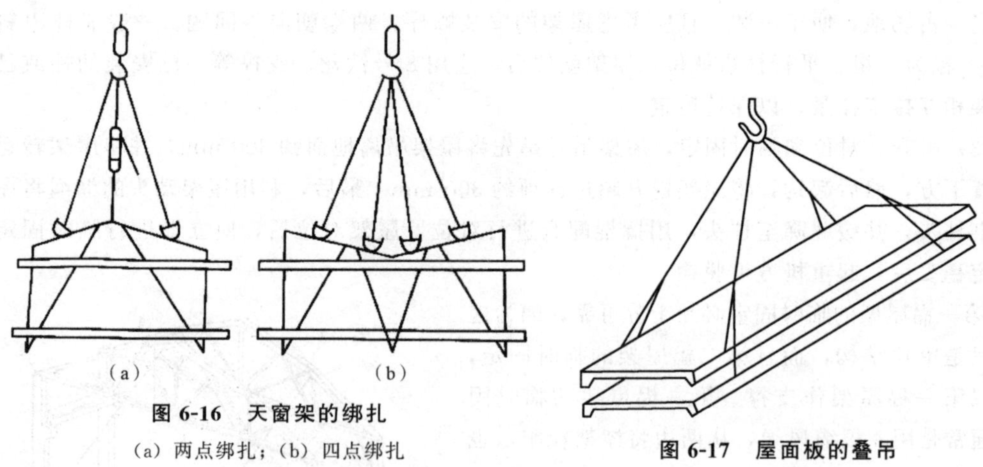

图 6-16　天窗架的绑扎

(a) 两点绑扎；(b) 四点绑扎

图 6-17　屋面板的叠吊

屋面板的吊装次序，应自两边檐口左右对称地逐块吊向屋脊，尽量避免屋架承受半边荷载。屋面板对位后，应立即进行电焊固定，一般情况下每块屋面板可焊 3 点。

6.2.3　结构吊装方案

结构吊装方案主要取决于起重机的选择、结构吊装方法、起重机开行路线等。

1. 起重机的选择

起重机的选择包括起重机的类型、型号和起重臂长度的选择。起重机的选择要根据施工现场的条件及现有起重设备条件，以及结构吊装方法确定。

（1）起重机类型的选择。起重机的类型主要根据厂房的结构特点、跨度、构件质量以及吊装高度来确定。一般中小型厂房跨度不大，构件的质量及安装高度也不大，可采用履带式起重机、轮胎式起重机或汽车式起重机，以履带式起重机应用最普遍。重型厂房跨度大、构件重、安装高度大，根据结构特点可选用大型的履带式起重机、轮胎式起重机、重型汽车式起重机以及重型塔式起重机等。

（2）起重机型号及起重臂长度的选择。起重机的类型确定之后，还需要进一步选择起重机的型号及起重臂的长度。起重机的型号应根据吊装构件的尺寸、质量及吊装位置而定。在具体选用起重机型号时，应使所选起重机的起重量、起重高度、起重半径均满足结构吊装的要求。

1）起重量。选择的起重机的起重量，必须大于所安装构件的质量与索具质量之和，即

$$Q \geqslant Q_1 + Q_2 \tag{6-2}$$

式中　Q——起重机的起重量（kN）；

Q_1——构件的质量（kN）；

Q_2——索具的质量（kN）。

2）起重高度。选择的起重机的起重高度必须满足所吊装的构件的安装高度要求（图 6-18），即

$$H \geqslant h_1 + h_2 + h_3 + h_4 \tag{6-3}$$

式中　H——起重机的起重高度，从停机面算起至吊钩中心（m）；

h_1——安装支座表面高度，从停机面算起（m）；

h_2——安装间隙，视具体情况而定，但不小于 0.2（m）；

h_3——绑扎点至起吊后构件底面的距离（m）；

h_4——索具高度，自绑扎点至吊钩中心的距离，视具体情况而定（m）。

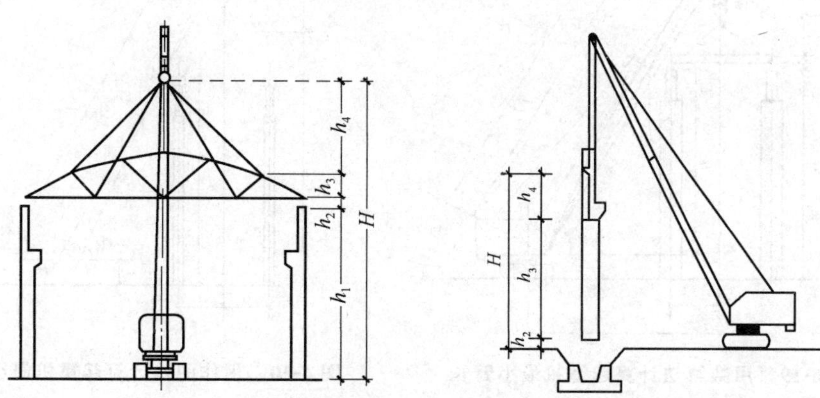

图 6-18　安装屋架、柱子起重高度计算简图

3）起重半径。起重机可以不受限制地开到吊装位置附近来吊装构件时，可不验算起重半径；否则应验算当起重半径为限定值时，其起重量与起重高度能否满足吊装要求。

4）最小臂长。当起重机的起重臂跨过屋架安装屋面板时，为保证不会碰撞屋架，需要求出起重臂的最小杆长。吊装屋架时，起重机的最小杆长可用数解法，也可用作图法求出。

①数解法。最小臂长 L_{min} 可按式（6-4）计算（图 6-19）：

$$L_{min} \geqslant L_1 + L_2 = \frac{h}{\sin\alpha} + \frac{f+g}{\cos\alpha} \tag{6-4}$$

式中 L_{min}——起重臂最小臂长（m）；

h——起重臂底铰至构件吊装支座（屋架上弦顶面）的高度（m）；

f——起重钩需跨过已吊装结构的距离（m）；

g——起重臂轴线与已吊装屋架轴线间的水平距离（至少取 1 m）；

α——起重臂仰角，可按式（6-5）计算：

$$\alpha = \arctan \sqrt[3]{\frac{h}{f+g}} \tag{6-5}$$

②作图法。可按以下步骤求最小臂长（图 6-20）：

a. 按一定比例尺画出厂房一个节间的纵剖面图，并画出起重机吊装屋面板时起重钩位置处垂线 Y-Y；画平行于停机面的水平线 H-H，该线距停机面的距离为 E（E 为起重臂下铰点至停机面的距离）。

b. 在垂线 Y-Y 上定出起重臂上定滑轮中心点 A（A 点距停机面的距离为 $H+d$，d 为吊钩至定滑轮中心的最小距离，不同型号的起重机数值不同，一般为 2.5～3.5 m）。

c. 自屋架顶面向起重机方向水平量出一距离 $g=1$ m，定出一点 P。

d. 连接 AP，其延长线与水平线 H-H 相交于一点 B，AB 即最小臂长，AB 与 H-H 的夹角即起重臂的仰角。

根据求得的最小臂长 L_{min}，即 AB 长度，查起重机性能表，从规定的几种臂长中选择一种臂长 $L \geqslant L_{min}$，即吊装屋面板时所选的起重臂长度。

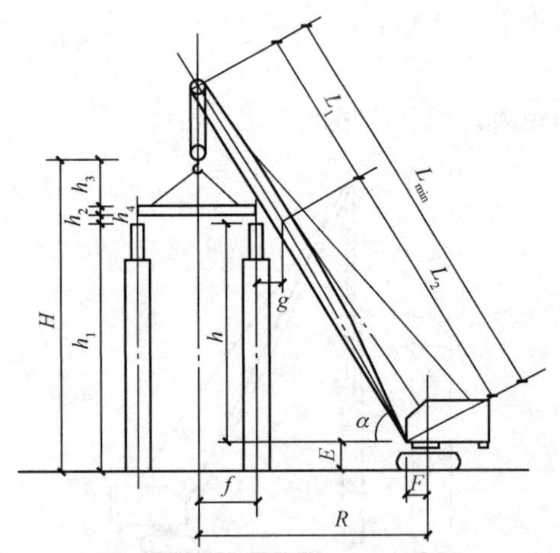

图 6-19 用数解法计算起重机最小臂长

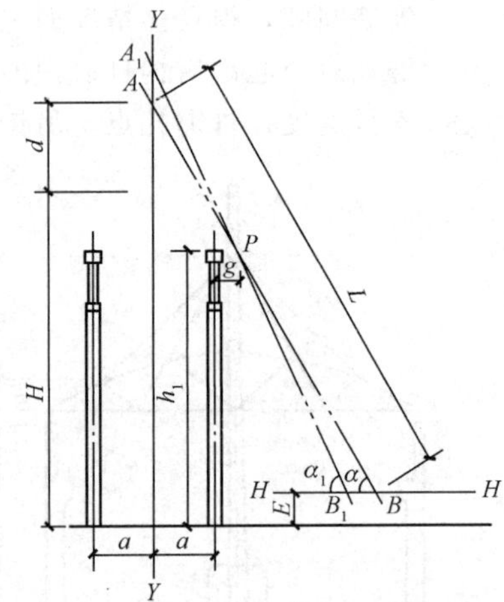

图 6-20 用作图法计算起重机最小臂长

2. 结构吊装方法

单层工业厂房结构吊装方法有分件吊装法和综合吊装法。

（1）分件吊装法：是在厂房结构吊装时，起重机每开行一次仅吊装一种或一类构件。这种吊装方法具有以下优点：起重机可根据构件的质量及安装高度来选择，能充分发挥起重机的工作性能；吊装过程中索具更换次数少，工人操作熟练，吊装进度快，起重机工作效率高；构件校正时间充分，构件供应及平面布置比较容易。因此，分件吊装法是单层工业厂房结构安装中经常采用的一种方法（图 6-21）。

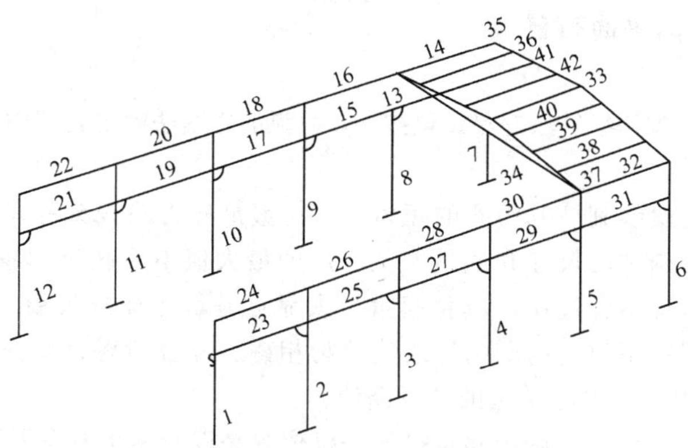

图 6-21　分件吊装时构件吊装顺序

(2) 综合吊装法：是在厂房结构安装过程中，起重机一次开行，以节间为单位安装所有的结构构件。这种吊装方法具有起重机开行路线短，停机次数少的优点。其缺点：由于综合吊装法要同时吊装各种类型的构件，起重机的性能不能充分发挥；频繁更换索具对生产效率的提高有影响；构件校正要配合构件吊装工作进行，校正时间短，给校正工作带来困难；构件的供应及平面布置也比较复杂。

3. 起重机开行路线

起重机开行路线及构件的平面布置与结构的吊装方法、构件尺寸及质量、构件的供应方式等因素有关。构件的平面布置除考虑上述因素外，现场预制构件还要考虑其预制点的现场布置。一般柱的预制位置即构件吊装前就位的位置；而屋架则要考虑预制阶段及吊装阶段（扶直就位）构件的平面布置；吊车梁、屋面板等构件，要按其供应方式，确定其合理的堆放位置。

(1) 吊装柱。吊装柱时，应根据厂房的跨度大小、柱的尺寸、柱的质量及起重机性能，可沿跨中、跨边或跨外开行。

(2) 屋架扶直就位及屋面板吊装。采用分件吊装时，起重机先自 A 轴线进场，沿跨外开行吊装 A 列柱，然后沿 B 轴线跨内开行吊装 B 列柱；再转到 A 轴扶直（跨内）屋架及将屋架就位，然后转到 B 轴吊装 B 列柱上的吊车梁、连系梁等，再转到 A 轴吊装 A 列柱上的吊车梁、连系梁等构件；最后转到跨中吊装屋架、天窗架、支撑、托架及屋面板等屋盖系统构件（图 6-22）。

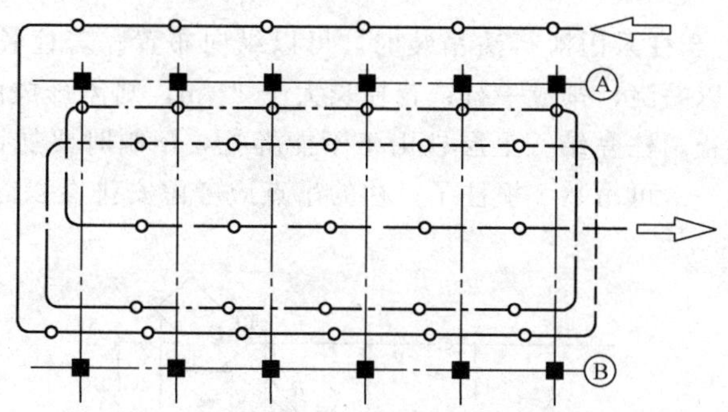

图 6-22　分件吊装法起重机的开行路线及停机位置

4. 现场预制构件的平面布置

（1）柱的布置。

1）柱的斜向布置。如用旋转法起吊，可按三点共弧的作图法确定其斜向布置的位置（图 6-23），其步骤如下：

①确定起重机开行路线到柱基中线的距离 L。起重机开行路线到柱基中线的距离 L 与基坑大小、起重机的性能、构件的尺寸和质量有关。L 的最大值不要超过起重机吊装该柱时的最大起重半径；L 的最小值也不宜过小，以免起重机太靠近基坑边而致失稳。此外，还应注意检查当起重机回转时，其尾部不致与周围构件或建筑物相碰。综合考虑这些条件后，就可定出 L 值（$R_{min}<L\leqslant R$），并在图上画出起重机的开行路线。

②确定起重机的停机位置。确定起重机的停机位置是以所吊装柱的柱基中心 M 为圆心，以所选吊装该柱的起重半径 R 为半径，画弧线交起重机开行路线于 O 点，则 O 点即起重机的停机点位置。标定 O 点与横轴的距离为 L。

③确定柱在地面上的预制位置。按旋转法吊装柱的平面布置要求，使柱的起吊点、柱脚和柱基三者都处在以停机点 O 为圆心，以起重机起重半径 R 为半径的圆弧上，且柱脚靠近基础。以停机点 O 为圆心，以吊装该柱的起重半径 R 为半径画弧，在靠近基础杯口的弧上选一点 K，作为预制时柱脚的位置。以 K 为圆心，以绑扎点至柱脚的距离为半径画弧，两弧相交于 S。再以 KS 为中心线画出柱的外形尺寸，此为柱的预制位置图。标出柱顶、柱脚与柱列纵、横轴线的距离（A、B、C、D），以其外形尺寸作为预制柱的支模的依据。

在布置柱时有时由于场地限制或柱过长，很难做到三点共弧，也可安排两点共弧，即将吊点与柱基安排在起重半径的同一圆弧上。

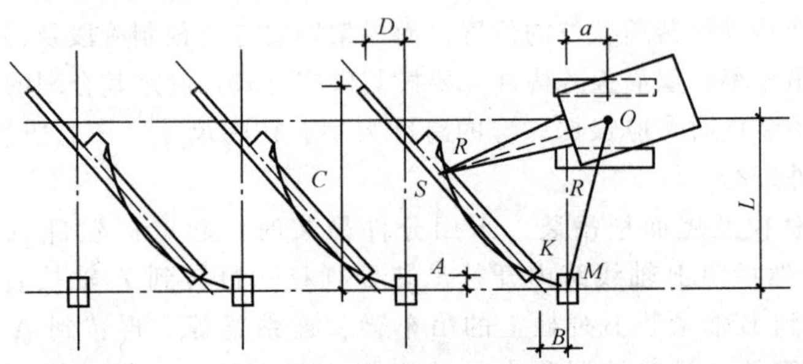

图 6-23　柱的斜向布置

2）柱的纵向布置。当柱采用滑行法吊装时，可以纵向布置。若柱长小于 12 m，为节约模板及施工场地，两柱可以叠浇，排成一行；若柱长大于 12 m，则需排成两行叠浇。柱叠浇时应注意采取隔离措施，防止两柱黏结。上层柱由于不能绑扎，预制时要加设吊环。起重机宜停在两柱基的中间，每停机一次可吊装 2 根柱子。柱的吊点应考虑安排在以起重半径 R 为半径的圆弧上（图 6-24）。

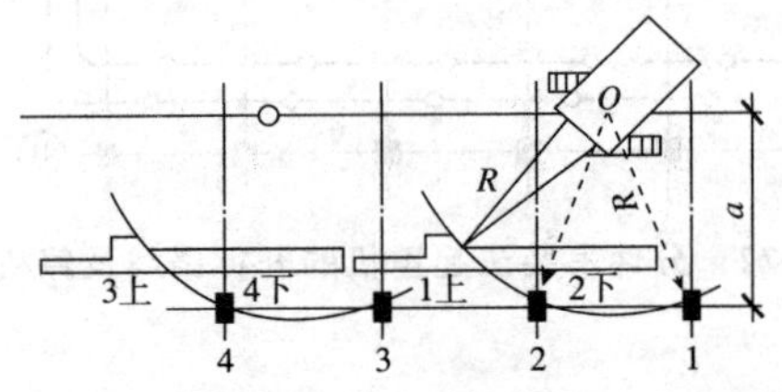

图 6-24　柱的纵向布置

(2) 屋架的平面布置。为节省施工场地，屋架一般安排在跨内平卧叠浇预制，每叠 3～4 榀。屋架的布置方式有斜向布置、正反斜向布置及正反纵向布置。斜向布置的方式便于屋架的扶直就位，应优先考虑。只有当场地受限制时，才考虑采用其他两种形式（图 6-25）。屋架之间的间隙，可取 1 m左右，以便支模板及浇筑混凝土之用。屋架之间互相搭接的长度视场地大小及需要而定。

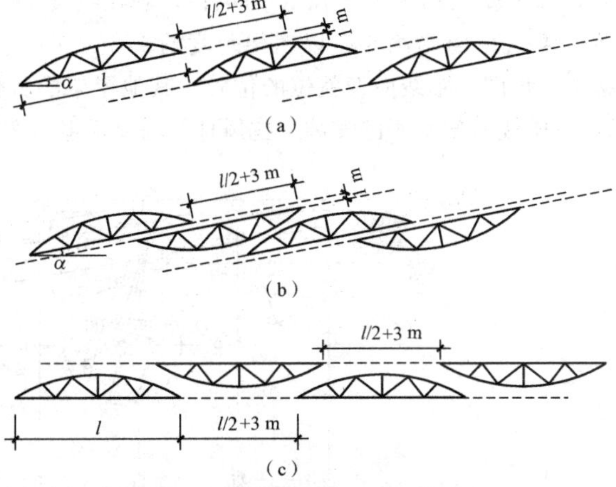

图 6-25　屋架预制时的布置方式

(a) 斜向布置；(b) 正反斜向布置；(c) 正反纵向布置

在布置屋架的预制位置时，还应考虑屋架扶直就位要求及屋架扶直的先后次序，应得先扶直的放在上层；对屋架两端间的朝向要符合屋架吊装时对朝向的要求；对屋架上预埋铁件的位置要准确，以免影响结构吊装工作。

(3) 吊车梁预制阶段的平面布置。当吊车梁安排在现场预制时，可靠近柱基、顺纵向轴线或略做倾斜布置，也可插在柱子的空当中预制；如具有运输条件，可另行在场外集中布置预制。

5. 吊装阶段构件的就位布置及运输堆放

由于柱在预制阶段已按吊装阶段的就位要求进行布置，当预制柱的混凝土强度达到吊装所要求的强度后，即可先行吊装，以便空出场地供布置其他构件。因此，吊装阶段构件的就位布置一般是指柱已吊装完毕，其他构件如屋架的就位，吊车梁、连系梁和屋面板的就位等。

(1) 屋架的就位。屋架扶直后应立即进行就位。按就位的位置不同，可分为同侧就位和异侧就位两种。

同侧就位时，屋架的预制位置与就位位置均在起重机开行路线的同一侧。异侧就位时，需将屋架由预制的一边转至起重机开行路线的另一边就位。此时，屋架两端的朝向已有变动。因此，在预制屋架时，对屋架就位的位置应事先加以考虑，以便确定屋架两端的朝向及预埋件的位置等问题。

按屋架就位的方式不同可分为斜向就位和纵向就位。

1) 屋架的斜向就位。屋架的斜向就位在吊装时跑车不多，节省吊装时间，但屋架支点过多，支垫木、加固支撑也多。屋架靠柱边斜向就位（图 6-26），可按下述作图方法确定其就位位置：

①确定起重机吊装屋架时的开行路线及停机位置。起重机吊装屋架时一般沿跨中开行，也可根据吊装需要稍偏于跨度的一边开行，在图上画出开行路线。然后以欲吊装的某轴线（如②轴线）的屋架中点 M_2 为圆心，以所选择吊装屋架的起重半径 R 为半径画弧交于开行路线于 Q_2，Q_2，即吊②轴线屋架的停机位置。

②确定屋架就位的范围。屋架一般靠柱边就位，但屋架离开柱边的净距不小于 200 mm，并可利用柱作为屋架的临时支撑。定出屋架就位的外边线 P-P。起重机在吊装屋架及屋面板时需要回转，若起重机尾部至回转中心的距离为 A，则在距起重机开行路线 $A+0.5$ m 的范围内也不宜布置屋架及其他构件；以此画出虚线 Q-Q，在 P-P 及 Q-Q 两虚线的范围内可布置屋架就位。但屋架就位宽度不一定需要这样大，应根据实际需要定出屋架就位的宽度 P-Q。

③确定屋架的就位位置。当根据需要定出屋架实际就位宽度 P-Q 后，在图上画出 P-P 与 Q-Q 的中线 H-H。屋架就位后的中点均应在此 H-H 线上。因此，以吊②轴线屋架的停机点 Q_2 为

圆心，以吊屋架的起重半径 R 为半径，画弧线交 H-H 线于 G 点，则 G 点即为②轴线屋架就位的中点。再以 G 点为圆心，以屋架跨度的 1/2 为半径，画弧线交 P-P 及 Q-Q 两虚线于 E、F 两点。连接 E、F 即②轴线屋架就位的位置。其他屋架的就位位置均平行于此屋架，端点相距 6 m（即柱距）。①轴线屋架由于已安装了抗风柱，需要后退至②轴线屋架就位位置附近就位，如图 6-26 所示。

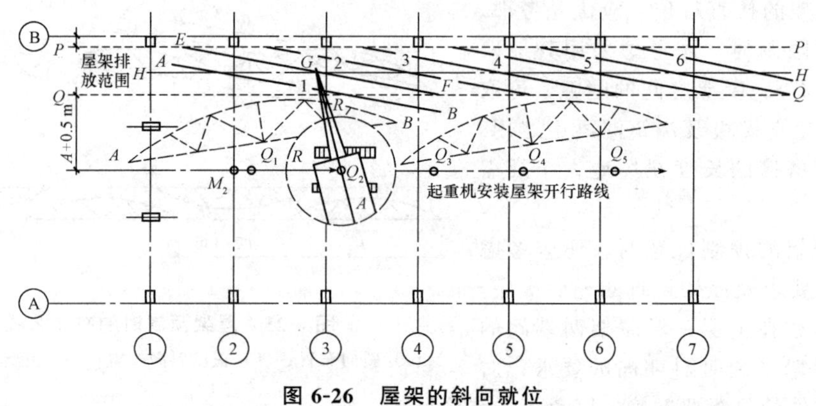

图 6-26　屋架的斜向就位

2）屋架的成组纵向就位。纵向就位在就位时方便，支点用道木比斜向就位减少，但吊装时部分屋架要负荷行驶一段距离，故吊装费时，且要求道路平整。

屋架的成组纵向就位，一般以 4～5 榀为一组，靠柱边顺轴线纵向就位。屋架与柱之间、屋架与屋架之间的净距不小于 200 mm，相互之间用铁丝及支撑拉紧撑牢。每组屋架之间应留 3 m 左右的间距作为横向通道。应避免在已吊装好的屋架下面去绑扎吊装屋架，屋架起吊应注意不要与已吊装的屋架相碰。因此，布置屋架时，可将每组屋架的就位中心线大致安排在该组屋架倒数第二榀吊装轴线之后约 2 m 处（图 6-27）。

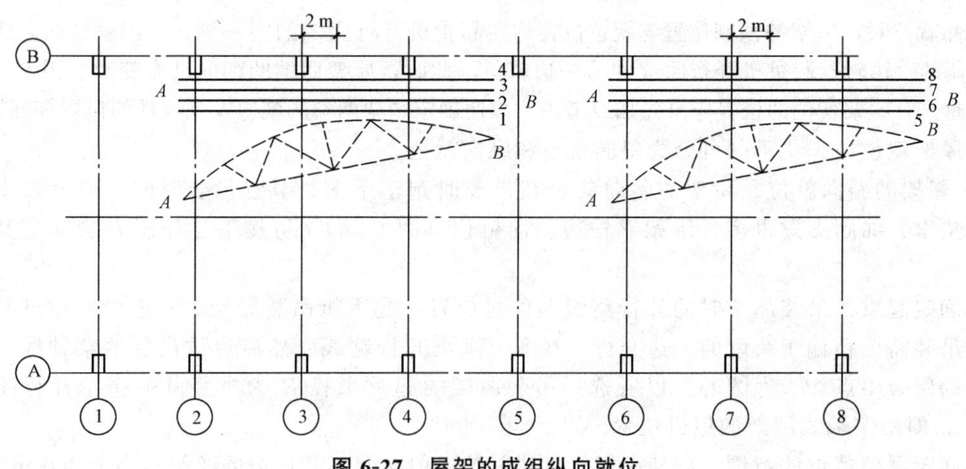

图 6-27　屋架的成组纵向就位

（2）吊车梁、连系梁的就位。吊车梁、连系梁一般在其吊装位置的柱列附近，跨内跨外均可，有时也可不用就位，而从运输车辆上直接吊至牛腿上。

（3）屋面板的就位。屋面板可布置在跨内或跨外，主要根据起重机吊装屋面板时所需的起重半径而定。当屋面板在跨内就位时，应向后退 3～4 个节间开始堆放；当屋面板在跨外就位时，应向后退 1～2 个节间开始堆放。

若吊车梁、屋面板等构件，在吊装时已集中堆放在吊装现场附近，也可不用就位，直接采用随吊随运的办法。

6.3　多高层装配式房屋结构安装

装配式结构的全部构件为预制构件，在施工现场用起重机械装配成整体，具有施工速度快、节约模板等优点。装配式结构主导工程是结构安装工程。在制订安装方案时主要考虑吊装机械的选择和布置、安装方法和安装顺序等。

6.3.1　吊装机械的选择与布置

吊装机械类型的选择要根据建筑物的结构形式、高度、平面布置、构件的尺寸及轻重等条件来确定。对于 5 层以下的民用住宅或高度在 18 m 以下的多层工业厂房，可采用履带式起重机或轮胎式起重机；对于 10 层以下的民用建筑大多采用轨道式塔式起重机；对于 10 层以上的高层住宅，可采用爬升式塔式起重机或附着式塔式起重机。对于起重机的选择，既要考虑其起吊高度，还要考虑其覆盖范围能否满足施工的要求。因此，要保证所选择的起重机的起重量 Q、起重高度 H、起重力矩均能满足施工要求。

在选择起重机型号时，首先绘出建筑结构剖面图，在剖面图上注明最高一层主要构件的质量 Q 及所需要的起重半径 R，根据其中最大的起重力矩 M_{max}（$M_{max}=QR$）及最大起重高度 H 来选择起重机。应保证每个构件所需的 Q、R、H 均能同时满足。

对于固定式塔式起重机，其安装位置既要能够覆盖整个建筑物，又要注意其最小起重幅度以避免出现死角。对轨行式塔式起重机，有单侧、双侧或环形布置形式。

当布置两台以上塔式起重机时，应保证各塔式起重机安装及运行时，任何部位的最小间距均不小于 2 m，以防止钩挂碰撞。对于高层建筑，应采用附着式或安装于建筑内的爬升式塔式起重机，以保证吊装机械的稳定性。

6.3.2　结构吊装方法与吊装顺序

装配式结构的吊装方法有分件吊装法和综合吊装法，一般采用分件吊装法。

1. 分件吊装法

为了使已吊装好的构件尽早形成稳定结构并为后序工作提供工作面，分件吊装法又可分为分层分段流水吊装法和分层大流水吊装法两种。

(1) 分层分段流水吊装法：一般是以一个楼层为一个施工层，再将每一个施工层划分为若干个施工段，以便于构件的吊装校正、焊接及接头灌浆等工序的流水作业。起重机在每一施工段内多次往返开行，每次开行吊装一种构件，待一层各施工段构件全部吊装完毕并最后固定，形成牢固的结构体系，再吊装上一层构件。施工段的划分主要根据建筑物的平面形状和尺寸、性能及平面布置、完成各工序所需时间和临时固定设备的数量来确定。

图 6-28 所示为塔式起重机用分层分段流水吊装法吊装框架结构的实例。起重机依次吊装第一施工段中 1～13 号柱，在此时间内，柱的校正、焊接、接头灌浆等工序依次进行。起重机吊完 14 号柱后，回头吊装 15～33 号梁，同时进行各梁的焊接和灌浆等工序，这就完成了第一施工段中柱和梁的吊装，形成框架，保证了结构的稳定性。然后如上法吊装第二施工段中的柱和梁。待第一、二段的柱和梁吊装完毕，再回头依次吊装这两个施工段中 64～75 号楼板，然后如

上法吊装第三、四两个施工段。一个施工层完成后再向上吊装另一施工层。

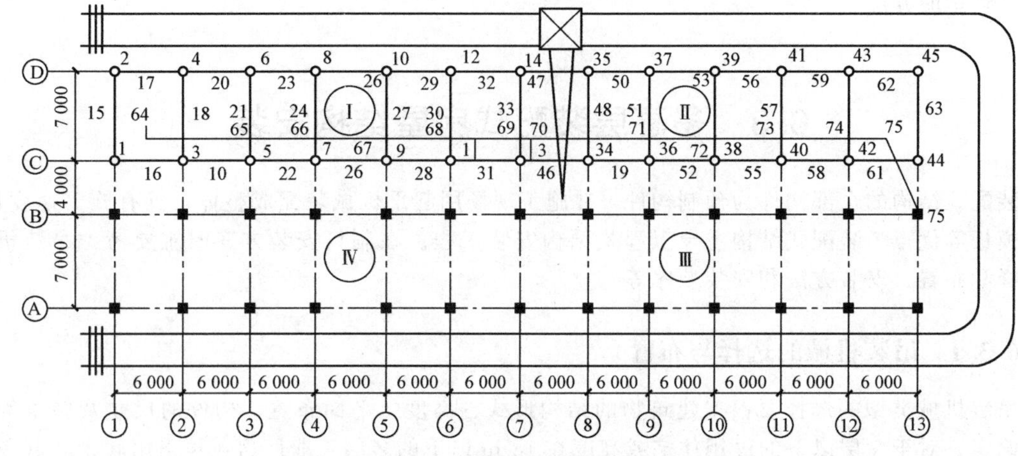

图 6-28 用分层分段流水吊装法吊装框架结构

Ⅰ、Ⅱ、Ⅲ、Ⅳ—施工段编号

1、2、3…—构件吊装顺序

(2) 分层大流水吊装法：是每个施工层不再划分施工段，而按一个楼层组织各工序的流水。

2. 综合吊装法

综合吊装法是以一个节间或若干个节间为一个流水段来组织流水。起重机把一个流水段的构件吊装至房屋的全高，然后转移到下一个流水段。采用此法吊装时，起重机可布置在跨内，采取边吊边退的行车路线。

综合吊装法的一般特点同单层厂房。此外若为混凝土构件，需等待接头达到 75%的强度才能安装上层构件，吊装长时间间断会影响工期；吊装构件品种不断变换不利于其供应和排放；施工中，工人上下频繁，劳动强度较大。因此，较少使用。

6.3.3 构件的平面布置与排放

多层装配式房屋的预制构件，除较重、较长的柱需在现场就地预制外，其他构件大多数由预制厂集中预制后运往工地吊装。因此，构件平面布置应重点解决柱的现场预制布置和预制构件的堆放问题。

构件的平面布置取决于房屋的结构特点、起重机的性能及现场布置方案、构件的质量、形状及制作方法。构件布置一般应遵循以下原则：

(1) 尽量避免二次搬运。预制构件应尽量布置在起重机的回转半径之内。

(2) 主近零远。重型构件应尽量布置在起重机附近，中小型构件可布置在外侧或较远处。

(3) 方便起吊。构件布置地点及朝向应与构件吊装到建筑物上的位置相配合，以便在吊装时减少起重机的变幅及构件空中调头。

图 6-29 所示为使用塔式起重机跨外吊装多层厂房的构件平面布置图，柱斜向布置在靠近起重机轨道外，梁板布置在较远处。

图 6-30 所示为使用内爬式塔式起重机吊装高层框架结构的构件平面布置实例。全部构件集中工厂预制，然后运到工地吊装。除楼板和墙板直接运到现场存放外，其他构件均在现场附近另辟转运站，吊装时进行二次搬运，由一台履带式起重机在现场卸车。

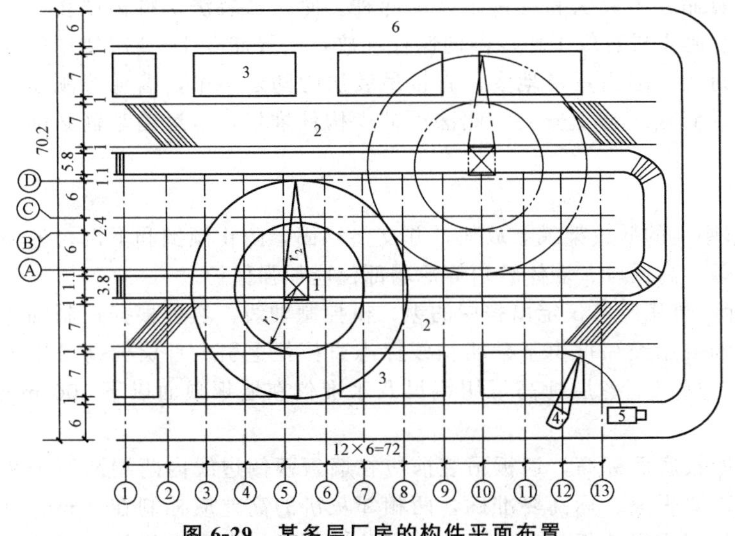

图 6-29　某多层厂房的构件平面布置

1—塔式起重机；2—预制柱场地；3—梁板堆场；4—汽车起重机；5—载重汽车；6—道路

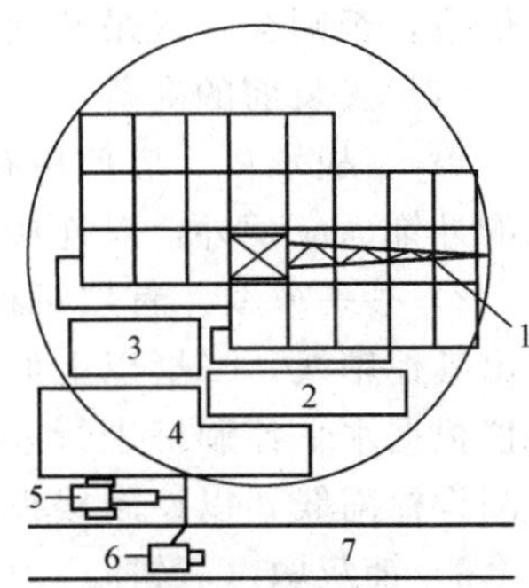

图 6-30　高层框架结构的构件平面布置

1—爬升式塔式起重机；2—墙板堆放区；3—楼板堆放区；4—柱梁堆放区；5—履带式起重机；6—载重汽车；7—道路

6.3.4　构件吊装工艺

1. 框架结构吊装

多层装配式框架结构由柱、主梁、次梁、楼板等组装而成，结构柱截面一般为方形或矩形。为便于预制和吊装，上下各层柱的截面应尽量一致。为适应上下层柱承载能力的变化，可采取改变柱内配筋或混凝土强度等级的方法来解决。柱的长度可做成一层一节或 2～3 层一节，在考虑现场的起重设备能满足吊装要求的前提下，也可做成梁柱整体式结构（H 形或 T 形构件），这样可以减少接头数量，有利于提高吊装效率。

（1）柱的吊装。柱常采用一点直吊绑扎，柱子较长时，可采用两点绑扎，但应对吊点位置进行强度和抗裂度验算。

柱的起吊方法也有旋转法和滑行法两种。应做好柱底的保护工作，或采用双机抬吊、空中转体等方法。

柱的临时固定与校正，可用钢丝绳牵拉、可调钢管支撑或千斤顶等进行调整。其上端与套在柱上的夹箍或埋件相连，位置距柱根宜为 2/3 柱高以上，且不得低于 1/2 柱高；下端与梁板上的预埋件相连，旋转中间节钢管产生推力或拉力而校正柱的垂直度。校正时，应以最下柱的根部中心线为准，避免误差积累。

（2）梁、板吊装。梁常预制成叠合梁，并做成槽形或端部带有键槽，以加强连接。板常用预制叠合板，分为钢筋桁架和无钢筋桁架两种，钢筋桁架刚度好、不易开裂。梁、板均有预埋吊环，其位置距端部应为跨度的 1/6～ 1/5。安装前，先清理、检查构件并弹线，按设计要求位置搭设临时支架。吊装时，起重吊索与水平面夹角不宜大于 60°，且不应小于 45°。安放就位时，搁置长度应满足设计要求，底部可设置厚度不大于 20 mm 的坐浆或垫块。校准位置并做好临时固定后方可摘钩。

2. 墙板结构吊装

装配式大型墙板的安装方法有储存吊装法和直接吊装法两种。储存吊装法是将构件在吊装前按型号、数量配套运往现场，在起重机有效工作范围内储存堆放，一般储存1～2层楼用的构配件。此法能保证安装工作连续进行，但占用场地多。直接吊装法为随运随吊，墙板按顺序配套运往现场，直接从运输汽车上吊到建筑物上安装，此法可减少构件堆场，但运输车辆必须保证供应，否则会造成吊装间断。

(1) 安装前的准备。

1) 墙板堆放。应使用有足够刚度的插放架或靠放架，并支垫稳固，防止倾倒和下沉。外墙板的外饰面应朝外，对连接止水条、高低口、墙体转角等薄弱部位应加强保护。

2) 抄平放线。首层可根据标准桩用经纬仪定出房屋的纵、横控制轴线，然后根据控制轴线定出其他轴线。二层以上的墙板轴线用经纬仪由基础墙轴线标志直接往上引。首层标高可用水准仪根据水平控制桩进行抄平，二层以上各层标高可用钢尺及水准仪在墙板顶面以下100 mm处测设标高线，以控制楼板标高。

3) 铺灰墩（灰饼）。为控制墙板底面标高，墙板吊装前应在墙板两侧边线内两端铺两个灰饼，以控制墙底面标高。灰饼表面要平整、标高要准确，两相邻灰饼的高差应控制在2 mm以内。灰饼宽度与墙板厚度相同，长度应视墙板的质量而定。吊装墙板时，应在相邻灰饼间铺以略高于灰饼的砂浆，这样可使墙板下部接缝密实。

(2) 安装顺序。墙板的安装顺序应根据房屋的构造特点和现场具体情况而定。一般多采用逐间封闭法安装。为减小误差积累，从建筑物中间某一个开间开始，按先安内墙、后安外墙的顺序逐间封闭，适当拉结，以保证施工期间的整体稳定性。也可先安装外墙，再分段安装内墙和叠合板，但外墙应有可靠的拉结、支撑及快速固定措施。

一段墙板吊装完成后，即可浇灌各墙板之间的立缝，或现浇内墙混凝土与外墙板形成整体。拆除接缝或墙体模板后，安装叠合板支架，吊装叠合板、阳台板及楼梯构件。然后进行管线安装及构造钢筋绑扎及焊接，再浇筑叠合层混凝土。

(3) 吊装要求。宜采用横吊梁等专用吊具，以保护构件，满足吊索与水平面夹角要求。墙板安装就位后，采用可调式钢管支撑与楼层拉结固定，每块墙板不少于两道，墙板长度大于4 m的应增加支撑。待内墙及接头处混凝土达到设计强度后方可拆除支撑。

预制叠合板、阳台板、楼梯安装时，可采用钢管支架、单支顶或门架等支架形式，其具体构造应通过计算确定。支撑体系拆除时应满足底模拆除时的混凝土强度要求。

思考题

1. 起重机械的种类有哪些？试说明其优点、缺点及适用范围。
2. 试述履带式起重机的起重高度、起重半径与起重量之间的关系。
3. 柱吊装前应进行哪些准备工作？
4. 试说明使用旋转法和滑行法吊装时的特点及适用范围。
5. 试述柱按三点共弧进行斜向布置的方法。
6. 怎样对柱进行临时固定和最后固定？
7. 怎样校正吊车梁的安装位置？
8. 分件吊装法和综合吊装法各有什么特点？

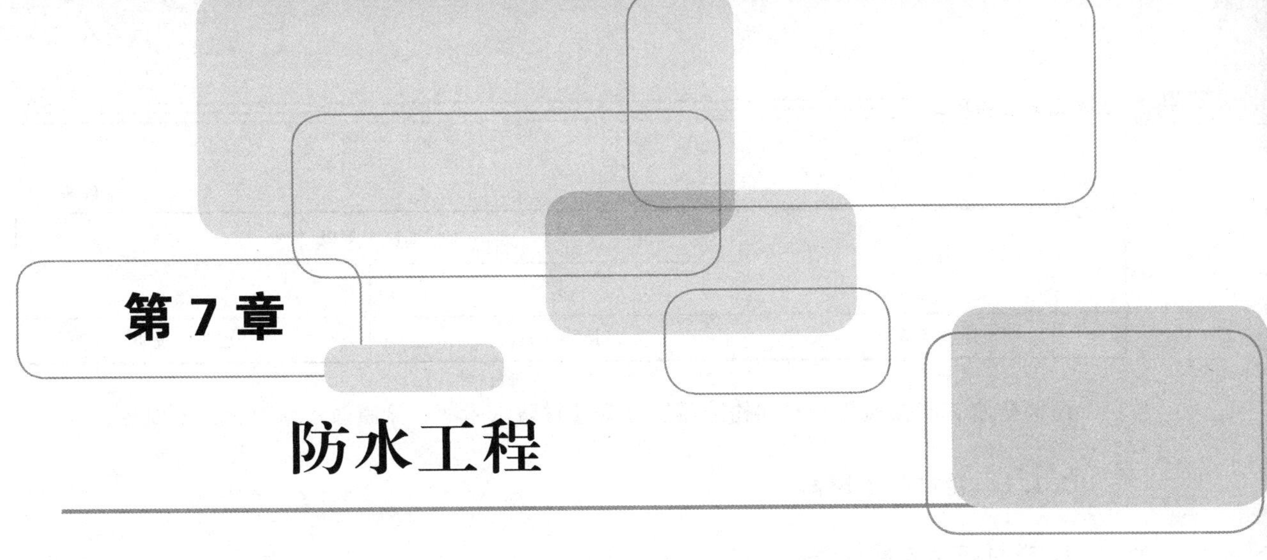

第7章 防水工程

课程导学

了解地下工程的防水方案及材料选用；熟悉防水混凝土的配制方法，掌握防水混凝土结构的细部处理及施工要点；掌握地下卷材防水、涂膜防水的施工工艺及要点；了解屋面防水等级和设防要求、卷材防水屋面的构造及各层作用；熟悉涂膜防水屋面施工要点；掌握卷材防水屋面施工工艺及要点。初步具备编制一般工程防水施工方案的能力。

防水工程可分为屋面防水工程和地下防水工程两个部分。屋面防水工程主要是防止雨雪对屋面的间歇性浸透作用。地下防水工程主要是防止地下水对建筑物（构筑物）的经常性浸透作用。防水工程质量的优劣不仅关系建筑物或构筑物的使用寿命，而且直接影响它们的使用功能。所以，在防水工程施工中必须严格把好质量关，以保证结构的耐久性和正常使用。

7.1 屋面防水工程

屋面防水工程主要是防止雨雪对屋面的间歇性浸透作用，保证建筑物的寿命并使其各种功能正常发挥的一项重要工程。屋面防水工程应根据建筑物的类别、重要程度、使用功能要求确定防水等级，并应按相应等级进行防水设防；对防水有特殊要求的防水屋面，应进行专项防水设计。屋面防水等级和设防要求将建筑屋面防水等级分为Ⅰ级、Ⅱ级，并根据不同防水等级规定防水层的材料选用及设防要求，具体见表7-1。

表7-1 屋面防水等级和设防要求

项目	屋面防水等级	
	Ⅰ	Ⅱ
建筑物类别	重要建筑和高层建筑	一般建筑
卷材、涂膜防水屋面做法要求	卷材＋卷材 卷材＋涂膜 复合防水层	卷材 涂膜 复合防水层
瓦屋面防水做法要求	瓦＋防水层	瓦＋防水垫层

续表

项目	屋面防水等级	
	Ⅰ	Ⅱ
设防要求	二道防水设防	一道防水设防

屋面防水工程按所用材料和构造做法分为卷材防水屋面、涂膜防水屋面、瓦屋面等。

7.1.1 卷材防水屋面

1. 卷材防水屋面构造

卷材防水屋面是指以不同的施工工艺将不同种类的胶结材料粘结卷材固定在屋面上起到防水作用的屋面。卷材防水层具有质量轻、防水性能好，有一定的柔韧性等特点，它可以适应一定程度的结构振动和伸缩变形，故属于柔性防水屋面。卷材防水屋面适用于防水等级为Ⅰ、Ⅱ级的建筑。卷材防水屋面安防水层与保温层设置位置不同，分为正置式和倒置式屋面。

2. 卷材防水屋面材料

(1) 防水材料。卷材防水层的常用材料有高聚物（如 SBS、APP 等）改性沥青防水卷材、合成高分子防水卷材等。铺贴防水卷材所选用的基层处理剂、接缝胶粘剂、密封材料等配套材料应与铺贴的卷材材性相容。选择合适的防水卷材是保证卷材防水工程质量的基础条件。

(2) 基层处理剂。防水卷材施工前，基面应干净、干燥，并应涂刷基层处理剂；当基面潮湿时，应涂刷湿固化型胶粘剂或潮湿界面隔离剂。基层处理剂是为了增强防水材料与基层之间的粘结力，在防水层施工前预先涂刷在基层上的涂料。高聚物改性沥青卷材和合成高分子卷材的基层处理剂的选材必须与卷材的材性相匹配。

此外，还有胶粘剂、嵌缝膏等。

3. 基层处理

卷材防水屋面可用水泥砂浆和细石混凝土找平层作基层。找平层的厚度和技术要求应符合表 7-2 的规定。

表 7-2 找平层的厚度和技术要求

类别	基层种类	厚度/mm	技术要求
水泥砂浆找平层	整体现浇混凝土板	15～20	1∶2.5 水泥砂浆
	整体材料保温层	20～25	
细石混凝土找平层	装配式混凝土板	30～35	C20 混凝土，宜加钢筋网片
	板状材料保温层		C20 混凝土

屋面基层与凸出屋面结构（女儿墙、立墙、天窗壁、烟囱、变形缝、伸出屋面的管道等）交接处，以及基层转角处（各水落口、檐口、天沟、檐沟、屋脊等），找平层均应做成圆弧形，圆弧半径应根据所铺防水卷材种类确定，高聚物改性沥青防水卷材为 50 mm，合成高分子防水卷材为 20 mm，内部排水的水落口周围的找平层应做成略低的凹坑。找平层应留设分格缝，缝宽为 5～20 mm，并嵌填密封材料或空铺卷材条。分格缝应留设在板端接缝处，其纵横缝最大间距：找平层采用水泥砂浆或细石混凝土时，不宜大于 6 m。

找平层要求排水流畅，排水坡度必须符合规范规定，平屋面防水技术以防为主，以排为辅，但要求将屋面雨水在一定时间内迅速排走，不得积水，这是减少渗漏的有效方法，所以要求屋面有一定的排水坡度。混凝土结构层宜采用结构找坡，坡度不应小于 3%，当采用材料找坡时，坡度宜为 2%。

4. 卷材防水层施工

(1) 卷材铺贴的一般要求。

1) 卷材防水层应采用高聚物改性沥青防水卷材或合成高分子防水卷材，所选用的基层处理剂、接缝胶粘剂、密封材料等配套材料应与铺贴的卷材材性相容。

2) 当屋面坡度大于 25%时，卷材应采取满粘和钉压固定措施。固定点应密封严密。

3) 卷材宜平行屋脊铺贴，上下层卷材不得相互垂直铺贴。檐沟、天沟卷材宜顺檐沟、天沟方向铺贴，搭接缝应顺流水方向。

4) 立面或大坡面铺贴卷材时，宜采用满粘法，并宜减少卷材短边搭接。

5) 为保证防水效果，在铺贴大面积防水卷材前，应在女儿墙、檐沟墙、天窗壁、变形缝、烟囱根、管道根与屋面的交接处及檐口、天沟、雨水口、屋脊等部位，按设计要求先做卷材附加层。

6) 卷材防水层的施工环境温度应符合下列规定：卷材铺贴严禁在雨、雪天施工，有 5 级以上大风时不得施工。

①热熔法和焊接法不宜低于－10 ℃。

②冷粘法和热粘法不宜低于 5 ℃。

③自粘法不宜低于 10 ℃。

(2) 卷材铺贴。

1) 卷材铺贴顺序。卷材大面积屋面施工时，可划分流水段施工，分界线宜设在屋脊、天沟、变形缝等处；卷材铺贴应按“先高后低，先远后近”的顺序进行，即高低跨屋面，先铺高跨，后铺低跨；等高的大面积屋面，先铺离上料地点远的屋面，后铺较近的部位，以防止因运输、踩踏而损坏；铺贴天沟、檐沟卷材时，宜顺其长度方向铺贴，以减少搭接。

对每一跨的大面积卷材铺贴前，应先做好节点、附加层和屋面排水比较集中部位（如屋面与水落口、檐口、天沟、檐沟、变形缝、管道根部等处）的增强处理，再由屋面最低标高处向上施工，以保证顺水搭接。通常采用的方法有附加卷材和防水材料密封，以及分格缝处空铺。

2) 铺设方向。屋面卷材宜平行于屋脊铺贴，上下层卷材不得相互垂直铺贴；檐沟、天沟卷材应顺其长度方向铺贴，以减少搭接。

3) 搭接方法及宽度要求。铺贴卷材采用搭接法，上下层卷材长边搭接缝应错开，且不应小于幅宽的 1/3；同一层相邻两幅卷材短边搭接缝错开不应小于 500 mm；平行于屋脊的搭接缝应顺流水方向搭接（图 7-1）。

高聚物改性沥青卷材和合成高分子卷材的搭接缝宜用与其材性相容的密封材料封严。

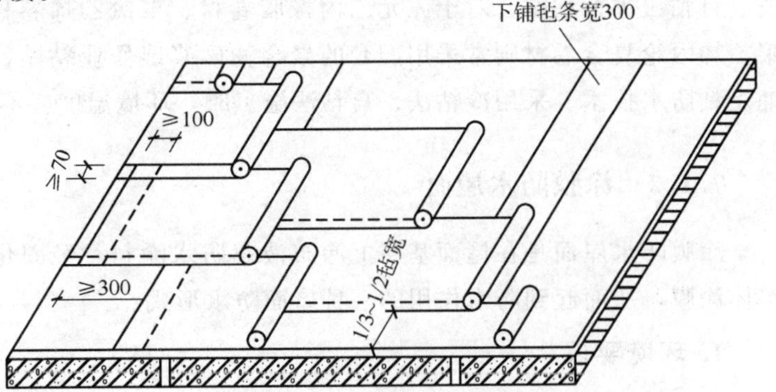

图 7-1　卷材水平铺贴搭接要求

各种防水卷材搭接宽度应符合表 7-3 的要求。施工时应注意不得污染檐口外侧墙面。

表 7-3 防水卷材搭接宽度

卷材品种	搭接宽度/mm
弹性体改性沥青防水卷材	100
改性沥青聚乙烯胎防水卷材	100
自粘聚合物改性沥青防水卷材	80
三元乙丙橡胶防水卷材	100/60（胶粘剂/胶粘带）
聚氯乙烯防水卷材	60/80（单焊缝/双焊缝）；100（胶粘剂）
聚乙烯丙纶复合防水卷材	100（胶粘剂）
高分子自粘胶膜防水卷材	70/80（自粘胶/胶粘带）

4）铺贴方法。满粘法：满粘法是指卷材与基层全部黏结的施工方法，防水层采取满粘法施工时，找平层的分隔缝处宜空铺，空铺的宽度宜为 100 mm；空铺法：卷材与基层在周边一定宽度内黏结，其余部分不黏结；条粘法：卷材与基层采用条状黏结；点粘法：卷材与基层采用点状黏结，铺贴防水卷材时，卷材或打孔卷材与基层采用点状黏结的施工方法，要求每平方米面积内至少有 5 个粘结点，每点面积不小于 100 mm×100 mm。

5）改性沥青防水卷材粘贴。热熔法：热熔法是指利用火焰加热卷材底面及基层处理剂，熔化后铺贴并压实。该法施工简便、粘贴牢固、使用广泛，可在环境温度不低于－10 ℃时施工；但易造成污染或火灾隐患。冷粘法：冷粘法是指利用改性沥青冷胶粘剂粘贴卷材，可在温度不低于 5 ℃时施工，铺贴时，把搅拌均匀的冷胶粘剂均匀涂刷在基层上，涂刷宽度略大于卷材幅宽，厚度在 1 mm 左右，干燥 10 min 后，按顺序铺设卷材，并用压辊由中心向两侧滚压排气，使其粘牢。自粘法：自粘法用于自粘型改性沥青卷材，该类卷材分有胎型和无胎型两种，无胎型卷材的延伸率可达到 500%，且弹性强，有自恢复功能，施工方便，防水效果好。

6）合成高分子防水卷材粘贴。合成高分子防水卷材的粘贴可依据卷材本身特点，选用冷粘法、自粘法进行粘贴。对于三元乙丙橡胶卷材、聚氯乙烯卷材常采用相应的胶粘剂粘贴，对于聚乙烯丙纶复合卷材则常采用配套的聚合物砂浆湿作业粘贴；而对于自粘胶膜卷材则可采用预铺反粘防水技术。采用冷粘法、自粘法施工时，环境温度应不低于 5 ℃。

7.1.2 涂膜防水屋面

涂膜防水屋面是在屋面基层上涂布液态防水涂料，经固化后形成一层有一定厚度和弹性的整体涂膜，从而起到防水作用的一种屋面防水形式。

1. 环境要求

防水涂层严禁在雨天、雪天施工；五级以上大风或预计涂膜固化前有雨时不得施工；水乳型、反应型涂料及聚合物水泥涂料的施工环境温度宜为 5～35 ℃；溶剂型涂料不宜低于－10 ℃。

2. 基层要求

涂膜防水层依附于基层，基层质量直接影响防水涂膜的质量。与卷材防水层相比，涂膜防水对基层要求更为严格，基层应坚实、平整、干净，应无孔隙、起砂和裂缝，基层的干燥程度应根据所选用的防水涂料特性确定；当采用溶剂型、热熔型和反应固化型防水涂料时，基层应干燥。

3. 涂膜防水层施工

涂膜防水层施工一般工艺流程：基层表面清理、修理→喷涂基层处理剂（底涂料）→特殊部位附加增强处理→涂布防水涂料及铺贴胎体增强材料→清理与检查修理→保护层施工。

（1）涂膜防水层厚度。防水涂膜应由两层以上涂层组成，其总厚度必须符合设计要求和规范规定。高聚物改性沥青防水涂膜在防水等级为Ⅰ、Ⅱ级屋面上使用时，其厚度不应小于 3 mm；合成高分子防水涂料性能优越，价格较高，涂膜厚度在一道设防时不应小于 2 mm；与其他防水材料复合使用时，由于综合防水效果好，涂膜本身厚度可薄一些，但不应小于 1.5 mm。

（2）涂膜防水层施工工艺。涂膜防水层应按“先高后低，先远后近”的原则进行施工。先涂布节点、附加层，再大面积涂布。屋面转角及立面的涂层应薄涂多遍，不得有流淌。防水涂膜在满足厚度要求的前提下，涂刷遍数越多对成膜密实度越好。

1）涂膜防水层胎体增强材料。涂层中夹铺胎体增强材料时，宜边涂边铺胎体，胎体应刮平并排出气泡，胎体与涂料应粘合良好。在胎体上涂布涂料时，应使涂料浸透胎体，覆盖完全，不得有胎体外露现象。铺设胎体增强材料时，铺贴涂膜防水层方向和搭接要求与卷材施工要求相同。天沟、檐沟、檐口、泛水和立面涂膜防水层收头等部位，均应用防水涂料多遍涂刷并用密封材料封严。

2）高聚物改性沥青防水涂膜。高聚物改性沥青防水涂料分为溶剂型和水乳型两类，根据屋面工程防水等级的要求，可采用一布三～四涂、二布四～六涂、三布五～六涂、多布多涂或纯涂膜施工工艺。

3）合成高分子防水涂膜。可采用人工刮涂或机械喷涂的方法施工，当刮涂施工时，每遍刮涂的推进方向宜与前一遍相垂直。多组分涂料必须按配合比准确计量，搅拌均匀，已配成的多组分涂料必须及时使用。配料时，允许加入适量的缓凝剂或促凝剂来调节固化时间，但不得混入已固化的涂料。另需注意，涂膜施工应先做好节点处理，铺设带有胎体增强材料的附加层，再进行大面积施工；上层的涂层厚度不应小于 1.0 mm，在屋面转角及立面的涂膜应薄涂多遍，不得有流淌和堆积现象。

7.1.3　细部处理

防水屋面的接缝、收头、雨水口、变形缝、伸出屋面管道等处是防水薄弱部位。施工中，应按设计及规范要求认真做好这些细部的处理，并进行全数检查验收。

（1）防水层接缝。防水层接缝处理在工程中是极为重要的一环，应封闭严密。如采用热熔法铺贴改性沥青防水卷材，其缝口必须溢出沥青热熔胶，并形成 8 mm 宽的均匀沥青条。

（2）易变形、开裂处局部空铺处理。在屋面平面与立墙交接处、找平层分格缝、无保温层的装配式屋面板板端缝等处，易因结构、温差等变形将防水层拉裂而导致渗漏，故均应空铺（或单边点粘）宽度不少于 100 mm 的卷材条，以适应变形的需要。

（3）防水层收头。檐口、女儿墙、凸出屋面的通风口、出入口等部位，均应做好防水层的收头处理。常采取增设附加层、金属压条固定、密封材料封口等方法，立面处还需设置金属盖板。

（4）雨水口处理。雨水口是最易渗漏的部位，应注意以下几点：

1）在雨水口管与基层混凝土交接处留置凹槽（20 mm×20 mm），嵌填密封材料。

2）雨水口杯的上口高度，应根据沟底坡度、雨水口周围 500 mm 内 5%的排水坡度及附加层厚度，计算出杯口的标高，并确保其在沟底最低处。

3）施工的层次顺序依次为增设的涂膜层、附加防水层及设计防水层，防水层及附加层均应伸入排水口中不少于 50 mm，并黏结牢固，封口处用密封材料嵌严。

（5）伸出屋面的管道。伸出屋面管道周围的找平层应抹成圆锥台，高出屋面找平层 30 mm，以防止根部积水。管道泛水处的防水层下应增设附加层，附加层在平面和立面的宽度均不少于 250 mm。卷材收头应用金属箍箍紧，并用密封材料封严。涂膜收头应用防水涂料多遍涂刷。

7.1.4 保护层施工

卷材屋面应有保护层，以减少雨水、冰雹冲刷或其他外力造成的卷材机械性损伤，并可折射阳光、降低温度，减缓卷材老化，从而增加防水层的寿命。当卷材本身无保护层而又非架空隔热屋面或倒置式屋面时，均应另做保护层。

保护层施工应在防水层经过验收合格，并将其表面清扫干净后进行。用水泥砂浆、细石混凝土或块材等刚性材料作保护层时，应在保护层与防水层之间抹纸筋灰或铺细砂等隔离层，以防止其温度变形而拉裂防水层；为防止刚性保护层开裂，施工时应设置分格缝，其要求：水泥砂浆表面分格面积宜为 1 m^2；细石混凝土纵横间距不大于 6 m，缝宽宜为 10～20 mm；块材保护层纵横分格缝间距不大于 10 m，缝宽为 20 mm；刚性保护层与女儿墙之间需预留 30 mm 宽的空隙。施工时，块材应铺平铺稳，块间用水泥砂浆勾缝；所留缝隙应用防水密封膏嵌填密实。

7.2 地下防水工程

地下防水工程是对工业与民用建筑地下工程、防护工程、隧道及地下铁道等建（构）筑物，进行防水设计、防水施工和维护管理等各项技术工作的工程实体。

地下工程防水设防要求应根据使用功能、结构形式、环境条件、施工方法，合理确定。制订防水方案时必须结合地质、地形、地下工程结构、防水材料等因素全面分析研究，使其满足设计要求。地下工程的防水方案一般分为以下三类。

（1）防水混凝土结构。依靠防水混凝土本身的抗渗性和密实性来进行防水，本身既是承重及围护结构，又可作防水层，因此被广泛地采用。

（2）表面防水层。在结构物的外侧增加表面防水层以达到防水目的。常用的表面防水层有水泥砂浆、卷材、涂膜等，可根据不同的工程对象、防水要求及施工条件选用。

（3）渗排水防水层。利用盲沟、渗排水防水层等措施将地下水排走，以达到防水目的。其适用于重要的、面积较大、地下水为上层滞水且防水要求较高的地下建筑。

地下工程的防水等级分为四级，各级标准及适用范围应符合表 7-4 的规定。

表 7-4　地下工程防水等级标准及适用范围

防水等级	标准	适用范围
一级	不允许渗水，结构表面无湿渍	人员长期停留的场所；极重要的战备工程、地铁车站等
二级	不允许漏水，结构表面可有少量湿渍； 工业与民用建筑：总湿渍面积不应大于总防水面积的 1/1 000；任意 100 m^2 防水面积上的湿渍不超过 2 处，单个湿渍的最大面积不大于 0.1 m^2； 其他地下工程：总湿渍面积不应大于总防水面积的 2/1 000；任意 100 m^2 防水面积上的湿渍不超过 3 处，单个湿渍的最大面积不大于 0.2 m^2；其中，隧道工程还要求平均渗水量不大于 0.05 L/（m^2·d)，任意 100 m^2 防水面积上的渗水量不大于 0.15 L/（m^2·d)	人员经常活动的场所；重要的战备工程
三级	有少量漏水点，不得有线流和漏泥砂； 任意 100 m^2 防水面积上的漏水或湿渍点数不超过 7 处，单个漏水点的最大漏水量不大于 2.5 L/（m^2·d)，单个湿渍的最大面积不大于 0.3 m^2	人员临时活动的场所；一般战备工程
四级	有漏水点，不得有线流和漏泥砂； 整个工程平均漏水量不大于 2 L/（m^2·d)；任意 100 m^2 的防水面积上的平均漏水量不大于 4 L/（m^2·d)	对漏水无严格要求的工程

7.2.1　卷材防水

地下工程卷材防水层是采用高聚物改性沥青防水卷材或高分子防水卷材和与其配套的胶结材料（沥青胶或高分子胶粘剂）胶合而成的一种单层或多层防水层。这种防水层的主要优点是防水性能好，具有一定的韧性和延伸性，能适应结构振动和微小变形，不至于产生破坏而导致渗水现象，并能抵抗酸、碱、盐溶液的侵蚀。地下工程卷材防水层的防水效果好，目前在地下结构防水工程中被广泛采用。

将卷材防水层铺贴在地下结构外表面时，称为外防水。此种方法可借助土压力压紧，并可与承重结构一起抵抗地下水渗透和侵蚀作用，防水效果好。外防水卷材防水层铺贴方式按其与防水结构施工先后顺序，可分为外防外贴法施工和外防内贴法施工两种。

(1) 外防外贴法施工。

1) 构造做法。先进行主体结构施工，卷材防水层直接粘贴于主体结构的外墙表面，再砌永久保护墙（或保护层），构造做法如图 7-2 所示。外防外贴法的优点是防水层能与混凝土结构同步沉降，较少受结构沉降变形影响，施工时不易损坏防水层，也便于检查混凝土结构和卷材质量，发现

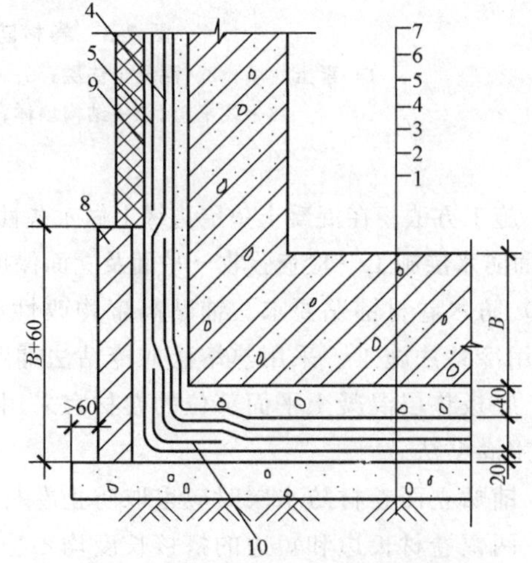

图 7-2　卷材防水层外防外贴法施工

1—结构垫层；2—水泥砂浆找平层；
3—卷材附加层；4—卷材防水层；5—保护层；
6—找平层；7—基础底板；8—永久保护墙；
9—临时保护墙；10—卷材附加层

问题容易修补；其缺点是工期长、工作面大、土方量大、卷材接头不易保护，容易影响防水工程质量。

2）施工方法。浇筑基础混凝土垫层并抹平→垫层边缘上干铺卷材隔离层→砌永久性保护墙和临时保护墙→在保护墙内侧抹水泥砂浆找平层→养护干燥后，在垫层及墙面的找平层上涂布基层处理剂、分层铺贴防水卷材→检查验收→做卷材的保护层→底板和墙身结构施工→结构墙外侧抹水泥砂浆找平层→拆除临时保护墙→粘贴墙体防水层→验收→保护层和回填土施工。

视频 7.1：地下车库防水卷材铺贴

（2）外防内贴法施工。

1）构造做法。外防内贴法是在浇筑混凝土垫层后，在垫层上将永久保护墙全部砌好，然后将卷材防水层铺贴在垫层和永久保护墙上，再施工主体结构的方法，如图 7-3 所示。这种方法的优点是可一次完成防水层的施工，工序简单、土方量较小、卷材防水层无需临时留槎，可连续铺贴；其缺点是立墙防水层难以和主体同步，受结构沉降变形影响，防水层易受损，以及混凝土的抗渗质量不易检查，如发生渗漏，修补困难。

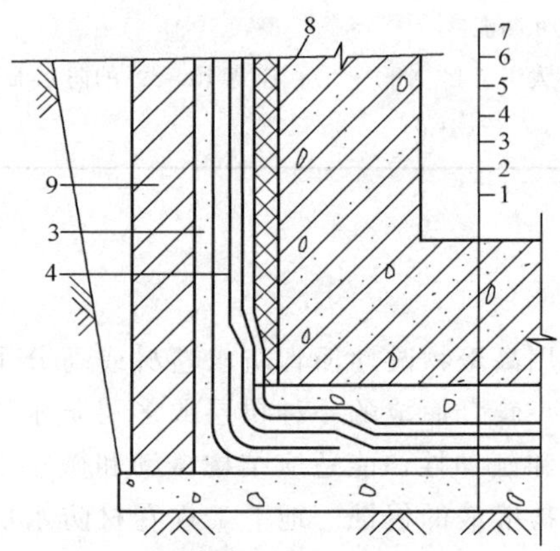

图 7-3　卷材防水层外防内贴法

1—素土回填；2—混凝土垫层；3—找平层；4—卷材防水层；5—保护层；6—找平层；7—结构墙体；8—找平层；9—永久保护墙

2）施工方法。在混凝土垫层边缘上做永久性保护墙→在保护墙及垫层上抹水泥砂浆找平层→立面及平面防水层施工→检查验收→平面及立面保护层施工→底板和墙身结构施工。

（3）防水卷材铺贴要求。铺贴高聚物改性沥青卷材应采用热熔法施工；铺贴合成高分子卷材宜采用冷粘法施工。采用热熔法或冷粘法铺贴卷材应符合下列规定：

1）底板垫层混凝土平面部位的卷材宜采用空铺法或点粘法，其他与混凝土结构相接触的部位应采用满粘法。

2）铺贴立面卷材防水层时应采取防止卷材下滑的措施。

3）两幅卷材长边和短边的搭接长度均不应小于 100 mm。采用双层卷材时，上下两层和相邻两幅卷材的接缝应错开 1/3～1/2 幅宽，且两层卷材不得相互垂直铺贴。

4）卷材接缝必须粘贴封严，接缝口应用材性相容的密封材料，接缝宽度不应小于 10 mm。在立面与平面转角处，卷材接缝应留在平面上，距离立面不应小于 600 mm。在转角处和特殊部位，应增贴 1～2 层相同卷材或抗拉强度较高的卷材。

热熔法和冷粘法大面积铺贴卷材要求与屋面卷材基本相同，具体施工要点可参考上节内容。

7.2.2　刚性防水

（1）防水混凝土种类与抗渗等级。防水混凝土是通过调整配合比或掺外加剂、掺合料，以提高自身的密实性和抗渗性的特种混凝土。它兼有承重、围护和防水等功能，且耐久性、耐腐蚀性强，造价增加少，也是其他防水层的刚性依托。防水混凝土结构的厚度不得少于 250 mm，裂缝宽度应控制在 0.2 mm 以内且不贯通；迎水面钢筋的保护层厚度不应小于 50 mm。

防水混凝土包括普通防水混凝土、外加剂防水混凝土两类。普通防水混凝土是通过降低水胶比，增加水泥用量和砂率、石子粒径小及精细施工，从而减少毛细孔的数量和直径、减少混凝土内部的缝隙和孔隙、提高混凝土的密实性和抗渗性。外加剂防水混凝土是在普通防水混凝土的基础上，掺入引气剂、减水剂、密实剂、防水剂等材料，进一步阻塞、减小混凝土的毛细孔道。补偿收缩防水混凝土不但能减少毛细孔道，还能通过补偿收缩而避免宏观开裂，是最常用的品种。

防水混凝土的抗渗能力用抗渗等级表示，它反映了混凝土在不渗漏时的允许水压值。其设计抗渗等级依据工程埋置深度而定（表 7-5），最低为 P6（抗渗压力为 0.6 MPa）。

表 7-5　防水混凝土设计抗渗等级

工程埋置深度/m	设计抗渗等级	工程埋置深度/m	设计抗渗等级
<10	P6	$20\leqslant H<30$	P10
$10\leqslant H<20$	P8	$H\geqslant 30$	P12

（2）防水混凝土配制要求。防水混凝土的配合比应通过试验确定。为了保证施工后的可靠性，在进行防水混凝土试配时，其抗渗等级应比设计要求提高 0.2 MPa。

1）材料：水泥品种宜采用硅酸盐水泥或普通硅酸盐水泥。石子应坚硬、洁净，最大粒径不大于输送管径的 1/4 和 40 mm，吸水率不大于 1.5%，含泥量不大于 1%。砂宜采用洁净中粗砂，含泥量不大于 3%。不得使用碱活性骨料。水应洁净，不含有害物质。

2）配合比：胶凝材料总用量不宜小于 320 kg/m^3，其中水泥用量不得少于 260 kg/m^3；砂率宜为 35%～40%，泵送时可增至 45%；灰砂比宜为 1∶1.5～1∶2.5；水胶比不得大于 0.50；预拌混凝土的入泵坍落度宜为 120～160 mm，每小时损失不应大于 20 mm，总损失不大于 40 mm。预拌混凝土的初凝时间宜为 6～8 h。

（3）防水细部处理。防水混凝土结构的混凝土施工缝、结构变形缝、后浇带、穿墙管道、预埋件、预留孔及穿墙螺栓等是防水薄弱部位。施工中，应按设计及规范要求认真做好这些细部的处理，并进行全数检查验收，以保证整个防水工程的质量。

1）穿墙对拉螺栓。支设墙体模板所用对拉螺栓（图 7-4），应在中部加焊钢板止水环而构成止水螺栓。止水环钢板厚度不宜小于 3 mm，直径（或边长）应比螺栓直径大 50 mm 以上，并与螺栓满焊，以免出现渗水通道。拆模后应将留下的凹坑封堵密实，并宜在迎水面涂刷防水涂料。

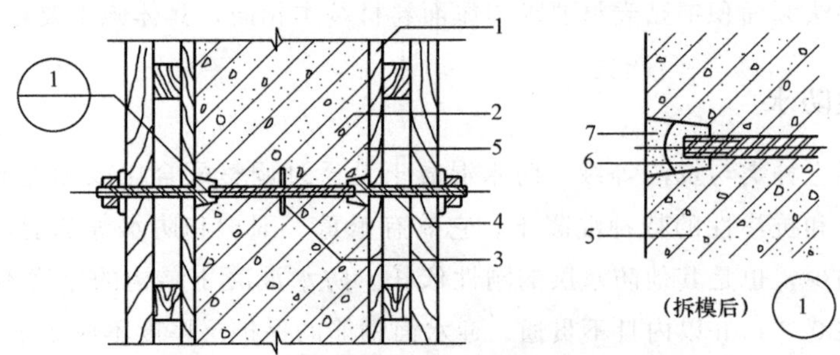

图 7-4　工具式止水对拉螺栓

1—模板；2—结构混凝土；3—止水环；4—工具式螺栓；
5—固定模板用螺栓；6—嵌缝材料；7—聚合物水泥防水砂浆

2）混凝土施工缝。防水混凝土应连续浇筑，宜少留施工缝。当留设施工缝时，应遵守下列规定：

①墙体水平施工缝不应留在剪力与弯矩最大处或底板与侧墙的交接处，应留在高出底板表面不小于 300 mm 的墙体上。墙体有预留孔洞时，施工缝距孔洞边缘不应小于 300 mm。

②垂直施工缝应避开地下水和裂隙水较多的地段，并宜与变形缝相结合。

施工缝施工时要符合下列要求：

①水平施工缝浇灌混凝土前，应将其表面浮浆和杂物清除，先铺净浆或涂刷混凝土界面处理剂、水泥基渗透结晶型防水涂料等材料，再铺 30～50 mm 厚的 1∶1 水泥砂浆，并及时浇灌混凝土。

②垂直施工缝浇灌混凝土前，应将其表面清理干净，再涂刷混凝土界面处理剂或水泥基渗透结晶型防水涂料，并及时浇灌混凝土。选用的遇水膨胀止水条应具有缓胀性能，其 7 d 净膨胀率不应大于最终膨胀率的 60%；遇水膨胀止水条应牢固地安装在缝表面或预留槽内。采用中埋式止水带时，应确保位置准确、固定牢靠，如图 7-5 所示。

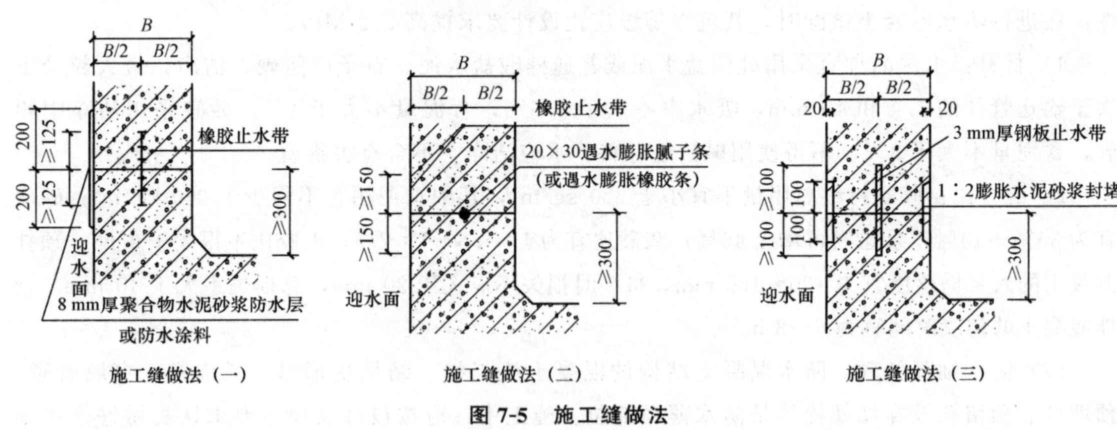

图 7-5　施工缝做法

3）结构变形缝一般包括伸缩缝和沉降缝。

①变形缝施工的关键是止水带，要保证其位置准确、与混凝土结合紧密和做好接头处理。建筑物的变形缝设置中埋式止水带时（图 7-6），中心线应与变形缝中心线重合，止水带不得穿

孔或用铁钉固定。

②混凝土浇筑前应校正止水带位置，表面清理干净，止水带损坏处应修补。

③顶、底板止水带下侧混凝土应振捣密实，边墙止水带内外侧混凝土应均匀，保持止水带位置正确、平直，无卷曲现象。

④止水带宽度和材质的物理性能均应符合设计要求，且无裂缝和气泡。

⑤接头应采用热接，不得叠接，接缝应平整、牢固，不得有裂口的脱胶现象；变形缝处增设的卷材或涂料防水层，应按设计要求施工。

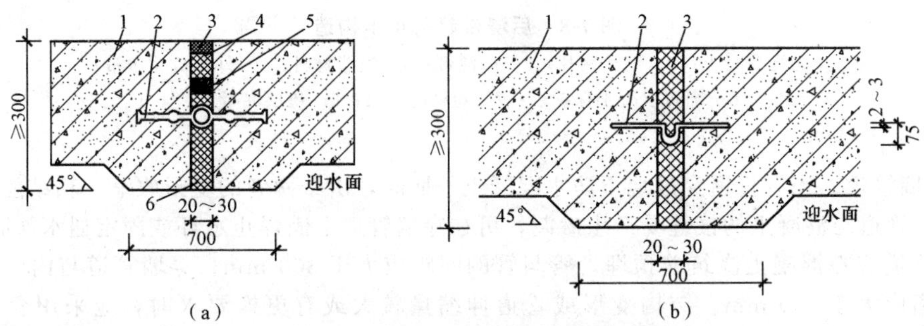

图 7-6　中埋式止水带变形缝设置

(a) 中埋式金属止水带与遇水膨胀；(b) 中埋式金属止水带

1—混凝土结构；2—中埋式金属（或非金属）止水带；3—嵌缝材料；

4—背衬材料；5—遇水膨胀胶条；6—填缝材料

4）后浇带。后浇带是大面积混凝土的刚性接缝，用于不允许设置变形缝且后期变形趋于稳定的结构。一种是为了避免大面积混凝土结构的收缩开裂而设置的；另一种是为了避免沉降差造成断裂而设置的，均需待结构变形基本完成后再进行补浇。

①后浇带应设在受力和变形较小的部位，其间距和位置应按结构设计要求确定，宽度为700～1 000 mm。

②后浇带宜用于不允许留设变形缝的工程部位，应在其两侧混凝土龄期达到 42 d 后再施工，后浇带两侧可做成平直缝或阶梯缝，结构主筋不宜在缝中断开。

③后浇带采用掺膨胀剂的补偿收缩混凝土，其强度等级不得低于两侧混凝土。后浇带混凝土应一次浇筑，不得留设施工缝。

④混凝土浇筑后应及时养护，养护时间不得少于 28 d。后浇带防水构造如图 7-7 所示。后浇带需超前止水时，后浇带部位混凝土应局部加厚，并增设外贴式或中埋式止水带，如图 7-8 所示。

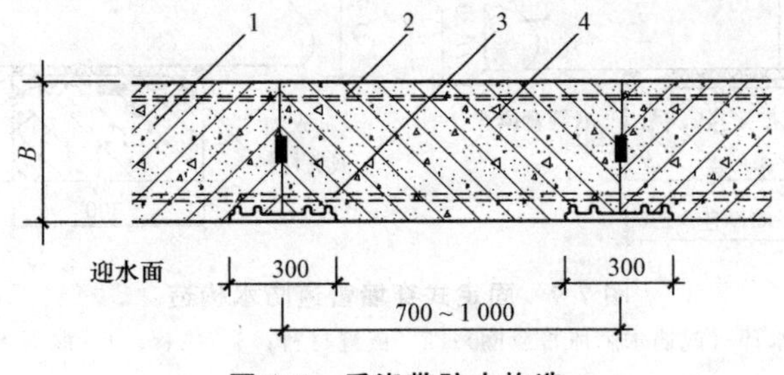

图 7-7　后浇带防水构造

1—先浇混凝土；2—结构主筋；3—外贴式止水带；4—后浇补偿收缩混凝土

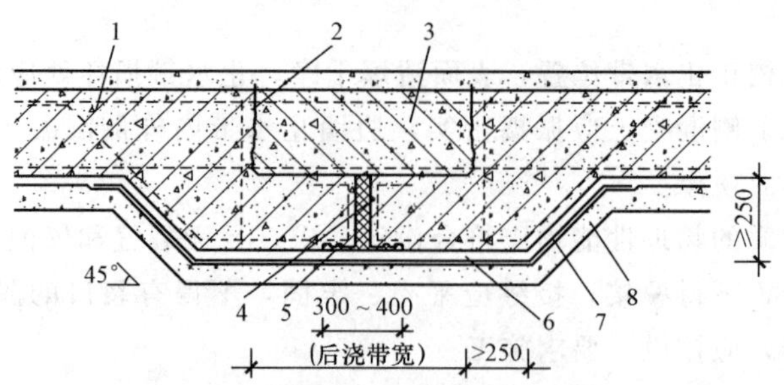

图 7-8　后浇带超前止水构造

1—先浇混凝土；2—钢丝网片；3—后浇带；4—填缝材料；5—外贴式止水带；
6—细石混凝土保护层；7—卷材防水层；8—垫层混凝土

5）穿墙管道。当有管道穿过地下防水混凝土外墙时，由于两者的变形收缩、粘结能力等诸多因素影响，管道与混凝土的接缝易产生渗漏，可在穿墙管道上满焊止水环或固定遇水膨胀橡胶圈。

穿墙管道应在混凝土浇筑前预埋，管与管的间距应大于 300 mm；穿墙管道与内墙角、凹凸部位的距离应大于 250 mm。结构变形或管道伸缩量较大或有更换要求时，应采用套管式防水法，套管应加焊止水环。结构变形或管道伸缩量较小时，穿墙管道可采用主管直接埋入混凝土内的固定式防水法，主管应加焊止水环或环绕遇水膨胀止水圈，并应在迎水面预留凹槽，槽内用密封材料嵌填密实。其防水构造如图 7-9 所示。

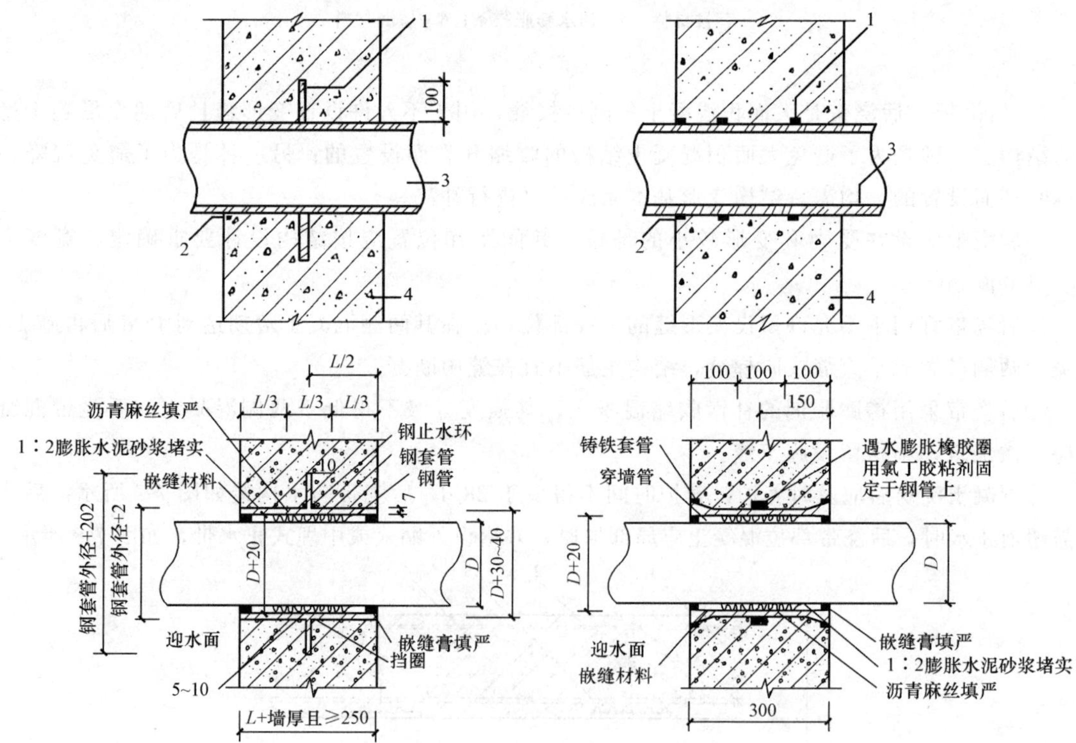

图 7-9　固定式穿墙管道防水构造

1—止水环（或遇水膨胀橡胶圈）；2—嵌缝材料；3—主管；4—混凝土结构

（4）防水混凝土施工要求。防水混凝土结构的钢筋绑扎安装时，应留设保护层，不得有负误差。留设保护层必须采用与防水混凝土成分相同的细石混凝土或砂浆垫块，严禁用钢筋或塑料等支架支垫。固定钢筋网片的支架和“s”钩、绑扎钢筋的钢丝、钢筋焊接的镦粗点及机械式连接的套筒等，均应有足够的保护层，不得碰触模板。

防水混凝土应配合比准确、搅拌均匀；运输应及时、快捷，若有离析现象应进行二次搅拌。当因坍落度损失致使不能满足浇筑要求时，应加入原水胶比的水泥浆或掺加同品种的减水剂进行搅拌，严禁直接加水。

防水混凝土应尽量连续浇筑，使其成为封闭的整体。当在大型地下工程中，竖向结构与水平结构难以实现连续浇筑时，宜采用底板→底层墙体→底层顶板→墙体→…分几个部位浇筑的程序。基础底板面积较大，宜采取分区段分层浇筑；墙体高度大，宜分层交圈浇筑，并保证上下层的连续。对大体积混凝土应制订可靠的综合措施以防开裂，确保其抗渗性能。

浇筑时，应控制倾落高度，防止分层离析；分层浇筑时，每层厚度不得大于500 mm，应采用机械振捣，并避免漏振、欠振和过振。

当混凝土终凝后应立即覆盖、保湿养护，养护温度不得低于5 ℃，时间不少于14 d。拆模不宜过早，墙体带模养护不少于3 d。拆模时，混凝土表面与环境温差不得超过20 ℃，防止开裂和损坏。冬期施工时不得采用电热法或蒸汽直接加热养护，应采取保湿保温措施。

应按规定留置抗压强度试块和抗渗试块。抗渗试块应在浇筑地点与其他试块同时制作，每连续浇筑混凝土500 m^3 留置一组，且每项工程不得少于两组，每组为6块。其中一组进行28 d标准养护，另一组与结构同条件下养护，其抗渗等级均不应低于设计等级。

7.2.3 涂膜防水

地下防水涂料分为无机防水涂料和有机防水涂料。防水涂料品种选择应符合下列规定：潮湿基层宜选用与潮湿基面粘结力大的无机防水涂料或有机防水涂料，也可采用先涂水泥基类无机防水涂料再涂有机涂料构成复合防水涂层；冬期施工宜选用反应型涂料，如用水乳型涂料，温度不得低于5 ℃；埋置深度较深的重要工程、有振动或有较大变形的工程宜选用高弹性防水涂料；有腐蚀性的地下环境宜选用耐腐蚀性较好的反应型、水乳型、聚合物水泥有机防水涂料，并做刚性保护层。

（1）施工工艺。防水涂料可采用外防外涂、外防内涂两种做法。涂膜防水层施工程序：基层处理→平面涂布处理剂→增强涂布或增补涂布施工→平面防水层涂布施工→平面部位铺贴油毡隔离层→平面部位浇筑细石混凝土保护层→钢筋混凝土地下结构施工→修补混凝土立墙外表面→立墙外侧涂布基层处理剂→增强涂布或增补涂布→涂布立墙防水层→立墙防水层保护层施工→基坑回填。

（2）施工方法。

1）基层检查验收。无机防水涂料基层表面应干净、平整、无浮浆和明显积水。有机防水涂料基层表面应基本干燥，不应有气孔、凹凸不平、蜂窝麻面等缺陷。涂料施工前，基层阴阳角应做成圆弧形，阴角直径宜大于50 mm，阳角直径宜大于10 mm。

2）涂膜防水层施工。涂刷前应先在基层面上涂布基层处理剂；涂膜应分层涂刷或喷涂，涂刷应待前遍涂层干燥成膜后进行；每遍涂刷时应交替改变涂层的涂刷方向，同层涂膜的先后搭压宽度宜为 30～50 mm；涂料防水层施工缝应注意保护，甩槎处接缝宽度不应小于 100 mm，接涂前应将其甩槎表面处理干净。涂刷程序应先做转角处、穿墙管、变形缝等部位的加强层，后进行大面积涂刷。

3）涂膜防水保护层。细石混凝土保护层厚度：机械回填时不宜小于 70 mm，人工回填时不宜小于 50 mm；底板的细石混凝土保护层厚度不应小于 50 mm；侧墙背水面应采用 20 mm 厚 1∶2.5 水泥砂浆层保护；侧墙迎水面宜采用软质保护材料或铺抹 20 mm 厚 1∶2.5 水泥砂浆层保护。

7.2.4 膨润土板（毯）防水

膨润土防水材料是利用天然纳基膨润土制成的地下防水材料，具有遇水止水的特性，其防水机理：当与水接触后逐渐发生水化膨胀，在一定限制条件下，形成渗透性极低的凝胶体而达到阻水抗渗的目的。它具有良好的不透水性、耐久性、耐腐蚀性和耐菌性，已广泛应用于地下工程和部分大型建筑的地下防水。

膨润土防水材料包括膨润土防水毯及其配套材料。目前，国内的膨润土防水毯主要有三种产品：一是有两种土工布包裹纳基膨润土颗粒的膨润土防水毯；二是附有高密度聚乙烯膜的膨润土防水毯；三是用胶粘剂把膨润土颗粒黏结到高密度聚乙烯板上的膨润土防水毯（也称为防水板）。

（1）施工工艺流程。主要工艺流程：基面处理→加强层设置→铺防水毯（或挂防水板）→搭接缝封闭→甩头收边、保护→破损部位修补。

（2）基层及细部处理。铺设膨润土防水层的基层混凝土强度等级不得小于 C15，水泥砂浆强度等级不得低于 M7.5。基层应平整、坚实、清洁，不得有明水和积水。

阴、阳角部位可采用膨润土颗粒、膨润土棒材、水泥砂浆进行倒角处理，做成直径不小于 30 mm 的圆弧或坡脚。

变形缝、后浇带等接缝部位应设置宽度不小于 500 mm 的加强层，加强层应设置在防水层与结构外表面之间。穿墙管件部位宜采用膨润土橡胶止水条、膨润土密封膏或膨润土粉进行加强处理。

（3）施工要点。

1）膨润土防水毯的织布面或防水板的膨润土面应与结构外表面或底板垫层混凝土密贴。立面和斜面铺设膨润土防水材料时，应上层压着下层，并应贴合紧密，平整无褶皱。

2）甩槎与下幅防水材料连接时，应将收口压板、临时保护膜等去掉，将搭接部位清理干净，涂抹膨润土密封膏后搭接固定。搭接宽度应大于 100 mm，搭接处的固定点距搭接边缘宜为 25～30 mm。平面搭接缝可干撒膨润土颗粒进行封闭。

3）膨润土防水材料的固定应采用水泥钉加垫片。水泥钉的长度应不小于 40 mm，立面和斜面上的固定间距为 400～500 mm，呈梅花形布置。平面上应在搭接缝处固定；永久收口部位应用收口压条和水泥钉固定，并用膨润土密封膏覆盖。

4）对于需要长时间甩槎的部位应采取遮挡措施，避免阳光直射造成老化变脆。

5）破损部位应采用与防水层相同的材料进行修补，补丁边缘与破损部位边缘距离不应小于 100 mm。

6）穿墙管道处应设置附加层，并用膨润土密封膏封严。

思考题

1. 试述高聚物改性沥青卷材屋面防水层和合成高分子卷材屋面防水层的施工过程（施工要点）。
2. 地下工程防水等级有哪几级？它的标准是什么？适用范围是什么？
3. 什么是刚性防水层？简述刚性防水屋面设置隔离层和分格缝的作用。
4. 试述屋面涂膜防水层的施工过程。
5. 屋面找平层为什么要留置分格缝？如何留置？
6. 后浇带混凝土施工应注意哪些问题？
7. 简述外防外贴法和外防内贴法的施工要点及两者的主要区别。
8. 简述水泥砂浆防水层对原材料的基本要求。
9. 防水混凝土工程施工中应注意哪些问题？

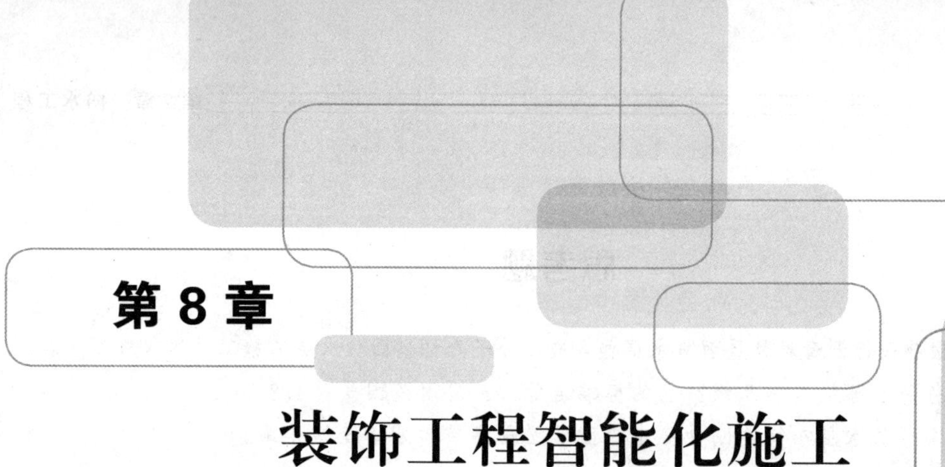

第8章 装饰工程智能化施工

课程导学

了解一般抹灰层的组成、作用和做法，掌握抹灰的质量标准和检验方法；了解装饰抹灰施工工艺及操作要点，掌握装饰抹灰面层的做法；了解饰面板（砖）工程的新材料，掌握饰面板（砖）的质量要求和施工工艺；了解建筑涂料的种类，掌握涂料工程的施工要点。

8.1 抹灰工程智能化施工

8.1.1 一般抹灰工程

1. 一般抹灰概述

（1）抹灰工程的分类。抹灰工程按照抹灰施工部位的不同，分为室内抹灰和室外抹灰。通常室内各部位的抹灰称为室内抹灰，如内墙、顶棚抹灰等；室外各部位的抹灰称为室外抹灰，如外墙面、雨篷和檐口抹灰等。

按使用材料和装饰效果不同又分为一般抹灰和装饰抹灰两大类。一般抹灰有水泥石灰砂浆、水泥砂浆、聚合物水泥砂浆，以及麻刀灰、纸筋灰、石膏灰等；装饰抹灰有水刷石、斩假石、干粘石、假面砖、拉毛灰、洒毛灰，以及喷砂、喷涂、滚涂、弹涂等。

一般抹灰按照使用要求、质量标准的不同分为普通抹灰和高级抹灰。

1）普通抹灰要求分层涂抹、赶平，表面应光滑、洁净、接槎平整，分格缝应清晰。普通抹灰适用于一般居住、公共和工业建筑，以及高级建筑物中的附属用房等。

2）高级抹灰要求分层涂抹、赶平，光滑、洁净、颜色均匀、无抹纹，分格缝和灰线应清晰美观，阴阳角方正。高级抹灰适用于大型公共建筑、纪念性建筑物及有特殊要求的高级建筑等。

（2）抹灰层的组成。为使抹灰层与基层黏结牢固，防止起鼓开裂，并使抹灰层的表面平整，保证工程质量，抹灰层应分层涂抹。抹灰层一般由底层、中层和面层组成。底层主要起与基层（基体）黏结和初步找平的作用；中层主要起找平作用；面层主要起装饰美化作用，如图8-1所示。底层所使用的材料随基层不同而异，室内砖墙常用石灰砂浆、水泥石灰混合砂浆；室外砖墙和有防潮防水的内墙面常用水泥砂浆或混合砂浆；对混凝土基层宜先刷素水泥浆一道，采用混合砂浆或水泥砂浆打底，更易于黏结牢固。各层厚度和使用砂浆品种应视基层材料、部位、质量标准及各地气候情况决定。抹灰层的一般做法见表 8-1。

(3) 抹灰层的平均总厚度。根据抹灰部位和基层材料的不同，抹灰层的平均总厚度应小于下列数值：

1) 顶棚：板条、预制混凝土抹灰平均厚度不宜大于 10 mm；现浇混凝土抹灰平均厚度不宜大于 5 mm。

2) 内墙：普通抹灰平均厚度不大于 20 mm；高级抹灰平均厚度不宜大于 25 mm。

3) 外墙：抹灰平均厚度不宜大于 20 mm；勒脚及凸出墙面部分抹灰平均厚度不宜大于 25 mm。

4) 蒸气加压混凝土砌块基层抹灰平均厚度宜控制在 15 mm 以内；当采用聚合物水泥砂浆抹灰时，平均厚度控制在 5 mm 以内；当采用石膏砂浆抹灰时，平均厚度控制在 10 mm 以内。

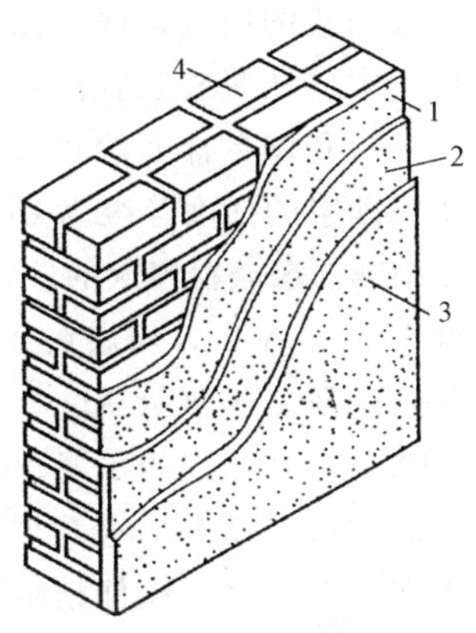

图 8-1　抹灰层的组成

1—底层；2—中层；3—面层；4—基层

控制抹灰层平均总厚度主要是为了防止抹灰层脱落。若抹灰层厚度大于 35 mm，必须采取加强处理措施。抹灰工程一般应分遍进行，以便黏结牢固，并能起到找平和保证质量的作用。如果一层抹得太厚，由于内外收水快慢不同，容易产生开裂，甚至起鼓脱落。

每遍抹灰厚度一般控制如下：抹水泥砂浆每遍厚度为 5～7 mm；水泥石灰砂浆每遍厚度为 7～9 mm；应待前一层六七成干后，方可涂抹后一层。强度高的水泥砂浆不应涂抹在强度低的水泥砂浆基层上。

表 8-1　抹灰层的一般做法

层次	作用	基层材料	做法
底层	主要起与基层黏结的作用，兼起初步找平作用。砂浆稠度为 10～20 cm	砖墙	室内墙面一般采用石灰砂浆或水泥混合砂浆打底；室外墙面、门窗洞口外侧壁、屋檐、勒脚、压檐墙等及湿度较大的房间和车间宜采用水泥砂浆或水泥混合砂浆
		混凝土	宜先刷素水泥浆一道，采用水泥砂浆或混合砂浆打底；高级装修顶板宜用乳胶水泥砂浆打底
		硅酸盐砌块	宜用水泥混合砂浆或掺增稠粉的水泥砂浆打底
		平整、光滑的混凝土基层，如顶棚	可不抹灰，采用刮粉刷石膏或刮腻子处理
中层	主要起找平作用。砂浆稠度为 7～8 cm		基本与底层相同，砖墙则采用麻刀灰、纸筋灰等；根据施工质量要求可以一次抹成，也可分遍进行
面层	主要起装饰作用。砂浆稠度为 10 cm		要求平整、无裂纹，颜色均匀；室内一般采用麻刀灰、纸筋灰、玻璃丝灰或粉刷石膏；高级墙面用石膏灰。保温、隔热墙面按设计要求；室外常用水泥砂浆、水刷石、干粘石等

(4) 一般抹灰的材料。抹灰工程用砂浆宜选用预拌抹灰砂浆，并应采用机械搅拌的方法拌和。抹灰砂浆的强度等级应满足设计要求，如设计无规定，则强度等级应满足以下要求：对于无粘贴饰面砖的外墙，底层抹灰砂浆宜比基体材料高一个强度等级或等于基体材料强度；对于

无粘贴饰面砖的内墙，底层抹灰砂浆宜比基体材料低一个强度等级；对于有粘贴饰面砖的内墙和外墙，中层抹灰砂浆宜比基体材料高一个强度等级且不低于 M15，并宜选用水泥砂浆；孔洞填补、窗台和阳台抹面等宜采用 M15 或 M20 水泥抹灰砂浆。

水泥砂浆的强度等级为 M15、M20、M25、M30，保水率不宜小于 82%，拉伸粘结强度不低于 0.2 MPa；水泥粉煤灰的砂浆强度等级为 M5、M10、M15，保水率不宜小于 82%，拉伸粘结强度不低于 0.15 MPa，粉煤灰替代量不宜小于 30%，用于外墙时，水泥用量不小于 250 kg/m^3；水泥石灰砂浆强度等级为 M2.5、M5、M7.5、M10，保水率不宜小于 88%，拉伸粘结强度不低于 0.15 MPa；掺塑化剂的水泥砂浆强度等级为 M5 、M10、M15，保水率不宜小于 88%，拉伸粘结强度不低于 0.15 MPa，使用时间不大于 2 h；聚合物水泥砂浆 M5，可操作时间宜为 1.5～4 h，保水率不宜小于 99%，拉伸粘结强度不低于 0.3 MPa，具有外墙防水性能要求的，抗渗性能不小于 P6；石膏抹灰砂浆强度等级不应小于 M4.0，拉伸粘结强度不低于 0.4 MPa，凝结时间为 1～8 h。聚合物水泥砂浆和石膏砂浆掺加外加剂，宜为专业工厂生产的干混砂浆，不宜现场配制。

配制 M20 抹灰砂浆宜用水泥为强度等级不小于 32.5 级的普通硅酸盐水泥或砌筑水泥。配制大于 M20 抹灰砂浆宜用水泥为强度等级不小于 42.5 级的通用硅酸盐水泥。用通用硅酸盐水泥拌制抹灰砂浆时，可掺入适量石灰膏、粉煤灰、粒化高炉矿渣粉、沸石粉等，不应掺入消石灰粉。用砌筑水泥拌制抹灰砂浆时，不得掺入粉煤灰等矿物掺合矿料。水泥宜采用散装的方法供应。出厂 3 个月的水泥，应经试验后方能使用，受潮后结块的水泥应经过筛试验后使用。水泥体积安定性必须合格。

块状生石灰必须经熟化成石灰膏后才能使用。在常温下，熟化时间不应少于 15 d；用于罩面的石灰膏，在常温下熟化的时间不得少于 30 d，并用孔径不大于 3 mm×3 mm 的网过滤。罩面用的磨细生石灰粉的熟化时间不得少于 3 d。沉淀池中贮存的石灰膏，应采取防止干燥、冻结和污染的措施。脱水硬化的石灰膏不得使用，未熟化的生石灰粉及消石灰粉不得直接使用。

抹灰用石膏，一般用于高级抹灰或抹灰龟裂的补平。宜采用乙级建筑石膏，使用时磨成细粉、无杂质，细度要求通过 0.15 mm 的筛孔，筛余量不大于 10%；粉刷石膏是以建筑石膏粉为基料，加入多种添加剂和填充料等配制而成的一种白色粉料，是一种新型的装饰材料。常见的粉刷石膏有面层粉刷石膏、基层粉刷石膏、保温粉刷石膏等。

抹灰砂浆宜用中砂。人工砂、山砂及细砂应经试配，试验证明能满足抹灰砂浆要求后再使用。要求砂颗粒坚硬、洁净，使用前需要过筛，黏土含量不超过 5%，且不应含有 4.75 mm 以上粒径的颗粒，不得含有草根、树叶和其他有机物等有害杂质。

2. 一般抹灰施工工艺

(1) 抹灰基体的表面处理。为了保证抹灰层与基体之间能黏结牢固，不出现裂缝、空鼓和脱落等现象，在抹灰前基体表面上的灰土、污垢等应清除干净，基体表面凹凸明显的部位应先剔平或用水泥砂浆补平，基体表面应具有一定的粗糙度。

砖石基体表面灰缝应砌成凹缝式，使砂浆能嵌入灰缝内与砖石基体黏结牢固。

混凝土基体表面较光滑，为增强基层与抹灰层的粘结力，应在表面先刷一道水泥浆或水泥砂浆、聚合物水泥浆或喷涂混凝土界面砂浆。采用喷涂施工时应符合《混凝土基层喷浆处理技术规程》(JGJ/T 238—2011) 中的有关规定，喷浆料的厚度宜为 80～100 mm，与基层的粘结力不应小于 0.4 MPa，施工环境温度不低于 5 ℃，雨天不宜进行喷涂作业。喷浆完成后 12 h 内进行喷水养护，时间不少于 3 d。

加气混凝土基层表面抹灰前应清扫干净，并需要刷一道聚合物胶水溶液后方可抹灰。板条墙或板条顶棚，各板条之间应预留 8～10 mm 的缝隙，以便底层砂浆能压入板缝内结合牢固。

不同材料基体交接处表面的抹灰，应采取防开裂的加强措施。当采用加强网时，加强网与各基体搭接宽度不应小于 100 mm，如图 8-2 所示。对于容易开裂的部位，也应设置加强网以防止开裂。

门窗框与墙连接处的缝隙，应用水泥砂浆嵌塞密实，以防因振动而引起抹灰层剥落、开裂。

(2) 找规矩、做灰饼。内墙面抹灰为保持抹灰的垂直平整，首先用托线板检查墙的平整度、垂直程度，经检查后确定抹灰层的厚度，但最薄处不应小于 7 mm。若墙面凹度较大，应分层涂抹，严禁一次抹灰太厚，否则容易造成砂浆干缩、空鼓开裂。

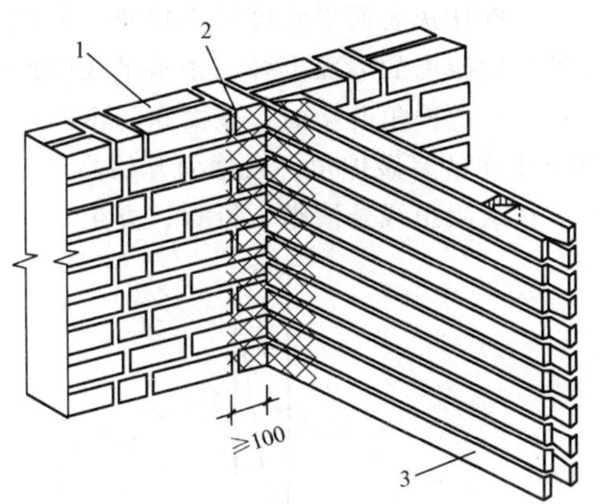

图 8-2　不同基层接缝处理

1—砖墙；2—钢丝网；3—板条墙

抹灰前，在墙面距地面 2 m 左右，距墙面两边阴角 10～20 cm 处，分别用 1∶3 水泥砂浆或打底砂浆做两个大小为 20～30 cm^2 的灰饼，其厚度以墙面平整和垂直确定。然后，根据这两个灰饼用挂线板或线坠在踢脚线上做下面两个灰饼。灰饼稍干后，在两个灰饼两端砖缝中钉入钉子，拉上横线，沿线每隔 1.2～1.5 m 补做灰饼。

(3) 设置标筋。为有效地控制墙面抹灰层的厚度与垂直度，使抹灰面平整，抹灰层施工前应设置标筋（也称冲筋），作为底层、中层抹灰的依据。根据设计要求和基层表面情况，用一面墙作基准，进行垂直、套方、找规矩，确定抹灰厚度，再在离阴角边 100～200 mm 处按抹灰厚度用砂浆做一个四方形灰饼，灰饼宜用 M15 水泥砂浆做成 50 mm 方形。然后根据这两个灰饼，用托线板或线坠吊挂垂直，做墙面下角的两个灰饼，位置一般在踢脚线上口。随后以上角和下角左右两灰饼面为准拉线，每隔 1.2～1.5 m 上下加做若干灰饼，如图 8-3 所示。待灰饼稍干后，在上、下灰饼之间用砂浆抹上一条宽 100 mm 左右的垂直灰埂，即标筋，作为抹底层及中层厚度控制和赶平的标准。当墙高不大于 3.5 m 时，做立筋，间距不宜大于 1.5 m；当墙高大于 3.5 m 时，做横筋，间距不宜大于 2 m。冲筋 2 h 后，即可抹底灰。

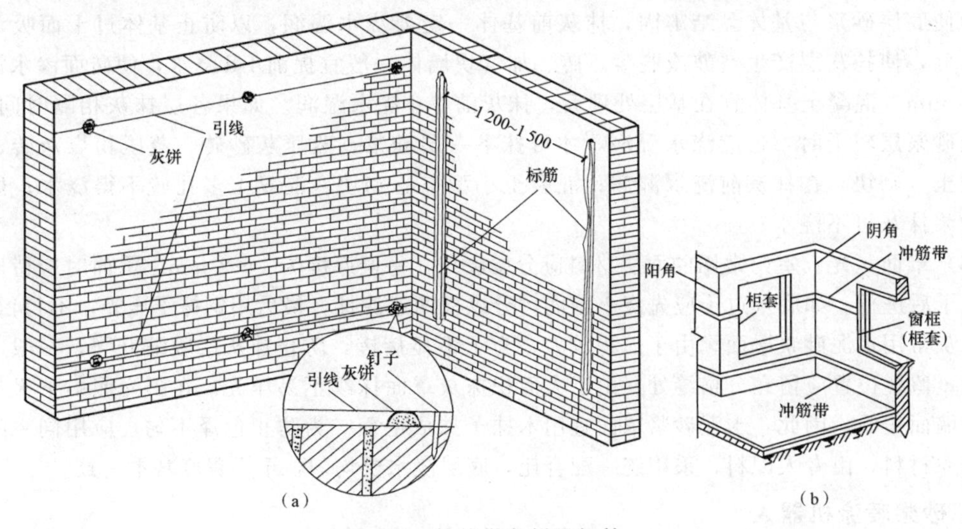

图 8-3　挂线做灰饼及标筋

(a) 灰饼和标筋的位置示意；(b) 水平横向标筋示意

顶棚抹灰表面平整度可不检查，但应平顺。因此，顶棚抹灰一般不做灰饼和标筋，而是在靠近顶棚四周的墙面上弹一条水平线以控制抹灰层厚度，并作为抹灰找平的依据。

(4) 做护角。墙面、柱面和门窗洞口的阳角容易受到碰撞而损坏，在抹灰前，该处应采用M20水泥砂浆做护角，自地面开始高度不小于1.8 m，每侧宽度不小于50 mm，如图8-4所示。要求抹灰阳角线条清晰、挺直、方正。

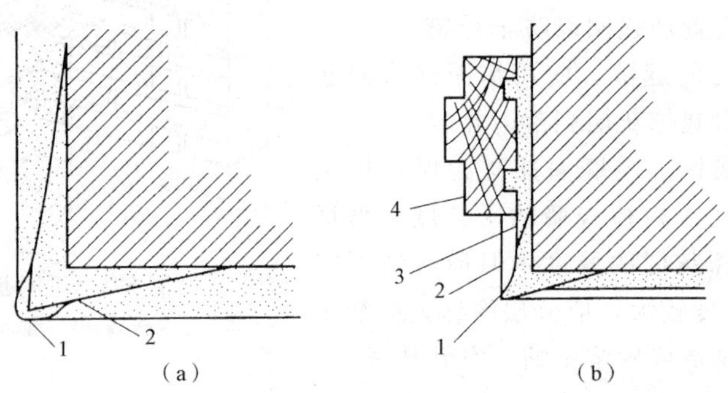

图 8-4 阳角护角

(a) 墙、柱阳角护角；(b) 门洞阳角护角

1—水泥砂浆护角；2—墙面砂浆；3—嵌缝砂浆；4—门框

(5) 抹灰层施工。在标筋稍干后，即可进行抹灰层的涂抹。分层涂抹时，应防止涂抹后一层砂浆时破坏已抹砂浆的内部结构而影响与前一层的黏结，应避免几层湿砂浆粘合在一起造成收缩率过大，导致抹灰层开裂、空鼓。所以，水泥砂浆和水泥混合砂浆应待前一层抹灰层凝结后，方可涂抹后一层；抹灰用的砂浆应具有良好的工作性（和易性），以便于操作。砂浆稠度一般宜控制：底层抹灰砂浆为100～120 mm；中层抹灰砂浆为70～80 mm。底层砂浆与中层砂浆的配合比应基本相同。中层砂浆强度不能高于底层，底层砂浆强度不能高于基体，以免砂浆在凝结过程中产生较大的收缩应力，破坏强度较低的抹灰底层或基体，导致抹灰层产生裂缝、空鼓或脱落。另外，底层砂浆强度与基体强度相差过大时，由于收缩变形性能相差悬殊也易产生开裂和脱离，故混凝土基体上不能直接抹石灰砂浆。

为使底层砂浆与基体黏结牢固，抹灰前基体一定要浇水湿润，以防止基体过干而吸走砂浆中的水分，使抹灰层产生空鼓或脱落。砖、加气块墙体一般宜提前1 d浇水，使砖面渗水深度在10～20 mm。混凝土基体宜在基层处理后，抹灰前1 d浇水湿润。如果各层抹灰相隔时间较长，已抹灰砂浆层较干时，也应浇水湿润，才可抹下一层砂浆。蒸压灰砂砖、蒸压粉煤灰砖、轻骨料混凝土（砌块）在抹灰前浇水湿润；混凝土小型空心砌块、混凝土多孔砖不得浇水；聚合物水泥砂浆抹灰可不浇水。

(6) 罩面压光。室内常用的面层材料应分层涂抹，每遍厚度为1～2 mm。罩面时应待底子灰五六成干后进行。如底灰过干应先浇水湿润，分纵横两遍涂抹，最后用钢抹子压光，不得留抹纹。室外抹灰常用水泥砂浆罩面。由于面积较大，为了不显接槎，防止抹灰层收缩开裂，一般应设有分格缝，留槎位置应留在分格缝处。由于大面积抹灰罩面抹纹不易压光，在阳光照射下极易显露而影响墙面美观，因此，水泥砂浆罩面宜用木抹子抹成毛面。为防止色泽不匀，应用同一品种与规格的原材料，由专人配料，采用统一配合比，底层浇水要均匀，干燥程度基本一致。

3. 砂浆喷涂机器人

砂浆喷涂机器人适用于室内高精砌砖墙体薄抹灰工程施工，机器人采用激光雷达与BIM技术结合，可自主定位导航和智能路径规划，在自动供料下实现砂浆均匀喷涂上墙，为人工刮平墙面作业夯实基础。可根据不同场景切换不同作业模式，喷涂厚度根据需求精准可控。

8.1.2　装饰抹灰工程

装饰抹灰是指采用装饰性强的材料，或用不同的处理方法，以及加入各种颜料，使建筑物具备某种特定的色调和光泽。装饰抹灰底层和中层的做法与一般抹灰要求相同，面层根据材料及施工方法的不同而具有不同的形式。常见的装饰抹灰饰面有水刷石、斩假石、干粘石、假面砖等。

(1) 水刷石。水刷石多用于室外墙面的装饰抹灰。高层建筑大面积采用水刷石时，为加强底层与混凝土基体的黏结，防止空鼓、开裂，墙面要加钢筋做拉结网。施工工序：用 12 mm 厚的 1∶3 水泥砂浆打底找平，砂浆终凝→在其上按设计的分隔弹线安装分隔条，两侧水泥砂浆黏结固定→底层浇水润湿后刮水泥浆（水胶比为 0.37～0.40）一道，增加面层与底层的粘结→随即抹上稠度为 5～7 cm、厚 8～12 mm 的水泥石子浆（水泥∶石子＝1∶1.25～1∶1.50）面层，拍平压实，使石子分布均匀密实→水泥石子浆开始凝固，用刷子蘸水自上而下刷掉石子间表层水泥浆。

设置分隔条的作用是防止大片面层收缩开裂。水泥石子浆开始凝固以手指按上去无指痕，用刷子刷石子，石子不掉下为准。刷洗时间要严格掌握，刷洗过早或过度，则石子颗粒露出灰浆面过多，容易脱落；刷洗过晚，则灰浆洗不净，石子不显露，饰面浑浊不清晰，影响美观。水刷石的外观质量应满足石粒清晰、分布均匀、紧密平整、色泽一致，不得有掉粒和接槎痕迹。

(2) 干粘石。干粘石主要是用于外墙面的装饰抹灰。施工工序：在已经硬化的底层水泥砂浆层上按设计要求弹线分格→根据弹线镶嵌分格木条，将底层浇水润湿→抹上一层 6 mm 厚 1∶2～1∶2.5 的水泥砂浆层→随即再抹一层 2 mm 厚的 1∶0.5 水泥石灰膏浆粘结层→将配有不同颜色或同色的粒径为 4～6 mm 的石子甩粘拍平压实→待有一定强度后洒水养护。

拍时不得把砂浆拍出来，以免影响美观，要使石子嵌入深度不小于石子粒径的 1/2。干粘石表面应色泽一致、不露浆、不漏粘，石粒应黏结牢固、分布均匀，阳角处应无明显黑边。

8.2　饰面板（砖）工程智能化施工

饰面工程是在墙、柱表面镶嵌或安装具有保护和装饰功能的块料而形成的饰面层。块料的种类可分为饰面板和饰面砖两大类。

饰面板有石材饰面板、金属饰面板等；饰面砖有釉面瓷砖、外墙面砖、陶瓷马赛克和玻璃马赛克等。饰面板工程采用的石材有花岗石、大理石、青石板和人造石材；采用的瓷板有抛光板和磨边板两种，面积不大于 1.2 m^2，不小于 0.5 m^2；金属饰面板有钢板、铝板等品种；木材饰面板主要用于内墙裙。陶瓷面砖主要包括釉面瓷砖、外墙面砖、陶瓷马赛克、陶瓷壁画、劈裂砖等；玻璃面砖主要包括玻璃马赛克、彩色玻璃面砖、釉面玻璃等。

8.2.1　饰面板安装

1. 大理石、磨光花岗石饰面施工

薄型小规格块材（边长小于 400 mm）工艺流程：基层处理→吊垂直、套方、找规矩、贴灰

饼→抹底层砂浆→弹线分格→排块材→浸块材→镶贴块材→表面勾缝与擦缝。

大规格块材（边长大于 400 mm）工艺流程：施工准备（钻孔、剔槽）→穿铜丝或镀锌丝与块材固定→绑扎、固定钢筋网→吊垂直、找规矩弹线→安装大理石、磨光花岗石→分层灌浆→擦缝。

（1）薄型小规格块材。薄型小规格块材一般厚度在 10 mm 以下，边长小于 400 mm，可采用粘贴方法。

1）进行基层处理和吊垂直、套方、找规矩，参见镶贴面砖施工要点相关部分。需要注意同一墙面不得有一排以上的非整砖，并应将非整砖镶贴在较隐蔽的部位。

2）在基层湿润的情况下，先刷 108 胶素水泥浆一道（内掺水重 10％的 108 胶），随刷随打底；底灰采用 1∶3 水泥砂浆，厚度为 12 mm 左右，分两遍操作，第 1 遍约 5 mm，第 2 遍约 7 mm，待底灰压实刮平后，将底子灰表面划毛。

3）底子灰凝固后进行分块弹线，随即将已湿润的块材抹上厚度为 2～3 mm 的素水泥浆，内掺水重 20％的 108 胶进行镶贴（也可以用胶粉），用木锤轻敲，再用靠尺找平找直。

（2）大规格块材。当大规格块材边长大于 400 mm，镶贴高度超过 1 m 时，可采用安装方法。

湿挂法是传统的安装方法，施工简单，但速度慢，易产生空鼓脱落和泛碱现象，仅能用于高度较小、效果要求不高的部位。其施工工艺流程：基体处理→固定钢筋网→预拼编号→固定绑丝→板块就位及临时固定→灌水泥砂浆→清理及嵌缝。为了避免泛碱现象，安装前须对石材进行防碱背涂处理。该种方法由于问题较多，已逐渐被干挂法取代。

2. 大理石、花岗石干挂施工

干挂法的操作工艺包括选材、钻孔、基层处理、弹线、板材铺贴和固定五道工序。除钻孔和板材的固定工序外，其余做法均同前。

（1）钻孔。由于相邻板材是用不锈销钉连接的，因此钻孔位置一定要准确，以便使板材之间的连接水平一致、上下平齐。钻孔前，应在板材侧面按要求定位，用电钻钻成直径为 5 mm、孔深为 12～15 mm 的圆孔，然后将直径为 5 mm 的销钉插入孔内。

（2）板材的固定。用膨胀螺钉将固定和支撑板块的连接件固定在墙面上，如图 8-5 所示。连接件是根据墙面与板块销孔的距离，用不锈钢加工成 L 形。为便于安装板块时调节销孔和膨胀螺钉的位置，在 L 形连接件上留接槽形孔。待板块调整至正确位置时，随即拧紧膨胀螺钉螺母进行固结，并用环氧树脂胶将销钉固定。

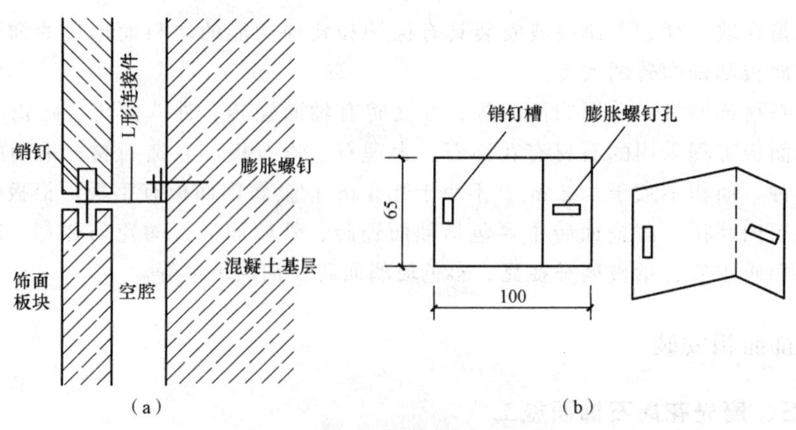

图 8-5　用膨胀螺栓固定板材

（a）板材固定；（b）L 形连接件

3. 金属饰面板施工

金属饰面板一般采用铝合金板、彩色压型钢板和不锈钢钢板。其用于内外墙面、屋面、顶棚等，也可在建筑物四周的转角部位、玻璃幕墙的伸缩缝、水平部位的压顶等配套使用。

(1) 吊直、套方、找规矩、弹线。根据设计图纸的要求和几何尺寸，对镶贴金属饰面板的墙面进行吊直、套方、找规矩并依次实测和弹线，确定饰面墙板的尺寸和数量。

(2) 固定骨架的连接件。骨架的横竖杆件是通过连接件与结构固定的，而连接件与结构之间，可以与结构的预埋件焊牢，也可以在墙上打膨胀螺钉。打膨胀螺钉比较灵活，尺寸误差较小，容易保证位置的准确性，在实际施工中采用得较多，须在螺钉位置画线按线开孔。

(3) 固定骨架。骨架施工前应做防腐处理。安装骨架位置要准确，结合要牢固。安装后应全面检查中心线、表面标高等。为了保证高层建筑外墙饰面板的安装精度，宜用经纬仪对横竖杆件进行贯通。变形缝、沉降缝等应妥善处理。

(4) 金属饰面安装。安装顺序是从每面墙的竖向第一排下部第一块板开始，自下而上安装。安装完该面墙的第一排再安装第二排。每安装铺设 10 排墙板后，应吊线检查一次，以及时消除误差。为保证墙面外观质量，螺钉位置必须准确，并采用单面施工的钩形螺钉固定，使螺钉的位置横平竖直。固定金属饰面板一般有两种方法：一种是用螺钉将板条或方板拧在型钢或木架上，此法耐久性较好，多用于外墙；另一种是将板条卡在特制的龙骨上，此法多用于室内。板之间常留 10～20 mm 的缝隙，一般用橡胶条或密封垫弹性材料处理。当饰面板安装完毕后，要注意在易于被污染的部位用塑料薄膜覆盖保护。应设安全栏杆保护易被划碰的部位。

(5) 收口构造。水平部位的压顶、端部的收口、伸缩缝的处理、两种不同材料的交接处理等，不仅关系装饰效果，而且对使用功能也有较大的影响。一般多用特制的两种材质性能接近的成型金属板进行妥善处理。

构造比较简单和转角处理方法，一般用一条约 1.5 mm 厚的直角形金属板，与外墙板用螺钉连接固定。窗台、女儿墙的上部，均属于水平部位的压顶处理，即用铝合金板盖住，使其能挡风雨浸透。水平桥的固定，一般先在基层焊上钢骨架，然后用螺钉将盖板固定在骨架上。盖板之间的连接宜采取搭接的方法。

墙面边缘部位的收口处理，一般用颜色相似的铝合金成形板将墙板端部及龙骨部位封住。墙面下端的收口处，用一条特制的披水板，将板的下端封住，同时将板与墙之间的缝隙盖住，防止雨水渗入室内。伸缩缝、沉降缝的处理，首先要适应建筑物伸缩和沉降的需要，同时也应考虑装饰效果；此部位是防水的薄弱环节，其构造节点应周密考虑，一般可用氯丁橡胶带连接、密封。墙板的外、内包角及窗周围的泛水板等需要在现场加工的异形件，应参考图纸，对安装好的墙面进行实测套足尺，确定其形状尺寸，使其加工准确、便于安装。

8.2.2　饰面砖施工

饰面砖施工工艺流程：基层处理→吊垂直、套方、找规矩、贴灰饼→抹底层砂浆→弹线分格→排砖→浸砖→镶贴面砖→面砖勾缝与擦缝。

1. 混凝土基层墙面的施工工艺

(1) 基层处理。基层处理方法同抹灰工程。

(2) 吊垂直、套方、找规矩、贴灰饼。对于高层建筑物，应用经纬仪在四个大角和门窗口边打垂直线找直；对于多层建筑，可从顶层用垂球吊垂直，然后根据面砖的尺寸规格分层设点、做灰饼。横线则以楼层为水平基准线交圈控制，竖线则以四周大角和通天柱或垛子为基准线控制，应全部是整砖。每层打底时则以此灰饼作为基准点进行冲筋，使其底层灰做到横平竖直。同时，要注意找好凸出檐口、腰线、窗台、雨篷等饰面的流水坡度和滴水线（槽）。

(3) 抹底层砂浆。先刷一道掺水重10%的108胶水泥素浆，再分层分遍抹底层砂浆，第1遍厚度约为5 mm，抹后用木抹子搓平，隔天浇水养护；待第1遍6～7成干时，即可抹第2遍，厚度约为8～12 mm，随即用木杠刮平、木抹子搓毛，隔天浇水养护。若需要抹第3遍时，其操作方法同第2遍，直至把底层砂浆抹平为止。

(4) 弹线分格。待基层灰6～7成干时，即可按图纸要求进行分段分格弹线，同时也可进行面层贴标准点的工作，以控制面层出墙尺寸、垂直度和平整度。

(5) 排砖。根据大样图及墙面尺寸进行横竖向排砖，以保证面砖缝隙均匀，符合设计图纸要求，注意大墙面、通天柱和垛子要排整砖，以及在同一墙面上的横竖排列，均不得有一行以上的非整砖，非整砖应排在次要部位，如窗间墙或阴角处，但要注意一致和对称。遇有凸出的卡件，应用整砖套割吻合，不得用非整砖随意拼凑镶贴。

(6) 浸砖。外墙面砖镶贴前，首先要将面砖清扫干净，放入净水中浸泡2 h以上，晾干或擦干净后方可使用。

(7) 镶贴面砖。镶贴应自上而下进行。在高层建筑中，采取上述措施后，可分段进行。在每一分段或分块内的面砖，均为自下而上镶贴。从最下一层砖下皮的位置线先稳好靠尺，以此托住第一批面砖。在面砖外皮上口拉水平通线，作为贴砖标准。在面砖背面可采用1∶2水泥砂浆或1∶0.2∶2＝水泥∶白灰膏∶砂的混合砂浆镶贴，砂浆厚度为6～10 mm，贴砖后用灰铲柄轻轻敲打，使之附线，再用钢片刀调整竖缝，并用小杠通过标准点调整平面和垂直度；也可用胶粉粘贴面砖，其厚度为2～3 mm，用此种做法其基层灰必须更平整。

若要求面砖拉缝镶贴时，面砖之间的水平缝宽度用米厘条控制。米厘条用贴砖砂浆与中层灰临时镶贴。应将米厘条贴在已镶贴好的面砖上口，为保证其平整，可临时加垫小木楔。女儿墙压顶、窗台、腰线等部位平面也要镶贴面砖时，除流水坡度符合设计要求外，应采取平面面砖压立面面砖的做法，预防向内渗水，引起空裂；同时，还应采取立面中最低一排面砖必须压底平面面砖，并低出底平面面砖3～5 mm的做法，让其起到滴水线（槽）的作用。

(8) 面砖勾缝与擦缝。面砖铺贴拉缝时，用1∶1水泥砂浆勾缝，先勾水平缝再勾竖缝，勾好后要求凹进面砖外表面2～3 mm。若横竖缝为干挤缝，或小于3 mm的，应用白水泥配颜料进行擦缝处理。砖缝勾完后，用布或棉丝蘸稀盐酸擦拭干净。

2. 墙砖铺贴机器人

用于室内墙砖铺贴的自动化机器人，可应用于住宅和办公楼、酒店、商场等场景；机器人采用瓷砖胶薄贴工艺，铺贴瓷砖规格为300 mm×（450～600）mm，通过自主导航、定位、路径规划、自动涂胶和铺贴墙砖的功能，实现墙砖的自动铺贴作业。

8.3 涂饰工程智能化施工

涂料的施工过程一般包括基层处理、刮腻子与磨平、涂料施涂三个阶段。

8.3.1 涂料饰面工程的基层处理

(1) 混凝土及抹灰面的基层处理。为保证涂膜能与基层牢固黏结在一起，基层表面必须干燥、洁净、坚实，无酥松、脱皮、起壳、粉化等现象，基层表面的灰尘、污垢等应清扫干净，酥松表面应予以铲除。为保证基层表面平整，缺棱掉角处应用 1∶3 水泥砂浆（或聚合物水泥砂浆）修补，表面的麻面、缝隙等应用腻子填补修平。混凝土或抹灰面基层应干燥。当涂刷溶剂型涂料时，含水率不得大于 8%；当涂刷乳液型涂料时，含水率不得大于 10%。

（2）木材与金属基层的处理及打底子。为保证涂抹与基层黏结牢固，木材表面的灰尘、污垢和金属表面的油渍、鳞皮、锈斑、焊渣、毛刺等必须清除干净。木材表面的裂缝等在清理和修整后应用石膏腻子填补密实、刮平收净，用砂纸磨光以使表面平整。木材基层缺陷处理好后，表面上应做打底子处理，使基层表面具有均匀吸收涂料的性能，以保证面层的色泽均匀一致。金属表面应刷防锈漆，涂料施涂前被涂物件的表面必须干燥，以免水分蒸发造成涂膜起泡。一般木材含水率不得大于 12%，金属表面不得有湿气。木基层含水率不得大于 12%。

8.3.2　涂料施工

1. 刮腻子与磨平

涂料涂膜对光线的反射比较均匀，所以，在一般情况下不易觉察基层表面是否有细小的凹凸不平和砂眼，在涂刷涂料后由于光影作用都将显现出来，会影响美观。因此，基层必须刮腻子数遍予以找平，并在每遍所刮腻子干燥后用砂纸打磨，保证基层表面平整、光滑。需要刮腻子的遍数视涂饰工程的质量等级、基层表面的平整度和所用的涂料品种而定。

视频 8.1：饰面层真石漆施工工艺

2. 涂料施涂

涂料在施涂前及施涂过程中，必须充分搅拌均匀。用于同一表面的涂料，应注意保证颜色一致。涂料黏度应调整合适，使其在施涂时不流坠、不显刷纹。如需稀释，应用该种涂料所规定的稀释剂稀释。涂料的施涂遍数应根据涂料工程的质量等级而定。施涂溶剂型涂料时，后一遍涂料必须在前一遍涂料干燥后进行；施涂乳液性和水溶性涂料时后一遍涂料必须在前一遍涂料表干后进行。每一遍涂料不宜施涂过厚，应施涂均匀，各层必须结合牢固。建筑涂料的施工方法有刷涂、滚涂、喷涂、刮涂和弹涂等。

（1）刷涂。刷涂是用油漆刷、排笔等将涂料刷涂在物体表面上的一种施工方法。此法操作方便，适应性广，除极少数流平性较差或干燥太快的涂料不宜采用外，大部分薄涂料或云母片状厚质涂料均可采用。刷涂顺序是先左后右、先上后下、先里后面、先难后易。

（2）滚涂。滚涂是利用滚筒蘸取涂料并将其涂布到物体表面上的一种施工方法。有的滚筒表面是粘贴合成纤维长毛绒，也有的滚筒表面是粘贴橡胶。当绒面压花滚筒或橡胶压花压辊表面为凸出的花纹图案时，即可在涂层上滚压出相应的花纹。

（3）喷涂。喷涂是利用压力或压缩空气将涂料涂布于物体表面的一种施工方法。涂料在高速喷射的空气流带动下，呈雾状小液滴喷到基层表面上形成涂层。喷涂的涂层较均匀，颜色也较均匀，施工效率高，适用于大面积施工。可使用各种涂料进行喷涂，尤其是外墙涂料用得较多。喷涂的效果与质量由喷嘴的直径大小、喷枪距墙的距离、工作压力与喷枪移动的速度有关，即与喷涂工艺的四要素有关。

（4）刮涂。刮涂是利用刮板将涂料厚浆均匀地批刮于饰涂面上，形成厚度为 1～2 mm 的厚涂层的一种施工方法。常用于地面厚层涂料的施涂。

（5）弹涂。弹涂是利用弹涂器通过转动的弹棒将涂料以圆点形状弹到被涂面上的一种施工方法。若分数次弹涂，每次用不同颜色的涂料，被涂面由不同色点的涂料装饰，相互衬托，可使饰面增加装饰效果。

8.3.3 智能化施工机器人

(1) 腻子涂敷、打磨机器人。腻子涂敷、打磨机器人是用于建筑内墙和天花板腻子涂敷、打磨作业的机器人，具备智能恒力打磨、自动导航，自动路径规划、吸尘集尘、自动排灰、APP远程操作等功能，采用参数化打磨工艺普通住宅、洋房、商品房、公寓、办公楼等精装修或工业装修场景。打磨质量稳定可靠，可广泛应用于普通住宅、洋房、商品房、公寓、办公楼等精装修或工业装修场景。

(2) 室内辊涂机器人。室内辊涂机器人是墙面涂料智能施工产品，主要用于室内墙面、飘窗的乳胶漆或墙纸基膜自动辊涂作业，综合覆盖率达70%以上。该机器人适用于普通住宅、办公室、办公楼及商业等装修场景。与传统人工相比，室内辊涂机器人的显著特点是高质量和高效率，可长时间连续作业，同时有效降低人力劳动强度，降低引发职业病与发生安全事故的风险。

(3) 空内喷涂机器人。空内喷涂机器人用于室内墙面、天花板、飘窗的底漆和面漆等水性材料喷涂作业，通过激光SLAM室内导航和四轴机器人控制，实现自动行走并完成喷涂作业。其具有以下优点：自动路径规划技术能够有效减少油漆喷雾对施工人员身体的伤害；施工质量高，喷涂均匀，观感效果良好；施工效率高，综合工效是人工喷涂的1.5倍。

思考题

1. 一般抹灰的施工工艺是什么？
2. 抹灰时，不同基体交接处应怎么处理？
3. 石材干挂法的施工流程是什么？
4. 抹灰时，阳角护角应怎样做？
5. 智能化施工机器人在装饰工程中有哪些应用？

第9章 施工组织概论

课程导学

了解建筑施工组织设计基本概念，熟悉研究对象与任务，熟悉施工组织设计的分类、内容、作用及其编制原则，熟悉施工准备工作的内容、分类及其基本要求。

现代化建筑施工是一项多工种、多专业、涉及多学科的复杂的系统工程，要使施工全过程顺利进行，以期达到预定的目标，就必须用科学的方法进行施工管理。施工组织是施工管理的重要组成部分，它对统筹建筑施工全过程、推动企业技术进步及优化建筑施工管理起到核心作用。

9.1　施工组织设计概述

施工组织设计是以施工项目为对象编制的，用以指导施工的技术、经济和管理的综合性文件；是规划和指导建筑工程投标、签订承包合同、施工准备和施工全过程的技术经济文件。

9.1.1　施工组织研究的对象和任务

施工组织是研究和制订组织工程施工全过程既合理又经济的方法和途径。它是针对不同工程施工的复杂程度来研究工程建设的统筹安排与系统管理规律的一门学科。

工程是许许多多施工过程的组合体，每一种施工过程都能用多种不同的方法和机械来完成。即使是同一种工程，由于施工进度、环境条件及其他因素的关系，所采用的方法也不相同。施工组织者要善于在每个特定的场合条件下，找到最合理的施工方法和组织方法，并善于应用。为此，必须运用一定的科学方法来解决建筑施工组织中的问题。

施工组织当前所面对的施工项目多是现代化的智能建筑，这些建筑无论在规模上还是在功能上，都是以往任何时代的建筑所不能比拟的，它们反映在施工技术上的特征是高耸、大跨度、超深基础、结构复杂的；反映在安装技术上的特征大多配备有通信自动化系统、安全监控系统、办公自动化系统、建筑设备自动化系统、综合布线系统等内容；反映在安全施工方面要求有严格的安全措施和消防措施；反映在质量方面要求按照ISO 9000质量标准体系，高效优质地施工；反映在环境保护、文明施工上，要求做到无污染、低噪声、无公害，工地文明、整洁，形象美观等。这些都给施工组织带来了广泛的研究内容，提出了许多新的要求。

施工组织的任务是根据建筑产品生产的技术经济特点，以及国家基本建设方针和各项具体的技术规范、规程、标准，实现工程建设的各项预定目标；提供各阶段的施工准备工作内容，对劳动力、资金、材料、机械设备和施工方法等进行合理安排，协调施工过程中各专业施工单位、各工种、资源与时间之间的合理关系，以求用较少的投入，取得较大的经济和社会效益。

9.1.2 土木工程产品及其生产的特点

土木工程产品是指各种建筑物或构筑物，它与一般工业产品相比较，不但产品本身有特点，而且在产品的生产过程中都有其自身的特点。

1. 土木工程产品本身的特点

(1) 产品的固定性。土木工程产品在建造过程中直接与地基基础连接，因此，只能在建造地点固定使用，而无法转移。这种一经建造就在空间上固定的属性称为土木工程产品的固定性。固定性是土木工程产品与一般工业产品最大的区别。

(2) 产品的庞大性。土木工程产品与一般工业产品相比，其体形远比工业产品庞大，自重也大。

(3) 产品的多样性。建筑物的使用要求、规模、建筑设计、结构类型等各不相同，即使是同一设计图纸、同一类型的建筑物，也因所在建设地点不同、水文地质条件不同、环境条件不同而有所不同。因此，土木工程产品不能像一般工业产品那样批量生产。

(4) 产品的综合性。土木工程产品是一个完整的固定资产实物体系，不仅土建工程的艺术风格、建筑功能、结构构造、装饰做法等方面堪称是一种复杂的产品，而且工艺设备、采暖通风、供水供电、卫生设备、智能系统等各类设施错综复杂。因此，土木工程产品是一个涉及学科多、应用设备材料种类多的综合性产品。

2. 土木工程产品的生产特点

(1) 产品的固定性与生产的流动性。土木工程产品的固定性决定了建筑施工的流动性。一般的工业产品，生产者和生产设备是固定的，产品在生产线上流动。而土木工程产品则相反，产品是固定的，生产者和生产设备不仅要随着建筑物建造地点的变动而流动，还要随着建筑物的施工部位的改变而在不同的空间流动。这就要求事先有一个周密的施工组织设计，使流动的人、材、机等互相协调配合，做到连续、均衡施工。

(2) 产品投资大，施工工期紧。土木工程产品的庞大性和综合性，决定了建筑施工的周期长。土木工程产品在建造过程中投入的劳动力、材料、机械设备等数量大，涉及的专业工种多，因而与一般工业产品相比，其生产周期较长，少则几个月，多则几年，甚至十几年。这就要求事先有一个合理的施工组织设计，寻求合理工期，并恰当地安排资源投入。

(3) 产品的多样性和生产的单件性。土木工程产品的多样性决定了产品生产的单件性。不同的甚至相同的建筑物，在不同的地区、季节及现场条件下，施工准备工作、施工工艺和施工方法等也不相同。因此，土木工程产品不能像其他工业产品一样“批量生产”，而只能是单个“订做”。这就要求施工组织设计根据每个项目的特点、条件等因素制订出切实可行的施工方案。

(4) 建筑施工的复杂性。土木工程产品的综合性决定了建筑施工的复杂性。土木工程产品是露天、高空作业多，甚至有的是地下作业，加上施工的流动性和个别性，必然造成施工的复杂性，这就要求施工组织设计不仅要从质量、技术组织方面采取措施，还要从安全等方面综合考虑施工方案，使土木工程顺利地进行施工。

9.1.3　施工组织设计的分类

施工组织设计的分类可以根据编制时间和编制对象的不同来划分。

施工组织设计根据编制时间的不同，可以分为两类：一类是投标前编制的施工组织设计，简称标前设计；另一类是签订工程承包合同后编制的施工组织设计，简称标后设计。两类施工组织设计的区别见表 9-1。

表 9-1　标前、标后施工组织设计的区别

种类	服务范围	编制时间	编制者	主要特征	追求主要目标
标前设计	投标与签约	投标前	经营管理层	规划性	中标和经济效益
标后设计	施工准备至验收	签约后开工前	项目管理层	作业性	施工效率和效益

施工组织设计根据编制对象的不同可分为施工组织总设计、单位工程施工组织设计和施工方案三类。

1. 施工组织总设计

施工组织总设计是以若干单位工程组成的群体工程或特大型项目为主要对象编制的施工组织设计。其对整个项目的施工过程起统筹规划、重点控制的作用，由该工程的总承建单位牵头，会同建设、设计及分包单位共同编制，用以指导全场性的施工准备和有计划地运用施工力量，开展施工活动。其作用是确定拟建工程的施工期限、各临时设施及现场总的施工部署，是指导整个施工全过程的组织、技术、经济的综合设计文件，是修建全工地暂设工程、施工准备和编制年（季）度施工计划的依据。

2. 单位工程施工组织设计

单位工程施工组织设计是以单位工程为主要对象编制的施工组织设计，对单位工程的施工过程起指导和制约作用。它一般是在有了施工图设计后，由工程项目部组织编制，是单位工程施工全过程的组织、技术、经济的指导文件，并作为编制季、月、旬施工计划的依据。

3. 施工方案

施工方案是以分部（分项）工程或专项工程为主要对象编制的施工技术与组织方案，用于具体指导其施工过程。它结合施工单位的月、旬作业计划，把单位工程施工组织设计进一步具体化，是专业工程的具体施工设计。一般在单位工程施工组织设计确定了施工方案后，由项目部技术负责人编制。

9.1.4　施工组织设计的作用

施工组织设计是规划和指导拟建工程投标、签订承包合同、施工准备到竣工验收全过程的一个综合性的技术经济文件。它是根据承包组织的需要编制的技术和经济相结合的文件，既解决技术问题又考虑经济效果。它主要有以下几个方面的作用：

（1）指导工程投标与签订工程承包合同，作为投标书的内容和合同文件的一部分。

（2）实现基本建设计划的要求，沟通工程设计与施工之间的桥梁，它既要体现拟建工程的设计和使用要求，又要符合建筑施工的客观规律。

(3) 保证各施工阶段的准备工作及时地进行。

(4) 明确施工重点和影响工期进度的关键施工过程，并提出相应的技术、质量、文明、安全等各项生产要素管理的目标及技术组织措施，提高综合效益。

(5) 协调各施工单位、各工种、各类资源、资金、时间等方面在施工程序、现场布置和使用上的相应关系。

9.1.5 施工组织设计的内容

施工组织设计的内容主要包括编制依据、工程概况、施工部署、施工进度计划、施工准备与资源配置计划、主要施工方法、施工现场平面布置及主要施工管理计划等基本内容。

9.1.6 施工组织设计的编制依据及原则

1. 施工组织设计的编制依据

(1) 与工程建设有关的法律、法规和文件。

(2) 国家现行有关标准和技术经济指标。

(3) 工程所在地区行政主管部门的批准文件，建设单位对施工的要求。

(4) 工程施工合同或招标投标文件。

(5) 工程设计文件。

(6) 工程施工范围内的现场条件，工程地质和水文地质、气象等自然条件。

(7) 与工程有关的资源供应情况。

(8) 施工企业的生产能力、机具设备状况、技术水平等。

2. 施工组织设计的编制原则

施工组织设计的编制必须遵循工程建设程序，并应符合下列原则：

(1) 符合施工合同或招标文件中有关工程进度、质量、安全、环境保护、造价等方面的要求。

(2) 积极开发、使用新技术和新工艺，推广应用新材料和新设备。

(3) 坚持科学的施工程序和合理的施工顺序，采用流水施工和网络计划等方法，科学配置资源，合理布置现场，采取季节性施工措施，实现均衡施工，达到合理的经济技术指标。

(4) 采取技术和管理措施，推广建筑节能和绿色施工。

(5) 与质量、环境和职业健康三个管理体系有效结合。

3. 施工组织设计的编制和审批

施工组织设计的编制与审批应符合以下规定：

(1) 施工组织设计应由项目负责人主持编制，可根据需要分阶段编制和审批。

(2) 施工组织总设计应由总承包单位技术负责人审批，经总监理工程师审查后实施；单位工程施工组织设计应由施工单位技术负责人或技术负责人授权的技术人员审批，经总监理工程师审查后实施；施工方案应由项目技术负责人审批，经监理工程师审查后实施；重点、难点分部（分项）工程和专项工程施工方案应由施工单位技术部门组织相关专家评审，施工单位技术负责人批准。

(3) 由专业承包单位施工的分部（分项）工程或专项工程的施工方案，应由专业承包单位技术负责人或技术负责人授权的技术人员审批；有总承包单位时，应由总承包单位项目技术负责人核准备案。

(4) 规模较大的分部(分项)工程和专项工程的施工方案应按单位工程施工组织设计进行编制和审批。

9.1.7 施工组织设计的贯彻、检查和调整

在项目施工过程中，发生以下情况之一时，施工组织设计应及时进行修改和补充：

(1) 工程设计有重大修改。

(2) 有关法律、法规、规范和标准实施、修订和废止。

(3) 主要施工方法有重大调整。

(4) 主要施工资源配置有重大调整。

(5) 施工环境有重大变化。

(6) 经修改或补充的施工组织设计应重新审批后实施。

项目施工前，应进行施工组织设计逐级交底；项目施工过程中，应对施工组织设计的执行情况进行检查、分析和适时调整；项目施工完毕、竣工验收后，施工组织设计应归档。

9.2 施工准备工作

9.2.1 施工准备工作的概念、任务及重要性

施工准备工作是指为了保证工程顺利开工和施工活动正常进行而事先做好的各项准备工作。它从签订施工合同开始，至工程施工竣工验收合格结束，不仅存在于工程开工之前，而且贯穿整个工程施工的全过程。因此，应当自始至终坚持“不打无准备之仗”的原则来做好这项工作，否则就会丧失主动权，处处被动，甚至使施工无法开展。做好施工准备工作具有以下几方面的意义：

(1) 遵循建筑施工程序。施工准备工作是建筑施工程序、施工项目管理程序中的一个重要阶段。现代建筑工程施工是十分复杂的生产活动，其技术规律和市场经济规律要求工程施工必须严格按照建筑施工程序和施工项目管理程序进行。施工准备工作是保证整个工程施工和安装顺利进行的重要环节，只有认真做好施工准备工作，才能取得良好的施工效果。

(2) 创造工程开工和顺利施工条件。工程施工中不仅需要耗用大量的材料，使用多种施工机械设备，组织安排各工种的劳动力，还需要处理各种复杂的技术问题，协调各种协作配合关系，因此需要通过施工准备工作进行统筹安排和周密部署，为拟建工程的施工建立必要的技术和物质条件，统筹安排施工力量和施工现场，为工程开工及施工创立必要的条件。

(3) 降低施工风险。由于建筑产品及其施工生产的特点，其生产过程受外界干扰及自然因素的影响较大，因而施工中可能遇到的风险较多。只有根据周密的分析和多年积累的施工经验，采取有效的防范控制措施，充分做好施工准备工作，加强应变能力，才能有效降低风险损失。

(4) 提高企业综合经济效益。认真做好施工准备工作，有利于发挥企业优势，合理供应资源，加快施工进度，提高工程质量，降低工程成本，增加企业经济效益，赢得企业社会信誉，实现企业管理现代化，从而提高企业的综合经济效益。

实践证明，只有重视且认真、细致地做好施工准备工作，积极为工程项目创造一切施工条

件，才能保证施工的顺利进行。否则，就会给工程的施工带来麻烦和损失，严重时会造成施工停工、产生质量安全事故等后果。

9.2.2　施工准备工作的分类

1. 按施工准备工作的范围不同进行分类

（1）施工总准备（全场性施工准备）。施工总准备是以整个建设项目为对象而进行的各项施工准备。其作用是为整个建设项目的顺利施工创造条件，既为全场性的施工活动服务，也兼顾单位工程施工条件的准备。

（2）单位工程施工条件准备。单位工程施工条件准备是以一个建筑物或构筑物为对象而进行的各项施工准备。其作用是为单位工程的顺利施工创造条件，既为单位工程做好一切准备，又为分部（分项）工程施工进行作业条件的准备。

（3）分部（分项）工程作业条件准备。分部（分项）工程作业条件准备是以一个分部（分项）工程或冬雨期施工工程为对象而进行的作业条件准备。

2. 按工程所处的施工阶段不同进行分类

（1）开工前的施工准备工作。开工前的施工准备工作是在拟建工程正式开工之前所进行的带有全局性和总体性的施工准备。其作用是为工程开工创造必要的施工条件。

（2）各阶段施工前的施工准备。各阶段施工前的施工准备是在工程开工后，某一单位工程或某个分部（分项）工程或某个施工阶段、某个施工环节施工前所进行的带有局部性或经常性的施工准备。其作用是为每个施工阶段创造必要的施工条件，它一方面是开工前施工准备工作的深化和具体化；另一方面，要根据各施工阶段的实际需要和变化情况，随时做出补充修正与调整。如一般框架结构建筑的施工，可以分为地基基础工程、主体结构工程、屋面工程、装饰装修工程等施工阶段，每个施工阶段的施工内容不同，所需要的技术条件、物资条件、组织措施要求和现场平面布置等方面也就不同，因此，在每个施工阶段开始之前，都必须做好相应的施工准备。

因此，施工准备工作具有整体性与阶段性的统一，且体现出连续性，必须有计划、有步骤、分期、分阶段地进行，并贯穿整个建造过程的始终。

9.2.3　施工准备工作的内容

施工准备工作的主要内容一般可以归纳为原始资料的调查分析、技术资料的准备、施工现场准备、物资准备、劳动组织准备、季节性施工准备。

施工准备工作的具体内容应视工程本身及其具备的条件而定。有的比较简单，有的却十分复杂。如只包含一个单项工程的施工项目和包含多个单项工程的群体项目；一般小型工程项目和技术复杂的大中型项目；新建项目和改扩建项目；在未开发地区兴建的项目与在城市建成区兴建的项目等，因工程的特点、性质、规模及不同的施工条件，对施工准备工作提出不同的内容要求。在确定施工准备工作的内容时，应按照项目的规划确定，并制订各阶段施工准备工作计划，如此才能为项目开工与顺利施工创造必要的条件。

1. 原始资料的调查分析

为了做好施工准备工作，拟订出先进合理、切合实际的施工组织设计。除要掌握有关拟建工程方面的资料外，还应进行实地勘测和调查，以获得第一手资料。原始资料调查分析重点如下：

（1）自然条件调查分析。自然条件调查分析的主要内容包括建设地区水准点和绝对标高等情况；地质构造、土的性质和类别、地基土的承载力、地震级别和烈度等情况；河流流量和水质及水位变化等情况；地下水水位、含水层厚度和水质等情况；气温、雨、雪、风和雷电等情况；土的冻结深度和冬雨期时间等。

（2）技术经济条件调查分析。技术经济条件调查分析的主要内容包括建设地区地方施工企业的状况；施工现场的状况；当地可利用的地方材料状况；主要材料供应状况；地方能源和交通运输状况；地方劳动力和技术水平状况；当地生活供应、教育和医疗卫生状况；当地消防、治安状况和参加施工单位的力量状况等。

2. 技术资料的准备

技术资料的准备即室内准备（内业准备），它是施工准备工作的核心。任何技术差错和隐患都可能引起人身安全和质量事故，造成生命财产和经济的巨大损失，因此，必须做好技术资料的准备工作。其主要内容包括熟悉与审查图纸，编制施工组织设计，编制施工图预算和施工预算，“四新”试验、试制的技术准备。

（1）熟悉与审查图纸。

1）熟悉与审查施工图的目的。为了使工程技术与管理人员充分了解和掌握施工图的设计意图、结构与构造特点和技术要求，以保证能够按照施工图的要求顺利地进行施工；同时，发现施工图中存在的问题和错误，使其在施工开始之前改正。因此，必须认真地熟悉与审查施工图。

2）熟悉与审查施工图的内容。

①审查施工图是否完整、齐全，以及设计图和资料是否符合国家规划、方针和政策。

②审查施工图与说明书在内容上是否一致，以及施工图与其各组成部分（如各专业）之间有无矛盾和错误。

③审查建筑与结构施工图在几何尺寸、标高、说明等方面是否一致，技术要求是否正确。

④审查工业项目的生产设备安装图及与其相配合的土建施工图在坐标、标高上是否一致，土建施工能否满足设备安装的要求。

⑤审查地基处理与基础设计同拟建工程地点的工程地质、水文地质等条件是否一致，以及建筑物与地下构筑物、管线之间的关系。

⑥明确拟建工程的结构形式和特点；摸清工程复杂、施工难度大和技术要求高的分部（分项）工程或新结构、新材料、新工艺，明确现有施工技术水平和管理水平能否满足工期和质量要求，找出施工的重点、难点。

⑦明确建设期限，分期分批投产或交付使用的顺序和时间；明确建设单位可以提供的施工条件。

3）熟悉与审查施工图的程序。熟悉与审查施工图的程序通常分为自审阶段、会审阶段和现场签证阶段三个阶段。

①自审阶段。施工单位收到拟建工程的施工图和有关设计资料后，应尽快地组织有关工程技术、管理人员熟悉和自审施工图，并记录对施工图的疑问和建议。

②会审阶段。施工图会审一般由建设单位或监理单位主持，设计单位和施工单位参加，三方共同进行。施工图会审时，首先，由设计单位的工程主设计人向与会者说明拟建工程的设计依据、意图和功能要求，并对特殊结构、新材料、新工艺和新技术提出要求。然后，施工单位根据自审记录以及对设计意图的了解，提出对施工图的疑问和建议。最后，在统一认识的基础上，对所研讨的问题逐一地做好记录，形成“施工图会审纪要”，由建设单位正式行文，参加单位共同会签、盖章，作为与设计文件同等作用的技术文件和指导施工的依据，同时也是建设单

位与施工单位进行工程结算的依据。

③现场签证阶段。在拟建工程施工的过程中，如果发现施工的条件与施工图的条件不符，或者发现施工图中仍然有错误，或者因为材料的规格、质量不能满足设计要求，或者因为施工单位提出了合理化建议，需要对施工图进行修改时，应遵循技术核定和设计变更的签证制度，进行施工图的施工现场签证。如果设计变更的内容对拟建工程的规模、投资影响较大时，要报请项目的原批准单位批准。施工现场的施工图修改、技术核定和设计变更资料，都要有正式的文字记录，归入拟建工程施工档案，作为指导施工、竣工验收和工程结算的依据。

（2）编制施工组织设计。施工组织设计是指导拟建工程从施工准备到施工完成的组织、技术、经济的一个综合性技术文件。它对施工的全过程起指导、控制作用，既要体现基本建设计划和设计的要求，又要符合施工活动的客观规律，对建设项目、单位工程及分部分项工程的施工全过程起到部署和安排的双重作用。

由于建筑施工的技术经济特点，施工方法、施工机具、施工顺序等有不同的安排，因此，每个工程项目都需要分别编制施工组织设计，作为组织和指导施工的重要依据。

（3）编制施工图预算和施工预算。建筑工程预算是反映工程经济效果的经济文件，在我国现阶段是确定建筑工程预算造价的一种形式。

1）施工图预算是按照施工图确定的工程量、施工组织设计所拟订的施工方法、建筑工程预算定额及其取费标准编制的确定工程造价和主要物资需要量的经济文件。

2）施工预算是根据施工图预算、施工图纸、施工组织设计、施工定额等文件进行编制的。它是企业内部经济核算、班组承包、考核用工、签发施工任务单、限额领料等的依据，是企业内部使用的一种预算。

施工图预算与施工预算存在很大的区别：施工图预算是承发包双方确定预算造价、发生经济联系的经济文件；而施工预算则是施工企业内部经济核算的依据。施工预算直接受施工图预算的控制。

（4）“四新”试验、试制的技术准备。在工程开工前，应根据施工图纸和施工组织设计的要求进行新技术、新结构、新材料、新工艺等项目试验和试制工作，保证新技术、新结构、新材料、新工艺的应用取得成功。

3. 施工现场准备

施工现场准备即室外准备（外业准备），是为工程创造有利于施工条件的保证，其工作应按施工组织设计的要求进行，主要内容有清除障碍物、三通一平、做好施工场地的控制网测量、搭设临时设施等。

（1）清除障碍物。施工场地内的一切障碍物，无论是地上的或是地下的，均应在开工前清除。此项工作一般由建设单位完成，也可以委托施工单位来完成。如果由施工单位来完成该项工作，一定要事先摸清现场情况，尤其是在城市的建成区内，由于原有建筑物和构筑物情况复杂，而且往往资料不全，在清除前需要采取相应的措施，防止事故发生。

（2）三通一平。在工程用地范围内，接通施工用水、用电、道路和平整场地的工作简称“三通一平”。

1）平整施工场地。清除障碍物后，即可进行场地平整工作。平整场地工作是根据建筑施工总平面图确定的标高，通过测量，计算出填挖土方量，设计土方调配方案，组织人力或机械进行平整工作。

2）修通道路。施工现场的道路是组织施工物资进场的动脉。为保证施工物资能早日进场，必须按施工总平面图的要求，修好现场永久性道路及必要的临时道路。为降低工程造价，应尽可能利用已有的道路。为使施工时不损坏路面和加快修路速度，可以先修路基或在路基上铺简易路面，施工完毕后再铺路面。

3）通水。施工现场的通水包括给水和排水两个方面。施工现场用水包括生产、生活与消防用水。通水应按施工总平面图的规划进行安排。施工给水设施应尽可能利用永久性给水线路。临时管线的铺设，既要满足生产用水的需要和使用方便，还要尽量缩短管线。

施工现场的排水也十分重要，尤其是在雨季。若场地排水不畅，会影响施工和运输的顺利进行，甚至会导致事故的发生，因此要做好排水工作。

4）通电。通电包括施工生产用电和生活用电。通电应按施工组织设计要求布设线路和通电设备。电源首先应考虑从国家电力系统或建设单位已有的电源上获得。施工中如需要通热、通气或通电信，也应按施工组织设计要求事先完成。

(3) 做好施工场地的控制网测量。按照建筑总平面图及给定的永久性坐标控制网和水准控制基桩，进行场区施工测量，设置场区的永久性坐标桩、水准基桩，建立场区工程测量控制网。

建筑物定位放线是确定整个工程平面位置的关键环节，施测中必须保证精度，杜绝错误，否则其后果将难以处理。建筑物定位、放线，一般通过设计图中平面控制轴线来确定建筑物的位置。测定并经自检合格后，提交有关部门和建设方（或监理人员）验线，以保证定位的准确性。沿红线建的建筑物放线后，还要由城市规划部门验线，以防止建筑物压红线或超红线，为顺利施工创造条件。

(4) 搭设临时设施。现场生活和生产用的临时设施，在布置安排时，要遵照当地有关规定进行规划布置，如房屋的间距、标准是否符合卫生和防火要求，污水和垃圾的排放是否符合环保要求等。因此，临时建筑平面图及主要房屋结构图，都应报请城市规划、市政、消防、交通、环境保护等有关部门审查批准。

为了施工方便和安全，对于指定的施工用地的周界，应用围栏围挡起来，围挡的形式、材料、高度应符合市容管理的有关规定和要求。在主要入口处设标识牌，标明工程名称、设计单位、施工单位、工地负责人等信息。

各种生产、生活用的临时设施，包括各种仓库、混凝土搅拌站、预制构件场、机修站、各种生产作业棚、办公用房、宿舍、食堂、文化生活设施等，均应按经批准的施工组织设计规定的数量、标准、面积、位置等要求组织修建。大、中型项目可分批分期修建。

此外，在考虑施工现场临时设施的搭设时，应尽量利用原有建筑物，尽可能减少临时设施的数量，以便节约用地、节省投资。

4. 物资准备

物资准备是保证施工顺利进行的基础。其内容主要包括建筑材料的准备、构配件和制品的加工、建筑安装机具的准备和生产工艺设备的准备。在工程开工之前，要根据各种物资的配置计划，分别落实货源、组织运输和安排储备，以保证工程开工和连续施工的需要。

5. 劳动组织准备

一项工程完成的好坏，在很大程度上取决于承担这一任务的施工人员的素质。确定施工人员包括项目施工组织机构的管理者和具体施工操作者两大部分。这些人员的选择和组合将直接关系工程质量、施工进度、施工安全、环境保护及施工成本等各项预定目标能否实现。因此，施工现场人员的准备是项目开工前施工准备的一项重要内容。

(1) 项目组的组建。施工组织机构的建立应遵循以下原则：根据工程规模、结构特点和复杂程度，确定施工组织的领导机构名额和人选；坚持合理分工与密切协作相结合的原则；把有施工经验、有创新精神、工作效率高的人选入领导机构；认真执行因事设职、因职选人的原则。对于一般单位工程可设一名工地负责人，再配施工员、质检员、安全员及材料员等。对大型的单位工程或群体项目，则需配备一套班子，包括技术、材料、计划等管理人员。

(2) 基本施工班组的确定。基本施工班组应根据工程的特点、现有的劳动力组织情况及施工组织设计的劳动力需要量计划来确定选择。例如，全现浇主体结构的主要工作为钢筋混凝土的施工，故模板工、钢筋工、混凝土工是其主要工种。

(3) 向施工队组、工人进行计划与技术交底。进行计划与技术交底的目的是把拟建工程的设计内容、施工计划和施工技术要求等，详尽地向施工队组和工人讲解说明。这是落实计划和技术责任制的必要措施。

交底应在单位工程或分部（分项）工程开工前进行。交底的内容包括工程的施工进度计划、月（旬）作业计划；施工工艺、质量标准、安全技术措施、降低成本措施和施工验收规范的要求；新结构、新材料、新技术和新工艺的实施方案和保证措施；有关部位的设计变更和技术核定等事项。

交底工作应该按照管理系统逐级进行，由上而下直到队组工人。交底的方式有书面形式、口头形式和现场示范形式等。

在交底后，队组人员要认真进行分析研究，了解工程关键部位、操作要领、质量标准和安全措施，必要时应该根据示范交底进行练习，并明确任务，做好分工协作安排，同时建立、健全岗位责任制和保证措施。

(4) 建立、健全各项管理制度。工地的管理制度是各项施工活动顺利进行的保证。无章可循是危险的，有章不循也会带来严重后果。因此，必须建立、健全各项管理制度。工地的管理制度通常包括施工图学习与会审制度、技术责任制度、技术交底制度、工程技术档案管理制度、材料及主要构配件和制品的检查验收制度、材料出入库制度、机具使用保养制度、职工考勤和考核制度、安全操作制度、工程质量检查与验收制度、工地及班组经济核算制度等。

6. 季节性施工准备

建筑工程施工大多数是露天作业，因此，特别是冬期、雨期对施工生产的影响较大。为保证工程工期、工程质量及安全施工，顺利完成施工任务，就必须做好季节性施工准备工作。

思考题

1. 土木工程产品及其生产的特点有哪些？
2. 施工程序分为哪几个步骤？
3. 试述组织工程项目施工应遵循的原则。
4. 施工准备工作包括哪些内容？
5. 施工组织设计分为哪些种类？它们各有何特点？
6. 施工组织设计的主要内容包括哪些？

第 10 章

流水施工基本原理

课程导学

了解流水施工的基本概念与特点；熟悉流水施工基本参数的概念，掌握主要参数的确定方法；掌握组织流水施工的步骤与方法，能够组织一般工程的流水施工。

流水施工源于工业化生产中的"流水作业"，但两者又有所区别。工业生产中，原料、配件或产品在生产线上流动，工人和生产设备保持相对固定；建筑生产过程中，工人和生产机具在建筑物的空间上移动，建筑产品是固定不动的。

在长期实践中，流水施工已经发展成为一种十分有效的施工组织方式，它可极大地促进建筑生产效率提高，缩短工期，节约施工费用，是一种科学的生产组织方式。

10.1 流水施工的基本概念

10.1.1 建筑施工的组织方式

建筑施工中常用的组织方式有顺序施工、平行施工和流水施工。通过对三种施工组织方式的比较，可清楚地看到流水施工的科学性。例如，现有三幢相同建筑的基础工程施工，每一幢的基础工程都包括开挖基槽、混凝土垫层、砌砖基础、回填土四个施工过程，每个施工过程的工作时间和劳动力安排见表 10-1，其施工顺序为开挖基槽→混凝土垫层→砌砖基础→回填土。试组织此基础施工。

表 10-1 某基础工程施工资料

序号	施工过程	工作时间/d	劳动力数/人
1	开挖基槽	3	10
2	混凝土垫层	2	12
3	砌砖基础	3	15
4	回填土	2	8

1. 顺序施工

顺序施工也称依次施工，是按照建筑内部各分项、分部工程内在的联系和必须遵循的施工顺序，不考虑后续施工过程在时间上和空间上的相互搭接，而依照顺序组织施工的方式。顺序施工往往是前一个施工过程完成后，下一个施工过程才开始，或一个工程全部完成后，另一个工程的施工才开始。其施工进度安排、工期及劳动力状态如图 10-1 和图 10-2 所示。

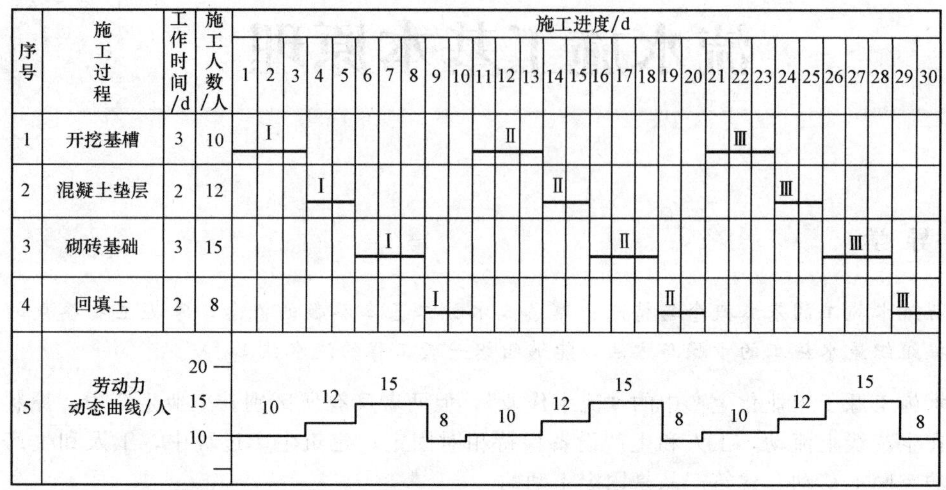

注：Ⅰ、Ⅱ、Ⅲ为幢数。

图 10-1 按幢（或施工段）顺序施工安排

序号	施工过程	工作时间/d	施工人数/人	施工进度/d																													
				1	2	3	4	5	6	7	8	9	10	11	12	13	14	15	16	17	18	19	20	21	22	23	24	25	26	27	28	29	30
1	开挖基槽	3	10		Ⅰ			Ⅱ			Ⅲ																						
2	混凝土垫层	2	12										Ⅰ		Ⅱ		Ⅲ																
3	砌砖基础	3	15																	Ⅰ			Ⅱ			Ⅲ							
4	回填土	2	8																									Ⅰ		Ⅱ		Ⅲ	
5	劳动力动态曲线/人							10							12									15						8			

注：Ⅰ、Ⅱ、Ⅲ为幢数。

图 10-2 按施工过程依次施工安排

由图 10-1 和图 10-2 可看出，顺序施工的特点是同时投入的劳动资源较少，机具使用不集中，材料供应单一，施工现场管理简单，便于组织和安排。

顺序施工组织方式的缺点如下：

（1）没有充分利用工作面去争取时间，所以工期长。

（2）按幢组织顺序施工时，如果按专业成立施工队，各专业施工队的工作是不连续的，存在“窝工”现象，材料供应也无法保持连续和均衡。

（3）按幢组织顺序施工时，如果由一个施工队完成全部施工任务，则不能实现专业化施工，劳动生产率低，不利于改进工人的操作方法、提高机具的利用率和工程质量。

（4）按施工过程组织顺序施工时，各专业施工队虽能连续施工，但不能充分利用工作面，工期长，且不能及时为后续工程提供工作面。

由上可见，顺序施工不但工期长，而且在组织安排上也不合理。因此，其仅适用于工程规模较小、工作面又有限的工程。

2. 平行施工

平行施工是将工程范围内的相同施工过程同时组织施工，完成以后再同时进行下一个施工过程的施工方式。在本例中，各幢楼基础工程同时开工，同时结束。完成全部基础施工的总工期等于一幢楼基础施工所用的时间。其施工进度安排、工期、劳动力状态如图 10-3 所示。

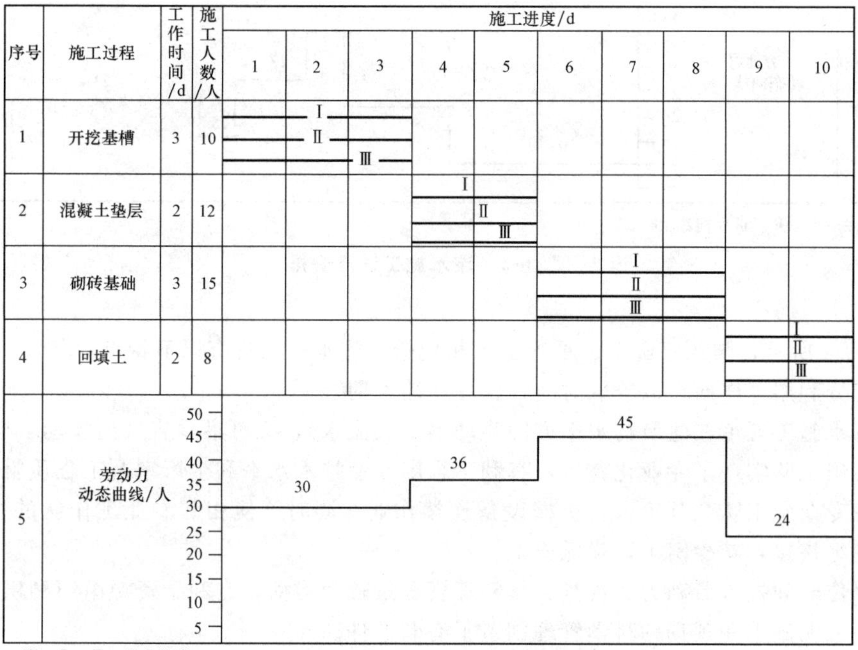

序号	施工过程	工作时间/d	施工人数/人	施工进度/d									
				1	2	3	4	5	6	7	8	9	10
1	开挖基槽	3	10		Ⅰ Ⅱ	Ⅲ							
2	混凝土垫层	2	12				Ⅰ	Ⅱ Ⅲ					
3	砌砖基础	3	15							Ⅰ Ⅱ Ⅲ			
4	回填土	2	8										Ⅰ Ⅱ Ⅲ
5	劳动力动态曲线/人	50 45 40 35 30 25 20 15 10 5			30			36		45			24

注：Ⅰ、Ⅱ、Ⅲ为幢数。

图 10-3　平行施工进度安排

平行施工的优点是充分利用了工作面，大大缩短了工期。但其主要缺点如下：

（1）单位时间内需相同劳动资源成倍增加，材料供应集中，机具设备、临时设施、仓库和堆场面积也要增加。

（2）如果由一个施工队完成全部施工任务，工作队不能实现专业化生产，不利于改进工人的操作方法、提高工程质量和生产率。

（3）如果按专业成立施工队，各施工队不能连续施工。

（4）施工组织安排和施工管理困难，增加施工管理费用。

平行施工一般适用于工期要求紧，规模大的建筑群，以及分批、分期组织施工的工程任务。该施工组织方式只有在各方面的资源供应有保障的前提下，才是合理的。

3. 流水施工

流水施工是将拟建工程划分为若干施工段，并将施工对象划分为若干个施工过程，按施工过程成立相应工作队，各个工作队按施工过程依次完成施工段内的施工过程，并依次从一个施工段转到下一个施工段；各个施工过程陆续开工，陆续完工，使同一施工过程的专业施工队保持连续、均衡施工，相邻专业施工队最大限度地平行搭接施工的组织方式。其施工进度安排、工期、劳动力状态如图 10-4 所示。

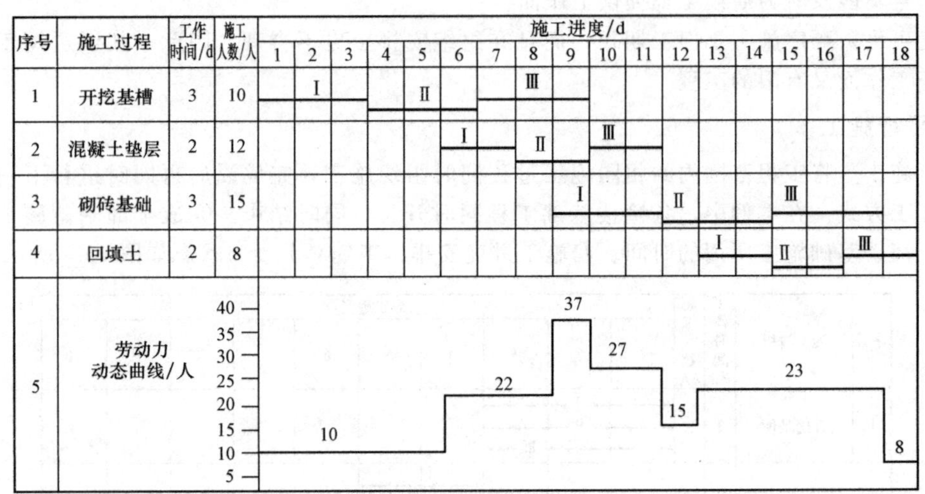

序号
施工过程
工作时间/d
施工人数/人
施工进度/d
1 2 3 4 5 6 7 8 9 10 11 12 13 14 15 16 17 18
1 开挖基槽 3 10
2 混凝土垫层 2 12
3 砌砖基础 3 15
4 回填土 2 8
5 劳动力动态曲线/人
Ⅰ Ⅱ Ⅲ
40 35 30 25 20 15 10 5
37 27 22 15 10 23 8

注：Ⅰ、Ⅱ、Ⅲ为幢数。

图 10-4　流水施工进度安排

如图 10-4 所示，与顺序施工、平行施工相比较，流水施工具有以下特点：

(1) 充分利用工作面，以争取时间，合理压缩工期。

(2) 流水施工既可在建筑物水平方向流动（平面流水），又可沿垂直方向流动（层间流水）。

(3) 各施工队实现了专业化施工，有利于提高专业技术水平和生产率及工程质量。

(4) 各专业施工队及其工人、机械设备连续作业。同时，使相邻专业工作队的开工时间能够最大限度地搭接，减少窝工，降低成本。

(5) 单位时间投入劳动力、机具、材料等资源量较为均衡，有利于资源组织和供应。

(6) 为文明施工和现场的科学管理创造了有利条件。

图 10-4 所示的流水施工组织方式，还没有充分利用工作面。如第一幢楼开挖基槽后，没有立刻进行混凝土垫层施工。直到第二幢楼挖土 2 d 后，才开始混凝土垫层施工。浪费了第一幢楼挖土完成后创造的工作面。

为了充分利用工作面，可按图 10-5 所示的组织方式进行施工，工期比图 10-4 所示流水施工减少 2 d。其中，混凝土垫层施工队和回填土施工队虽然做间歇施工，但是在一个分部工程若干个施工过程的流水施工组织中，只要安排好主要施工过程，即工程量大、施工持续时间较长（本例为开挖基槽和砌砖基础），组织它们连续、均衡地流水施工；而非主要施工过程在有利于缩短工期的情况下，可安排其间歇施工。这种方式仍认为是流水施工的组织方式。

综上所述，建筑生产流水施工的实质：由专业施工队伍并配备一定的机具设备，沿着建筑的水平方向或垂直方向，用一定数量的材料在各施工段上施工，使最后完成的产品成为建筑物的一部分，然后转移到另一个施工段上去进行同样的工作。所创造的工作面，由下一个施工过程的作业队伍采用相同组织形式继续施工。如此不断地进行，确保各施工过程的连续性、均衡性和节奏性。

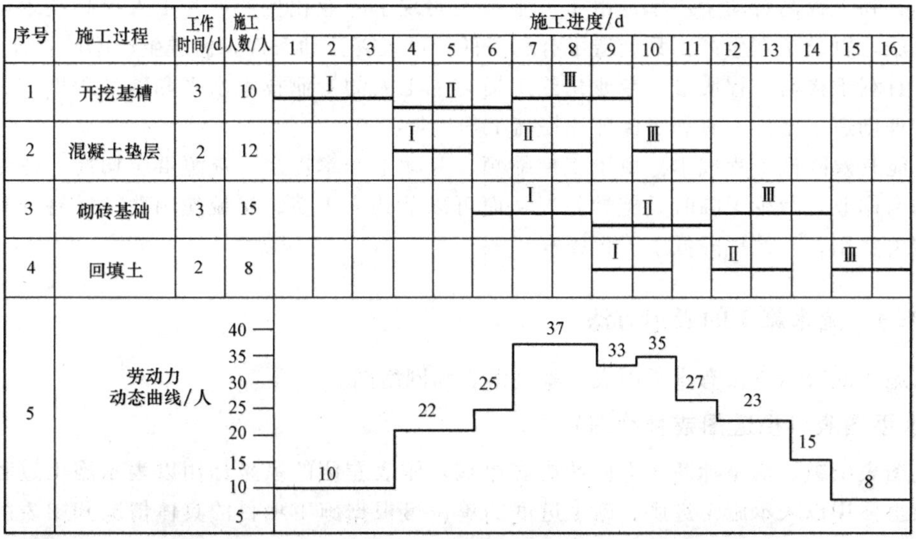

序号	施工过程	工作时间/d	施工人数/人	施工进度/d															
				1	2	3	4	5	6	7	8	9	10	11	12	13	14	15	16
1	开挖基槽	3	10		Ⅰ			Ⅱ			Ⅲ								
2	混凝土垫层	2	12				Ⅰ			Ⅱ			Ⅲ						
3	砌砖基础	3	15							Ⅰ		Ⅱ				Ⅲ			
4	回填土	2	8									Ⅰ			Ⅱ			Ⅲ	
5	劳动力动态曲线/人	40 35 30 25 20 15 10 5		10			22		25	37		33	35	27	23		15	8	

注：Ⅰ、Ⅱ、Ⅲ为幢数。

图 10-5　流水施工进度安排（部分间歇）

4. 三种施工组织方式的比较

由上面分析可知，顺序施工、平行施工和流水施工是组织施工的三种基本方式，其特点及适用的范围不尽相同，三者的比较见表 10-2。由表 10-2 可看出，流水施工综合了顺序施工和平行施工的优点，是建筑施工中最合理、最科学的一种组织方式。

表 10-2　三种组织施工方式比较

方式	工期	资源投入	评价	适用范围
顺序施工	最长	投入强度最低	劳动力投入少，资源投入不集中，有利于组织工作。现场管理工作相对简单，可能会产生窝工现象	规模较小，工作面有限的工程适用
平行施工	最短	投入强度最大	资源投入集中，现场组织管理复杂，很难实现专业化生产	工程工期紧迫，资源有充分保证及工作面允许的情况下可采用
流水施工	较短，介于顺序施工与平行施工之间	投入连续均衡	结合了顺序施工与平行施工的优点，施工队连续施工，充分利用工作面，是较理想的施工组织方式	一般项目均可适用

10. 1. 2　流水施工的技术经济效果

流水施工的连续性和均衡性方便了各种生产资源的组织，使施工生产能力得到充分发挥，使劳动力、机械设备得到合理的安排和使用，提高了生产的经济效益，具体归纳为以下几点：

(1) 便于施工中的组织与管理。由于流水施工的均衡性，避免了施工期间劳动力和其他资源投入过分集中，有利于资源的组织。

（2）施工工期比较短。由于流水施工的连续性，各专业队伍尽可能连续施工，减少了间歇，充分利用工作面，可以缩短工期。

（3）有利于提高劳动生产率。由于流水施工实现了专业化生产，为工人提高技术水平、改进操作方法，以及革新生产工具创造了有利条件，可改善劳动条件，促进生产率的提高。

（4）有利于提高工程质量。专业化施工提高了工人的专业技术水平和熟练程度，为推行全面质量管理创造了条件，有利于保证和提高工程质量。

（5）能有效降低工程成本。由于工期缩短、劳动生产率提高、资源供应均衡，各专业施工队连续均衡作业，减少了临时设施数量，从而可以节约人工费、机械使用费、材料费和施工管理费等相关费用，有效地降低了工程成本。

10.1.3 流水施工的表示方法

流水施工的表示方法有水平图表、垂直图表和网络图。

1. 水平图表（横道图或甘特图）

水平图表由纵、横坐标两个方向的内容组成，图表左侧的纵坐标用以表示施工过程，图表右侧的横坐标用以表示施工进度，施工进度的单位可根据施工项目的具体情况和图表的应用范围来决定，可以是日、周、月、旬、季或年等。日期可以按自然数的顺序排列，也可以采用奇数或偶数，还可以采用扩大的单位数来表示，如以 5 d 或 10 d 为基数编排，以简洁、清晰为标准。用标明施工段的横线段来表示具体的施工进度，如图 10-6 所示。

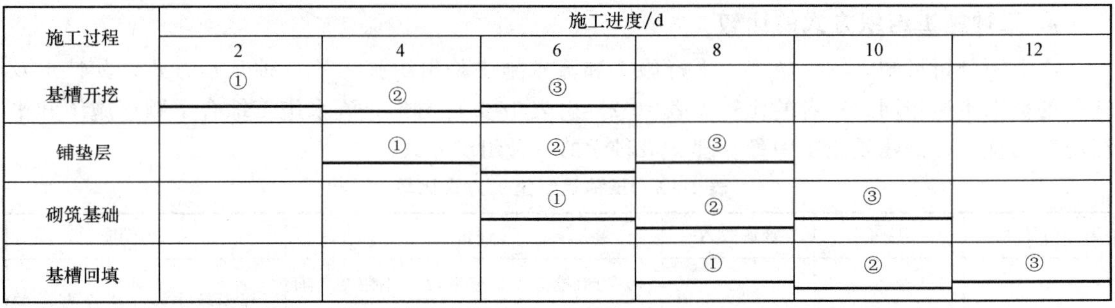

施工过程	施工进度/d					
	2	4	6	8	10	12
基槽开挖	①	②	③			
铺垫层		①	②	③		
砌筑基础			①	②	③	
基槽回填				①	②	③

注：①、②、③为施工段编号。

图 10-6 流水施工水平图表（横道图）

水平图表是一种最简单、运用最广泛的传统的进度计划方法，尽管有许多新的计划技术，但横道图在建设领域中的应用仍非常普遍。其通常用于小型项目或大型项目的子项目上，或用于计算资源需要量和概要预示进度，也可用于其他计划技术的表示结果。这种表达方式较直观，容易看懂计划编制的意图。但也存在一些问题如下：

（1）工序（工作）之间的逻辑关系可以设法表达，但表达不清楚。

（2）适用于手工编制计划。

（3）没有通过进度计划时间参数计算，不能确定计划的关键工作、关键线路与时差。

（4）计划调整只能用于手工方式进行，其工作量较大。

（5）难以适应大的进度计划系统。

2. 垂直图表（斜线图）

垂直图表是以纵坐标由下往上表示施工段数，以横坐标表示各施工过程在各施工段上的施工持续时间，若干条斜线段表示施工过程。垂直图表可以直观地从施工段的角度反映出各施工过程的先后顺序及时空状况。通过比较各条斜线的斜率可以看出各施工过程的施工速度，斜率越大，表示施工速度越快。垂直图表的实际应用不及水平图表普遍。其示例如图 10-7 所示，四条斜线分别表示四个施工过程，各条斜线斜率相等，说明四个施工过程的施工速度相等，每个施工过程在各施工段上的施工持续时间均为 2 d。

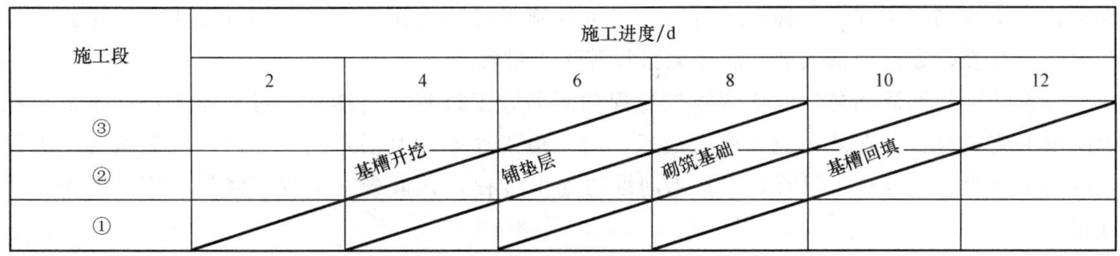

图 10-7　流水施工垂直图表（斜线图）

3. 网络图

网络图是用来表达各项工作先后顺序和逻辑关系的网状图形，由箭线和节点组成，分为双代号网络图和单代号网络图两种。流水施工网络图的表达方式，详见第 11 章。

10.2　流水施工的基本参数

在组织流水施工时，用以表达流水施工在工艺流程、时间安排和空间布置等方面的状态参数，称为流水施工参数。流水施工基本参数包括工艺参数、时间参数和空间参数三类。

10.2.1　工艺参数

在组织流水施工时，用以表达流水施工在施工工艺上的开展顺序及其特征的参数，称为工艺参数。它包括施工过程和流水强度两个参数。

1. 施工过程

根据施工组织及计划安排需要划分出的计划任务子项，称为施工过程。施工过程的内容和范围可大可小，可以是单位工程、分部工程，也可以是分项工程，还可以是将分项工程按照专业工种不同分解而成的施工工序。

(1) 施工过程分类。根据工艺性质不同，施工过程可分为制备类、运输类和建造类三类。

1) 制备类施工过程。制备类施工过程是为制造建筑制品和半制品而进行的施工过程，如砂浆制备、混凝土制备、钢筋成型等。它一般不占用施工对象空间，也不影响总工期，通常不列入施工进度计划。只有在它占有施工对象空间并影响总工期时，才被列入施工进度计划。

2) 运输类施工过程。运输类施工过程是把建筑材料、构配件、设备和制品等运送到工地仓库或施工现场使用地点而形成的施工过程。它一般不占用施工对象空间，也不影响总工期，通常不列入施工进度计划。只有在它占有施工对象空间并影响总工期时，才被列入施工进度计划，如结构安装工程中的构件运输等。

3) 建造类施工过程。建造类施工过程是在施工对象空间上直接进行加工而形成建筑产品的施工过程，如基础工程、主体工程、装修工程等。它占有施工对象的空间，并直接影响工期的长短。因此，必须列入施工进度计划，并在其中大多起主导作用的施工过程或关键工作。

根据建造类施工过程在施工中的作用、工艺性质和复杂程度，可对其进行如下分类：

①按其在工程项目生产中的作用划分，有主导施工过程和穿插施工过程两类。主导施工过程是指对整个工程项目起决定作用的施工过程，在编制施工进度计划时，必须优先考虑，如砖混结构的主体砌筑工程；穿插施工过程是与主导施工过程搭接或平行穿插并受主导施工过程制约的施工过程，如门窗框安装、脚手架搭设等施工过程。

②按其工艺性质划分，有连续施工过程和间断施工过程。连续施工过程是工序间不需要技术间歇的施工过程，在前一道工序完成后，后一道工序紧随其后进行，如砖基础砌筑与土方回填等施工过程；间断施工过程是有技术间歇的施工过程，如混凝土工程（浇筑后需要养护）等施工过程。

③按其施工复杂程度划分，有简单施工过程和复杂施工过程。简单施工过程是工艺上由一个工序组成的施工过程，如基础工程中的基槽开挖、土方回填等施工过程；复杂施工过程是由几个工艺紧密相连的工序组合而形成的施工过程，如混凝土工程由混凝土制备、运输、浇筑、振捣等工序组成。

按照上述的分类方法，同一施工过程从不同角度分类有不同的称谓，但这并不影响该施工过程在流水施工中的地位。事实上，有的施工过程既是主导、连续的，又是复杂的，如砖混结构的主体砌筑工程等施工过程。有的施工过程既是穿插、间断的，又是简单的施工过程，如装饰工程中的油漆工程等施工过程。

（2）施工过程数。施工过程数是指一组流水的施工过程个数，以符号 n 表示。施工过程划分的数目多少、粗细程度一般与下列因素有关。

1）与施工进度计划的性质和作用有关。施工组织总设计中的控制性的施工总进度计划，其施工过程应划分得粗些、综合性大些，一般只列出分部工程名称，如基础工程、主体结构工程、吊装工程、装修工程、屋面工程等。单位工程施工组织设计及分部分项工程施工组织设计中的实施性的施工进度计划，其施工过程应划分得细些、具体些。将分部工程再分解为若干个分项工程，如将基础工程分解为挖土、浇筑混凝土基础、回填土等，但其中某些分项工程仍由多工种来实现。对于其中起主导作用的分项工程，往往需要考虑按专业工种组织专业施工队进行施工。为了便于掌握施工进度和指导施工，可以将分项工程再进一步分解成若干个由专业工种施工的工序作为施工过程。

2）与建筑物的复杂程度、施工方案有关。不同施工方案，其施工顺序和方法也不相同，如框架主体结构采用的模板不同，其施工过程划分的数目就不相同。

3）与劳动组织及劳动量大小有关。施工过程的划分与施工班组及施工习惯有关。如安装玻璃、油漆施工可合也可分，因为有的是混合班组，有的是单一工种的班组。施工班组的划分还与劳动量大小有关。劳动量小的施工过程，当组织流水施工有困难时，可与其他施工过程合并。如垫层劳动量较小时可与挖土合并为一个施工过程，这样可以使各个施工过程的劳动量大致相等，便于组织流水施工。

2. 流水强度

流水强度是指组织流水施工时，某一个施工过程（专业工作队）在单位时间内完成的工程量，也称为流水能力或生产能力，用 V 表示。一般是指每一个工作班内完成的工程量。

(1) 机械操作流水强度。

$$V=\sum_{i=1}^{x}R_i \cdot S_i=R \cdot S \tag{10-1}$$

式中　R_i——第 i 种施工机械的台数；

S_i——第 i 种施工机械的定额台班生产率（即机械产量定额）；

x——施工机械种类数。

(2) 人工操作流水强度。

$$V_i=R_i \cdot S_i \tag{10-2}$$

式中　R_i——投入施工过程 i 的专业工作队工人数；

S_i——投入施工过程 i 的专业工作队平均产量定额；

V_i——某施工过程 i 的人工操作流水强度。

10.2.2　时间参数

时间参数是指在组织流水施工时，用以表达流水施工在时间安排上所处状态的参数，主要包括流水节拍、流水步距、间歇时间、搭接时间、流水工期。

1. 流水节拍

在组织流水施工时，每个专业施工队在各施工段上完成相应施工任务所需要的工作持续时间，称为流水节拍，一般用符号 t 表示。

流水节拍的大小反映出流水施工速度的快慢、节奏和资源消耗量的多少，流水节拍也是区分流水施工组织方式的特征参数。影响流水节拍大小的主要因素有每个施工段上工程量，采用的施工方案，每个施工段上投入的工人数、机械台数、材料量，以及每天的工作班数、各种机械台班的效率或机械台班产量等。

确定各施工过程的流水节拍时，应先确定主要的工程量大的施工过程的流水节拍，再确定其他施工过程的流水节拍。通常有以下三种方法确定流水节拍。

(1) 定额计算法。计算公式如下：

$$t_{ij}=\frac{Q_{ij}}{S_i \cdot R_{ij} \cdot N_{ij}}=\frac{P_{ij}}{R_{ij} \cdot N_{ij}} \tag{10-3}$$

$$t_{ij}=\frac{Q_{ij} \cdot H_i}{R_{ij} \cdot N_{ij}}=\frac{P_{ij}}{R_{ij} \cdot N_{ij}} \tag{10-4}$$

式中　t_{ij}——i 施工过程在 j 施工段上的流水节拍；

Q_{ij}——i 施工过程在 j 施工段上的工程量；

S_i——i 施工过程的人工或机械产量定额；

R_{ij}——i 施工过程在 j 施工段上投入的工人数或机械台数；

N_{ij}——i 施工过程在 j 施工段上的作业班次；

H_i——i 施工过程的人工或机械时间定额；

P_{ij}——i 施工过程在 j 施工段上的劳动量或机械台班数量。

$$P_{ij}=Q_{ij}/S_i \text{ 或 } P_{ij}=Q_{ij} \cdot H_i \tag{10-5}$$

式中　H_i——i 施工过程的人工或机械时间定额。

式中其他符号意义同前。流水节拍应取 0.5 d 的整数倍，这样便于施工队伍安排工作，工作队在转换工作地点时，正好是上、下班时间，不必占用生产操作时间。

(2) 经验估算法。经验估算法也称三时估算法，是根据过去的施工经验对流水节拍进行的估算。此法适用于无定额依据的采用新工艺、新材料、新结构的工程。计算公式如下：

$$t=\frac{a+4c+b}{6} \tag{10-6}$$

式中 t——某施工过程在某施工段上的流水节拍；

a——某施工过程在某施工段上的估算最短施工持续时间；

b——某施工过程在某施工段上的估算最长施工持续时间；

c——某施工过程在某施工段上的估算正常施工持续时间。

(3) 工期估算法。工期估算法也称倒排进度法，此法是按已定工期要求，决定流水节拍的大小，再相应求出所需的资源量。其具体步骤如下：

1) 根据工期按经验估算出各分部工程的施工时间。

2) 根据各分部工程估算出的时间确定各施工过程所需的时间。

3) 按式 (10-3) 或式 (10-4) 求出各施工过程所需的人数或机械台数。

注意： 确定的施工队（班组）工人数或机械台数，既要满足最小劳动组合人数的要求，又要满足最小工作面的要求。不能为了缩短工期而无限制地增加人数，否则由于工作面不足会降低劳动效率，且容易发生安全事故。如果工期紧、节拍小、工作面不够时，可增加工作班次，采用两班或三班工作制。

2. 流水步距

流水步距是指相邻两个施工过程或专业施工队（班组）进入流水作业的时间间隔，流水步距不含技术间歇、组织间歇、搭接等时间，一般用符号 K 表示。例如，第 i 个施工过程和第 $i+1$ 个施工过程之间的流水步距用 $K_{i,i+1}$ 表示。流水步距的数目应比施工过程数少 1 个，施工过程数为 n 个，则流水步距数应为 $n-1$ 个。

流水步距的大小对工期的影响很大，在施工段不变的情况下，流水步距小即平行搭接多，则工期短；反之，则工期长。流水步距应与流水节拍保持一定的关系，一般至少应为一个工作班或半个工作班的时间。

流水步距应根据施工工艺、流水形式和施工条件来确定，在确定流水步距时应尽量满足以下要求：

(1) 始终保持两施工过程间的顺序施工，即在一个施工段上，前一施工过程完成后，下一施工过程方能开始。

(2) 任何作业班组在各施工段上必须保持连续施工。

(3) 前后两施工过程的施工作业应能最大限度地组织平行施工。

3. 间歇时间

在组织流水施工中，相邻施工过程之间除需要考虑流水步距外，还需要考虑合理的间歇时间，一般用 t_j 表示，如混凝土的养护时间、钢筋隐蔽验收所需的时间等。间歇时间的存在会使工期延长，但又是不可避免的。

(1) 技术间歇时间。技术间歇时间是指在流水施工中，除考虑两相邻施工过程间的正常流水步距外，有时应根据施工工艺的要求考虑工艺间合理的间歇时间，一般用 t_{j1}^{j} 表示。例如，混凝土浇筑结束后，必须经过一定时间的养护，才能进行后续施工。

(2) 组织间歇时间。组织间歇时间是指施工中由于考虑施工组织的要求，两相邻的施工过程在规定的流水步距以外增加必要的时间间隔，一般用 t_{j1}^{z} 表示。例如，施工人员对前一施工过程进行检查验收，并为后续施工过程所做必要的技术准备工作。这种验收或安全检查等是由于施工组织因素所发生的不可避免的施工等待时间。在组织流水施工时，技术间歇和组织间歇可以统一考虑，但是两者的概念、作用和内涵是不同的，施工组织者必须清楚。

(3) 层间间歇时间。当施工对象在垂直方向划分施工层时，同一施工段上前一层的最后一个施工过程和后一层的第一个施工过程之间的间歇时间，称为层间间歇时间，一般用 t_{j2} 表示。

4. 搭接时间

搭接时间是指在工艺允许的情况下，后续施工过程在规定的流水步距以内提前进入施工段进行施工的时间，用 t_d 表示。一般情况下，相邻两个施工过程的专业施工队在同一施工段上，前者全部结束后，后者才能开始，但为了缩短工期，在工作面和工艺允许的前提下，当前一施工过程在某一施工段上已经完成一部分，并为后续施工过程创造了必要的工作面时，后续施工过程可以提前进入同一施工段，两者在同一施工段上平行搭接施工，其平行搭接的持续时间就是两个专业施工队之间的搭接时间。

5. 流水工期

流水工期是指流水施工中，从第一个施工过程（或作业班组）开始进入第一个施工段施工，到最后一个施工过程（或作业班组）在最后一个施工段上结束施工、退出流水作业为止的整个持续时间，一般用符号 T 表示。

10.2.3　空间参数

在组织流水施工时，用来表达流水施工在空间布置上所处状态的参数，称为空间参数。其包括工作面、施工段和多层的施工层数。

1. 工作面

在组织流水施工时，某专业工种施工时为保证安全生产和有效操作所必须具备的活动空间，称为该工种的工作面。它的大小应根据该工种工程的计划产量定额、操作规程和安全施工技术规程的要求来确定。如砌砖墙时，每个瓦工应有 8.5 m 以上的墙长，才能完成定额规定的效率和保证安全。利用工作面的概念，可以计算出各流水段上能容纳的工人数。

2. 施工段

施工段是指将施工对象人为的在平面上划分为若干个工程量大致相等的施工区段，以便不同专业队在不同的施工段上流水施工，互不干扰。在流水施工中，用 m 来表示施工段的数目，施工段也称流水段。

划分施工段是为组织流水施工提供必要的空间条件，其作用在于某一施工过程能集中施工力量，迅速完成一个施工段上的工作内容，及早空出工作面为下一施工过程提前施工创造条件，从而保证不同的施工过程能同时在不同的工作面上进行施工。

划分施工段时，如果施工段划分数目过多，则工作面不能得到充分利用，每一操作工人的有效工作范围减少，使劳动生产率降低；如果划分数目过少，则会延长工期，无法有效保证各专业施工队连续地施工。因此，施工段数量的多少，将直接影响流水施工的效果。为使施工段划分的合理，一般应遵循以下原则：

(1) 同一专业工作队在各个施工段上的劳动量应大致相等，以保证流水施工的连续性、均衡性和有节奏性，各施工段劳动量相差不宜超过10%～15%。

(2) 施工段的分界线应尽可能与结构界限（伸缩缝、沉降缝和建筑单元等）相吻合；或者设在对结构整体性影响较小的部位，以保证拟建工程结构的整体性；结构对称或等分线处也往往是施工段的分界线。

(3) 划分施工段时，应主要以主导施工过程的需要来划分。

(4) 保证施工队在每个施工段内有足够的工作面，以保证工人的数量和主导施工机械的生产效率满足合理劳动组织的要求，且施工队应符合最小劳动组合的要求。

(5) 当分层组织流水施工时，一定要注意施工段数与施工过程数（或专业施工队数）的关系对流水施工的影响。一般要求，每一层的施工段数 m 必须大于或等于其施工过程数 n 或专业施工队总数 $\sum b$，即 $m \geqslant n$ 或 $m \geqslant \sum b$。

下面结合实例分析三种情况并进行讨论。

【例 10-1】 某二层的钢筋混凝土框架结构建筑，其钢筋混凝土工程由模板支设、钢筋绑扎和混凝土浇筑三个施工过程组成，分别由三个专业施工队进行施工，流水节拍均为1 d。

解： (1) 各施工过程划分为两个施工段，施工段数小于施工过程数，即 $m=2$，$n=3$，$m<n$。其流水施工进度安排如图10-8所示。由图10-8可以看出，模板支设的专业施工队不能在第一施工层施工结束后，即第三天立刻进入第二层第一施工段进行施工，必须间歇1 d，以等待第一层第一施工段混凝土浇筑，从而造成窝工现象。同样，另外两个专业施工队也都要窝工，但各施工段上都连续地有工作队在施工，工作面没有出现空闲，工作面利用比较充分。

施工层	施工过程	施工进度/d						
		1	2	3	4	5	6	7
第一层	模板支设	①	②					
	钢筋绑扎		①	②				
	混凝土浇筑			①	②			
第二层	模板支设				①	②		
	钢筋绑扎					①	②	
	混凝土浇筑						①	②

图 10-8　$m<n$ 的施工进度安排

(2) 各施工过程划分为三个施工段，施工段数等于施工过程数，即 $m=3$，$n=3$，$m=n$。其流水施工进度安排如图10-9所示。从图10-9可以看出，各专业施工队在第一层施工结束后都能立刻进入下一施工层进行施工，不会出现窝工现象。同时，各施工段上都连续地有工作队在施工，工作面没有出现空闲，工作面利用比较充分。

施工层	施工过程	施工进度/d							
		1	2	3	4	5	6	7	8
第一层	模板支设	①	②	③					
	钢筋绑扎		①	②	③				
	混凝土浇筑			①	②	③			
第二层	模板支设				①	②	③		
	钢筋绑扎					①	②	③	
	混凝土浇筑						①	②	③

图 10-9　$m=n$ 的施工进度安排

(3) 各施工过程划分为四个施工段，施工段数大于施工过程数，即 $m=4$，$n=3$，$m>n$。其流水施工进度安排如图 10-10 所示。从图 10-10 可以看出，当第一层第一施工段上混凝土浇筑结束后，第二层第一施工段并不是立刻投入模板支设的专业施工队，而是在第四天出现了第一施工段工作面的空闲，这是由于模板支设专业施工队在第一层的施工必须到第四天才能结束，只能在第五天才可以投入到第二层第一施工段进行施工。其他施工段也都由于同样原因出现了工作面的空闲。

施工层	施工过程	施工进度/d									
		1	2	3	4	5	6	7	8	9	10
第一层	模板支设	①	②	③	④						
	钢筋绑扎		①	②	③	④					
	混凝土浇筑			①	②	③	④				
第二层	模板支设					①	②	③	④		
	钢筋绑扎						①	②	③	④	
	混凝土浇筑							①	②	③	④

图 10-10　$m>n$ 的施工进度安排

从以上三种情况的比较中，可得出以下结论：

(1) 当 $m<n$ 时，各专业施工队不能连续施工，有窝工现象，工作面利用充分，工期最短。

(2) 当 $m=n$ 时，各专业施工队均能连续施工，工作面利用比较充分，工期比较短，是最理想的一种安排。

(3) 当 $m>n$ 时，各专业施工队均能连续施工，工作面利用不够充分，各施工段工作面都出现空闲，工期最长。施工组织中往往利用工作面出现空闲的这段时间，把必要的技术间歇时间结合在一起，从而使流水施工组织更加合理。

综上所述，在有层间关系的工程中组织流水施工时，必须使施工段数大于或等于施工过程数（或专业施工队数），即 $m \geqslant n$ 或 $m \geqslant \sum b$ 。

3. 施工层

施工层是指组织多层建筑物在竖向的流水施工，将建筑物在垂直方向上划分的若干区段，一般用 j 来表示施工层的数目。施工层划分视工程的具体情况而定，一般以建筑物的结构层作为施工层。如全现浇剪力墙结构建筑，其结构层数就是施工层数。有时为方便施工，也可按一定高度划分施工层，如外墙装饰工程。

10.3 流水施工的组织方式

10.3.1 流水施工分类

流水施工可以按组织范围和节奏特征进行分类。

1. 按流水施工的组织范围划分

（1）分项工程流水施工。分项工程流水施工又称细部流水施工，是指在分项工程内部组织的流水施工，即由一个专业施工队，依次连续地在各个施工段上完成同一施工过程。分项工程流水施工是范围最小的流水施工。

（2）分部工程流水施工。分部工程流水施工又称专业流水施工，是指在分部工程内各分项工程之间组织的流水施工。例如，由开挖基槽、混凝土垫层、砌筑基础、回填土四个分项工程流水，就可以组成基础工程这个分部工程的流水施工。

（3）单位工程流水施工。单位工程流水施工又称综合流水施工，是指在单位工程内部各分部工程之间组织的流水施工。例如，由基础工程、主体工程和屋面工程三个分部工程流水就可以组成土建工程这个单位工程的流水施工。

（4）群体工程流水施工。群体工程流水施工又称大流水施工，是指在群体工程中各单项工程或单位工程之间组织的流水施工。

2. 按流水施工的节奏特征划分

根据流水施工节奏特征，流水施工可划分为有节奏流水施工和无节奏流水施工。进一步具体分类和组织流水方式，如图 10-11 所示。

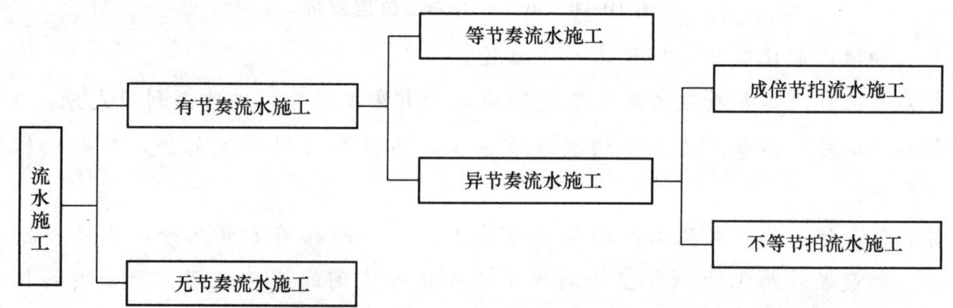

图 10-11　流水施工按节奏特征分类

10.3.2　有节奏流水施工

有节奏流水施工是指在组织流水施工时，同一施工过程在各施工段上的流水节拍都相等的一种流水施工方式。根据不同施工过程之间的流水节拍是否相等，有节奏流水施工又分为等节奏流水施工和异节奏流水施工。

1. 等节奏流水施工

等节奏流水施工是指每一个施工过程在各个施工段上的流水节拍都相等，并且各施工过程相互之间的流水节拍也相等的流水施工组织方式，也称为全等节拍流水施工或固定节拍流水施工。等节奏流水施工的特点如下：

(1) 各施工过程在各个施工段上流水节拍均相等。

(2) 相邻施工过程之间的流水步距彼此相等，并且等于流水节拍，即 $K=t$。

(3) 专业施工队数目等于施工过程数，即每个施工过程均成立一个专业施工队，由该队独立完成相应施工过程的所有施工任务。

(4) 各专业施工队在各施工段上均能连续施工，施工段之间没有空闲时间。

(5) 各施工过程的施工速度相同。

等节奏流水施工的工期可以按式 (10-7) 计算：

$$T=\sum K_{i,\ i+1}+T_n+\sum t_{j1}-\sum t_d=(mj+n-1)K+\sum t_{j1}-\sum t_d \tag{10-7}$$

式中　T——工期；

K——流水步距；

$\sum K_{i,\ i+1}$——各施工过程之间的流水步距之和；

T_n——最后一个施工过程的施工持续时间 ($T_n=j\cdot m\cdot t$)；

j——施工层数；

m——施工段数；

n——施工过程数；

$\sum t_{j1}$——一个施工层内的各个施工过程间的间歇时间之和（包括组织间歇时间和技术间歇时间）；

$\sum t_d$——搭接时间之和。

当施工层数多于一层时，施工段数要满足合理组织流水施工的要求，即为了使各施工队（班组）能连续施工，每层的施工段数应满足下列要求：

$$m\geqslant n+\frac{\sum t_{j1}+\sum t_{j2}-\sum t_d}{K} \tag{10-8}$$

式中　$\sum t_{j2}$——相邻两个施工层间的层间间歇时间之和。

式中其他符号意义同前。

【**例 10-2**】某基础工程划分为开挖基槽 A、混凝土垫层 B、砌筑基础 C、回填土 D 四个施工过程，分三个施工段组织施工，流水节拍均为 3 d，且混凝土垫层完成后需要有 1 d 的技术间歇时间，试组织等节奏流水施工。

解：由题意可知：无施工层，即 $j=1$，$\sum t_d=0$，$\sum t_{j1}=1$ d，t=3 d，$m=4$，$n=3$；

(1) 根据等节奏流水施工流水步距与流水节拍相等的特点，确定流水步距 $K=t=3$ d。

(2) 计算总工期：

由式（10-7）得

$$T=(mj+n-1)K+\sum t_{j1}-\sum t_d=(3+4-1)\times 3+1=19\ (\text{d})$$

（3）绘制流水施工进度计划如图 10-12 所示。

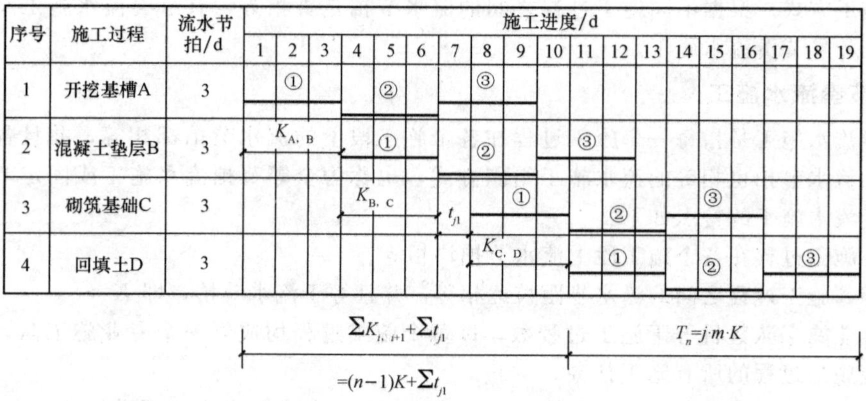

序号	施工过程	流水节拍/d	施工进度/d																		
			1	2	3	4	5	6	7	8	9	10	11	12	13	14	15	16	17	18	19
1	开挖基槽A	3		①			②			③											
2	混凝土垫层B	3					①			②			③								
3	砌筑基础C	3									①			②			③				
4	回填土D	3												①			②			③	

$K_{A,B}$　$K_{B,C}$　t_{j1}　$K_{C,D}$

$\sum K_{i,i+1}+\sum t_{j1}=(n-1)K+\sum t_{j1}$　　$T_n=j\cdot m\cdot K$

图 10-12　流水施工进度计划

【例 10-3】 某二层建筑的现浇钢筋混凝土工程施工，施工过程分为模板支设、钢筋绑扎和混凝土浇筑，流水节拍均为 2 d，钢筋绑扎与模板支设可以搭接 1 d进行，钢筋绑扎后需要 1 d的验收和施工准备，之后才能浇筑混凝土，层间技术间歇时间为 2 d。试确定施工段数、计算总工期、绘制流水施工进度计划表。

解：由题意可知：$j=2$，$\sum t_d=1$ d，$\sum t_{j1}=1$ d，$\sum t_{j2}=2$ d，$t=2$ d，$n=3$；

（1）根据等节奏流水施工流水步距与流水节拍相等的特点，确定流水步距 $K=t=2$ d。

（2）计算施工段数，由式（10-8）得

$$m\geqslant n+\frac{\sum t_{j1}+\sum t_{j2}-\sum t_d}{K}=3+\frac{1+2-1}{2}=4\qquad(\text{取 } m=4)$$

（3）计算总工期，由式（10-7）得

$$T=(mj+n-1)K+\sum t_{j1}-\sum t_d=(4\times 2+3-1)\times 2+1-1=20\ (\text{d})$$

（4）绘制流水施工进度计划如图 10-13 和图 10-14 所示。

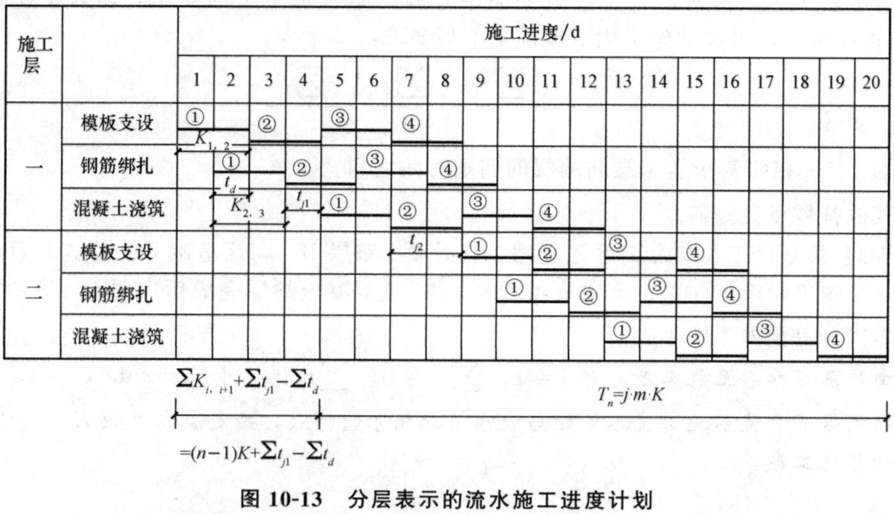

施工层		施工进度/d																			
		1	2	3	4	5	6	7	8	9	10	11	12	13	14	15	16	17	18	19	20
一	模板支设	①		②		③		④													
	钢筋绑扎		①		②		③		④												
	混凝土浇筑					①		②		③		④									
二	模板支设									①		②		③		④					
	钢筋绑扎										①		②		③		④				
	混凝土浇筑													①		②		③		④	

$K_{1,2}$　t_d　$K_{2,3}$　t_{j1}　t_{j2}

$\sum K_{i,i+1}+\sum t_{j1}-\sum t_d=(n-1)K+\sum t_{j1}-\sum t_d$　　$T_n=j\cdot m\cdot K$

图 10-13　分层表示的流水施工进度计划

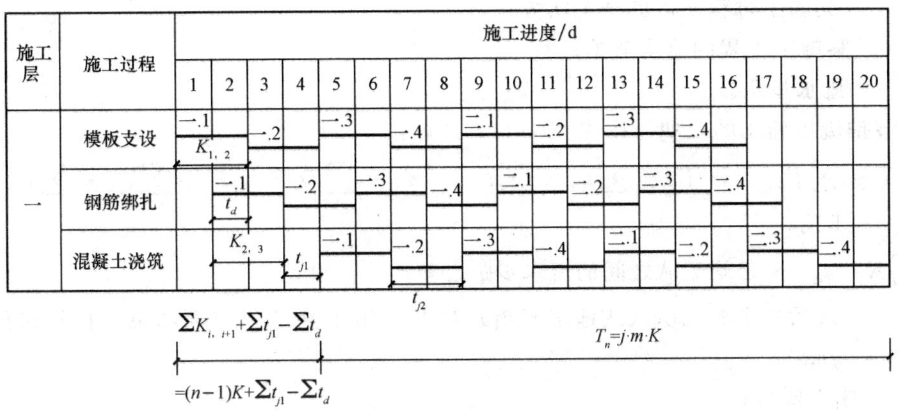

图 10-14　不分层表示的流水施工进度计划

2. 异节奏流水施工

异节奏流水施工是指在有节奏流水施工中，同一施工过程在各施工段上的流水节拍都相等，但不同施工过程之间的流水节拍不相等的一种流水施工组织方式。异节奏流水施工又可分为成倍节拍流水施工和不等节拍流水施工。

(1) 成倍节拍流水施工。成倍节拍流水施工是指同一施工工程在各个施工段上的流水节拍相等，不同施工工程之间的流水节拍不相等，但各施工工程之间的流水节拍互为倍数关系，各施工工程的流水节拍均为其中最小流水节拍的整数倍的流水施工组织方式。

由于工作面是一定的，而不同的施工过程的工艺复杂程度却不同，影响流水节拍的因素也较多，施工过程具有较强的不确定性，要做到不同的施工过程具有相同的流水节拍是非常困难的。因此，成倍节拍流水施工的组织形式在实际施工中很难做到。但是合理安排使同一施工过程的各施工段的流水节拍都相等，这是可以做到的。成倍节拍流水施工的特点如下：

1) 各施工过程各自的流水节拍相等。

2) 不同施工过程的流水节拍不相等，但互为倍数关系，均为最小流水节拍的整数倍。

3) 各施工过程之间的流水步距彼此相等，并且等于最小的流水节拍。

4) 专业施工队总数大于施工过程数，即每个施工过程成立一个或一个以上的专业施工队进行施工。

5) 各专业施工队在施工段上均能连续作业，施工段间没有间歇时间。

6) 同一施工过程内，各施工段的施工速度相等，不同施工过程的施工速度不完全相等。

组织成倍节拍流水施工时，为充分利用工作面，加快施工速度，流水节拍大的施工过程应相应增加施工班组数。因此，专业施工队总数大于施工过程数。

成倍节拍流水施工的流水步距是指所有各个施工队（或施工班组）之间的流水步距，而不是各个施工过程之间的流水步距，它们全部相等，可以按式 (10-9) 计算，即

$$K=\min\{t_1, t_2, \cdots, t_i, \cdots, t_n\} \qquad (10\text{-}9)$$

式中　$t_1, t_2, \cdots, t_i, \cdots, t_n$——第 $1, 2, \cdots, i, \cdots, n$ 个施工过程的流水节拍。

每个施工过程所需的施工班组数可由式 (10-10) 确定：

$$D_i=t_i/K \qquad (10\text{-}10)$$

式中 D_i——某施工过程所需的施工队数；

t_i——某施工工程的流水节拍；

K——流水步距。

成倍节拍流水施工的工期可按式（10-11）计算：

$$T=\sum K_{i,\ i+1}+T_n+\sum t_{j1}-\sum t_d=(mj+\sum D_i-1)K+\sum t_{j1}-\sum t_d \quad (10\text{-}11)$$

式中 T——工期；

$\sum K_{i,\ i+1}$——各施工队之间的流水步距之和；

T_n——最后一个施工队（或施工班组）从开始施工到工程全部结束的持续时间（$T_n=jmt$）；

j——施工层数；

m——施工段数；

$\sum D_i$——专业施工队总数；

$\sum t_{j1}$——一个施工层内的各个施工过程间的间歇时间之和（包括组织间歇时间和技术间歇时间）；

K——流水步距；

$\sum t_d$——搭接时间之和。

当 $j=1$ 时，若计算出的 $D_i>m$，则实际施工中 D_i 应取 m，但在计算 T 时，公式中仍应按计算出的 D_i 代入。

当 $j>1$ 时，施工段数应满足下列条件：

$$m \geqslant \sum D_i+\frac{\sum t_{j1}+\sum t_{j2}-\sum t_d}{K} \quad (10\text{-}12)$$

式中 $\sum t_{j2}$——相邻两个施工层间的层间间歇时间之和。

式中其他符号意义同前。

组织成倍流水施工时，按下列步骤进行计算：

1）按式（10-9）计算流水步距。

2）按式（10-10）计算各个施工过程的施工队数，并计算 $\sum D_i$。

3）确定施工段数。如果没有划分施工分层，即 $j=1$，可按施工段划分原则来进行划分；若有分层，即 $j>1$ 时，则施工段的划分应满足式（10-12）的要求。

4）按式（10-11）计算总工期。

5）绘制流水施工进度计划表。

【例 10-4】某基础工程划分为开挖基槽 A、混凝土垫层 B、砌筑基础 C、回填土 D 四个施工过程，分三个施工段组织施工，各施工过程的流水节拍为 $t_A=2$ d，$t_B=4$ d，$t_C=2$ d，$t_D=4$ d，且施工过程 B 完成后需要有 1 d 的技术间歇时间，试组织成倍节拍流水施工。

解：（1）确定流水步距。

$$K=\min\{t_A,\ t_B,\ t_C,\ t_D\}=\{2,\ 4,\ 2,\ 4\}=2\ (\text{d})$$

（2）计算各个施工过程的施工队数，并计算 $\sum D_i$。

$$D_A=t_A/K=\frac{2}{2}=1\ (\text{队})$$

$$D_B = t_B/K = \frac{4}{2} = 2\ (\text{队})$$

$$D_C = t_C/K = \frac{2}{2} = 1\ (\text{队})$$

$$D_D = t_D/K = \frac{4}{2} = 2\ (\text{队})$$

$$\sum D_i = 1 + 2 + 1 + 2 = 6(\text{队})$$

(3) 计算工期。

$$T = (mj + \sum D_i - 1)K + \sum t_{j1} - \sum t_d = (3 + 6 - 1) \times 2 + 1 = 17\ (\text{d})$$

(4) 绘制施工进度计划。成倍节拍流水施工进度计划如图 10-15 所示。

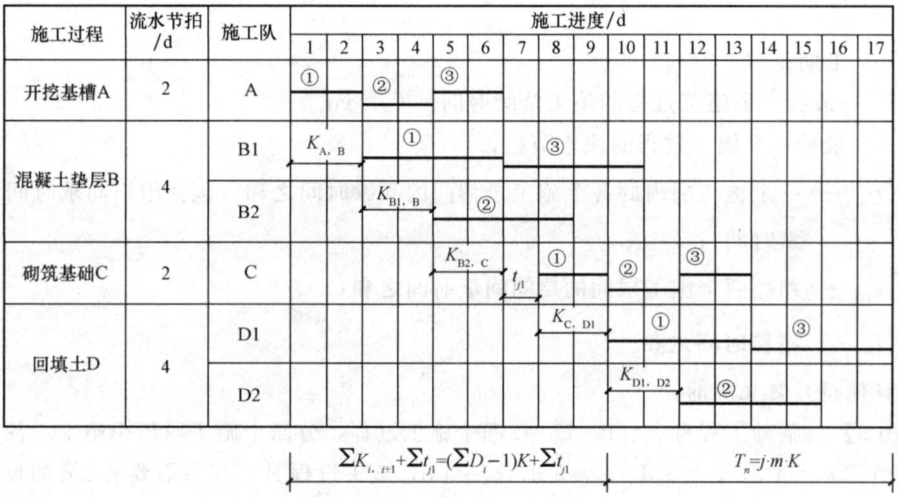

施工过程	流水节拍/d	施工队	1	2	3	4	5	6	7	8	9	10	11	12	13	14	15	16	17
开挖基槽A	2	A	①		②		③												
混凝土垫层B	4	B1	$K_{A,B}$			①				③									
		B2			$K_{B1,B}$			②											
砌筑基础C	2	C					$K_{B2,C}$		t_{j1}	①		②		③					
回填土D	4	D1								$K_{C,D1}$			①				③		
		D2										$K_{D1,D2}$			②				

$\sum K_{i,i+1} + \sum t_{j1} = (\sum D_i - 1)K + \sum t_{j1}$　　　$T_n = j \cdot m \cdot K$

图 10-15　成倍节拍流水施工进度计划

(2) 不等节拍流水施工。不等节拍流水施工是指同一施工过程在各个施工段上的流水节拍相等，不同施工过程之间的流水节拍既不完全相等又不呈倍数关系的流水施工方式。

有时由于各施工过程之间的工程量相差很大，各施工班组的施工人数又有所不同，使得不同施工过程在各施工段上的流水节拍无规律性。这时，若组织等节奏流水施工或成倍节拍流水施工均有困难，则可组织不等节拍流水施工。不等节拍流水施工的特点如下：

1) 同一施工过程在各个施工段上的流水节拍相等。

2) 不同施工过程之间的流水节拍不相等，也不呈倍数关系。

3) 相邻施工过程之间的流水步距不相等。

4) 作业施工队数等于施工过程数。

5) 主要施工过程的流水作业连续施工，允许有些施工段出现空闲。

6) 在同一施工过程中，各施工段的施工速度相等，不同施工过程的施工速度不相等。

组织不等节拍流水施工的关键是流水步距的确定，计算流水步距时按以下两种情况进行考虑：

①前一个施工过程的流水节拍小于或等于后一个施工过程的流水节拍，即 $t_i \leqslant t_{i+1}$，这种情况下，两个施工过程之间的流水步距按式 (10-13) 确定：

$$K_{i,i+1}=t_i \quad (\text{当 } t_i \leqslant t_{i+1} \text{ 时}) \tag{10-13}$$

②前一个施工过程的流水节拍大于后一个施工过程的流水节拍，即 $t_i > t_{i+1}$，这种情况下，两个施工过程之间的流水步距按式（10-14）确定：

$$K_{i,i+1}=mt_i-(m-1)\ t_{i+1} \quad (\text{当 } t_i > t_{i+1} \text{ 时}) \tag{10-14}$$

式中　$K_{i,i+1}$——第 i 个施工过程与第 $i+1$ 个施工过程之间的流水步距；

t_i——第 i 个施工过程的流水节拍；

t_{i+1}——第 $i+1$ 个施工过程的流水节拍；

m——施工段数。

不等节拍流水施工的工期可按式（10-15）计算：

$$T=\sum K_{i,\ i+1}+T_n+\sum t_{j1}+\sum t_{j2}-\sum t_d=\sum K_{i,\ i+1}+mt_n+\sum t_{j1}+\sum t_{j2}-\sum t_d \tag{10-15}$$

式中　T——工期；

T_n——最后一个施工过程的施工持续时间（$T_n=mt_n$）；

t_n——最后一个施工过程的流水节拍；

$\sum t_{j1}$——一个施工层内的各个施工过程间的间歇时间之和（包括组织间歇时间和技术间歇时间）；

$\sum t_{j2}$——相邻两个施工层间的层间间歇时间之和；

$\sum t_d$——搭接时间之和。

式中其他符号意义同前。

【例 10-5】某基础工程有 A、B、C、D 四个施工过程，分四个施工段组织施工，各施工过程的流水节拍为 $t_A=4$ d，$t_B=3$ d，$t_C=3$ d，$t_D=4$ d，施工过程 B 完成后需要有 2 d 的技术间歇时间，施工过程 C 和 D 之间可以搭接 1 d，试组织不等节拍流水施工。

解：(1) 根据式（10-14）计算流水步距：

由 $t_A > t_B$，得 $K_{A,B}=mt_A-(m-1)\ t_B=4\times4-(4-1)\times3=7$ (d)

由 $t_B=t_C$，得 $K_{B,C}=t_B=3$ d；由 $t_C < t_D$，得 $K_{C,D}=t_C=3$ d

(2) 根据式（10-15）计算工期。

$$T=\sum K_{i,\ i+1}+mt_n+\sum t_{j1}+\sum t_{j2}-\sum t_d=(7+3+3)+4\times4+2-1=30\ (\text{d})$$

(3) 绘制施工进度计划，如图 10-16 所示。

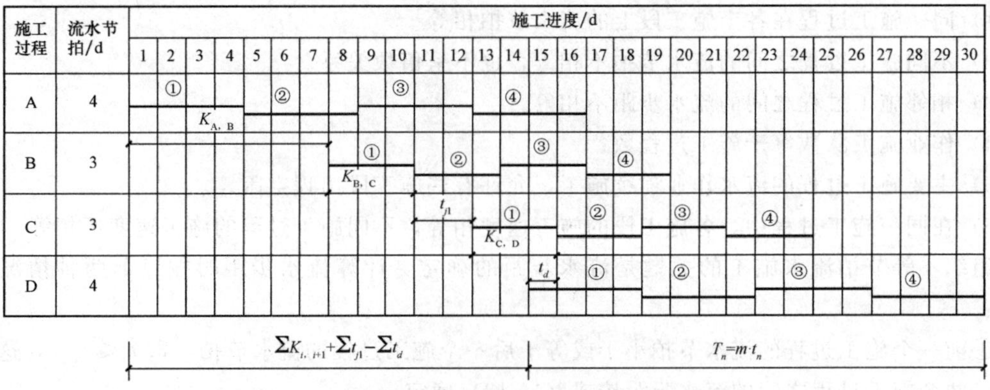

施工过程	流水节拍/d	施工进度/d																													
		1	2	3	4	5	6	7	8	9	10	11	12	13	14	15	16	17	18	19	20	21	22	23	24	25	26	27	28	29	30
A	4		①	$K_{A,B}$			②				③				④																
B	3								$K_{B,C}$	①			②			③			④												
C	3											t_{j1}		$K_{C,D}$	①			②			③			④							
D	4															t_d		①			②				③				④		

$\Sigma K_{i,\ i+1}+\Sigma t_{j1}-\Sigma t_d$　　　$T_n=m\cdot t_n$

图 10-16　不等节拍流水施工进度计划

10.3.3　无节奏流水施工

无节奏流水施工是指在组织流水施工时，全部或部分施工过程在各个施工段上的流水节拍不完全相等，不同施工过程之间的流水节拍也不完全相等，流水节拍无规律可循的流水施工组织方式。

在实际工程中，有时有些施工过程在不同施工段上的劳动量彼此不完全相等，从而使其流水节拍也不完全相等，此时可组织无节奏流水施工。这种施工组织方式在进度安排上比较自由、灵活，是实际施工组织中最普遍、最常用的一种方法。无节奏流水施工的特点如下：

(1) 各施工过程在各施工段上的流水节拍不完全不等，也无特定规律。

(2) 相邻施工过程之间的流水步距也不相等，流水步距与流水节拍的大小及相邻施工过程的相应施工段的节拍差有关。

(3) 专业施工队数目等于施工过程数。

(4) 各专业施工队能够在施工段上连续作业，但有的施工段之间可能有间隔时间。

(5) 同一施工过程内，各施工段的施工速度不相等。

1. 流水步距的确定

组织无节奏流水施工，确定流水步距是关键。无节奏流水施工相邻施工过程之间的流水步距不完全相等，采用“累加数列错位相减取最大正差法”（潘特考夫斯基法）计算。利用此法计算流水步距时，一般分为以下三个步骤：

(1) 计算各施工过程流水节拍的累加数列。

(2) 将相邻施工过程流水节拍的累加数列错位相减，得到一个差数列。

(3) 取各差数列中的最大正值作为各相邻施工过程之间的流水步距。

2. 工期的计算

无节奏流水施工的工期按式（10-16）计算：

$$T=\sum K_{i,\ i+1}+T_n+\sum t_{j1}+\sum t_{j2}-\sum t_d=\sum K_{i,\ i+1}+\sum t_{nj}+\sum t_{j1}+\sum t_{j2}-\sum t_d \tag{10-16}$$

式中　T——工期；

$K_{i,i+1}$——第 i 个施工过程与第 $i+1$ 个施工过程之间的流水步距；

T_n——最后一个施工过程的施工持续时间（$T_n=\sum t_{nj}$）；

t_{nj}——最后一个施工过程在第 j 个施工段上的流水节拍；

$\sum t_{j1}$——一个施工层内的各个施工过程间的间歇时间之和（包括组织间歇时间和技术间歇时间）；

$\sum t_{j2}$——相邻两个施工层间的层间间歇时间之和；

$\sum t_d$——搭接时间之和。

【例 10-6】 某基础工程划分为开挖基槽 A、混凝土垫层 B、砌砖基础 C、回填土 D 四个施工过程，分三个施工段组织施工，各施工过程的流水节拍见表 10-3，且施工过程 B 完成后需要有 1 d 的技术间歇时间，试组织无节奏流水施工。

表 10-3　某基础工程的流水节拍

施工过程＼施工段	①	②	③
开挖基槽 A	2	2	3
混凝土垫层 B	3	3	4
砌砖基础 C	3	2	2
回填土 D	3	4	3

解：(1) 计算流水步距。

1) 求累加数列。施工过程 A 的累加数列为 2，2+2，2+2+3，即 2，4，7；同理，求施工过程 B、C、D 的累加数列，得各施工过程流水节拍的累加数列见表 10-4。

表 10-4　流水节拍累加数列

施工过程＼施工段	①	②	③
开挖基槽 A	2	4	7
混凝土垫层 B	3	6	10
砌砖基础 C	3	5	7
回填土 D	3	7	10

2) 求 $K_{A,B}$。

$$\begin{array}{rrrrr} & 2 & 4 & 7 & \\ - & & 3 & 6 & 10 \\ \hline & 2 & 1 & 1 & -10 \end{array}$$

$K_{A,B}=\max\{2, 1, 1, -10\}=2$ (d)

3) 求 $K_{B,C}$。

$$\begin{array}{rrrrr} & 3 & 6 & 10 & \\ - & & 3 & 5 & 7 \\ \hline & 3 & 3 & 5 & -7 \end{array}$$

$K_{B,C}=\max\{3, 3, 5, -7\}=5$ (d)

4) 求 $K_{C,D}$。

$$\begin{array}{rrrrr} & 3 & 5 & 7 & \\ - & & 3 & 7 & 10 \\ \hline & 3 & 2 & 0 & -10 \end{array}$$

$K_{C,D}=\max\{3, 2, 0, -10\}=3$ (d)

(2) 计算工期。

$$T=\sum K_{i,\,i+1}+\sum t_{nj}+\sum t_{j1}+\sum t_{j2}-\sum t_{d}=(2+5+3)+(3+4+3)+1=21\ (\mathrm{d})$$

(3) 绘制施工进度计划表，如图 10-17 所示。

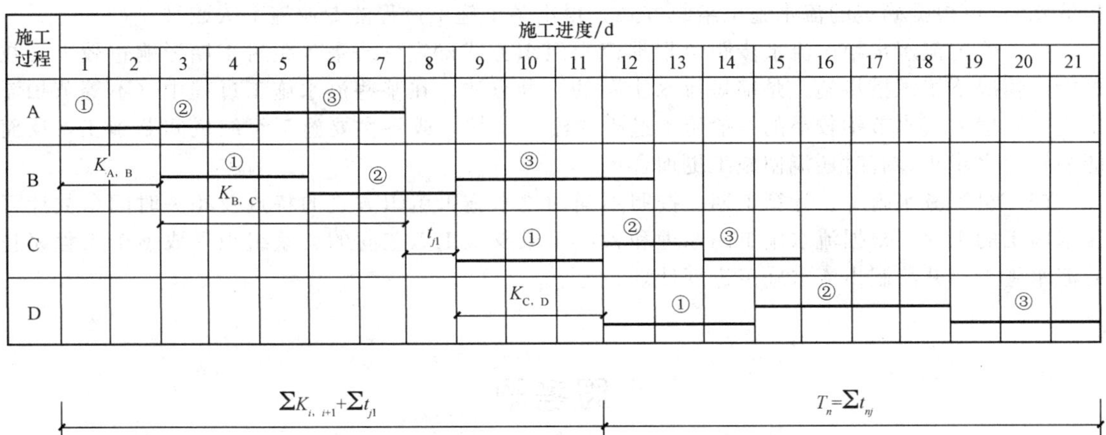

图 10-17　某基础工程无节奏流水施工进度计划表

10.4　流水施工组织程序

合理组织流水施工就是结合各个工程的不同特点，根据实际施工条件和施工内容，合理确定流水施工的各项参数。通常按照下列工作程序进行。

(1) 确定施工顺序、划分施工过程。参加流水的施工过程数对流水施工的组织影响很大，但将所有施工过程参与流水施工是不可能的，也没有必要。每个施工阶段总有几个对工程施工有直接影响的主导施工过程，首先确定主导施工过程，组织成流水施工，其他施工过程则可根据实际情况与主导施工过程合并。主导施工过程是指对工期有直接影响，能为后续施工过程提供工作面的施工过程。在实际中，根据施工分部分项工程施工工艺确定主导施工过程。

施工过程数目 n 的确定，主要依据的是工程的性质和复杂程度、所采用的施工方案、对建设工期的要求等因素。合理组织流水施工，施工过程数目 n 要确定得当，施工过程划分得过粗或过细，都达不到好的流水效果。

(2) 确定施工层，划分施工段。为了合理组织流水施工，需要按建筑的空间和施工过程的工艺要求确定施工层数量 j，以便于在平面和空间上组织连续均衡的流水施工。划分施工层时，要求结合工程的具体情况，主要根据建筑物的高度和楼层来确定。例如，砌筑工程的施工高度一般为 1.2 m，所以可按 1.2 m 划分，而室内抹灰、木装饰、油漆和水电安装等，可按结构楼层划分施工层。

合理划分施工段的原则详见本章相关内容，若组织多层固定节拍流水施工或成倍节拍流水施工，同时考虑间歇时间时，施工段的确定应满足式（10-8）的要求。

(3) 确定施工过程的流水节拍。施工过程的流水节拍可按式（10-3）和式（10-4）进行计算。流水节拍大小对工期影响较大，由式（10-3）和式（10-4）可知，减小流水节拍最有效的方法是提高劳动效率（即增大产量定额或减小时间定额）。增加工人数也是一种方法，但劳动人数增加到一定程度必然会达到最小工作面，此时的流水节拍即最小的流水节拍，正常情况下不可能再缩短。同样，根据最小劳动组合可确定最大的流水节拍。据此就可确定完成该施工过程最多可安排和至少应安排的工人数。然后根据现有条件和施工要求确定合适的人数，以求得流水节拍，该流水节拍总是在最大和最小流水节拍之间。

(4) 确定流水方式及专业队伍数。根据计算出的各个施工过程的流水节拍的特征、施工工期要求和资源供应条件，确定流水施工的组织方式（如固定节拍流水、成倍节拍流水、不等节拍流水）；再根据确定的流水施工组织方式，得出各个施工过程的专业施工队数目。

（5）确定流水步距。流水步距可根据流水组织方式确定。流水步距对工期影响也较大，在可能的情况下组织搭接施工是缩短流水步距的一种方法。在某些流水施工过程中（不等节拍流水施工）增大流水节拍较小的一般施工过程的流水节拍，或将次要施工组织成间断施工，反而能缩短流水步距，有时还能使施工更加合理。

（6）组织流水施工、计算工期。按照不同的流水施工组织方式的特点及相关时间参数计算流水施工的工期。根据流水施工的原理和各施工段及施工工艺间的关系组织形成整个工程完整的流水施工，并绘制出流水施工进度计划。

思考题

1. 组织施工的方式有哪几种？它们各有什么特点？

2. 什么是流水施工？流水施工有什么特点？

3. 简述流水施工的表示方法。

4. 流水施工的基本参数有哪些？各流水参数对工期有何影响？

5. 无节奏流水施工的流水步距如何确定？

6. 合理划分施工段，一般应遵循哪些原则？

7. 某工程施工，分成四个施工段，有三个施工过程，且施工顺序为 A→B→C，各施工过程的流水节拍均为 2 d，试组织流水施工，并计算工期。

8. 某现浇钢筋混凝土结构由支模板、扎钢筋和浇筑混凝土三个分项工程组成，分三段组织施工，各施工过程的流水节拍分别为支模板 6 d、扎钢筋 4 d、浇筑混凝土 2 d。试按成倍节拍流水组织施工。

9. 某工程包括三个结构形式与建造规模完全一样的单体建筑，共有 5 个施工过程，分别为土方开挖、基础工程、地上结构、二次砌筑、装饰装修。根据施工工艺要求，地上结构、二次砌筑两施工过程间的时间间隔为 2 周。各施工过程的流水节拍见表 10-5。

表 10-5 各施工过程的流水节拍表

施工过程编号	施工过程	流水节拍/周
A	土方开挖	2
B	基础工程	2
C	地上结构	6
D	二次砌筑	4
E	装饰装修	4

10. 某分部工程，分四个施工段组织施工，有 A、B、C 三个施工过程，各施工过程的流水节拍见表 10-6，试组织无节奏流水施工。

表 10-6 各施工过程在各施工段上的流水节拍

施工过程 \ 施工段	①	②	③	④
A	2	3	2	2
B	4	4	2	3
C	2	3	2	3

第 11 章 网络计划技术

课程导学

了解网络计划的基本原理与基本概念；掌握双代号、单代号网络图的绘图规则与方法，掌握时间参数的意义与计算；了解时标网络计划的编制方法，掌握其参数确定方法；掌握网络计划优化的目标与原理，了解优化的方法、步骤；能够编制和使用一般工程的网络计划。

11.1 网络计划概述

11.1.1 基本概念

(1) 网络图。网络图是指由箭线和节点组成的，用来表示工作流程的有向、有序的网状图形。

(2) 网络计划。网络计划是指用网络图来表达任务构成、工作顺序并加注工作时间参数的进度计划。

(3) 网络计划技术。利用网络图的形式表达各项工作之间的相互制约和相互依赖关系，并分析其内在规律，从而寻求最优方案的方法称为网络计划技术。网络计划技术不仅是一种科学的管理方法，同时也是一种科学的计划方法。

11.1.2 网络计划的基本原理与特点

1. 网络计划的基本原理

(1) 把一项工程的全部建造过程分解成若干项工作，按照各项工作开展的先后顺序和相互之间的逻辑关系用网络图的形式表达出来。

(2) 通过网络图各项时间参数的计算，找出计划中的关键工作、关键线路和计算工期。

(3) 通过网络计划优化，不断改进网络计划的初始安排，找到最优方案。

(4) 在计划的实施过程中，通过检查、调整，对其进行有效的控制和监督，以最小的资源消耗获得最大的经济效益。

2. 网络计划的特点

横道计划与网络计划的特点比较，见表 11-1。

表 11-1　横道计划与网络计划的特点比较

横道计划	网络计划
不能明确反映各施工过程之间的逻辑关系	能明确反映各施工过程之间的逻辑关系
不能指出关键工作	能指出关键工作
不能进行时间参数计算	能进行时间参数计算
不能进行优化调整	能进行优化调整
形象直观、易于编制和绘制	不够形象直观、编制和绘制较难

3. 网络计划的分类

网络计划有多种类型。网络计划按绘图符号表示的含义不同，可分为双代号网络计划和单代号网络计划；按工作持续时间表达方式的不同，可分为时标网络计划和非时标网络计划；按不同工作之间的搭接关系，可分为搭接网络计划和非搭接网络计划。

4. 网络计划的编制流程

网络计划的编制流程：确定工作组成及其施工顺序；理顺工作先后关系并用网络图表示；给出工作持续时间；制订网络计划；不断优化、调整直至最优。

11.2　双代号网络计划

双代号网络图是由若干表示工作的箭线和节点组成的，其中每一项工作都用一根箭线和箭线两端的两个节点来表示，箭线两端节点的号码即为该箭线所表示的工作的代号，故“双代号”的名称由此而来，如图 11-1 所示。双代号网络图是目前国际工程项目进度计划中最常用的网络计划形式。

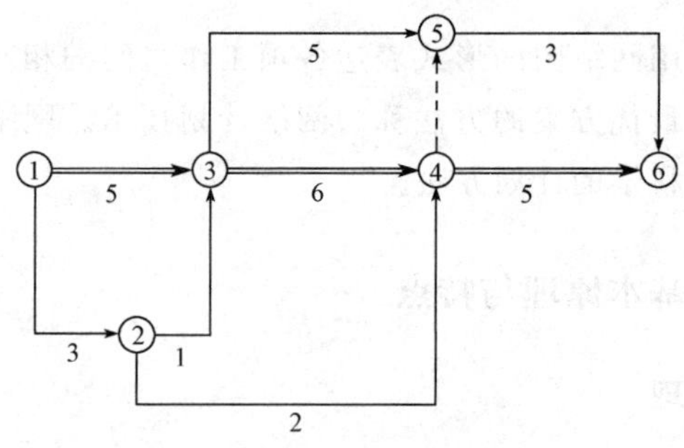

图 11-1　双代号网络图

11.2.1　双代号网络图的组成

双代号网络图的三要素为工作、节点和线路。

1. 工作

工作也称为施工过程或工序。工作是根据计划任务的粗细程度划分的一个消耗时间，同时也可能消耗资源的子项目或子任务。

（1）表示方法。在双代号网络图中，一条箭线与其两端的节点表示一项工作，工作的名称写在箭线的上面，工作的持续时间（又称作业时间）写在箭线的下面，箭线所指的方向表示工作进行的方向，箭尾表示工作的开始，箭头表示工作的结束，箭线可以是水平直线也可以是折线或斜线，但不得中断。在无时间坐标的网络图中，箭线的长度不代表时间的长短，绘图时箭线尽可能以水平直线为主，且必须满足网络图的绘制规则。在有时间坐标的网络图中，其箭线的长度必须根据完成该项工作所需时间长短绘制。

就某工作而言，紧靠其前面的工作称紧前工作，紧靠其后面的工作称紧后工作，与之同时开始或结束的工作称平行工作，该工作本身则称“本工作”。如图 11-1 所示，工作②-③的紧前工作是①-②，紧后工作是③-④、③-⑤。

（2）工作的划分原则。根据网络计划的性质和作用的不同，工作可根据一项计划（工程）的规模大小、复杂程度不同等，结合需要进行灵活的项目分解，既可以是一个简单的施工过程，也可以是一项复杂的工程任务。具体划分工作的范围取决于网络计划的类型是控制性的，还是指导性的。

（3）工作种类。工作一般可分为三种：既消耗时间又消耗资源的工作，如砌砖墙、浇筑混凝土等；只消耗时间不消耗资源的工作，如油漆干燥等技术间歇；还有既不消耗资源也不消耗时间的工作。在实际工程中，前两种工作是实际存在的，称为实工作，用实箭线表示，如图 11-2（a）所示；后一种是人为虚设的，只表示前后相邻工作间的逻辑关系，称为虚工作，用虚箭线表示，如图 11-2（b）所示。如图 11-1 所示中的④-⑤工作，就是虚工作，工程中实际并不存在，因此它没有工作名称，其作用是在网络图中表示解决工作之间的逻辑关系问题，即起到联系、区分和断路的作用，表达一些工作之间的相互联系、相互制约关系，从而保证逻辑关系的正确。

图 11-2　双代号工作的表示方法

（a）实工作表示方法；（b）虚工作表示方法

2. 节点

网络图中箭线端部的圆圈或其他形状的封闭图形就是节点，节点表达的内容如下：

（1）节点表示前面工作结束和后面工作开始的瞬间，所以节点不消耗时间和资源。

（2）箭线的箭尾节点表示该工作的开始，箭线的箭头节点表示该工作的结束。

（3）根据节点在网络图中的位置不同可以分为起始节点、终点节点和中间节点。

起始节点是网络图的第一个节点，表示一项任务的开始。终点节点是网络图的最后一个节点，表示一项任务的完成。除起始节点和终点节点外的节点称为中间节点，中间节点具有双重的含义，既是前面工作的箭头节点，也是后面工作的箭尾节点。

（4）为了使网络图便于检查和计算，所有节点均应统一编号。编号应从起点节点沿箭线方向，从小到大，直至终点节点，不能重号，并且箭尾节点的编号应小于箭头节点的编号。编制网络计划时，考虑会增添或改动某些工作，可预留备用节点，即利用不连续编号。

3. 线路

网络图中从起始节点出发，沿箭头方向经由一系列箭线和节点，直至终点节点的“通道”称为线路。如图 11-1 所示的网络计划中有 8 条线路。

(1) 线路时间。每一条线路上各项工作持续时间的总和称为该线路时间长度，即完成该条线路上所有工作的计算工期。如图 11-1 中 8 条线路时间如下：

第一条：①→③→⑤→⑥的线路时间为：5+5+3=13 (d)；

第二条：①→③→④→⑤→⑥的线路时间为：5+6+0+3=14 (d)；

第三条：①→③→④→⑥的线路时间为：5+6+5=16 (d)；

第四条：①→②→③→⑤→⑥的线路时间为：3+1+5+3=12 (d)；

第五条：①→②→③→④→⑤→⑥的线路时间为：3+1+6+0+3=13 (d)；

第六条：①→②→③→④→⑥的线路时间为：3+1+6+5=15 (d)；

第七条：①→②→④→⑤→⑥的线路时间为：3+2+0+3=8 (d)；

第八条：①→②→④→⑥的线路时间为：3+2+5=10 (d)。

(2) 关键线路与非关键线路。关键线路是指网络图中线路时间最长的线路，其线路时间代表整个网络图的计算总工期。在网络图中，至少存在一条关键线路。关键线路在网络图上应当用粗箭线、双箭线或彩色箭线标注。在图 11-1 中，第三条线路即关键线路，其他为非关键线路。

(3) 关键工作与非关键工作。关键线路上的工作称为关键工作，是施工中重点控制对象，关键工作实际进度拖延后一定会使总工期滞后。关键线路上没有非关键工作；非关键线路上至少有一个工作是非关键工作。如图 11-1 所示，①-③、③-④、④-⑥是关键工作，①-②、②-③、③-⑤、②-④、⑤-⑥是非关键工作。

如调整工作持续时间，关键线路与非关键线路、关键工作与非关键工作都可相互转化。

11.2.2 双代号网络图的绘制

1. 单、双代号网络图的绘制规则

(1) 网络图应正确反映各工作之间的逻辑关系，包括工艺逻辑关系和组织逻辑关系。在网络图中各工作间的逻辑关系变化较多。表 11-2 列出了单、双代号网络图中各工作间常见的逻辑关系及其表示方法。

表 11-2 单、双代号网络图中各工作间常见的逻辑关系及其表示方法

序号	工作之间的逻辑关系	双代号网络图中的表示方法	单代号网络图中的表示方法	说明
1	A 工作完成后进行 B 工作	○—A→○—B→○	Ⓐ→Ⓑ	A 工作制约着 B 工作的开始，B 工作依赖着 A 工作
2	A、B、C 三项工作同时开始施工	○—A→○；○—B→○；○—C→○（自同一节点引出）	开始→Ⓐ；开始→Ⓑ；开始→Ⓒ	A、B、C 三项工作称为平行工作

续表

序号	工作之间的逻辑关系	双代号网络图中的表示方法	单代号网络图中的表示方法	说明
3	A、B、C 三项工作同时结束施工			A、B、C 三项工作称为平行工作
4	有 A、B、C 三项工作。只有 A 完成后，B、C 才能开始			A 工作制约着 B、C 工作的开始，B、C 为平行工作
5	有 A、B、C 三项工作。C 工作只有在 A、B 完成后才能开始			C 工作依赖着 A、B 工作，A、B 为平行工作
6	有 A、B、C、D 四项工作。只有当 A、B 完成后，C、D 才能开始			通过中间节点 i 正确地表达了 A、B、C、D 工作之间的关系
7	有 A、B、C、D 四项工作。A 完成后 C 才能开始，A、B 完成后 D 才能开始			D 工作与 A 工作之间引入了逻辑连接（虚工作），从而正确地表达了它们之间的制约关系
8	有 A、B、C、D、E 五项工作。A 完成后进行 C；A、B 均完成后进行 D；B 完成后进行 E			虚工作反映出 D 工作受到 A 工作和 B 工作的制约
9	有 A、B、C、D、E 五项工作。A、B 均完成以后进行 D；B、C 均完成后进行 E			虚工作 i-j 反映出 D 工作受到 A、B 工作的制约；虚工作 i-k 反映出 E 工作受到 B、C 工作的制约
10	有 A、B、C、D、E 五项工作。A、B 均完成以后进行 D；A、B、C 均完成后进行 E			虚工作 i-j 反映出 E 工作受到 A、B 工作的制约
11	A、B 两项工作分成三个施工段，分段流水施工：A_1 完成以后进行 A_2、B_1；A_2 完成以后进行 A_3、B_2；A_2、B_1 完成以后进行 B_2；A_3、B_2 完成后进行 B_3	有两种表示方法：		按工种建立专业工作队，在每个施工段上进行流水作业

在网络图中，根据施工工艺和施工组织要求，正确反映各项工作之间相互依赖和制约的关系，是网络图与横道图最大的不同之处。各工作间的逻辑关系表示得是否正确，是网络图能否反映工程实际情况的关键。

正确反映工程逻辑关系的网络图，首先要搞清楚各项工作之间的逻辑关系，按施工工艺确定的先后顺序关系，称为工艺逻辑关系，一般不得随意改变。如先挖土，再做垫层，后砌基础，最后回填土。在不违反工艺关系的前提下，人为安排的工作先后顺序，称为组织逻辑关系，如各施工段的先后顺序。

(2) 网络图严禁出现循环回路，如图 11-3 所示，②→③→④→②为循环回路。如果出现循环回路，会造成逻辑关系混乱，使工作无法按顺序进行。

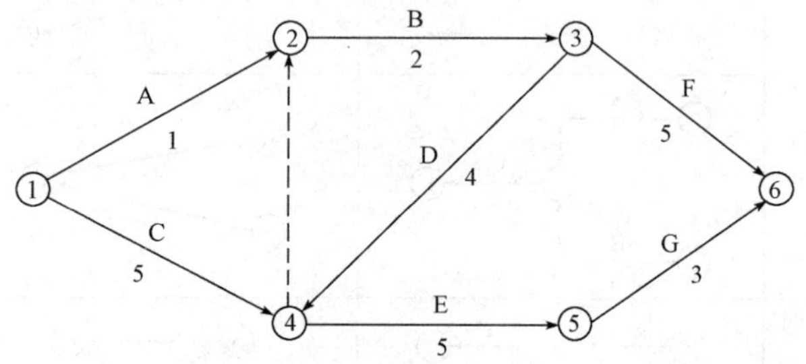

图 11-3　有循环回路错误的网络图

(3) 网络图严禁出现双向箭头或无箭头的连线，如图 11-4 所示。

(4) 网络图严禁出现没有箭头或无节点的箭线，如图 11-4 所示。

(5) 双代号网络图中，一项工作只能有唯一的一条箭线和相应的一对节点编号，箭尾的节点编号应小于箭头节点编号，不允许出现代号相同的箭线。图 11-5 (a) 中是错误的画法，①→②工作既代表 A 工作，又代表 B 工作，为了区分 A 工作和 B 工作，引入虚工作即可分别表示 A 工作和 B 工作，图 11-5 (b) 是正确的画法。

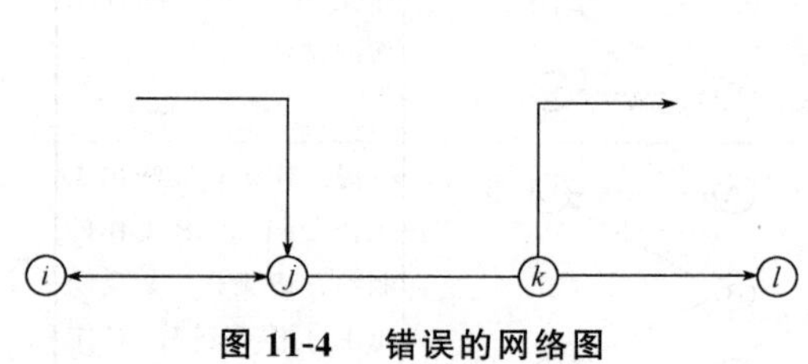

图 11-4　错误的网络图

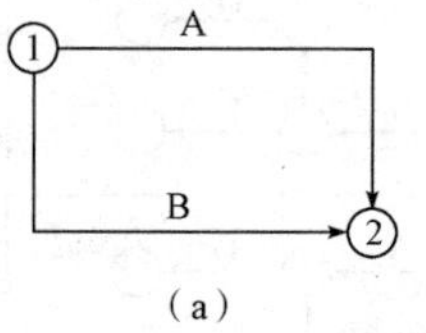

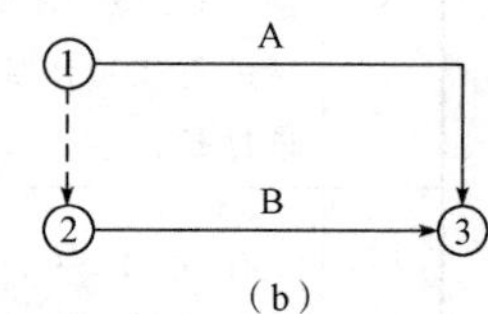

图 11-5　虚工作的断开作用

(a) 错误画法；(b) 正确画法

(6) 在绘制网络图时，应尽可能地避免箭线交叉，若不可能避免时，应采用过桥法或指向法表示，如图 11-6 所示。

(7) 双代号网络图中的某些节点有多条外向箭线或多条内向箭线时，为使图面清楚可采用母线法，如图 11-7 所示。

(8) 严禁在箭线中间引入或引出箭线，如图 11-8 所示。这样的箭线不能表示它所代表的工作在何处开始，或不能表示它所代表的工作在何处完成。

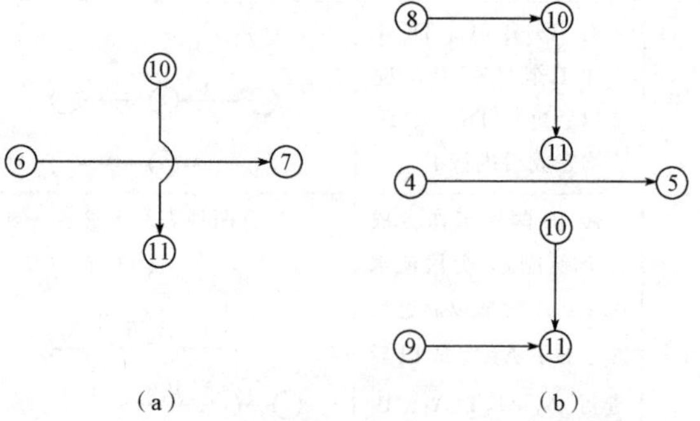

图 11-6　过桥法交叉与指向法交叉

(a) 过桥法交叉；(b) 指向法交叉

图 11-7　母线法表示

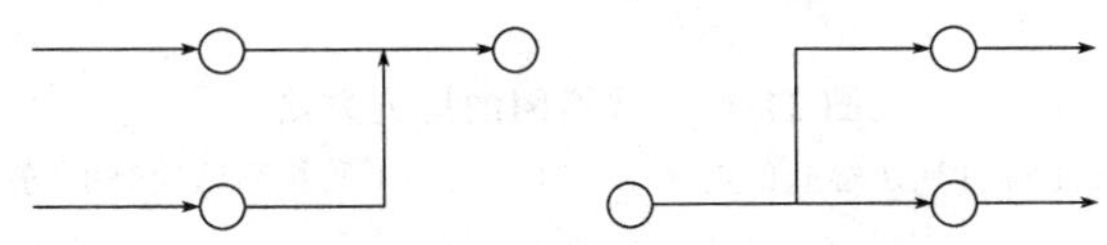
图 11-8　在箭线上引入或引出箭线的错误画法

(9) 双代号网络图中应只有一个起始节点；在不分期完成任务的单目标网络图中，应只有一个终点节点，而其他节点均应是中间节点，如图 11-9 所示。

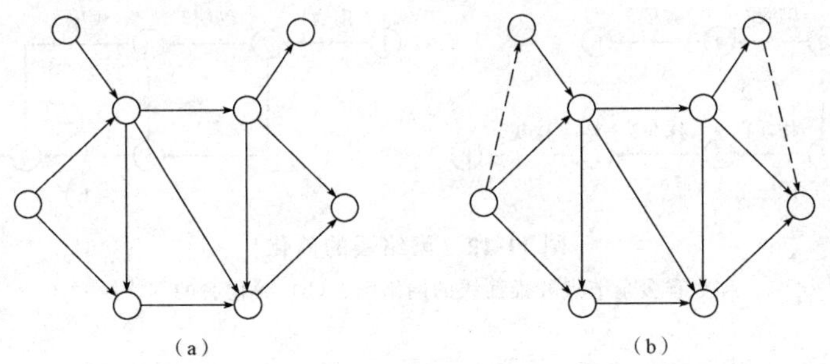

图 11-9　只允许有一个起点节点和一个终点节点

(a) 错误；(b) 正确

2. 双代号网络图的绘制要求与步骤

(1) 双代号网络图的绘制要求。

1) 网络图要布局规整、条理清晰、重点突出。首先，应尽量采用水平箭线和垂直箭线而形成网格结构，尽量减少斜箭线，使网络图规整、清晰。其次，应尽量把关键工作和关键线路布置在中心位置，尽可能把密切相关的工作安排在一起，以突出重点，便于使用。

2) 交叉箭线的处理方法。应尽量保持箭线的水平和垂直状态，如图 11-10 所示。

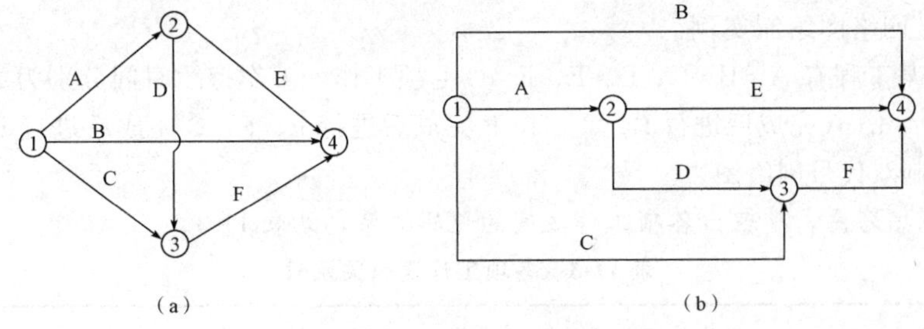

图 11-10　箭线交叉及其调整

(a) 有交叉和斜向箭线的网络图；(b) 调整后的网络图

3）网络图的排列方法。为突出表示工种的连续作业，将同一工种排列在同一水平线上的按工种排列法，如图 11-11（a）所示；为突出表示工作面的施工连续性，把同一施工段上的不同工种排列在同一水平线上的施工段排列法，如图 11-11（b）所示；此外还有按照楼层排列法、混合排列法、按专业排列法和按栋号排列法等，实际工程中应该按照具体情况选用。

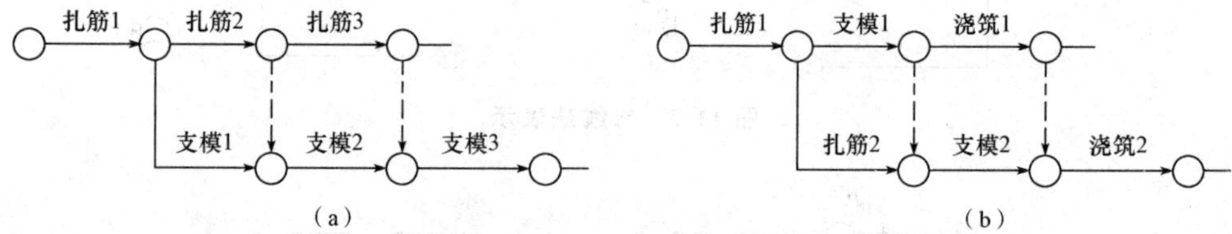

图 11-11　网络图的排列方法

（a）按工种排列法绘制的网络图；（b）按施工段排列法绘制的网络图

4）尽量减少不必要的箭线和节点。网络图中应尽量减少不必要的箭线和节点，如图 11-12（a）所示，②→③、⑥→⑦为网络图中多余的虚箭线，图 11-12（b）中则为去除多余的虚箭线和节点后的网络图。

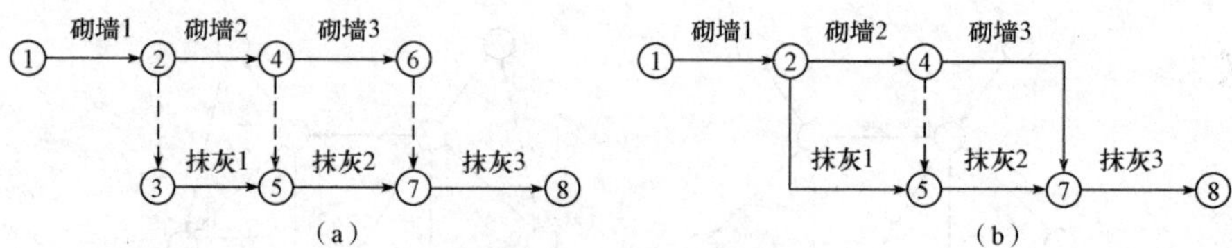

图 11-12　网络图的简化

（a）有多余节点和虚箭线的网络图；（b）简化后的网络图

（2）双代号网络图的绘制步骤。完整的绘制工程项目施工计划安排的双代号网络图，其过程可总结为以下主要步骤：

1）明确划分总体工程项目的各项工作。

2）确定各项工作的持续时间。如采用单一时间估计法、专家估算法、类比估算法。

3）按照工程建造工艺和工程实施组织方案的具体要求，明确各项工作之间的先后顺序和逻辑关系，并归纳整理编制各工作之间的逻辑关系表。

4）根据各工作间的逻辑关系，初步绘制网络图。绘图时从没有紧前工作的工作开始，抓住每项工作的紧前工作和紧后工作依次向后，将各项工作按逻辑关系逐一绘出。

5）整理成正式网络图。

（3）双代号网络图绘制实例。

【例 11-1】某工程有 A、B、C、D、E、F、G 七项工作，工作持续时间分别为 2 d、3 d、4 d、6 d、8 d、4 d、4 d。A 完成后进行 B、C、D，B 完成后进行 E、F，C 完成后进行 F，D 完成后进行 F、G。试绘制双代号网络图。

解：（1）根据题意，整理出各项工作之间的逻辑关系，见表 11-3。

表 11-3　各项工作逻辑关系表

工作代号	A	B	C	D	E	F	G
紧前工作	—	A	A	A	B	B、C、D	D

续表

工作代号	A	B	C	D	E	F	G
紧后工作	B、C、D	E、F	F	F、G	—	—	—
持续时间/d	2	3	4	6	8	4	4

（2）根据逻辑关系绘制双代号网络图，如图 11-13 所示。

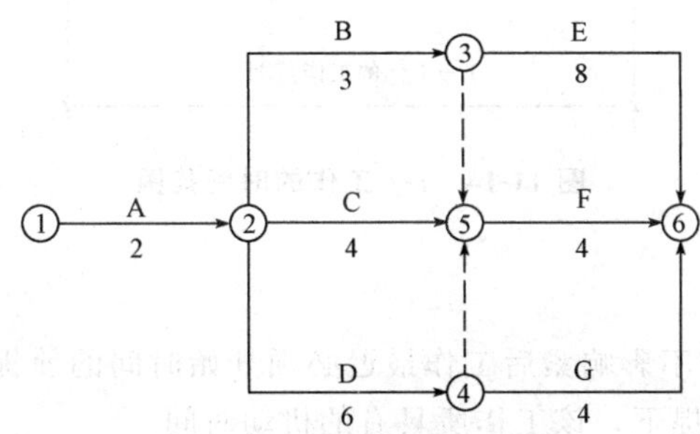

图 11-13　双代号网络图

11.2.3　双代号网络计划时间参数计算

双代号网络计划时间参数的计算常采用工作计算法、节点计算法、标号法。

1. 双代号网络计划时间参数

（1）网络计划时间参数计算的目的。其主要目的是通过计算时间参数，确定工期、关键线路和关键工作，以及非关键工作的机动时间（时差）。

（2）网络计划的时间参数。

1）工作最早时间参数。最早时间参数是表明本工作与紧前工作的关系。如果本工作要提前，不能提前到紧前工作未完成之前。就整个网络图而言，最早时间参数受开始节点的制约，计算最早时间参数时，必须从开始节点出发，顺着箭线采用“加法”。

①工作最早可能开始时间：在紧前工作约束下，工作有可能开始的最早时刻（ES）。

②工作最早可能结束时间：在紧前工作约束下，工作有可能完成的最早时刻（EF）。

2）工作最迟时间参数。最迟时间参数是表明本工作与紧后工作的关系。如果本工作要推迟，不能推迟到紧后工作最迟必须开始之后。就整个网络图而言，最迟时间参数受紧后工作和结束节点的制约，计算时从结束节点出发，逆着箭线采用“减法”。

①最迟必须开始时间：在不影响工作任务按期完成的前提下，工作最迟必须开始的时刻（LS）。

②最迟必须结束时间：在不影响工作任务按期完成的前提下，工作最迟必须完成的时刻（LF）。

如图 11-14 所示 i-j 工作的时间范围，并反映其最早和最迟时间参数。

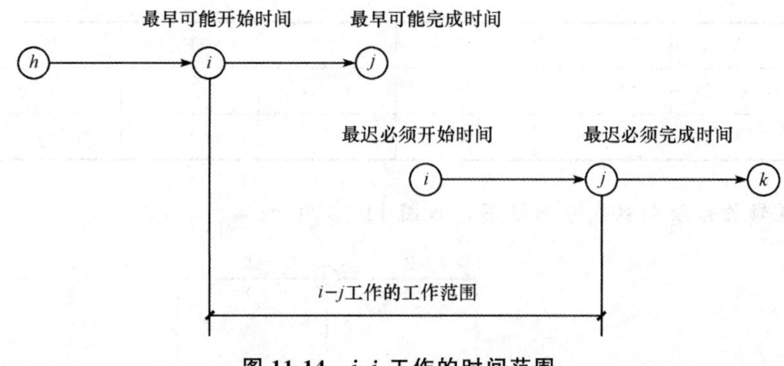

图 11-14　*i-j* 工作的时间范围

3）时差。

①总时差（*TF*）是指在不影响紧后工作最迟必须开始时间的前提下，该工作所具有的机动时间，或在不影响工期的前提下，该工作所具有的机动时间。

②自由时差（*FF*）是指在不影响紧后工作最早开始时间的前提下，该工作所具有的机动时间。

4）工期（*T*）是指完成一项任务所需要的时间。在网络计划中工期一般有以下三种：

①计算工期：根据网络计划计算而得到的工期，用 T_c 表示。

②要求工期：根据建设单位的要求而确定的工期，用 T_r 表示。

③计划工期：根据要求工期和计算工期所确定的作为实施目标的工期，用 T_p 表示。

（3）工作时间参数的表示。

1）最早开始时间（Earliest Start time）：$ES_{i\text{-}j}$。

2）最早完成时间（Earliest Finish time）：$EF_{i\text{-}j}$。

3）最迟开始时间（Latest Start time）：$LS_{i\text{-}j}$。

4）最迟完成时间（Latest Finish time）：$LF_{i\text{-}j}$。

5）总时差（Total Free Time）：$TF_{i\text{-}j}$。

6）自由时差（Free Float）：$FF_{i\text{-}j}$。

7）工作持续的时间（Duration of work）：$D_{i\text{-}j}$。

工作时间参数的表达如图 11-15 所示。

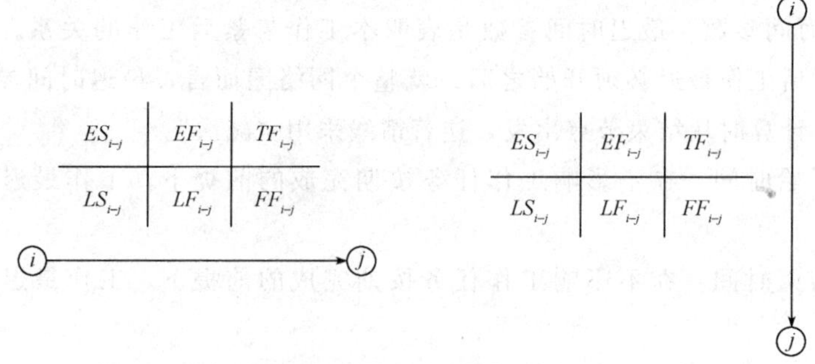

图 11-15　工作时间参数的表达（六参数表示法）

2. 双代号网络计划时间参数计算

（1）工作持续时间的计算。工作持续时间通常采用劳动定额（产量定额或时间定额）计算。当工作持续时间不能用定额计算时，可采用三时估算法，其计算公式如下：

$$D_{i\text{-}j}=(a+4b+c)/6 \tag{11-1}$$

式中　$D_{i\text{-}j}$——$i\text{-}j$ 工作持续时间；

a——工作的乐观（最短）持续时间估计值；

b——工作的最可能持续时间估计值；

c——工作的悲观（最长）持续时间估计值。

虚工作也必须进行时间参数计算，其持续时间为零。

（2）工作最早时间及工期的计算。

1）工作最早开始时间的计算。工作最早开始时间是指各紧前工作全部完成后，本工作有可能开始的最早时刻。工作最早时间应从网络计划的起点节点开始，顺着箭线方向依次逐项计算。工作 $i\text{-}j$ 最早开始时间 $ES_{i\text{-}j}$ 的计算方法如下：

①以起点节点（$i=1$）为开始节点的工作的最早开始时间，如无规定时为 0。即

$$ES_{i\text{-}j}=0$$

②当工作 $i\text{-}j$ 只有一项紧前工作 $h\text{-}i$ 时，其最早开始时间 $ES_{i\text{-}j}$ 应为

$$ES_{i\text{-}j}=ES_{h\text{-}i}+D_{h\text{-}i}=EF_{h\text{-}i}$$

式中　工作 $h\text{-}i$ 为工作 $i\text{-}j$ 的紧前工作。

③当工作 $i\text{-}j$ 有多个紧前工作时，其最早开始时间 $ES_{i\text{-}j}$ 为其所有紧前工作的最早完成时间的最大值，即

$$ES_{i\text{-}j}=\max\{EF_{a\text{-}i},\ EF_{b\text{-}i},\ EF_{c\text{-}i}\} \tag{11-2}$$

式中　工作 $a\text{-}i$、$b\text{-}i$、$c\text{-}i$ 均为工作 $i\text{-}j$ 的紧前工作。

计算口诀：顺着箭头相加，逢箭头相遇取最大值。

2）工作最早完成时间的计算。工作最早完成时间是指各紧前工作完成后，本工作可能完成的最早时刻。工作 $i\text{-}j$ 的最早完成时间 $EF_{i\text{-}j}$ 应按式（11-3）进行计算：

$$EF_{i\text{-}j}=ES_{i\text{-}j}+D_{i\text{-}j} \tag{11-3}$$

3）网络计划的计算工期与计划工期。

①网络计划计算工期（T_c）是指根据时间参数计算得到的工期，应按式（11-4）计算：

$$T_c=\max\{EF_{i\text{-}n}\} \tag{11-4}$$

式中　$EF_{i\text{-}n}$——以终点节点（$j=n$）为结束节点的工作的最早完成时间。

②网络计划的计划工期（T_p）是指按要求工期（如项目责任工期、合同工期）和计算工期确定的作为实施目标的工期。

当已规定了要求工期 T_r 时：

$$T_p\leqslant T_r \tag{11-5}$$

当未规定要求工期 T_r 时：

$$T_p=T_c \tag{11-6}$$

计划工期标注在终点节点右侧，并用方框框起来。

在图 11-16 所示的双代号网络图中，各工作最早开始时间和最早完成时间计算如下：

$ES_{1\text{-}2}=0$　　$EF_{1\text{-}2}=ES_{1\text{-}2}+D_{1\text{-}2}=0+2=2$

$ES_{1\text{-}3}=0$　　$EF_{1\text{-}3}=ES_{1\text{-}3}+D_{1\text{-}3}=0+5=5$

$ES_{2\text{-}3}=EF_{1\text{-}2}=2$　　$EF_{2\text{-}3}=ES_{2\text{-}3}+D_{2\text{-}3}=2+2=4$

$ES_{2\text{-}4}=EF_{1\text{-}2}=2$ $\qquad$ $EF_{2\text{-}4}=ES_{2\text{-}4}+D_{2\text{-}4}=2+2=4$

$ES_{3\text{-}4}=\max\{EF_{1\text{-}3},\ EF_{2\text{-}3}\}=\max\{5,\ 4\}=5$ $\qquad$ $EF_{3\text{-}4}=ES_{3\text{-}4}+D_{3\text{-}4}=5+6=11$

$ES_{3\text{-}5}=ES_{3\text{-}4}=5$ $\qquad$ $EF_{3\text{-}5}=ES_{3\text{-}5}+D_{3\text{-}5}=5+5=10$

$ES_{4\text{-}5}=\max\{EF_{2\text{-}4},\ EF_{3\text{-}4}\}=\max\{4,\ 11\}=11$ $\qquad$ $EF_{4\text{-}5}=ES_{4\text{-}5}+D_{4\text{-}5}=11+0=11$

$ES_{4\text{-}6}=ES_{4\text{-}5}=11$ $\qquad$ $EF_{4\text{-}6}=ES_{4\text{-}6}+D_{4\text{-}6}=11+5=16$

$ES_{5\text{-}6}=\max\{EF_{3\text{-}5},\ EF_{4\text{-}5}\}=\max\{10,\ 11\}=11$ $\qquad$ $EF_{5\text{-}6}=ES_{5\text{-}6}+D_{5\text{-}6}=11+3=14$

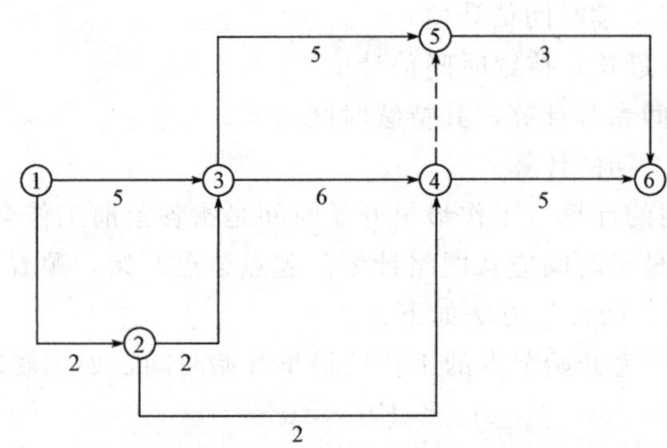

图 11-16 双代号网络图

各工作最早开始时间和最早完成时间的计算结果如图 11-17 所示。

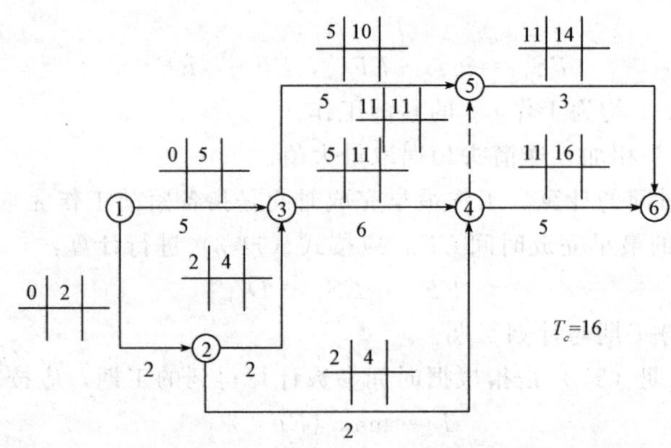

图 11-17 某双代号网络计划的最早时间参数计算

在本例中，未规定要求工期时，网络计划的计划工期应等于计算工期，即以网络计划的终点节点为完成节点的各个工作的最早完成时间的最大值。如图 11-17 所示，网络计划的计划工期：$T_p=T_c=\max\{EF_{4\text{-}6},\ EF_{5\text{-}6}\}=\max\{16,\ 14\}=16$。

(3) 工作最迟时间的计算。

1) 工作最迟必须完成时间的计算。工作最迟必须完成时间是指在不影响整个工程任务按期完成的前提下，该工作必须完成的最迟时刻。它表明本工作与紧后工作的关系，如果本工作要推迟，不能推迟到紧后工作最迟必须开始之后，就整个网络图而言，最迟时间参数受到紧后工作和工期的制约。工作最迟必须完成时间应从网络计划的终点节点开始，逆着箭线方向依次逐项用减法计算。工作 $i\text{-}j$ 的最迟必须完成时间 $LF_{i\text{-}j}$ 的计算方法如下：

①以终点节点 ($j=n$) 为结束节点的工作的最迟完成时间 $LF_{i\text{-}n}$，应按网络计划的计划工期

T_p 确定，即

$$LF_{i\text{-}n}=T_p$$

②当该工作只有一项紧后工作时，该工作最迟必须完成时间应当为其紧后工作的最迟开始时间。即

$$LF_{i\text{-}j}=LS_{j\text{-}k}$$

式中　工作 j-k 为工作 i-j 的紧后工作。

③当该工作有若干项紧后工作时：

$$LF_{i\text{-}j}=\min\left[LS_{j\text{-}k},\ LS_{j\text{-}l},\ LS_{j\text{-}m}\right] \tag{11-7}$$

式中　工作 j-k、j-l、j-m 均为工作 i-j 的紧后工作。

计算口诀：逆着箭头相减，逢箭尾相遇取最小。

2）工作最迟开始时间的计算。工作最迟开始时间是指在不影响整个任务按期完成的前提下，工作必须开始的最迟时刻。工作 i-j 的最迟开始时间 $LS_{i\text{-}j}$ 应按式（11-8）计算：

$$LS_{i\text{-}j}=LF_{i\text{-}j}-D_{i\text{-}j} \tag{11-8}$$

网络计划图（图 11-16）的各项工作的最迟完成时间和最迟开始时间计算如下：

$LF_{5\text{-}6}=T_p=16$　　$LS_{5\text{-}6}=LF_{5\text{-}6}-D_{5\text{-}6}=16-3=13$

$LF_{4\text{-}6}=T_p=16$　　$LS_{4\text{-}6}=LF_{4\text{-}6}-D_{4\text{-}6}=16-5=11$

$LF_{4\text{-}5}=LS_{5\text{-}6}=13$　　$LS_{4\text{-}5}=LF_{4\text{-}5}-D_{4\text{-}5}=13-0=13$

$LF_{3\text{-}5}=LF_{4\text{-}5}=13$　　$LS_{3\text{-}5}=LF_{3\text{-}5}-D_{3\text{-}5}=13-5=8$

$LF_{3\text{-}4}=\min\{LS_{4\text{-}5},\ LS_{4\text{-}6}\}=\min\{13,\ 11\}=11$　　$LS_{3\text{-}4}=LF_{3\text{-}4}-D_{3\text{-}4}=11-6=5$

$LF_{2\text{-}4}=LF_{3\text{-}4}=11$　　$LS_{2\text{-}4}=LF_{2\text{-}4}-D_{2\text{-}4}=11-2=9$

$LF_{2\text{-}3}=\min\{LS_{3\text{-}4},\ LS_{3\text{-}5}\}=\min\{5,\ 8\}=5$　　$LS_{2\text{-}3}=LF_{2\text{-}3}-D_{2\text{-}3}=5-2=3$

$LF_{1\text{-}3}=LF_{2\text{-}3}=5$　　$LS_{1\text{-}3}=LF_{1\text{-}3}-D_{1\text{-}3}=5-5=0$

$LF_{1\text{-}2}=\min\{LS_{2\text{-}3},\ LS_{2\text{-}4}\}=\min\{3,\ 9\}=3$　　$LS_{1\text{-}2}=LF_{1\text{-}2}-D_{1\text{-}2}=3-2=1$

各工作最迟开始时间和最迟完成时间的计算结果如图 11-18 所示。

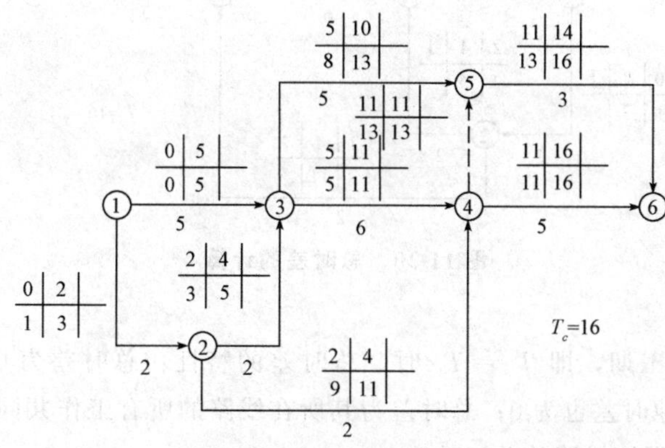

图 11-18　某双代号网络计划的最迟时间参数计算

（4）工作时差与关键线路。

1）工作总时差。

①总时差的计算：工作总时差是指在不影响总工期的前提下，本工作可以利用的机动时间。如图 11-19 所示，i-j 工作可利用的时间范围：$LF_{i\text{-}j}-ES_{i\text{-}j}$，则总时差的计算公式如下：

$$TF_{i\text{-}j}=\text{工作时间范围}-D_{i\text{-}j}=LF_{i\text{-}j}-ES_{i\text{-}j}-D_{i\text{-}j}=LS_{i\text{-}j}-ES_{i\text{-}j}=LF_{i\text{-}j}-EF_{i\text{-}j} \tag{11-9}$$

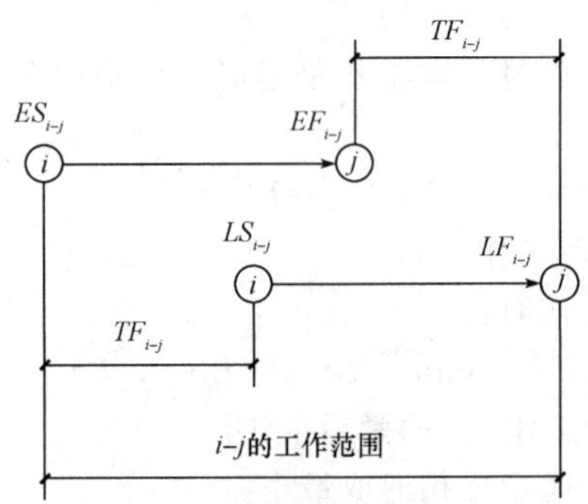

图 11-19　总时差计算简图

图 11-16 中各项工作的总时差计算如下：

$TF_{1-2}=LS_{1-2}-ES_{1-2}=LF_{1-2}-EF_{1-2}=1$　　$TF_{1-3}=LS_{1-3}-ES_{1-3}=LF_{1-3}-EF_{1-3}=0$

$TF_{2-3}=LS_{2-3}-ES_{2-3}=LF_{2-3}-EF_{2-3}=1$　　$TF_{2-4}=LS_{2-4}-ES_{2-4}=LF_{2-4}-EF_{2-4}=7$

$TF_{3-4}=LS_{3-4}-ES_{3-4}=LF_{3-4}-EF_{3-4}=0$　　$TF_{3-5}=LS_{3-5}-ES_{3-5}=LF_{3-5}-EF_{3-5}=3$

$TF_{4-5}=LS_{4-5}-ES_{4-5}=LF_{4-5}-EF_{4-5}=2$　　$TF_{4-6}=LS_{4-6}-ES_{4-6}=LF_{4-6}-EF_{4-6}=0$

$TF_{5-6}=LS_{5-6}-ES_{5-6}=LF_{5-6}-EF_{5-6}=2$

各项工作的总时差标注在图 11-20 中。

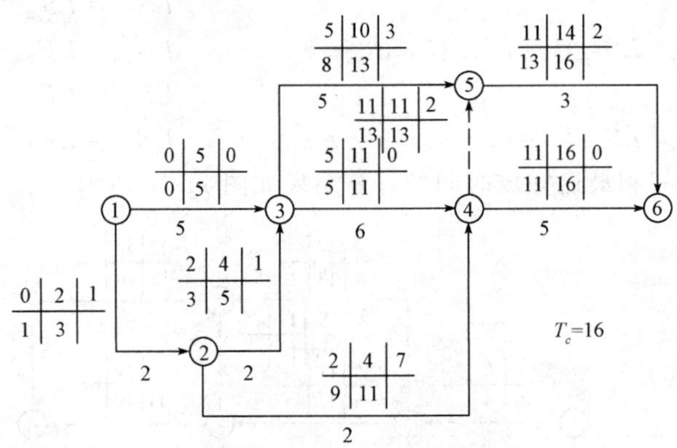

图 11-20　总时差的计算

②当没有规定要求工期，即 $T_p=T_c$ 时，总时差的特性：总时差为 0 的工作为关键工作；如果总时差为 0，则其他时差也为 0；总时差为其所在线路的所有工作共同拥有，其中任何一项工作都可部分或全部使用该线路的总时差。

2）关键线路的判定。

①关键工作的确定：根据 T_p 与 T_c 的大小关系，关键工作的总时差可能出现以下三种情况：

当 $T_p=T_c$ 时，关键工作的 $TF=0$；

当 $T_p>T_c$ 时，关键工作的 $TF>0$；

当 $T_p<T_c$ 时，关键工作的 TF 有可能出现负值。

关键工作是施工过程中的重点控制对象，根据 T_p 与 T_c 的大小关系及总时差的计算公式，总时差最小的工作为关键工作，因此关键工作的说法有四种：总时差最小的工作；当 $T_p=T_c$ 时，$TF=0$ 的工作；$LF-EF$ 差值最小的工作；$LS-ES$ 差值最小的工作。

如图 11-20 所示，当 $T_p=T_c$ 时，关键工作的 $TF=0$，即工作①-③、工作③-④、工作④-⑥是关键工作。

②关键线路的确定：在双代号网络图中，关键线路的确定有三种方法：关键工作的连线为关键线路；当 $T_p=T_c$ 时，$TF=0$ 的工作相连的线路为关键线路；总时间持续最长的线路是关键线路，其数值为计算工期，如图 11-20 所示，关键线路为①→③→④→⑥。

关键线路随着条件变化会转移：关键工作拖延，则工期拖延。因此，关键工作是重点控制对象。关键工作拖延时间即工期拖延时间，但关键工作提前，则工期提前时间不大于该提前值。网络计划至少有一条关键线路，也可能有多条关键线路。随着工作时间的变化，关键线路也会发生变化。

3）工作自由时差。

①自由时差的计算：工作自由时差是指在不影响其紧后工作最早开始时间的前提下，本工作可以利用的机动时间。根据自由时差概念，在不影响紧后工作最早开始的前提下，工作 i-j 可利用的时间范围如图 11-21 所示。

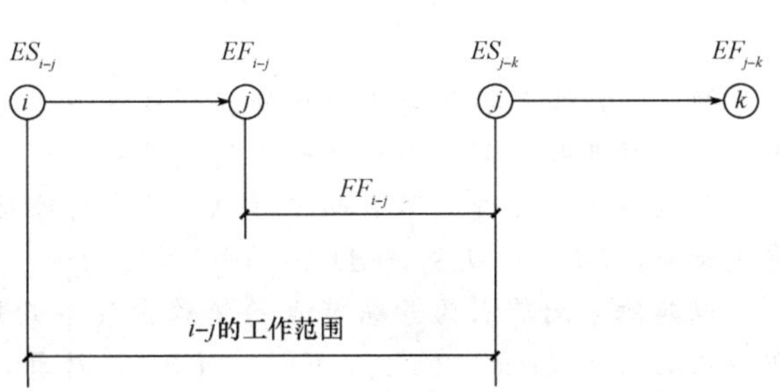

图 11-21　自由时差计算简图

工作 i-j 的自由时差 FF_{i-j} 的计算应符合下列规定：

当工作 i-j 有紧后工作 j-k 时，其自由时差应：

$$FF_{i-j}=ES_{j-k}-EF_{i-j} \tag{11-10}$$

以终点节点（$j=n$）为结束节点的工作，其自由时差为：

$$FF_{i-n}=T_p-ES_{i-n} \tag{11-11}$$

如图 11-16 所示的各项工作的自由时差计算如下：

$FF_{1-2}=ES_{2-3}-EF_{1-2}=2-2=0$　　$FF_{1-3}=ES_{3-4}-EF_{1-3}=5-5=0$

$FF_{2-3}=ES_{3-4}-EF_{2-3}=5-4=1$　　$FF_{2-4}=ES_{4-6}-EF_{2-4}=11-4=7$

$FF_{3-4}=ES_{4-6}-EF_{3-4}=11-11=0$　　$FF_{3-5}=ES_{5-6}-EF_{3-5}=11-10=1$

$FF_{4-5}=ES_{5-6}-EF_{4-5}=11-11=0$　　$FF_{4-6}=T_p-EF_{4-6}=16-16=0$

$FF_{5-6}=T_p-EF_{5-6}=16-14=2$

各项工作的自由时差标注在图 11-22 中。

②自由时差的特性：总时差与自由时差是相互关联的，自由时差是线路总时差的分配，一般自由时差小于或等于总时差，即 $FF_{i-j}\leqslant TF_{i-j}$。

在一般情况下，非关键线路上各项工作的自由时差之和等于该线路上可供利用的总时差的最大值。如图 11-22 所示，非关键线路①→②→④→⑥上可供利用的总时差最大值为 7，被工作①-②利用为 0，被工作②-④利用 7，被工作④-⑥利用为 0。

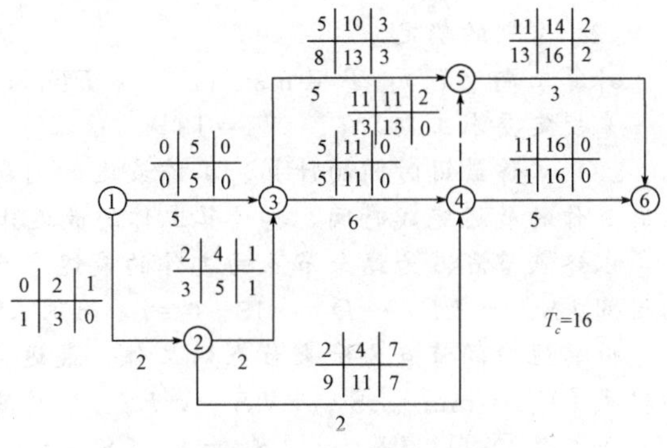

图 11-22　自由时差计算图

自由时差只允许本工作利用，不与该线路其他工作所共有。

【例 11-2】某工程网络计划如图 11-23 所示，没有规定要求工期。利用工作计算法，计算双代号网络图中各工作的时间参数，并确定工期和关键线路。

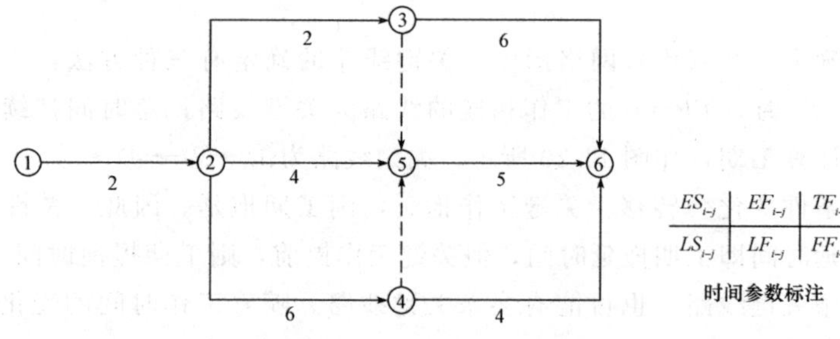

图 11-23 某工程双代号网络图

解：(1) 工作最早时间的计算。工作最早时间从起点节点①开始，顺着箭线方向逐项计算。先计算最早开始时间，再计算最早完成时间。

起点节点①为开始节点的工作 A，没有特殊说明，最早开始时间为 0，即 $ES_{1-2}=0$，其最早完成时间：$EF_{1-2}=ES_{1-2}+D_{1-2}=0+2=2$。

以其他中间节点为开始节点的工作，最早开始时间为各紧前工作最早完成时间的最大值，即按式 $ES_{i-j}=\max\{EF_{a-i}, EF_{b-i}, EF_{c-i}\}$ 计算，最早完成时间 $EF_{i-j}=ES_{i-j}+D_{i-j}$。

如工作②-③，$ES_{2-3}=EF_{1-2}=2$，$EF_{2-3}=ES_{2-3}+D_{2-3}=2+2=4$。

同理，依次计算其他工作的最早时间，各工作的最早时间参数标注在图 11-24 中。

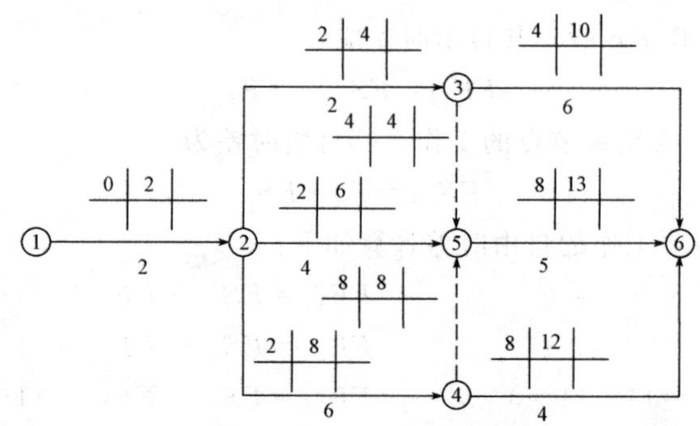

图 11-24 最早时间参数计算结果

(2) 工期的确定。

计算工期 (T_c)：$T_c=\max\{EF_{3-6}, EF_{4-6}, EF_{5-6}\}=\{10, 12, 13\}=13$。

未规定要求工期，$T_p=T_c=13$。

(3) 工作最迟时间的计算。工作最迟时间从终点节点⑥开始，逆着箭线方向逐项计算。先计算工作的最迟完成时间，再计算工作的最迟开始时间。

以终点节点⑥为结束节点的工作的最迟完成时间 $LF_{3-6}=LF_{4-6}=LF_{5-6}=T_p=13$，最迟开始时间 $LS_{3-6}=LF_{3-6}-D_{3-6}=13-6=7$，同理 $LS_{4-6}=9$，$LS_{5-6}=8$。

以其他中间节点为结束节点的工作，最迟完成时间为各紧后工作最迟开始时间的最小值，即按式 $LF_{i-j}=\min\{LS_{j-k}, LS_{j-l}, LS_{j-m}\}$ 计算，最迟开始时间 $LS_{i-j}=LF_{i-j}-D_{i-j}$。

如工作②-⑤，$LF_{2-5}=LS_{5-6}=8$，$LS_{2-5}=LF_{2-5}-D_{2-5}=8-4=4$。

同理，依次计算其他工作的最迟时间，各工作的最迟时间参数标注在图 11-25 中。

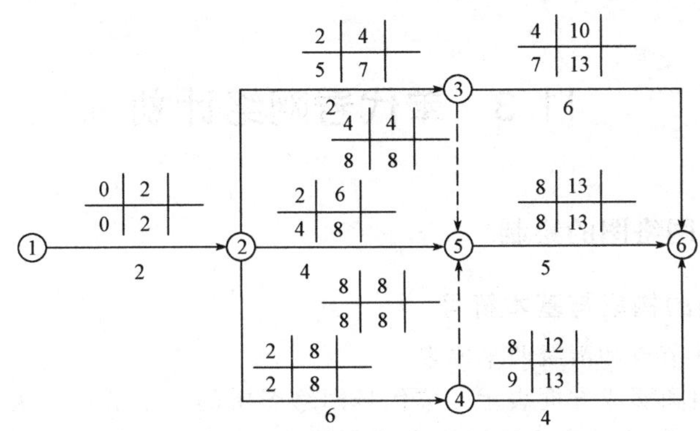

图 11-25　最迟时间参数计算结果

(4) 工作时差的计算与关键线路的判定。

1) 总时差的计算。

根据总时差的计算公式 $TF_{i\text{-}j}=LS_{i\text{-}j}-ES_{i\text{-}j}=LF_{i\text{-}j}-EF_{i\text{-}j}$，计算各工作的总时差。

如工作②-⑤的总时差 $TF_{2\text{-}5}=LS_{2\text{-}5}-ES_{2\text{-}5}=4-2=2$。

同理，计算其他工作的总时差。

各项工作的总时差标注在图 11-26 中。

2) 关键线路和关键工作的判定。因为网络计划的 $T_p=T_c$，所以总时差为零的工作连起来的线路即为关键线路。由图 11-26 可知，关键线路为①→②→④→⑤→⑥，关键线路上的工作①-②，工作②-④，工作⑤-⑥均为关键工作。

3) 自由时差的计算。以终点节点⑥为结束节点的工作，其自由时差为 $FF_{i\text{-}6}=T_p-EF_{i\text{-}6}$，故工作③-⑥的自由时差为 $FF_{3\text{-}6}=T_p-EF_{3\text{-}6}=13-10=3$。

同理，$FF_{5\text{-}6}=13-13=0$，$FF_{4\text{-}6}=13-12=1$。

以中间节点为结束节点的工作，自由时差为 $FF_{i\text{-}j}=ES_{j\text{-}k}-EF_{i\text{-}j}$，如工作②-⑤的自由时差为 $FF_{2\text{-}5}=ES_{5\text{-}6}-EF_{2\text{-}5}=8-6=2$。

同理，依次计算其他工作的自由时差，各工作自由时差的计算结果标注在图 11-26 中。

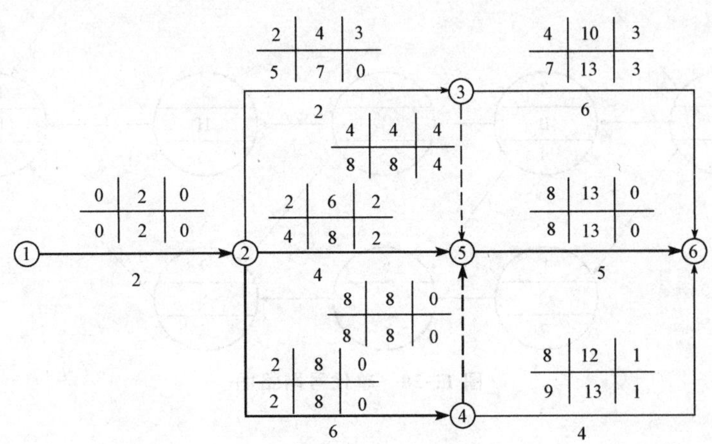

图 11-26　时差计算结果

11.3 单代号网络计划

11.3.1 单代号网络图的绘制

1. 单代号网络图的构成与基本符号

单代号网络图包括节点和箭线两个要素。

(1) 节点。节点用圆圈或方框表示。单代号网络图中的一个节点代表一项工作或工序。节点表示的工作名称、持续时间和编号标注在圆圈或方框内。如图 11-27 所示，节点必须编号，此编号是该工作的代号，由于代号只有一个，因此称为“单代号”。节点编号严禁重复，一项工作只有唯一的节点和编号。编号要由小到大，即箭头节点的编号要大于箭尾节点的编号。

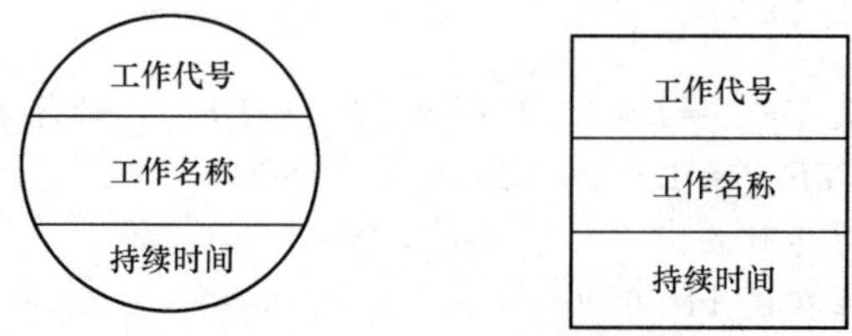

图 11-27 单代号网络图节点的表示方法

(2) 箭线。在单代号网络图中，箭线表示紧邻工作之间的逻辑关系。它既不占用时间，也不消耗资源。箭线应画成水平直线、折线或斜线。单代号网络图中不设虚箭线。箭线水平投影的方向应自左向右，表达工作的进行方向，如图 11-28 所示。

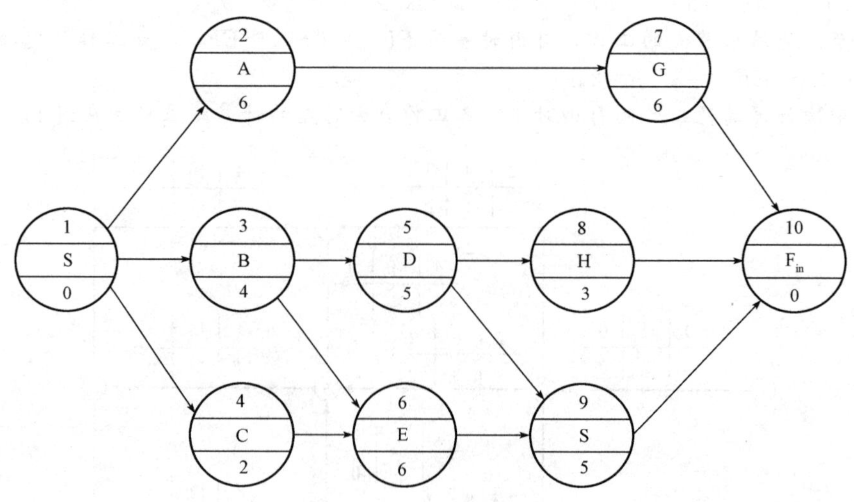

图 11-28 单代号网络图

2. 单代号网络图的绘制

单代号网络图绘制规则与双代号网络图基本相同。单代号网络图常见逻辑关系见表 11-2。

11.3.2　单代号网络计划时间参数的计算

1. 单代号网络计划时间参数的计算步骤

单代号网络计划与双代号网络计划只是表现形式不同，它们所表达的内容是完全一样的。工作的各时间参数表达如图 11-29 所示。

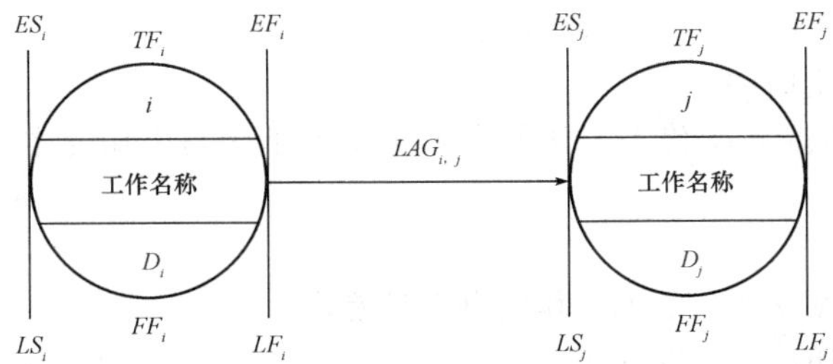

图 11-29　单代号网络图时间参数表示方法

(1) 计算工作的最早开始时间和最早完成时间。工作最早开始时间和最早完成时间的计算应从网络计划的起始节点开始，顺着箭线方向按节点编号从小到大的顺序依次进行。

1) 网络计划起始节点所代表的工作，其最早开始时间未规定时取值为 0，即

$$ES_1=0$$

2) 工作的最早完成时间应等于本工作的最早开始时间与其持续时间之和，即

$$EF_i=ES_i+D_i \tag{11-12}$$

式中　EF_i——工作 i 的最早完成时间；

ES_i——工作 i 的最早开始时间；

D_i——工作 i 的持续时间。

3) 其他工作的最早开始时间应等于其紧前工作最早完成时间的最大值，即

$$ES_j=\max\{EF_i\} \text{ 或 } ES_j=\max\{ES_i+D_i\} \tag{11-13}$$

式中　ES_j——工作 j 的最早开始时间；

EF_i——工作 i 的最早完成时间（工作 i 为工作 j 的紧前工作）。

4) 网络计划的计算工期等于其终点节点所代表的工作的最早完成时间，即

$$T_c=EF_n \tag{11-14}$$

式中　EF_n——终点节点 n 的最早完成时间。

(2) 计算相邻两项工作之间的时间间隔。相邻两项工作之间的时间间隔是指其紧后工作的最早开始时间与本工作最早完成时间的差值，即

$$LAG_{i,j}=ES_j-EF_i \tag{11-15}$$

式中　$LAG_{i,j}$——工作 i 与其紧后工作 j 之间的时间间隔；

ES_j——工作 i 的紧后工作 j 的最早开始时间；

EF_i——工作 i 的最早完成时间。

(3) 确定网络计划的计划工期。网络计划的计算工期 $T_c=EF_n$。假设未规定要求工期，则其计划工期就等于计算工期。

(4) 计算工作的总时差。工作总时差的计算应从网络计划的终点节点开始，逆着箭线方向按节点编号从大到小的顺序依次进行。

1) 网络计划终点节点 n 所代表的工作的总时差应等于计划工期与计算工期之差，即

$$TF_n=T_p-T_c \tag{11-16}$$

当计划工期等于计算工期时，该工作的总时差为 0。

2）其他工作的总时差应等于本工作与其各紧后工作之间的时间间隔加该紧后工作的总时差所得之和的最小值，即

$$TF_i = \min \{TF_j + LAG_{i,j}\} \tag{11-17}$$

式中 TF_i——工作 i 的总时差；

$LAG_{i,j}$——工作 i 与其紧后工作 j 之间的时间间隔；

TF_j——工作 i 的紧后工作 j 的总时差。

（5）计算工作的自由时差。

1）网络计划终点节点 n 所代表工作的自由时差等于计划工期与本工作的最早完成时间之差，即

$$FF_n = T_p - EF_n \tag{11-18}$$

式中 FF_n——终点节点 n 所代表的工作的自由时差；

T_p——网络计划的计划工期；

EF_n——终点节点 n 所代表的工作的最早完成时间。

2）其他工作的自由时差等于本工作与其紧后工作之间的时间间隔的最小值。即

$$FF_i = \min \{LAG_{i,j}\} \tag{11-19}$$

（6）计算工作的最迟完成时间和最迟开始时间。工作的最迟完成时间和最迟开始时间的计算根据总时差计算。

1）工作的最迟完成时间等于本工作的最早完成时间与其总时差之和，即

$$LF_i = EF_i + TF_i \tag{11-20}$$

2）工作的最迟开始时间等于本工作最早开始时间与其总时差之和，即

$$LS_i = ES_i + TF_i \tag{11-21}$$

2. 单代号网络计划关键线路的确定

（1）利用关键工作确定关键线路。如前所述，总时差最小的工作为关键工作。将这些关键工作相连，并保证相邻两项关键工作之间的时间间隔为零而构成的线路就是关键线路。

（2）利用相邻两项工作之间的时间间隔确定关键线路。从网络计划的终点节点开始，逆着箭线方向依次找出相邻两工作的时间间隔为 0 的线路，该线路就是关键线路。

（3）利用总持续时间确定关键线路。在肯定型网络计划中，线路上工作总持续时间最长的线路为关键线路。

3. 计算示例

【例 11-3】 试计算图 11-30 所示单代号网络计划的时间参数。

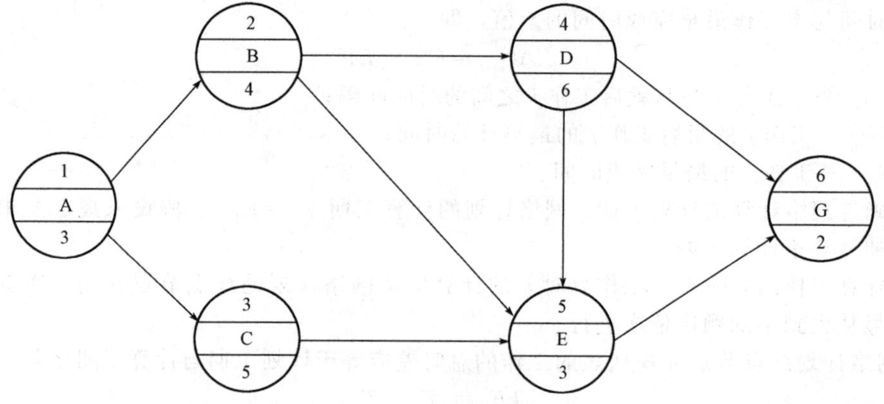

图 11-30 单代号网络计划

解：计算结果如图 11-31 所示，现对其计算步骤及具体计算过程说明如下：

(1) 工作最早开始时间和最早完成时间的计算。工作的最早开始时间从网络图的起始节点开始，顺着箭线用加法计算。因起始节点的最早开始时间未规定，故 $ES_1=0$。

工作的最早完成时间应等于本工作的最早开始时间与该工作持续时间之和，因此

$$EF_1 = ES_1 + D_1 = 0+3=3$$

其他工作最早开始时间是其各紧前工作的最早完成时间的最大值。

(2) 计算网络计划的工期。

按 $T_c=EF_n$ 计算得 $T_c=EF_6=18$。未规定要求工期，则其计划工期 $T_p=T_c=18$。

(3) 计算各工作之间的时间间隔。

按 $LAG_{i,j}=ES_j-EF_i$ 计算，如图 11-30 所示。未标注的工作间时间间隔为 0，计算过程如下：

$LAG_{1,2}=ES_2-EF_1=3-3=0$

$LAG_{1,3}=ES_3-EF_1=3-3=0$

$LAG_{2,4}=ES_4-EF_2=7-7=0$

$LAG_{2,5}=ES_5-EF_2=13-7=6$

$LAG_{3,5}=ES_5-EF_3=13-8=5$

$LAG_{4,5}=ES_5-EF_4=13-13=0$

$LAG_{4,6}=ES_6-EF_4=16-13=3$

$LAG_{5,6}=ES_6-EF_5=16-16=0$

(4) 计算总时差。终点节点所代表的工作的总时差按 $TF_n=T_p-T_c$ 考虑，没有规定要求工期，故认为 $T_p=T_c=18$，则 $TF_6=0$ 。其他工作总时差按公式 $TF_i=\min\{LAG_{i,j}+TF_j\}$ 计算，其计算过程如下：

$TF_5=LAG_{5,6}+TF_6=0+0=0$

$TF_4=\min\{(LAG_{4,5}+TF_5),(LAG_{4,6}+TF_6)\}=\min\{(0+0),(3+0)\}=0$

$TF_3=LAG_{3,5}+TF_5=5+0=5$

$TF_2=\min\{(LAG_{2,4}+TF_4),(LAG_{2,5}+TF_5)\}=\min\{(0+0),(6+0)\}=0$

$TF_1=\min\{(LAG_{1,2}+TF_2),(LAG_{1,3}+TF_3)\}=\min\{(0+0),(0+5)\}=0$

(5) 计算自由时差。

终点节点自由时差按 $FF_n=T_p-EF_n$ 计算，得 $FF_6=0$，

其他工作自由时差按 $TF_i=\min\{LAG_{i,j}\}$ 计算，其计算过程如下：

$FF_1=\min\{LAG_{1,2},LAG_{1,3}\}=\min\{0,0\}=0$

$FF_2=\min\{LAG_{2,4},LAG_{2,5}\}=\min\{0,6\}=0$

$FF_3=LAG_{3,5}=5$

$FF_4=\min\{LAG_{4,3},LAG_{4,6}\}=\min\{0,3\}=0$

$FF_5=LAG_{5,6}=0$

(6) 工作最迟开始时间和最迟完成时间的计算。

$ES_1=0$，$LS_1=ES_1+TF_1=0+0=0$

$EF_1=0$，$LF_1=EF_1+TF_1=3+0=3$

$ES_2=3$，$LS_2=ES_2+TF_2=3+0=3$

$EF_2=7$，$LF_2=7$

$ES_3=3$，$LS_3=ES_3+TF_3=3+5=8$

$EF_3=8$，$LF_3=13$

$ES_4=7$，$LS_4=ES_4+TF_4=7+0=7$

$EF_4=13$，$LF_4=13$
$ES_5=13$，$LS_5=ES_5+TF_5=13+0=13$
$EF_5=16$，$LF_5=16$
$ES_6=16$，$LS_6=ES_6+TF_6=16+0=16$
$EF_6=18$，$LF_6=18$

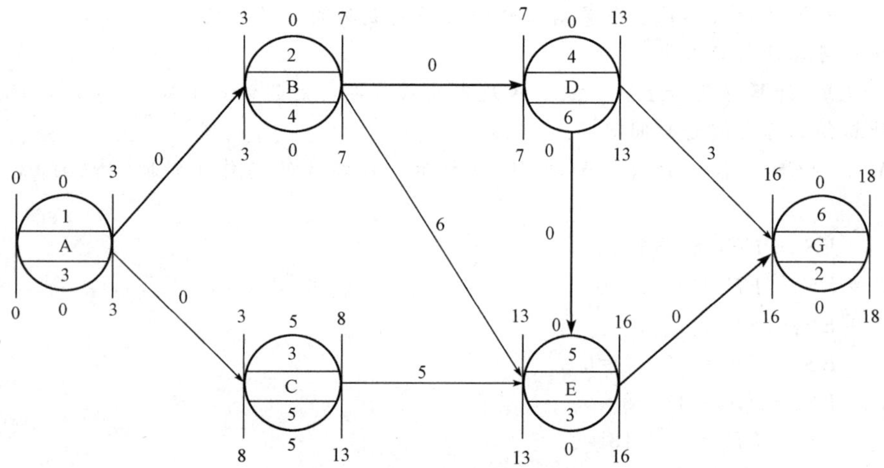

图 11-31　单代号网络图参数计算结果

(7) 关键工作和关键线路的确定。当无规定工期时，认为网络计划计算工期与计划工期相等，这样总时差为 0 的工作为关键工作。如图 11-31 所示关键工作有 A、B、D、E、G 工作。将这些关键工作相连，并保证相邻两关键工作之间的时间间隔为 0 而构成的线路就是关键线路，即线路 A→B→D→E→G 为关键线路，本例关键线路用黑粗线表示。由这些关键工作相连的线路，如果不能保证相邻两项关键工作之间的时间间隔为 0，就不是关键线路，如线路 A→B→D→G 和线路 A→B→E→G 均不是关键线路。因此，在单代号网络计划中，关键工作相连的线路并不一定是关键线路。

11.4　双代号时标网络计划

双代号时标网络计划（简称时标网络计划）是以时间坐标为尺度编制的网络计划。它通过箭线的长度及节点的位置，可明确表达工作的持续时间。双代号时标网络计划既有一般网络计划的优点，又有横道计划直观易懂的优点，可以清晰地把时间参数直观地表达出来，同时表明网络计划中各工作之间的逻辑关系，是目前工程中常用的网络计划形式。

11.4.1　时标网络计划的绘制

1. 双代号时标网络计划绘制的一般规定

(1) 时标网络计划需绘制在用水平时间坐标表示工作时间的表格上，时标单位应根据需要在编制网络计划之前确定，可为小时、天、周、月或季等。

(2) 时标网络计划应以实箭线表示工作，以虚箭线表示虚工作，以水平波形线表示工作的自由时差或其与紧后工作之间的时间间隔。

(3) 时标网络计划中所有符号在时间坐标上的水平投影位置，都必须与其时间参数相对应。

节点中心必须对准相应的时标位置。

(4) 时标网络计划中采用水平箭线或水平段与垂直段组成的箭线形式，不宜用斜箭线。虚工作必须用垂直虚箭线表示，有自由时差时加水平波形线表示。

(5) 时标网络计划既可按最早开始时间编制，也可按最迟完成时间编制，一般按最早时间编制，以保证实施的可靠性。

2. 双代号时标网络计划的绘制方法

(1) 按时间参数绘制法。按时间参数绘制法是先绘制出双代号网络计划，计算出时间参数并找出关键线路后，再绘制成时标网络计划。

(2) 直接绘制法。直接绘制法是不计算网络计划时间参数，直接在时间坐标上进行绘制的方法。

11.4.2　时标网络计划绘制示例

某装修工程有 3 个楼层，划分为吊顶、顶墙涂料和铺木地板 3 个施工过程。其中每层吊顶确定为 3 周完成，顶墙涂料确定为 2 周完成，铺木地板确定为 1 周完成。试绘制双代号时标网络计划。

根据装修工程中各工作的逻辑关系和时间绘制的双代号网络计划和时标网络计划如图 11-32 和图 11-33 所示。

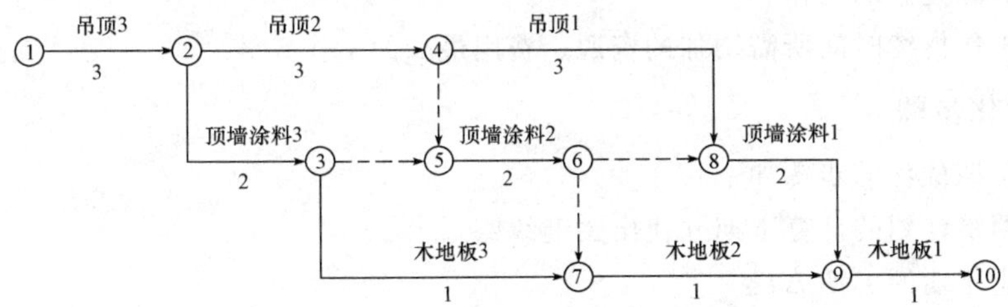

图 11-32　某装修工程双代号网络图

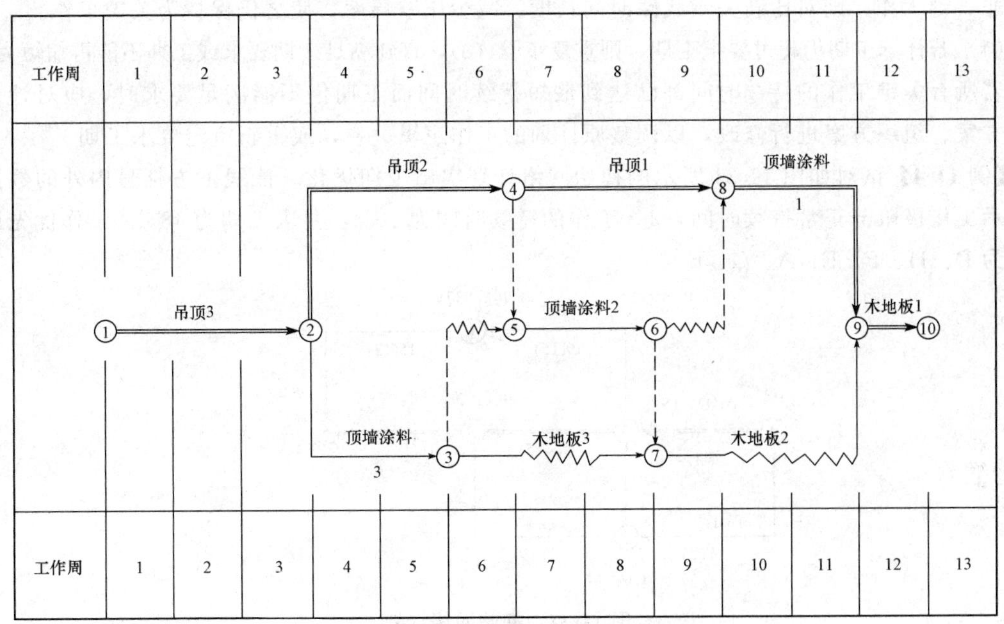

图 11-33　某装修工程双代号时标网络计划

11.5 网络计划的优化

网络计划的优化是在既定的约束条件下，为满足一定的目标要求，对网络计划进行不断检查、评价、调整和完善，以寻求最优网络计划的过程。网络计划的优化有工期优化、费用优化（又称工期一成本优化）和资源优化三种。

11.5.1 工期优化

工期优化是当计算工期大于要求工期（即 $T_c > T_r$）时，通过压缩关键工作的持续时间以达到既定工期目标，或在一定约束条件下使工期最短的优化过程。

1. 优化对象的选择

选择优化对象时应考虑下列因素：

(1) 缩短工作持续时间对施工质量和安全影响不大的工作。

(2) 备用资源充足的工作。

(3) 缩短工作持续时间所需增加的资源、费用最少的工作。

2. 工期优化步骤

网络计划工期优化的步骤如下：

(1) 计算网络计划的计算工期并找出关键线路。

(2) 确定应压缩的工期 ΔT：

$$\Delta T = T_c - T_r \tag{11-22}$$

(3) 将应优化缩短的关键工作压缩至最短持续时间，并找出关键线路，若被压缩的工作变成了非关键工作，则对比新关键线路时间长度，减少压缩幅度，使之仍保持为关键工作。

(4) 若计算工期仍超过要求工期，则重复步骤 (3)，直到满足工期要求或工期不能再缩短为止。

若所有关键工作的持续时间都已达到最短持续时间而工期仍不能满足要求时，应对计划的技术方案、组织方案进行修改，以调整原计划的工作逻辑关系，或重新审定要求工期。

【例 11-4】 试对如图 11-34 所示的初始网络计划实施工期优化。箭线下方括号内外的数据分别表示工作极限与正常持续时间，2-3 工作的持续时间为 10 d，要求工期为 48 d。工作优先压缩顺序为 D、H、F、E、A、G、B。

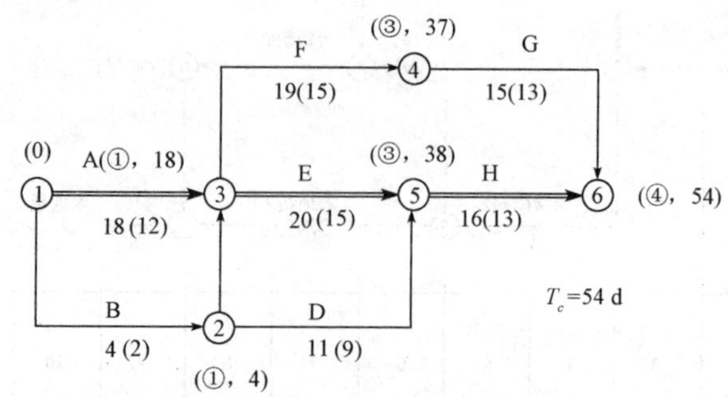

图 11-34 初始网络计划

解：第一步，用标号法确定正常工期及关键线路。

(1) 设起点节点的标号值为 0，即 $b_1=0$。

(2) 其他节点的标号值等于该节点的内向箭线的箭尾节点标号值加该工作的持续时间之和的最大值，即

$$b_j=\max\{b_i+D_{i\text{-}j}\} \tag{11-23}$$

如图 11-34 所示的网络计划的标号值计算如下：

$b_1=0$

$b_2=b_1+D_{1\text{-}2}=0+4=4$

$b_3=\max\{(b_1+D_{1\text{-}3}),(b_2+D_{2\text{-}3})\}=\max\{(0+18),(4+10)\}=\max\{18,14\}=18$

$b_4=b_3+D_{3\text{-}4}=18+19=37$

$b_5=\max\{(b_2+D_{2\text{-}5}),(b_3+D_{3\text{-}5})\}=\max\{(4+11),(18+20)\}=\max\{15,38\}=38$

$b_6=\max\{(b_4+D_{4\text{-}6}),(b_5+D_{5\text{-}6})\}=\max\{(37+15),(38+16)\}=\max\{52,54\}=54$

以上计算的标号值及源节点标在图 11-34 所示位置上，计算工期为 54 d。从终点节点逆向溯源，将相关源节点连接起来，找出关键线路为①→③→⑤→⑥，关键工作为 A、E、H。

第二步，应缩短工期为

$$\Delta T=T_c-T_r=54-48=6\ (\text{d})$$

第三步，先将工作 H 的持续时间压缩 3 d 至最短持续时间，再用标号法找出关键工作为 A、F、G，如图 11-35 所示。

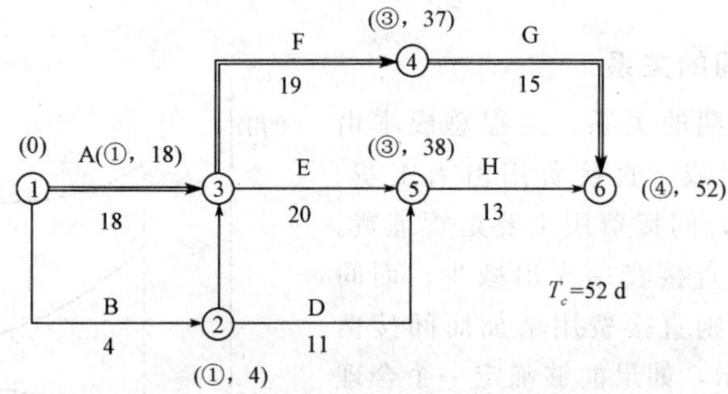

图 11-35　将 H 工作压缩至 13 d 后的网络计划

此时，工作 H 压缩 3 d 致其成为非关键工作。为此，减少工作 H 的压缩幅度（"松弛"），最终压缩 2 d，使之仍成为关键工作，如图 11-36 所示。

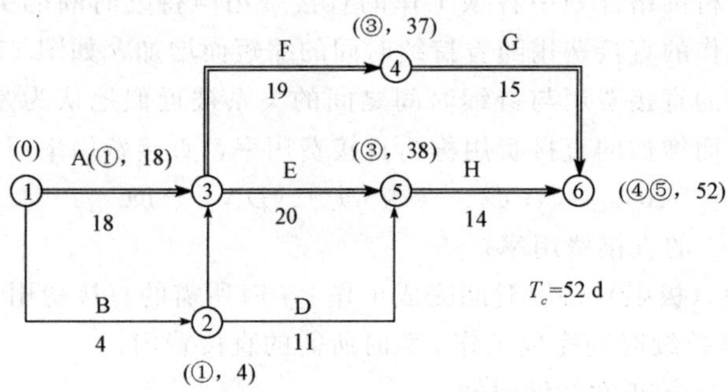

图 11-36　将工作 H 压缩至 14 d（"松弛" 1 d）后的网络计划

第四步，同步压缩 A、E、H 和 A、F、G 两条关键线路。依题目所给工作压缩次序，按工作允许压缩限度，H、E 分别压缩 1 d、3 d，F 压缩 4 d。如图 11-37 所示，工期满足要求。

本例中未考虑压缩时间对每项工作的质量、安全等的影响，故可选方案有多种如下：如方案一，A 压缩 4 d；方案二，F、E 同时压缩 4 d；方案三，F、E 同时压缩 3 d，H、G 同时压缩 1 d。

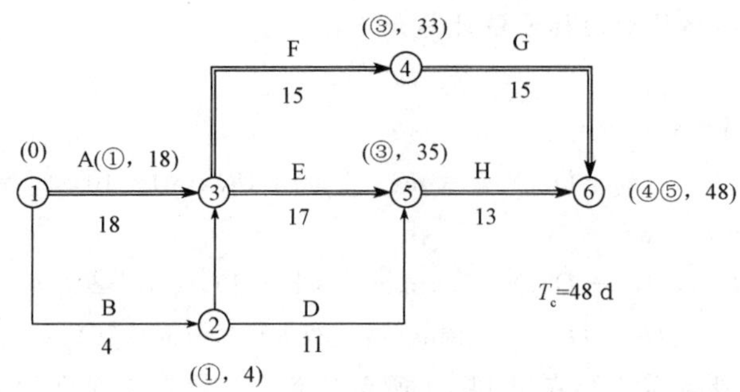

图 11-37　优化后的网络计划

11.5.2　费用优化

费用优化又称为工期—成本优化，是寻求最低成本对应的工期安排，或按要求工期寻求最低成本的计划的过程。

1. 工程费用与时间的关系

（1）工程费用与工期的关系。工程总成本由直接费用和间接费用组成。直接费用由人工费、材料费、机械费等组成；间接费用主要是管理费。随着工期的延长，工程直接费用支出减少，而间接费用支出增加；反之则直接费用增加而间接费用减少。如图 11-38 所示，如果能够确定一个合理的工期，就能使总费用降到最小，这也就是费用优化的目标。

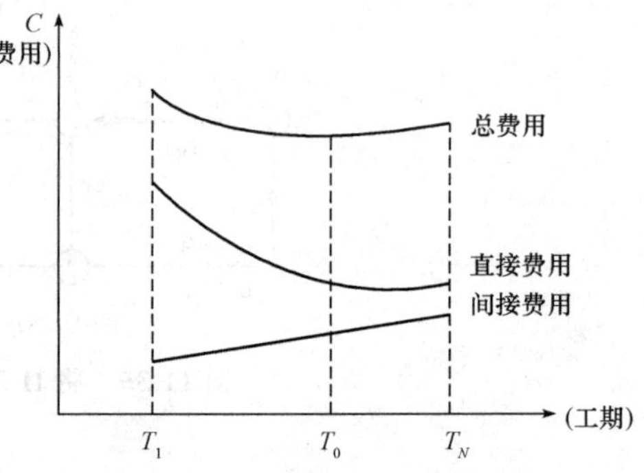

图 11-38　费用—工期曲线

（2）工作直接费用与持续时间的关系。由于网络计划的工期取决于关键工作的持续时间，为了进行工期优化必须分析网络计划中各项工作的直接费用与持续时间的关系，它是网络计划工期成本优化的基础。工作的直接费用随着持续时间的缩短而增加，如图 11-39 所示。

为简化计算，工作的直接费用与持续时间之间的关系被近似地认为是一条直线。工作的持续时间每缩短单位时间而增加的直接费用称为直接费用率，直接费用率可按式（11-24）计算：

$$\Delta C_{i\text{-}j}=(CC_{i\text{-}j}-CN_{i\text{-}j})/(DN_{i\text{-}j}-DC_{i\text{-}j}) \tag{11-24}$$

式中　$\Delta C_{i\text{-}j}$——工作 $i\text{-}j$ 的直接费用率；

$CC_{i\text{-}j}$——按最短（极限）持续时间完成工作 $i\text{-}j$ 时所需的直接费用；

$CN_{i\text{-}j}$——按正常持续时间完成工作 $i\text{-}j$ 时所需的直接费用；

$DN_{i\text{-}j}$——工作 $i\text{-}j$ 的正常持续时间；

$DC_{i\text{-}j}$——工作 $i\text{-}j$ 的最短（极限）持续时间。

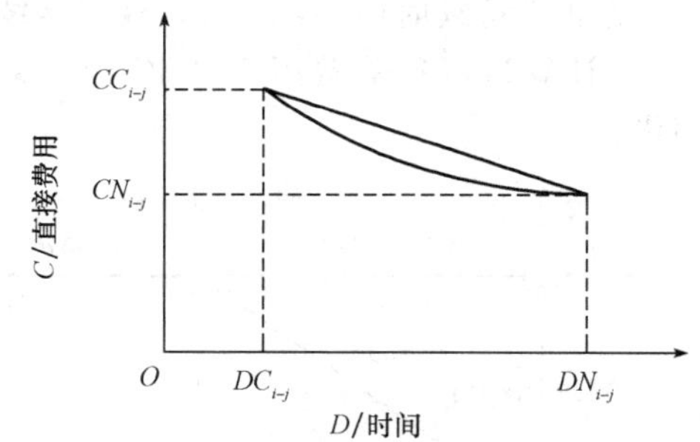

图 11-39　工作直接费用与持续时间的关系曲线

2. 费用优化方法

费用优化的基本思路：不断地在网络计划中找出直接费用率（或组合直接费用率）最小的关键工作，缩短其持续时间，同时考虑间接费用随工期缩短而减少的数量，利用直接费用的增加小于间接费用的减少的有利条件，从而降低成本，最后求得工程总成本最低时的最优工期安排或按要求工期求得最低成本的计划安排。

按照上述基本思路，费用优化可按以下步骤进行：

(1) 按工作的正常持续时间计算工期和确定关键线路。

(2) 计算各项工作的直接费用率。

(3) 当只有一条关键线路时，应找出直接费用率最小的一项关键工作，作为缩短持续时间的对象；当有多条关键线路时，应找出组合直接费用率最小的一组关键工作，作为缩短持续时间的对象。

(4) 对于选定的压缩对象（一项关键工作或一组关键工作），首先要比较其直接费用率或组合直接费用率与工程间接费用率的大小，再进行压缩。压缩方法如下：

1) 如果被压缩对象的直接费用率或组合直接费用率小于工程间接费用率，说明压缩关键工作的持续时间会使工程总费用减少，故应缩短关键工作的持续时间。

2) 如果被压缩对象的直接费用率或组合直接费用率等于工程间接费用率，说明压缩关键工作的持续时间不会使工程总费用增加，故应缩短关键工作的持续时间。

3) 如果被压缩对象的直接费用率或组合直接费用率大于工程间接费用率，说明压缩关键工作的持续时间会使工程总费用增加，此时应停止缩短关键工作的持续时间，当前的方案即优化方案。

(5) 当需要缩短关键工作的持续时间时，其缩短值的确定必须遵循下列两条原则：

1) 缩短后，工作的持续时间不能小于其最短持续时间。

2) 关键工作缩短持续时间后不能变成非关键工作。

(6) 计算关键工作持续时间缩短后相应的总费用。

优化后工程总费用＝初始网络计划的费用＋直接费用增加额－间接费用减少额

(7) 重复上述步骤 (3) ～ (6)，直至计算工期满足要求工期或被压缩对象的直接费用率或组合直接费用率大于工程间接费用率为止。

(8) 计算优化后的工程总费用。

3. 网络计划费用优化实例

【例 11-5】某初始网络计划如图 11-40 所示。箭杆上方为直接费用变化的斜率，也称直接费用率，即每压缩该工作 1 d 其直接费用平均增加的数额（千元）。箭杆下方括号内外分别为最短持续时间和正常持续时间。各工作正常持续时间（$DN_{i\text{-}j}$）、极限持续时间（$DC_{i\text{-}j}$）及与其相对应的直接费用（$CN_{i\text{-}j}$ 和 $CC_{i\text{-}j}$），计算后所得的费用率（$\Delta C_{i\text{-}j}$），见表 11-4。假定间接费率为 D=0.13 千元/d。试进行费用优化。

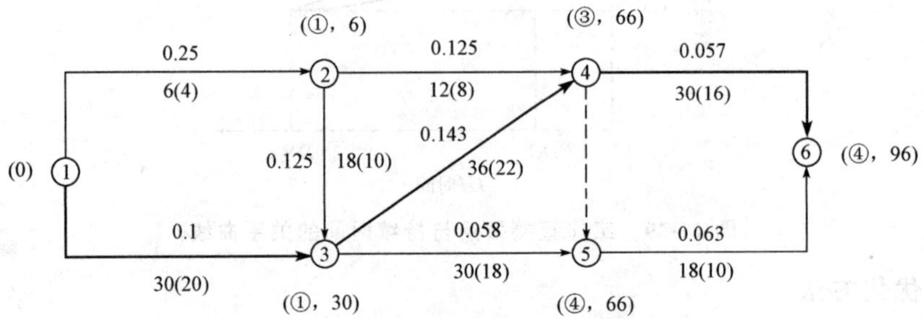

图 11-40　某施工网络计划

表 11-4　各工作持续时间及直接费用率

工作	正常时间		极限时间		费率
	时间	费用/元	时间	费用/元	
①-②	6	1 500	4	2 000	250
①-③	30	7 500	20	8 500	100
②-③	18	5 000	10	6 000	125
②-④	12	4 000	8	4 500	125
③-④	36	12 000	22	14 000	143
③-⑤	30	8 500	18	9 200	58
④-⑥	30	9 500	16	10 300	57
⑤-⑥	18	4 500	10	5 000	62

解：首先，计算各工作以正常持续时间施工时的计算工期，并找出关键线路，如图 11-40 所示。且知工程总直接费用、总成本如下：

总直接费用（$\sum CD$）=1.5+7.5+5+4+12+8.5+9.5+4.5=52.5（千元）

总成本（$\sum C$）=直接成本+间接成本=52.5+0.13×96=64.98（千元）

第一次工期压缩：先压缩关键线路①→③→④→⑥上直接费用率最小的工作④-⑥至最短持续时间（16 d），再用标号法找出关键线路。由于原关键工作④-⑥变成了非关键工作，须将其“松弛”至 18 d，使其仍为关键工作，如图 11-41 所示。

降低成本=12×（0.13−0.057）=0.876（千元）

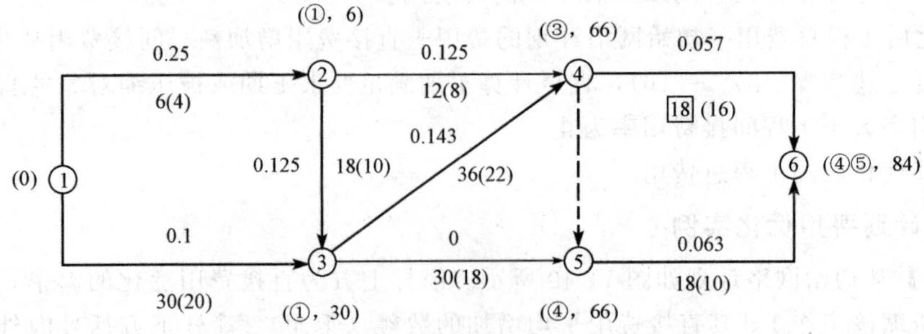

图 11-41　第一次工期压缩后的网络计划

第二次工期压缩：有三个方案，具体方案和相应直接费用率见表 11-5。

表 11-5 关键线路工作组合

序号	工作组合（i-j）	直接费用率/（千元·d^{-1}）
Ⅰ	①-③	0.100
Ⅱ	③-④	0.143
Ⅲ	④-⑥和⑤-⑥	0.120

决定缩短工作①-③，并使之仍为关键工作，则其持续时间只能缩短至 24 d，如图 11-42 所示。

降低成本＝6×（0.13－0.1）＝0.18（千元）

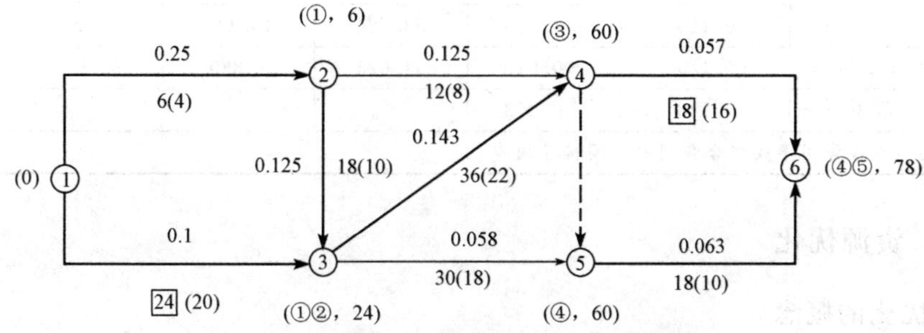

图 11-42 第二次工期压缩后的网络计划

第三次工期压缩：有四个方案，具体方案和相应直接费用率见表 11-6。

表 11-6 关键线路工作组合

序号	工作组合（i-j）	直接费用率/（千元·d^{-1}）
Ⅰ	①-②和①-③	0.350
Ⅱ	②-③和①-③	0.225
Ⅲ	③-④	0.143
Ⅳ	④-⑥和⑤-⑥	0.120

决定采用直接费率最低的方案Ⅳ，结合工作④-⑥的最短持续时间为 16 d，现将④-⑥和⑤-⑥均压缩 2 d，如图 11-43 所示。

降低成本＝2×（0.13－0.12）＝0.02（千元）

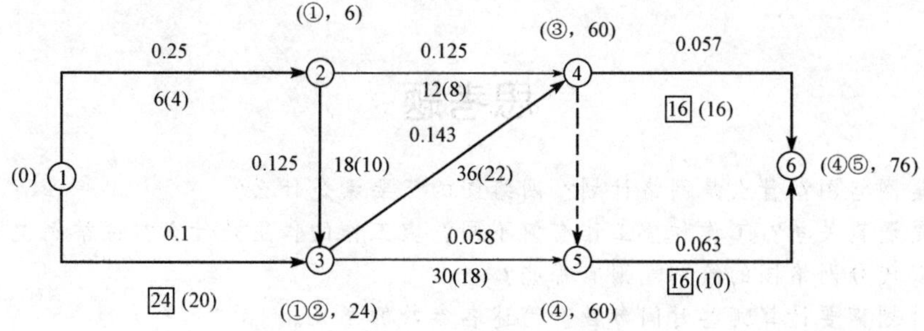

图 11-43 优化后的网络计划

此后，由于工作④-⑥已不能再缩短，故令其直接费用率为无穷大。再压缩工期，应采用方案Ⅲ。就此例而言，工作③-④的直接费用率为0.143千元/d，大于间接费用率0.13千元/d，费用率差成为正值，意味着增加的费用大于减少的费用。若再压缩，总费用反而会增加，故第三次压缩后的工期就是本例的最优工期。

优化过程中的工期—成本变化情况见表11-7。经过优化调整，工期缩短了20 d，而成本降低了1.076千元。

表11-7 优化过程的工期—成本情况

缩短次数	被压缩工作代号	直接费用率或组合费用率	费用率差	直接费用/千元	间接费用/千元	总费用/千元	工期/d
0				52.500	12.480	64.980	96
1	④-⑥	0.057	−0.073	53.184	10.920	64.104	84
2	①-③	0.100	−0.030	53.784	10.140	63.924	78
3	④-⑥，⑤-⑥	0.120	−0.010	54.024	9.880	63.904	76
4	③-④	0.143	+0.013				

注：费用率差＝直接费用率或组合费用率－间接费用率

11.5.3 资源优化

1. 资源优化的概念

资源是指完成一项计划任务所需要投入的人力、材料、机械设备和资金等。施工过程就是消耗这些资源的过程，编制网络计划必须解决资源供求矛盾，实现资源的均衡利用，以保证工程项目的顺利建设，并取得良好的经济效益。资源优化的目的是通过改变工作的开始时间和完成时间，使资源消耗均衡并且不超出日最大供应量的限定指标。

2. 资源优化的前提条件

(1) 在优化过程中，不改变网络计划中各项工作之间的逻辑关系。

(2) 在优化过程中，不改变网络计划中各项工作的持续时间。

(3) 网络计划中各项工作的资源强度（单位时间所需资源数量）为合理常量。

(4) 除规定可中断的工作外，一般不允许中断工作，应保持其连续性。

(5) 为简化问题，这里假定网络计划中的所有工作需要同一种资源。

3. 资源优化的分类

在通常情况下，网络计划的资源优化分为资源有限—工期最短、工期固定—资源均衡两种。前者是通过调整计划安排，在满足资源限制条件下，使工期延长值最小的过程；而后者是通过调整计划安排，在工期保持不变的前提下，使资源需要量尽可能均衡的过程。

思考题

1. 什么是网络图？什么是网络计划？网络图的三要素是什么？
2. 什么是逻辑关系？工作和虚工作有何不同？虚工作的作用是什么？试举例说明。
3. 单、双代号网络图的绘制规则有哪些？
4. 网络计划需要计算哪些时间参数？简述各参数的意义。
5. 什么是总时差？什么是自由时差？两者有何关系？它们的特性如何？

6. 什么是关键线路？对于双代号网络计划和单代号网络计划如何判断关键线路？

7. 简述双代号网络计划中工作计算法及计算时间参数的步骤。

8. 简述单代号网络计划与双代号网络计划的异同。

9. 时标网络计划有什么特点？

10. 简述网络计划优化的分类。

11. 某工程涉及的各项主要工作其相互间逻辑关系见表 11-8，试分别绘制其双代号、单代号网络图。

表 11-8　工作逻辑关系表

本工作	A	B	C	D	E	F	G	H	I
紧前工作	—	—	A	A，B	A	C，D	C	G，E	G，F

12. 根据表 11-9 给出的各项工作相互间逻辑关系，试分别绘制其双代号、单代号网络图。

表 11-9　工作逻辑关系表

本工作	A	B	C	D	E	F	G	H
紧后工作	C，D，E	E	F	H	G	—	—	—

13. (1) 利用工作计算法计算图 11-44 各工作的时间参数，并确定关键线路和工期。

(2) 将图 11-44 转绘成单代号网络图后，再计算各工作的时间参数，并确定关键线路和工期。

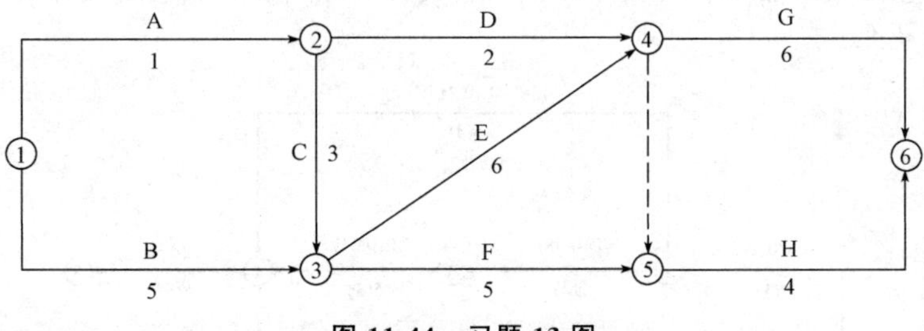

图 11-44　习题 13 图

14. 已知某工程的双代号网络计划如图 11-45 所示，试用节点标号法确定工期和关键线路。

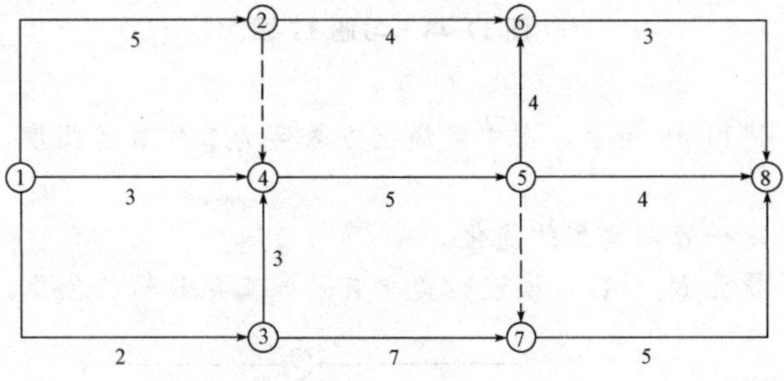

图 11-45　习题 14 图

15. 将图 11-46 中的非时标网络图转绘为时标网络计划。

16. 已知网络计划如图 11-47 所示，图中箭线下方括号外的数字为正常持续时间，括号内的数字为最短持续时间，假定要求工期为 12 d，试对其进行工期优化。

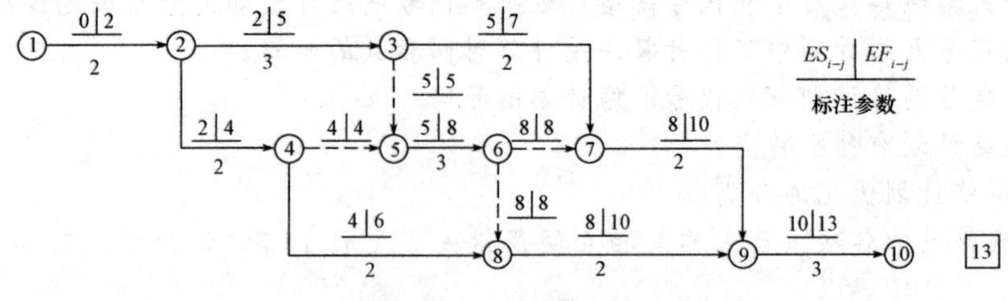

图 11-46　习题 15 图

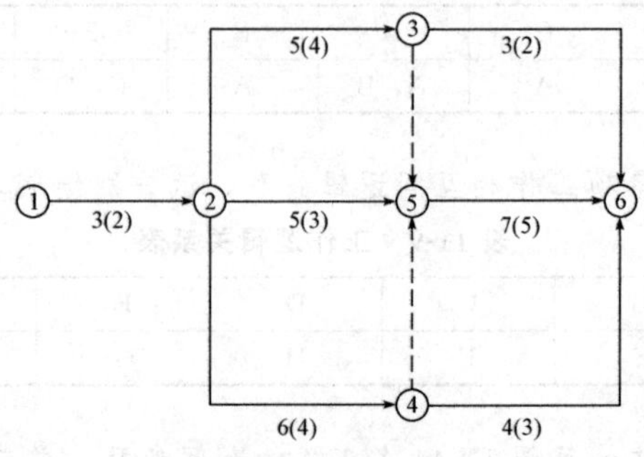

图 11-47　习题 16 图

17. 某网络计划如图 11-48 所示，图中箭线上方数字为直接费用率，箭线下方括号外的数字为该工作正常持续时间，括号内的数字为该工作最短持续时间，间接费用率为 0.7 千元/d，试进行工期—费用优化。

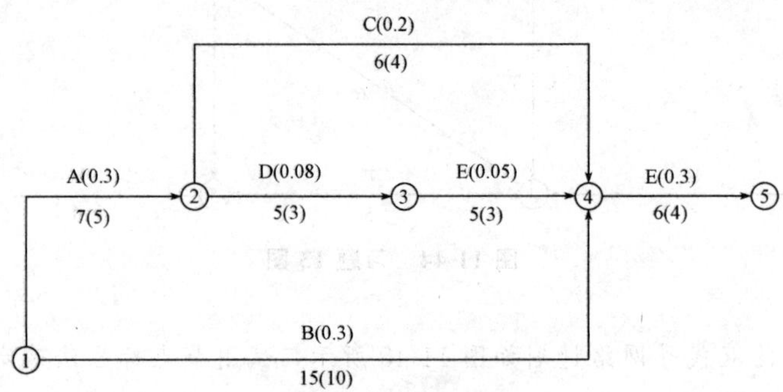

图 11-48　习题 17 图

18. 某网络计划如图 11-49 所示，图中箭线上方数字为工作资源强度，箭线下方的数字为该工作持续时间。

(1) 试进行工期固定—资源均衡的优化。

(2) 若单日资源限量为 $R_a=12$，试进行资源有限—工期最短的优化。

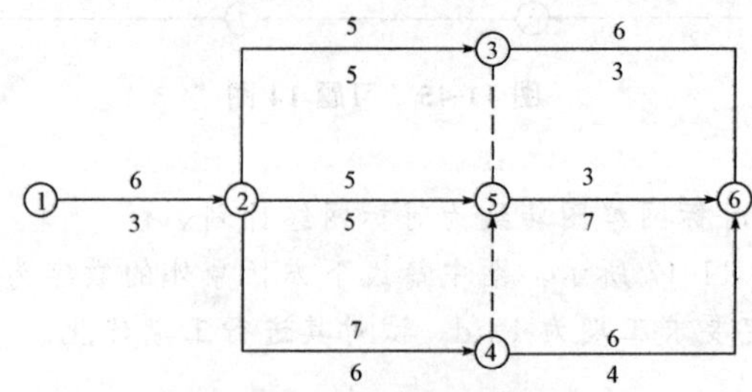

图 11-49　习题 18 图

第 12 章

单位工程施工组织设计与BIM应用

课程导学

了解工程概况编制的要求和内容；熟悉单位工程施工组织设计的内容及施工部署的内容；掌握确定施工展开程序、施工顺序、流向的原则；掌握选择施工方法和机械的内容和要求；掌握施工进度计划编制及现场布置的步骤、原则和方法；了解资源计划编制的目的、方法；能编制简单工程的施工组织设计。

12.1 单位工程施工组织设计概述

单位工程施工组织设计是以单位工程为对象编制的，具体指导其施工全过程各项活动的技术经济文件，根据编制时间可分为标前和标后施工组织设计。前一类是为了承揽施工任务，重点放在施工单位资质条件、施工技术力量和队伍素质上。后一类的目的是指导组织施工的依据，重点放在施工组织的合理性与技术的可行性上。本章重点介绍为施工过程编制的单位工程施工组织设计。

12.1.1 作用与任务

单位工程施工组织设计是对施工过程和施工活动进行全面规划和安排，据以确定各分部分项工程开展的顺序及工期、主要分部分项工程的施工方法、施工进度计划、各种资源的供需计划、施工准备工作及施工现场的布置。因而，它对落实施工准备，保证施工有组织、有计划、有秩序地进行，实现质量好、工期短、成本低和安全、高效的良好效果有着重要作用。其任务主要有以下几个方面：

(1) 贯彻施工组织总设计对该工程的规划精神及施工合同的要求。

(2) 拟定施工部署、选择确定合理的施工方法和机械，落实建设意图。

(3) 编制施工进度计划，确定合理的搭接配合关系，保证工期目标的实现。

(4) 确定各种物资、劳动力、机械的配置计划，为施工准备调度安排及布置现场提供依据。

(5) 合理布置施工场地，充分利用空间，减少运输和暂设费用，保证施工顺利、安全地进行。

（6）制订实现质量、进度、成本和安全目标的具体计划，为施工项目管理提出技术和组织方面的指导性意见。

12.1.2 编制内容

（1）工程概况。工程概况主要包括工程特点、建设地点和施工条件，以及参建各方的具体情况等内容。有时为了阐述全面可增加编制说明和编制依据等内容。

（2）施工方案和施工方法。为了对工程各分部分项工程有一个总体了解，首先应总体概述，主要包括施工目标（如质量目标、安全目标、工期目标、成本目标、文明施工目标和服务目标等）、施工准备计划（如项目部组成、施工技术准备、现场准备、外部环境准备等）、拟采用主要施工工艺和施工顺序及施工流向安排等内容。各分部分项工程施工方案和施工方法，包括各自的施工方法与施工机械的选择、技术组织措施的制订等内容。

（3）施工进度计划。施工进度计划包括主要分部分项工程的工程量、劳动量或机械台班量、工作延续时间、施工班组人数及施工进度安排等内容。

（4）施工准备工作及各项资源需要量计划。施工准备工作及各项资源需要量计划主要包括施工准备工作及劳动力、施工机具、主要材料、构件和半成品需要量计划。

（5）施工平面图。施工平面图主要包括起重运输机械，搅拌站、加工棚、仓库及材料堆场，运输道路，临时设施，供水、供电管线等位置的确定和布置。

（6）安全文明施工技术组织措施。安全文明施工技术组织措施主要包括安全管理组织；专职安全管理人员；特殊作业人员操作要求；安全设施配置要求；安全防护措施；大、中型施工机械管理；文明施工技术组织措施；安全、文明施工责任奖惩办法；危险源因素识别评价及控制措施；重大环境因素确定及控制措施等。

（7）工程质量技术组织措施。工程质量技术组织措施主要包括质量管理体系、制度及质量保证体系；关键部位质量控制措施；工种岗位技术培训；先进施工工艺；送样检测；见证取样保证措施；分部分项分阶段验收步骤及方法；完成质量目标的奖惩办法等。

（8）关键施工技术、工艺及工程项目实施重点、难点分析及解决方案。其主要包括基础施工阶段关键点与处理措施、主体施工阶段关键点及其处理措施、装饰阶段关键点及处理措施、安装阶段关键点及处理措施、项目实施重点及解决措施等方面。

（9）主要技术经济指标。主要技术经济指标主要包括工期指标、质量和安全指标、实物量消耗指标、成本指标和投资额指标等。因为此部分内容大多与上述内容重复，或为内部管理目标，故可不单独列出而省略。

对于常见的建筑结构类型或规模不大的单位工程，施工组织设计可编制得简单些，内容一般以施工方案、施工进度计划、施工平面图（简称“一案一表一图”）为主，辅以简要的文字说明即可。对于较为复杂而标准要求较高的建筑工程，要求详细编制，为顺利施工提供指导。以上编制的内容可根据实际情况和叙述的逻辑性，调整前后次序。

12.1.3 编制程序

单位工程施工组织设计编制程序是指编制组织设计中各组成部分工作的先后顺序及对相互间制约关系的处理，如图 12-1 所示。

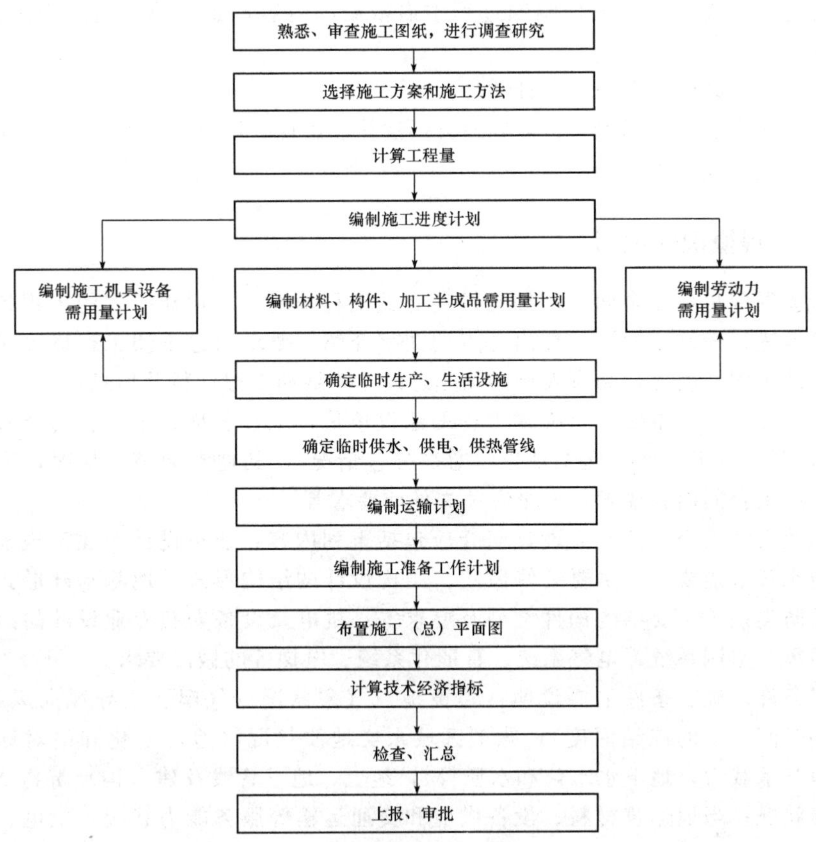

图 12-1　单位工程施工组织设计编制程序

12.1.4　编制依据

（1）施工组织总设计。当单位工程从属于某个建设项目时，必须把该建设项目的施工组织总设计中的施工部署及对单位工程施工的有关规定和要求作为编制依据。

（2）施工合同。施工合同主要包括工程范围和内容；工程开、竣工日期；设计文件、概预算和技术资料；材料和设备的供应情况等。

（3）经过会审的施工图。经过会审的施工图主要包括工程全部施工图纸、会审记录和标准图等设计资料。

（4）业主提供的条件。业主提供的条件包括业主提供的临时房屋数量；水、电供应量；水压、电压等。

（5）工程预算文件及有关定额。应有详细的分部、分项工程工程量，必要时应有分层、分段或分部位的工程量及预算定额和施工定额，以便在编制单位工程进度计划时参考。

（6）工程资源配备情况。工程资源配备情况包括施工所需的劳动力、材料、机械供应情况及生产能力。

（7）施工现场勘察资料。施工现场勘察资料包括施工现场地形、地貌资料，地上与地下障碍物资料，工程地质和水文地质资料，气象资料，交通运输道路及场地面积资料等。

（8）有关国家规定和标准。有关国家规定和标准包括施工及验收规范、安全操作规程等。

以上内容是单位施工组织设计编制过程中需依据的内容，而在单位施工组织设计文件中，必须明确的编制依据如下：

(1) 本单位工程的施工合同、设计文件。

(2) 与工程建设有关的国家、行业和地方的法律、法规、规范、规程、标准、图集。

(3) 施工组织总设计等。

12.1.5 工程概况的编写

编写工程概况应尽可能全面、详细地描述有关工程情况。对拟建工程的工程特点、地点特征和施工条件等进行简洁、明了、突出重点的文字介绍。要求通过审阅工程概况对本工程项目有全面、深入地了解。因此，编写人员必须熟悉设计图纸和工程资料及信息。

(1) 工程主要情况。主要介绍拟建工程的建设单位，工程名称、用途、资金来源及工程造价（投资额），开、竣工日期，施工单位（总、分包情况），其他参加单位情况，施工图纸情况（如会审等），施工合同内容要求，上级有关文件或要求等。

(2) 各专业设计简介。各专业设计简介应包括下列内容：建筑设计的建筑规模、功能、特点，耐火、防水及节能要求，主要装修做法；结构设计的结构形式、地基基础形式、结构安全等级、抗震设防类别、主要结构构件类型及要求等；机电及设备安装专业设计的给水、排水及采暖系统、通风与空调系统、电气系统、智能化系统、电梯等的做法要求。

(3) 施工条件。施工条件主要说明：建设地点气象状况（气温、主导风向风力、雨雪量、雷电、冬雨期时间、土的冻结深度）；施工区域水文地质状况（地形变化和绝对标高，地质构造、土质、地基承载力，地下水水位和水质等）；地上、地下管线及建（构）筑物情况；有关的道路、河流等状况；当地建筑材料、设备供应和交通运输等服务能力状况，供电、水、热和通信能力状况；周围环境及建设方可提供的条件等。

通过工程概况的编写，对工程施工的重点、难点和关键问题应进行分析（包括组织管理和施工技术两方面），以便在选择施工方案、组织物资供应、配备技术力量及进行施工准备等方面采取有效措施。

12.2 施工部署与施工方案

12.2.1 施工部署的拟定

施工部署是对整个单位工程的施工进行总体的布置和安排，是施工组织设计的核心。它主要包括确定组织机构及岗位设置和职责划分，制订施工目标，进行进度安排和空间组织，对开发和使用新技术、新工艺做出部署，对重要分包工程施工单位的选择要求及管理方式进行简要说明等。

1. 确定组织机构及岗位职责

确定组织机构及岗位职责主要包括确定组织机构形式、确定组织管理层次及岗位设置、制订岗位职责、选定管理人员等。

2. 制订施工目标

根据施工合同、招标文件及本单位对工程管理目标的要求，确定进度、质量、安全、环境和成本等目标。其中，工期目标包括总工期目标和各主要施工阶段（如基础、主体、装饰装修）的工期控制目标。质量目标应制订出总目标和分解目标。质量总目标是指整个项目拟达到的质量等级（如市优、省优、国优），分解目标是指各分部工程拟达到的质量等级（优良、合格）。安全目标为事故等级、伤亡率、事故频率的限制目标。施工管理目标必须满足或高于合同目标及施工组织总设计中确定的总体目标，作为编制各种计划、措施及进行工程管理和控制的依据。

3. 单位工程的施工程序

施工程序是单位工程中各分部工程或施工阶段的先后顺序及其制约关系，主要是解决时间上搭接的问题。应注意以下几点：

（1）遵守“先地下后地上、先土建后设备、先主体后围护、先结构后装修”的原则。

1）先地下后地上是指地上工程开始之前，尽量先把管线等地下设施、土方工程和基础工程完成或基本完成，以免对地上部分施工产生干扰，既给施工带来不便，又会造成浪费，影响工程质量和进度。

2）先土建后设备是指土建施工一般应先于水、电、暖、通信等建筑设备的安装。一般在土建施工的同时要配合有关建筑设备安装的预埋工作，大多是穿插配合关系。尤其在装修阶段，要从保质量、讲成本的角度，处理好相互之间的关系。

3）先主体后围护是指混凝土结构的主体结构与围护结构要有合理的搭接。一般多层建筑以少搭接为宜，而高层建筑则应尽量搭接施工，以有效缩短工期。

4）先结构后装修是指先完成主体结构施工，再进行装饰工程施工。但有时为了压缩工期，也可部分搭接施工。

上述程序是对一般情况而言。在特殊情况下，程序不会一成不变。如在冬期施工之前，应尽可能完成主体和围护结构，以利于防寒和室内作业的开展。

（2）做好土建施工与设备安装施工的程序安排。工业建设项目除了土建施工及水、电、暖、通信等建筑设备外，还有工业管道和工艺设备及生产设备的安装，此时应重视合理安排土建施工与设备安装之间的施工程序。一般有封闭式施工、敞开式施工、同时施工等程序。

1）封闭式施工。封闭式施工即土建施工完成后，再进行设备安装。它适用于一般轻型工业厂房（如精密仪器厂房）。

2）敞开式施工。敞开式施工即先施工设备基础、安装工艺设备，然后建造厂房。它适用于重型工业厂房（如冶金工业厂房中的高炉间）。

3）同时施工。同时施工即安装设备与土建施工同时进行。这样土建施工可以为设备安装创造必要的条件。当设备基础与结构基础又连成一片时，设备基础二次施工会影响结构基础，这时可采取同时施工。

4. 单位工程施工的施工起点和流向

施工起点和流向是指单位工程在平面上或空间上开始施工的部位及其流动方向。一般来说，对单层建筑只要按其施工段确定平面上的施工起点和流向即可；对多层建筑除确定每层平面上的施工起点和流向外，还要确定其层间或单元空间上的施工流向。确定单位工程主体施工起点和流向，一般应考虑以下因素：

（1）施工方法是确定施工起点和流向的关键因素。如高层建筑若采用顺做法施工，地下为两层的结构，其施工流向：定位放线→边坡支护→开挖基坑→地下结构施工→回填土→上部结构施工。若采用逆做法施工地下两层结构，其施工起点和流向：定位放线→地下连续墙施工→中间支承桩施工→地下室一层挖土、地下一层板钢筋混凝土结构施工，同时进行地上结构施工→

地下室二层挖土、底板钢筋混凝土结构施工，同时进行地上结构施工。

（2）生产工艺或使用要求。从业主对生产和使用方面考虑，一般对急于生产或使用的工段或部位应先施工。

（3）单位工程各部分的施工繁简程度。一般对技术复杂、施工进度慢、工期较长的工段或部位应先施工。

（4）有高低层或高低跨并列时，应从高低层或高低跨并列处开始。例如，在高低跨并列的结构安装工程中，应先从高低跨并列处开始吊装柱。屋面防水应按先高后低的方向施工，同一屋面则由檐口到屋脊方向施工。基础深浅应按先深后浅的顺序施工。

（5）工程现场条件和施工机械。例如，土方工程中，边开挖边土方外运，则施工起点应确定在远离道路的部位，由远及近地展开施工；同样，土方挖开采用反铲挖土机时，应后退挖土；采用正铲挖土机时，则应前进挖土。

（6）施工组织的分层分段。划分施工层、施工段的部位，如伸缩缝、沉降缝、施工缝等，也是决定其施工流向应考虑的因素。

（7）分部工程或施工阶段的特点及其相互关系。基础工程由施工机械和施工方法决定平面施工流向。主体工程从平面上看，任意一边先开始都可以；从竖向看，一般应自下而上施工（逆做法地下室施工除外）。

装修工程竖向施工流向比较复杂。室外装修可采用自上而下的流向；室内装修则可以采用自上而下、自下而上、自中而下再自上而中三种流向。

（1）自上而下是指主体结构封顶、屋面防水层完成后，装修工程由顶层开始逐层向下的施工流向，一般有水平向下和垂直向下两种形式，如图 12-2 所示。其优点是待主体结构完成后有一定沉降时间，能保证装饰工程质量；屋面防水层完成后，可防止因雨水渗漏而影响装饰工程质量；由于主体施工和装饰施工分别进行，使各施工过程之间交叉作业较少，便于组织施工。其缺点是不能与主体结构施工搭接，工期较长。

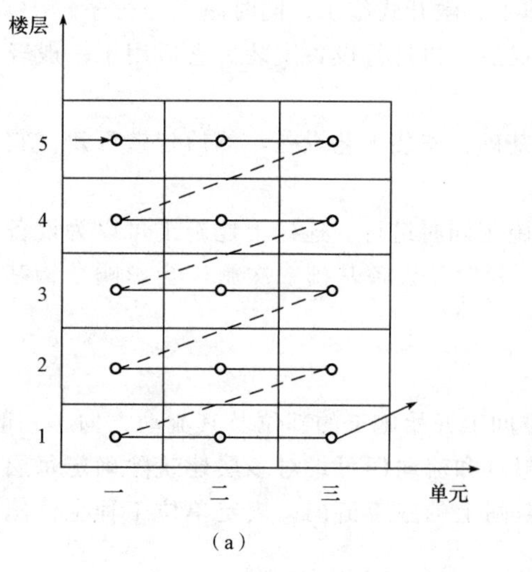

（a）

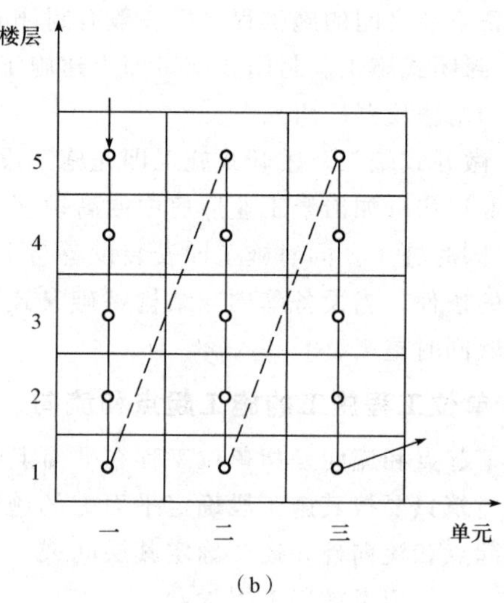

（b）

图 12-2　室内装修装饰工程自上而下的流向

（a）水平向下；（b）垂直向下

（2）自下而上是指主体结构施工到三层以上时（即上有二层楼板，确保底层施工安全），装修工程从底层开始逐层向上的施工流向，一般有水平向上和垂直向上两种形式，如图 12-3 所示。为了防止上层板缝渗漏而影响装修质量，应先做好上层楼板面层抹灰，再进行本层墙面、顶棚、地面抹灰施工。这种流向优点是可与主体结构平行搭接施工，能相应缩短工期，当工期紧迫时，可考虑采用这种流向。其缺点是交叉施工多，现场施工组织管理比较复杂。

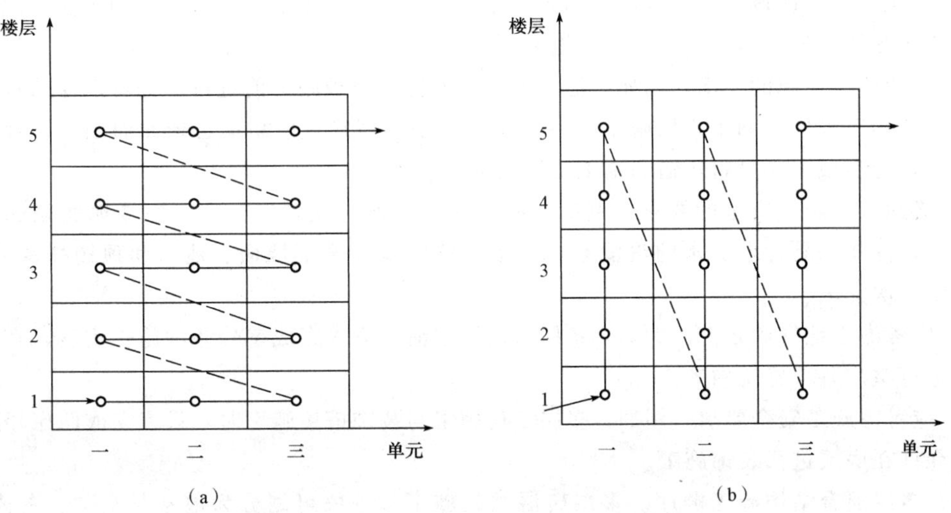

图 12-3　室内装修装饰工程自下而上的流向

(a) 水平向上；(b) 垂直向上

(3) 自中而下再自上而中的施工流向，综合了前两种流向的优点。其一般适用于高层建筑的装修施工，即当裙房主体工程完工后，便可自中而下进行装修。当主楼主体工程结束后，再自上而中进行装修，如图 12-4 所示。

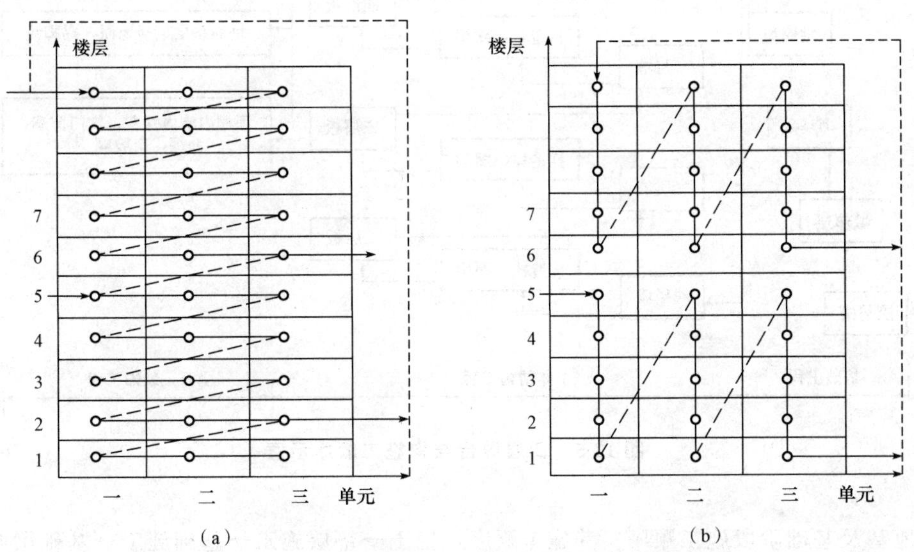

图 12-4　高层建筑装饰装修工程自中而下再自上而中的流向

(a) 水平向下；(b) 垂直向下

5. 分项工程或工序之间的施工顺序

（1）确定施工顺序的基本原则。

1）必须符合施工工艺的要求。因为施工工艺中存在的客观规律和相互间的制约关系，一般是不可违背的。如现浇钢筋混凝土柱施工顺序：绑钢筋→支模板→浇筑混凝土→养护→拆模。

2）与施工方法协调一致。采用不同施工方法，则施工顺序也有所不同。如预应力混凝土构件，采用先张法，还是后张法，两者的施工顺序相差较大。

3）符合施工组织的要求。例如，地面工程可安排在顶板施工前进行，也可以在顶板施工后进行。前者施工方便，利于顶板施工材料运输和脚手架搭设，但易损害地面面层。后者易保护地面面层，但顶板施工材料运输和施工比较困难。

4）必须考虑施工质量的要求。例如，内墙面及顶棚抹灰，应待上一层楼地面完成后再进行。否则，抹灰面易受上层水的渗漏影响。楼梯抹面应在全部墙面、地面和顶棚抹灰完成后，自上而下一次完成。

5）应考虑当地气候条件。例如，冬期与雨期之前，应先完成室外各项施工内容，在冬期和雨期时进行室内各项施工内容。

6）应考虑施工安全要求。例如，多层结构施工与装饰搭接施工时，只有完成两层楼板的铺放，才允许在底层进行装饰施工。

（2）多层混合结构施工顺序。多层砖混结构施工，一般可划分为地基及基础、主体结构、建筑屋面、建筑装饰装修及建筑设备安装等施工阶段，其施工顺序如图 12-5 所示。

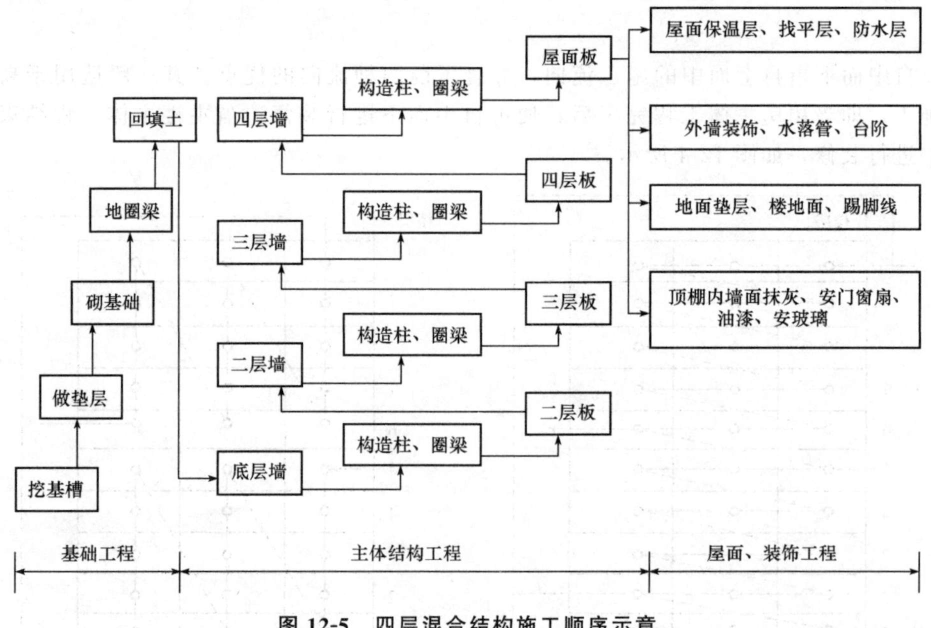

图 12-5 四层混合结构施工顺序示意

1）地基及基础阶段施工顺序。其施工顺序：挖土→垫层施工→基础施工→基础梁施工→回填土。如为桩基础，则在挖土前进行桩基础施工；如有地下室，则在挖土后进行地下室底板、墙板和顶板的施工。

基础施工阶段需要注意挖土和垫层的施工应搭接紧凑，防止基槽（坑）被雨水浸泡，影响地基承载力；垫层施工后要留有技术间歇时间，使其具有一定强度后再进行基础施工；埋入地下的上水管、下水管、暖气管等管沟的施工应尽可能与基础配合，平行搭接施工；回填土（包括房心回填土及基槽、基坑回填土）一般在基础完成后一次分层夯填完毕，以便为后道工序（砌筑砖墙）施工创造操作面。当工程量较大且工期较紧时，也可将填土分段与主体结构搭接组织流水施工，或安排在室内装饰施工前进行。

2）主体结构阶段的施工顺序。多层砖混结构大多设有构造柱、圈梁、现浇楼梯、预应力空心楼板（卫生间、厨房处为现浇板），其施工顺序：绑扎构造柱钢筋→砌墙→安装构造柱模板→浇筑构造柱混凝土→安装圈梁、楼板、楼梯模板→绑扎圈梁、楼板、楼梯钢筋→浇筑圈梁、楼板、楼梯混凝土→安装预应力空心楼板。应注意脚手架搭设应与墙体砌筑密切结合，保证墙体砌筑连续施工。

3）屋面工程阶段施工顺序。屋面工程一般按设计构造层次依次施工，其施工顺序：找平层施工→隔汽层施工→保温层施工→找平层施工→结合层施工→防水层施工→隔热层施工。防水层应在保温层和找平层干燥后才能施工。结合层施工完毕后应尽快进行防水层的施工，防止结合层表面积灰，以保证防水层粘结强度；防水层应在主体结构完成后尽快开始，以便为室内装饰创造条件。一般情况下，屋面工程可以与室外装饰工程平行施工。

4）装饰工程阶段施工顺序。装饰工程可分为室内装饰和室外装饰工程。装饰工程施工顺序通常有先内后外、先外后内、内外同时进行三种顺序，具体确定应视施工条件和气候条件而定。通常室外装饰应避开冬期或雨期；当室内为水磨石楼地面，为防止施工用水渗漏对外墙面装饰的影响，应先完成水磨石施工，再进行外墙面装饰；如果为了加速脚手架周转或赶在冬期、雨期前完成室外装修，则应采取先外后内的顺序。

室内抹灰在同一层内的顺序有两种：楼地面→顶棚→墙面；顶棚→墙面→楼地面。前一种顺序便于清理楼地面基层，楼地面质量易于保证，但楼地面施工后需留养护时间及采取保护措施。后一种顺序需要在做楼地面前，将顶棚和墙面施工的落地灰和渣滓扫清洗涤后，再做面层，否则会影响楼地面层与结构层的黏结，引起地面空鼓。室内抹灰时，应先完成楼板上的楼面施工，再进行楼板下顶棚、墙面抹灰，以避免楼面渗漏影响墙面、顶棚的抹灰质量。

底层地坪一般是在各层装修完成后施工，应注意与管沟的施工相配合。为成品保护，楼梯间和踏步抹灰常安排在各层装修基本完成后。门窗扇安装应在抹灰后进行，但若考虑冬期施工，为防止抹灰层冻结和采取室内升温加速干燥，门窗扇和玻璃可在抹灰前安装完毕。门窗玻璃安装一般在门窗油漆后进行。

室外装修工程一般采取自上而下的施工顺序。在自上而下每层装饰、水落管安装等工程全部完成后，即可拆除该层的脚手架。当脚手架拆除完毕后，应进行散水及台阶的施工。

5）建筑设备安装施工顺序。设备安装应与土建工程交叉施工，紧密配合。基础施工阶段，应先完成相应管沟埋设，再进行回填土；主体结构施工阶段，应在砌筑或浇筑混凝土时，预留设备安装所需的孔洞和预埋件；装修阶段应先安装各种管线和接线盒后，再进行装修施工。水暖电卫安装一般在室内抹灰前后穿插进行。总之，设备安装施工顺序除符合自身安装工艺顺序外，还应注意与土建施工间的配合，保证安装工程与土建工程的施工方便和成品保护。

(3) 多层全现浇钢筋混凝土框架结构施工顺序。钢筋混凝土框架结构施工，一般可划分为地基及基础工程、主体结构工程、围护工程和装饰工程四个阶段。图 12-6 所示为某现浇钢筋混凝土框架结构施工顺序示意图。

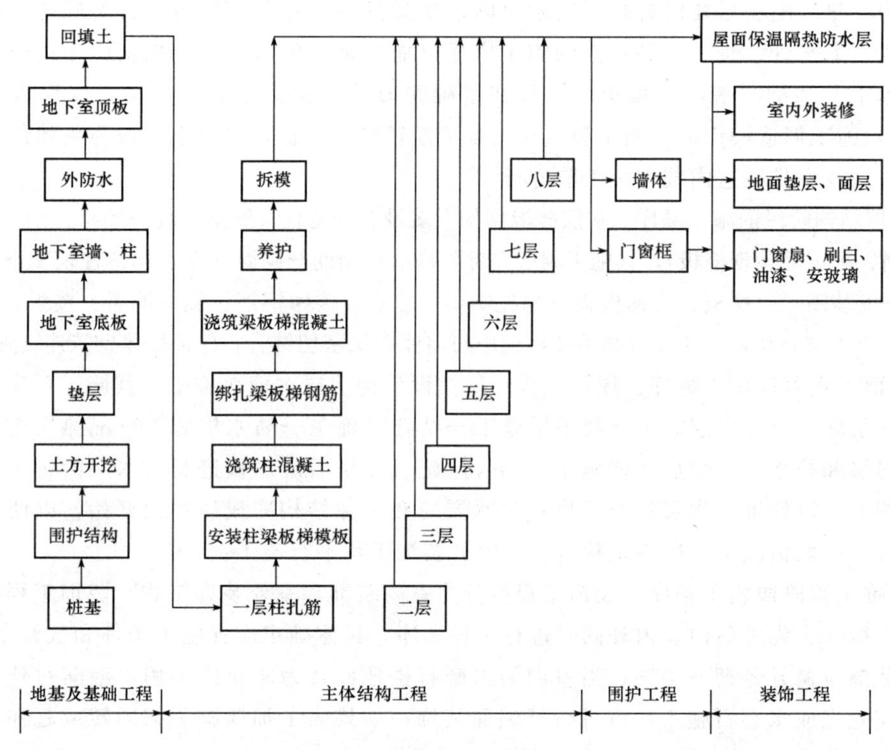

图 12-6 某现浇钢筋混凝土框架结构施工顺序示意

（地下室一层、桩基础）

注：主体二～八层的施工顺序同一层

1）地基及基础工程施工阶段的施工顺序。现浇钢筋混凝土框架结构±0.000 以下施工阶段，一般可分为无地下室和有地下室两种。若无地下室，且基础为浅基础时。其施工顺序：挖土→垫层施工→回填土施工。若有地下室，且基础为桩基础时，其施工顺序：边坡支护→土方开挖→桩基→垫层→地下室底板（防水处理）→地下室墙、柱（防水处理）→地下室顶板→回填土。

2）主体结构工程施工顺序。主体结构工程施工顺序：绑柱钢筋→安装柱梁板梯模板→绑浇筑柱混凝土→绑扎梁板梯钢筋→浇筑梁板梯混凝土。为了组织流水施工，需把多层框架在竖向上分层施工，在平面上分施工段施工。

3）围护工程施工顺序。围护工程包括墙体工程、安装门窗框和屋面工程。墙体工程包括砌筑用脚手架搭拆、内外墙及女儿墙砌筑等分项工程，是围护工程的主导施工，应与主体结构工程、屋面工程和装饰工程密切配合，交叉施工，以加快施工进度。主体结构达到龄期便可进行墙体砌筑，即墙体砌筑可与主体结构搭接施工；墙体砌筑后可进行室内装饰工程；主体结构和女儿墙施工完毕后，可进行屋面工程施工。屋面工程施工顺序与砖混结构屋面工程施工顺序相同。

4）装饰工程施工顺序。装饰工程施工分为室内装饰工程和室外装饰工程。室内装饰工程既可待主体和围护工程全部结束后开始，也可以与围护工程搭接施工。室外装饰应待主体围护工程结束后，自上而下逐层进行。装饰工程施工顺序与砖混结构房屋施工顺序基本相同。

12.2.2 施工方案的选定

施工方案主要是选择确定主要分部、分项工程的施工方法和施工机械等。其合理与否直接关系到工程的安全、质量、成本和工期。应结合工程的具体情况和施工工艺、工法等按照施工顺序进行描述，要遵循先进性、可行性和经济性兼顾的原则进行确定。

1. 选择施工方法的基本要求

首先，应着重考虑主导施工过程的要求。主导施工过程一般是指工程量大、工期长，在施工中占主要地位的施工过程；施工技术复杂或采用新技术、新工艺、新结构、新材料，对工程质量起关键作用的施工过程。在选择施工方法时，应着重考虑影响施工的几个主导施工过程，而对于工程量小，按常规施工和工人熟悉的施工过程，则可不必详细制订，只需提出注意的问题和要求即可，做到突出重点。

其次，应满足施工组织总设计要求。符合施工技术、提高工厂化和机械化程度的要求；做到方法先进、合理、可行、经济；达到工期、质量、成本和安全的要求。

2. 主导施工过程施工方法选择的内容

(1) 土石方工程。

1) 计算土石方工程量，进行土石方调配，绘制土石方调配图。

2) 确定土方边坡坡度或土壁支撑形式。

3) 确定土方开挖方法或爆破方法，选择挖土机械或爆破机具、材料。

4) 选择排除地表水、降低地下水水位的方法，确定排水沟、集水井的位置和构造，确定井点降水的高程布置和平面布置，选择所需水泵及其他设备的型号及数量。

(2) 基础工程。

1) 确定地基处理方法及技术要点。

2) 确定地下室防水要点。如防水卷材铺贴方法；防水混凝土施工缝留置及做法。

3) 确定预制桩打入方法及设备选择或灌注桩成孔方法及设备选择。

(3) 砌筑工程。

1) 选择砖墙的组砌方法及质量要求。

2) 弹线及皮数杆的控制要求。

(4) 钢筋混凝土工程。

1) 选择模板类型及支模方法，对于特殊构件模板应进行模板设计及绘制模板排列图。

2) 选择钢筋加工、绑扎、焊接方法。

3) 选择混凝土搅拌、运输、浇筑、振捣、养护方法，确定所需设备类型及数量，确定施工缝留设位置及施工缝处理方法。

4) 选择预应力混凝土施工方法和所需设备类型及数量。

(5) 结构安装工程。

1) 选择吊装机械种类、型号及数量。

2) 确定构件预制及堆放要求，确定结构吊装方法及起重机开行路线，绘制构件平面布置及起重机开行路线图。

(6) 屋面工程。确定各个构造层次，施工操作要求及各种材料的使用要求。

(7) 装饰工程。

1) 确定各种装修操作要求及方法。

2) 确定工艺流程和施工组织，尽可能组织结构与装修工程穿插施工，室内、外装修交叉施工，以缩短工期。

(8) 现场垂直、水平运输及脚手架搭设。

1) 选择垂直、水平运输方式，验算起重参数，确定起重机位置或开行路线。

2) 确定脚手架搭设方法及安全网挂设方法。

3. 施工方案的技术经济评价

任何一个分部分项工程，都有若干个可行的施工方案，需要通过技术经济评价找出工期短、质量高、安全可靠、成本低、资源配置合理的较优方案。有定性分析评价和定量分析评价两种方法。

(1) 定性分析评价。定性分析评价是指根据施工经验对施工方案的优劣进行分析评价。例如，施工操作难易程度和可靠性、安全性；技术上是否可行；质量的可靠性；工期是否适当；机械获得的可能性；成本是否合算；流水施工组织是否适当；能否为后续施工过程创造条件等。

(2) 定量分析评价。定量分析评价是指通过计算各方案的工期指标、劳动量指标、质量指标、成本指标等，对各个方案进行分析对比，从中优选的方法。

12.3 单位工程施工进度计划与 BIM 进度管理

单位工程施工进度计划是在确定施工方案的基础上，根据计划工期和各种资源供应条件，按照工程施工顺序，用图表形式（横道图或网络图）表示各分部、分项工程搭接关系及工程开、竣工时间的计划安排。

12.3.1 单位工程施工进度计划概述

1. 单位工程施工进度计划的作用

单位工程施工进度计划是单位工程施工组织设计的重要内容，它的主要作用如下：

(1) 控制各分部分项工程的施工进度，保证在规定工期内完成工程任务。

(2) 确定各分部分项工程施工顺序、施工持续时间及相互衔接、配合关系。

(3) 为编制季度、月度生产作业计划提供依据。

(4) 为制订各项资源需要量计划和编制施工准备工作计划提供依据。

(5) 具体指导现场的施工安排。

2. 单位工程施工进度计划的分类

单位工程施工进度计划根据施工项目划分的粗细程度，可分为以下几类：

(1) 控制性施工进度计划。它以分部工程来划分施工项目，控制各分部工程的施工时间及其相互搭接配合关系。它主要适用于工程结构较复杂、规模较大、工期较长，而需跨年度施工的工程，以及工程具体细节不确定的情况。

(2) 指导性施工进度计划。它按分项工程或施工过程来划分施工项目，具体确定各分项工程或施工过程的施工时间及其相互搭接配合关系。它适用于施工任务具体而明确、施工条件基本落实、各种资源供应正常、施工工期不太长的工程。

3. 单位工程施工进度计划的编制依据

(1) 施工组织总设计对本工程的要求。

(2) 有关设计文件，如施工图、地形图、工程地质勘查报告等。

(3) 施工工期及开、竣工日期。

(4) 施工方案及施工方法，包括施工程序、施工段划分、施工流程、施工顺序、施工方法等。

(5) 劳动定额、机械台班定额等。

(6) 施工条件。如劳动力、施工机械、材料、构件等供应情况。

4. 单位工程施工进度计划的编制程序

单位工程施工进度计划的编制程序如图 12-7 所示。

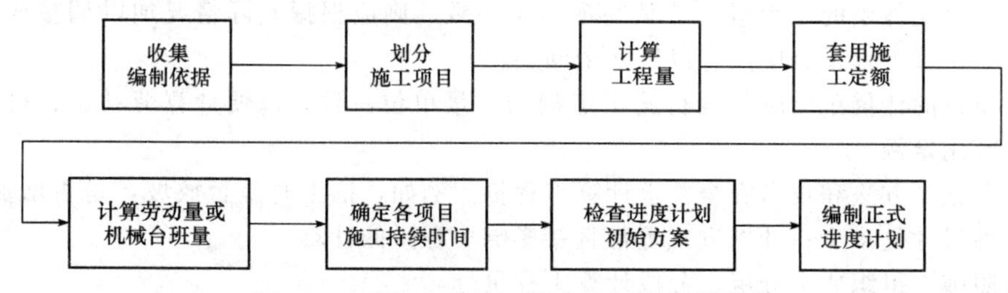

图 12-7　单位工程施工进度计划的编制程序

12.3.2　单位工程施工进度计划编制步骤及方法

1. 划分施工项目

施工项目是具有一定工作内容的施工过程，是施工进度计划的基本组成单位。划分施工项目是编制施工进度计划的关键工作，所划分出的施工项目，既要涵盖编制对象的主要工作内容，又要突出重点；施工项目数量应合适，太多则进度计划过于烦杂，太少则不能起到进度计划应有的作用。施工项目划分的一般要求和方法如下：

(1) 明确施工项目划分的内容。根据施工图纸、施工方案和施工方法，确定拟建工程可划分出的分部分项工程，以及各分部分项工程包括的具体施工内容。

(2) 掌握施工项目划分的粗细程度。对于控制性施工进度计划，其施工项目划分可以粗略，一般按分部工程来划分。对于指导性施工进度计划，其施工项目划分可细一些，一般按分项工程或施工过程来划分，特别是主导施工过程均应详细列出。

(3) 应考虑施工方案。同一工作内容，施工方案不同，则项目划分也不同。

(4) 应考虑流水施工的要求。为使流水施工顺利进行，组织流水施工时，施工过程数应不大于施工段数，以免出现窝工现象。这就需要划分施工过程数与施工段数相协调。

(5) 区分直接施工与间接施工。直接施工是指施工内容发生在现场内的施工过程，间接施工是指施工内容发生在现场外的施工过程。划分施工项目时，只需列入直接施工内容。至于间接施工，则应列入其他施工组织设计中，如场外预制构件制作过程属间接施工，应列入加工厂的施工组织设计中，而预制构件安装属直接施工，应列入施工现场的施工组织设计。

(6) 应合理合并施工项目。一个单位工程的施工内容纷繁复杂，为了使设计简明清晰、重点突出，不可能将所有施工内容都列入计划中。如对工程量较小的同一构件的几个施工过程应合为一项（如砌体结构中，地圈梁的绑扎钢筋、支模、浇筑混凝土、拆模可合并为“地圈梁施工”一项）；对同一工种同时或连续施工的几个施工过程可合并为一项（如砌内墙、砌外墙可合并为“砌内外墙”）；对工程量很小的可合并到邻近施工过程中（如木踢脚安装可合并到木地板安装中）。

综上所述，划分施工项目是一项灵活性很大的工作，应该综合考虑，既要全面，又要重点突出。同时，还应该考虑建筑的施工特点，如现浇钢筋混凝土工程一项，可分为绑扎柱钢筋、安装模板、绑扎梁板钢筋、浇筑混凝土、养护、拆模等项目；对于砖混结构，则可仅列为钢筋混凝土工程一项。抹灰工程列项，室外抹灰一般只列一项，室内抹灰则可列为地面抹灰、顶棚及墙面抹灰、楼梯踏步抹灰等。

2. 计算工程量

计算工程量应根据施工图纸、工程量计算规则及相应的施工方法进行计算。如有预算文件，可直接利用预算文件中的工程量。若某些项目不一致，则应根据实际情况加以调整或补充，甚至重新计算。计算工程量时应注意以下几个问题：

（1）各项目的计量单位应与现行施工定额的计量单位一致，以便计算劳动量、材料、机械台班时直接套用定额。

（2）结合施工方法和技术安全要求计算工程量。例如，挖土时是否放坡，是否增加工作面，坡度和工作面尺寸是多少；开挖方式等都直接影响工程量的计算。

（3）按照施工组织要求分层、分段计算工程量。

3. 计算劳动量和机械台班量

施工定额是指当地实际采用的劳动定额及机械台班定额，它一般有时间定额和产量定额两种形式。时间定额是指某种专业、某种技术等级工人小组或个人在合理的技术组织条件下，完成单位合格产品所必需的工作时间，一般用符号 H_i 表示，其单位有工日/m^3、工日/m^2、工日/m、工日/t等。产量定额是指在合理的技术组织条件下，某种专业、某种技术等级工人小组或个人在单位时间内所应完成的合格产品数量，一般用符号 S_i 表示，其单位有 m^3/工日、m^2/工日、m/工日、t/工日等。时间定额和产量定额是互为倒数的关系，即

$$H_i=\frac{1}{S_i}\text{或}S_i=\frac{1}{H_i} \tag{12-1}$$

计算出各施工过程的工程量，并查找、确定该项目定额后，可按式（12-2）计算出其劳动量或机械台班量

$$P_i=\frac{Q_i}{S_i}=Q_i\times H_i \tag{12-2}$$

式中 P_i——某施工项目的劳动量（工日）或机械台班量（台班）；

Q_i——该施工项目的工程量（m^3、m^2、m、t等）；

S_i——该施工项目采用的产量定额（m^3/工日、m^2/工日、m/工日、t/工日等）；

H_i——该施工项目采用的时间定额（工日/m^3、工日/m^2、工日/m、工日/t等）。

采用施工定额时应注意以下问题：应参照国家或本地区的劳动定额及机械台班定额，并结合本单位的实际情况（如工人技术等级构成、技术装备水平、施工现场条件等），确定应采用的施工定额水平。

合并施工过程有如下两种处理方法：将合并项中的各项分别计算劳动量（或机械台班量）后汇总，将总量列入进度表中；合并项中的各项为同一工种施工（或同一性质的项目）时，可采用各项的平均定额作为合并项的定额。

4. 确定各施工项目工作持续时间

施工项目工作持续时间的计算方法一般有定额计算法、倒排计划法和经验估计法三种。

（1）定额计算法。当未规定工期或工期要求比较宽松时，可采取这种方法。当施工项目所需劳动量和机械台班量确定后，可按式（12-3）计算其施工持续时间：

$$T_i=\frac{P_i}{R_i\times b} \tag{12-3}$$

式中　T_i——某个施工过程的持续时间（d）；

P_i——该施工项目的劳动量（工日）或机械台班量（台班）；

R_i——该施工项目的施工班组人数（人）或机械台数（台）；

b——每天采用的工作班制（1～3 班制）。

1）施工班组人数 R_i 的确定。在确定施工班组人数时，应考虑最小劳动组合人数和最小工作面的要求。最少劳动组合，即某一施工过程进行正常施工所必需的最低限度的班组人数及其合理组合。最小劳动组合确定了施工班组人数的最小值。最少工作面，即施工班组为了保证安全生产和高效的操作所必需的工作面。最小工作面确定了施工班组人数的最大值。

按照上述要求，施工班组人数应介于上述最小值和最大值之间，并应考虑由施工企业班组的建制人数来确定。

2）机械台数的确定。机械台数的确定与施工班组人数的确定相似，也应该考虑由各种机械的配套、施工最小工作面等来确定。

3）工作班制 b 的确定。一般情况下，当工期不紧，劳动力和机械周转使用不紧迫、施工工艺上无连续施工要求时，可采用 1 班制施工；当组织流水施工时，为了给第二天连续工作创造条件，某些工作可考虑在夜间进行，即采用 2 班制施工；当工期较紧或为了提高施工机械的使用率及加快机械的周转使用，或工艺上要求连续施工时，某些施工项目可考虑 3 班制工作。

（2）倒排计划法。当总工期已确定且比较紧张时，可考虑采用这种方法。先根据总工期的要求，确定各分部工程的施工持续时间，再确定各分项工程或施工过程的施工持续时间和工作班制，最后确定施工班组人数或机械台数。其计算公式见式（12-4）。

$$R_i=\frac{P_i}{T_i\times b} \tag{12-4}$$

式中符号意义同前。

（3）经验估计法。对于采用新工艺、新技术、新结构、新材料等无定额可循的工程，可采用经验估计法。为了提高其准确程度，可采用“三时估计法”，即先估计出完成该施工项目最乐观时间（A）、最悲观时间（B）和最可能时间（C）三种施工时间，然后按加权平均的方法确定该施工项目的工作持续时间。其计算公式见式（12-5）。

$$t=\frac{A+B+4C}{6} \tag{12-5}$$

5. 编制施工进度计划的初始方案

编制施工进度计划时，应充分考虑各分部分项工程的合理施工顺序，尽可能组织流水施工，力求主要工种的施工班组连续施工，其编制步骤如下：

（1）组织主要分部工程的流水施工。首先安排主导施工过程的施工进度，使其尽可能连续施工，以缩短施工时间。然后安排其他施工过程，尽可能与主导施工过程配合、穿插、搭接。

（2）组织其他分部工程的施工进度，使其与主要分部工程穿插、搭接施工。

（3）按照工艺和组织的合理性，将各分部工程的流水作业图按照尽量配合、穿插、搭接的原则连接起来，便得到单位施工进度计划的初始方案。

6. 初始施工方案进度计划的检查与调整

初始施工方案进度计划的检查与调整的目的是使初始的进度计划满足规定的目标，并更加合理。

（1）初始进度计划的检查。一般从以下几个方面进行检查：

1）各施工过程的施工顺序是否正确；流水施工的组织方法是否正确；技术间歇是否合理。

2）初始方案的总工期是否满足合同工期。

3）主要施工过程是否连续施工；各施工过程之间的相互配合、搭接是否正确。

4）劳动力消耗是否均衡，应力求每天出勤的工人人数不发生过大变动。劳动力消耗的均衡性可用劳动力不均衡系数 K（K＝日最大人数/日平均人数）判别。正常情况 K 不应大于 2，最好控制在 1.5 以内。

5）物资方面，应检查主要机械、设备、材料等的利用是否均衡，施工机械是否充分利用。

（2）初始进度计划的调整。初始方案经过检查，对不符合要求的部分应进行调整。调整方法一般有增加或缩短某些施工过程的施工持续时间；在符合工艺关系的条件下，调整某些施工过程的起止时间；改变施工方法等。

建筑施工是一个复杂的生产过程，受到人、材料、机械、施工方法、周围环境的影响，使施工进度计划不能正常实施，也就是说，计划是相对的，而变化是绝对的。因而，在工程进展中应经常检查进度计划是否按要求执行，并在满足工期要求的情况下，不断调整、优化。

12.3.3 BIM 进度管理

1. BIM 进度管理的优势

（1）信息量丰富。传统的进度管理模式中，因信息量的匮乏导致不能形成数据报表进行量化分析，基本都是依靠管理人员的个人经验来管理。而 BIM 的导入可以大幅改善此种局面，通过 BIM 的参数化特性，可以把模型中建筑构件的材质、尺寸、价格、数量等信息纳入模型中，让模型不仅可以看，还可以用。

（2）可视化。运用 BIM 技术建立的项目模型与传统模型的最大区别就在于对建筑内部的表现力及描述的详细度。二维模式下的进度管理主要是依靠图样与表格的方式，而基于 BIM 技术则能够建立高度仿真的项目三维模型，项目参与各方可通过任何视角对建筑物内部及细部进行核查，大到建筑物整体外观，小到某个构件的颜色、尺寸、材料属性都可以逐一观察与评估。这样不仅可以提高项目的设计品质，还可以减少施工图因设计失误所造成的返工及误工等。

（3）便于协同。项目施行过程中，BIM 可以贯穿项目始终，也可以协同建筑各个专业，通过建立统一的协同工作平台可以把模型导入平台之中，让项目参与各方对项目整体及本专业和本阶段应该做什么、做成什么样子有一定的理解。然后通过 BIM 软件进行碰撞检查，进而提高设计品质，减少错误发生，指导施工，减少返工，从而大幅剔除影响施工进度的因素。

2. BIM 在进度管理中的应用

目前常用的进度管理类软件主要有 Navisworks、Virtual Construction、Microsoft Project、广联达等。以广联达 BIM 5D 系统为例进行进度管理介绍。

（1）BIM 应用流程。模型创建：广联达 BIM 5D 系统模型为满足后期进度、合同、图纸、成本、运维等应用，必须严格按照建模规则进行模型创建，同时需要进行清单与模型的关联工作，从而保证后期应用；进度计划编制：广联达 BIM 5D 系统进度计划管理包括计划进度和实际进度两个维度，计划进度数据通过导入 Microsoft Project 计划文件或导入使用斑马进度软件编制的进度计划文件获得。当计划进度出现修改调整时，可以直接在 Microsoft Project 计划文件中进行修改，修改后再次导入广联达 BIM 5D 系统中，软件会对两次导入的计划文件进行匹配处理。实际进度需要在广联达 BIM 5D 系统中根据现场工作的实际开始时间和实际完成时间进行实时录入。

（2）基于广联达 BIM 5D 系统的进度管理关键步骤。划分流水段：按照流水段分区的原则创建流水段；导入进度计划：将编制好的 Microsoft Project 进度文件或斑马进度文件导入广联达 BIM 5D 系统中；将 BIM 模型与进度信息进行关联，从而能够获取项目各部位的进度信息，包括计划时间、实际完成时间、施工日报表、现场进度照片等；将构件、进度、成本关联后，即可通过模型获取准确的进度范围、位置、工程量等信息，帮助用户准确估算所需的人工、材料、机械资源及工期，并清晰界定各分包单位之间的工作界面；进度管理：根据现场工作的实时录入实际开始时间和实际完成时间，可在广联达 BIM 5D 系统中对工程计划的实施效果情况进行实时查看，并采取相应措施进行有效管控。

12.4 施工准备及各项资源需用量计划

施工准备工作及各项资源需用量计划是施工组织设计的组成部分，是施工单位安排施工准备工作及资源供应的主要依据。它应依据施工进度计划进行编制。

12.4.1 施工准备工作计划

施工准备工作计划主要是反映开工前、施工中必须做的有关准备工作，内容一般包括技术准备、现场准备、资源准备及其他准备，其计划表格见表 12-1。

表 12-1　施工准备工作计划表

序号	准备工作项目	简要内容	负责单位	负责人	起止日期		备注
					开始	结束	

12.4.2 各项资源需用量计划

1. 劳动力需用量计划

劳动力需用量计划编制方法是将施工进度计划表上每天施工项目所需工人按工种分别统计，得出每天所需工种及人数，再按时间进度要求汇总。其计划表格见表 12-2。

表 12-2　劳动力需用量计划表

序号	工种名称	总需用量/工日	需要工人人数及时间												
			×月			×月			×月			×月			…
			上旬	中旬	下旬	上旬	中旬	下旬	上旬	中旬	下旬	上旬	中旬	下旬	…

2. 施工机具需用量计划

施工机具需用量计划编制方法与劳动力需用量计划类似。其计划表格见表 12-3。

表 12-3　施工机具需用量计划表

序号	机具、设备名称	类型、型号	需用量		货源	进场日期	使用起止时间	备注
			单位	数量				

3. 预制构件需用量计划

预制构件需用量计划一般按构件不同种类分别编制。列出构件的名称、规格、数量、使用时间等。其计划表格见表 12-4。

表 12-4　预制构件需用量计划表

序号	品名	规格	图号、型号	需用量		使用部位	加工单位	供应日期	备注
				单位	数量				

4. 主要材料需用量计划

主要材料需用量计划编制时列出主要材料的名称、规格、数量、使用时间等。其计划表格见表 12-5。

表 12-5　主要材料需用量计划表

序号	材料名称	规格	需用量		供应时间	备注
			单位	数量		

12.5　基于 BIM 的单位工程施工平面图设计

单位工程施工平面图是对拟建工程施工现场所做的平面规划和布置，是施工组织计划的重要内容，是现场文明施工的基本保证。

12.5.1　单位工程施工平面图设计概述

1. 单位工程施工平面图设计内容

(1) 已建和拟建的地上和地下的一切建筑物、构筑物及其他设施（道路和管线）的位置和尺寸。

(2) 生产临时设施：主要包括垂直运输机械的位置，搅拌站、加工棚、仓库、材料构件堆场，运输道路，水电线路，安全防火设施的位置和尺寸。

(3) 生活临时设施：主要包括行政管理、文化、生活、福利用房的位置和尺寸。

2. 单位工程施工平面图设计依据

单位工程施工平面图设计依据是建筑总平面图、施工图纸、现场地形图，水源和电源情况，施工场地情况，可利用的房屋及设施情况，自然条件和技术经济条件的调查资料，施工组织总设计，本工程的施工方案和施工进度计划、各种资源需要量计划等。

3. 单位工程施工平面图设计原则

(1) 在保证顺利施工的前提下，现场要布置紧凑、占地省，不占或少占公用场地。

(2) 合理布置现场的运输道路及加工厂、搅拌站、材料堆场或仓库位置，尽量做到短运距、少搬运，尽量避免二次搬运。

(3) 尽量减少临时设施的搭设，降低临时设施费用。

(4) 临时设施布置，尽量便利生产和生活，使工人至施工区距离最近，往返时间最少。

(5) 应符合劳动保护、安全生产、消防、环保、市容等要求。

4. 单位工程施工平面图的设计步骤

单位工程施工平面图的设计步骤：确定垂直运输机械位置→确定搅拌站、加工棚、仓库、材料及构件堆场尺寸和位置→布置运输道路→布置生活用房→布置临时水电管线→布置安全消防设施。

12.5.2　单位工程施工平面图设计

1. 布置垂直运输机械位置

垂直运输机械位置是施工平面图布置的中心环节，直接影响其他生产设施布置。不同起重机械位置布置方法如下：

(1) 塔式起重机的布置。塔式起重机一般应布置在场地较宽的一侧，且行走式塔式起重机的轨道应平行于建筑物的长度方向，以利于堆放构件和布置道路，充分利用塔式起重机的有效服务范围。附着式塔式起重机还应考虑附着点的位置。此外，还要考虑塔式起重机基础的形式和设置要求，保证其安全性及稳定性等。

塔式起重机距离建筑物的尺寸，取决于最小回转半径和凸出建筑物墙面的雨篷、阳台、挑檐尺寸及外脚手架的宽度。对于轨道行走式塔式起重机，应保证塔式起重机行驶时与凸出物有不少于 0.5 m 的安全距离；对于附着式塔式起重机还应符合附着臂杆长度的要求。

塔式起重机布置后，要绘出其服务范围。原则上建筑物的平面均应在塔式起重机服务范围以内，尽量避免出现“死角”。

塔式起重机的布置位置不仅要满足使用要求，还要考虑安装和拆除的方便。

(2) 固定式垂直运输设备。布置井架、门架或施工电梯等垂直运输设备，应根据机械性能、建筑平面的形状和尺寸、流水段划分情况、材料来向和运输道路情况而定。其目的是充分发挥机械的能力并使地面及楼面上的水平运距最小或运输方便。垂直运输设备应布置在阳台或窗洞口处，以减少施工留槎、留洞和拆除垂直运输设备后的修补工作。

垂直运输设备离开建筑物外墙的距离，应视屋面檐口挑出尺寸及外脚手架的搭设宽度而定，不得使脚手架中断。当与塔式起重机同时使用时，应避开塔式起重机布置，以免设备本身及其缆风绳影响塔式起重机作业。

(3) 混凝土输送泵及管道，在混凝土结构施工的垂直运输中，混凝土运量占 75% 以上，输送泵的布置至关重要。

混凝土输送泵应设置在供料方便、配管短、水电供应方便处。当采用搅拌运输车供料时，混凝土输送泵宜布置在路边，其周围最好能停放两辆搅拌车，以保证供料方便和连续；当采用现场搅拌供应方式时，混凝土输送泵应靠近搅拌机，以便直接供料（需下沉输送泵或提高搅拌机）。

泵位直接影响配管长度、输送阻力和效率。布置时应尽量减少管道长度，少用弯管和软管。垂直向上的运输高度较大时，应使地面水平管的长度不小于垂直管长度的1/4，且不小于15 m，否则应在距离泵3～5 m处设截止阀，以防止停泵时反流。倾斜向下输送时，地面水平管应转90°弯，并在斜管上端设排气阀；高差大于20 m时，斜管下端应有不少于5倍高差的水平管，或设弯管、环形管，以防止停泵时混凝土坠流而使泵管进气。

2. 搅拌站、加工棚、仓库及材料堆场的布置

布置总体要求是既要尽量靠近垂直运输机械，或布置在起重机服务范围内，又要便于运输、装卸。具体要求如下：

（1）搅拌站的布置。

1）砂浆搅拌。当采用固定式垂直运输机械时，干混砂浆搅拌站应尽可能布置在垂直运输机械附近，以减少砂浆的水平运距。当采用塔式起重机时，干混砂浆搅拌站应设在其服务范围之内。

2）采用商品混凝土，混凝土泵位置设置合理，使混凝土搅拌运输车便于接近。

（2）加工棚的布置。木材、钢筋、水电等加工棚宜放置在建筑物四周稍远处，应便于原材料及成品的运输，并有相应的材料及成品堆场。

（3）仓库及材料堆场的布置。

1）仓库的布置。水泥库应靠近搅拌机械。各种易燃、易爆品仓库布置应符合防火、防爆安全距离要求。木材、钢筋及水电器材等仓库，应与加工棚结合布置，以便就近取材加工。

2）构件配件及材料堆场的布置。构件配件及材料堆场应靠近固定式垂直运输机械或置于塔式起重机的服务范围内。各种钢、木门窗及钢、木构件，不宜露天堆放，可以放在已建成的主体结构底层室内或另外搭棚存放。模板、脚手架等周转材料应存放在便于装卸及垂直运输的地点。砂石应尽可能布置在搅拌机械附近，以便装卸。

3. 运输道路的布置

现场主要道路应尽可能利用已有道路，或先建好永久性道路的路基（待施工结束时再铺路面），不具备以上条件时应铺设临时道路。

现场道路应按材料、构件运输的需要，沿仓库和堆场进行布置。为使其畅行无阻，宜采用环形或U形布置，否则应在尽端处留有车辆回转场地。路面宽度：单车道应为3～4 m，双车道不小于5.5 m；消防车道净宽和净空高度均不小于4 m。道路的转弯半径：一般单车道不少于9 m，双车道不少于7 m。路基应经过设计，路面要高出施工场地100～150 mm，雨期还应起拱。道路两侧设排水沟。

4. 生活用临时设施的布置

生活用临时设施的布置应考虑使用方便，不得妨碍施工，符合安全、防火要求，应尽量利用已有设施或已建工程。通常，办公室应靠近施工现场，宜设在工地出入口处；工人休息室应设在工人作业区；宿舍应布置在安全的上风口；门卫室宜布置在工地入口；开水房、食堂与浴室、厕所应隔离设置。

5. 临时水电管网及设施的布置

（1）供水设施。临时供水要经过计算、设计，然后进行布置。单位工程的供水干管直径不应小于100 mm，支管直径为40 mm或25 mm。管线布置应使其长度最短，常采用枝状或环状布置。消防水管和生产、生活用水管可合并设置。管线宜暗埋，在使用点引出，并设置水龙头及阀门。管线宜沿路边布置，且不得妨碍在建或拟建工程施工。

消防用水一般利用城市或建设单位的永久性消防设施。如自行安排，应符合以下要求：消防水管直径不得小于100 mm，管线宜布置成环状；消火栓间距不应大于120 m，应沿拟建工程、临时用房、可燃材料堆场及加工场均匀布置，并距离其边缘不少于 5 m。应便于寻找且周围无障碍物。

高层建筑施工需设有效容积不少于 10 m^3 的蓄水池、不少于两台高压水泵，以及施工输水立管和不少于 2 根直径 100 mm 以上的消防竖管。每个楼层均应设临时消防接口、消防水枪、水带及软管，消防接口的间距不应大于 30 m。

(2) 排水设施。为了便于排除地面水和地下水，要及时修通永久性下水道，并结合现场地形和排水需要，设置明或暗排水沟。

(3) 供电设施。临时用电包括施工用电（如电动机、电焊机、电热器等）和照明用电。变压器或变配电室应布置在现场边缘高压线接入处。配电线路宜布置在围墙边或距路边 1 m 以外，架空设置时电杆间距不宜大于 40 m；架空高度不小于 4 m（橡皮电缆不小于 2.5 m），跨车道处不小于 6 m；距离建筑物或脚手架不小于 7 m，距离塔式起重机所吊物体的边缘不得小于 2 m。不能满足上述距离要求或在塔式起重机控制范围内时，宜埋设电缆，深度不小于 0.7 m，电缆上下左右均敷设不少于 100 mm 厚的软土或砂土，并覆盖砖、石等硬质保护层后再覆土，穿越道路或引出处应加设防护套管。

配电系统应设置配电柜或总配电箱、分配电箱、末级配电箱，实行三级配电。总配电箱下可设若干个分配电箱（分配电箱可设置多级）；分配电箱应设在用电设备或负荷相对集中的区域；末级配电箱距分配电箱不应超过 30 m。对消防泵、施工升降机、塔式起重机、混凝土泵等大型设备应设专用配电箱。固定式配电箱的中心距地面宜为 1.4～1.6 m，上部应设置防护棚，周围设保护围栏。

6. 需注意的问题

土木工程施工是一个复杂多变的生产过程，随着工程的进展，各种机械、材料、构件等陆续进场又逐渐消耗、变动。因此，施工平面图应分阶段进行设计，但各阶段的布置应彼此兼顾。施工道路、水电管线及各种临时房屋不要轻易变动，也不应影响室外工程、地下管线及后续工程的进行。施工现场还需设置“五牌一图”，即工程概况牌、管理人员名单及监督电话牌、消防保卫牌、安全生产牌、文明施工牌和施工现场总平面图。

12.5.3 BIM 场地布置

BIM 场地布置具有以下特点：实现真实场景：场地模型精确且逼真，可以 360°三维展示，接近真实的场景，这是任何二维图纸都无法体现出来的；进行可视化交底：通过三维进度模拟及场地布置元素的统筹调配，提高施工交底的有效性及直观性；实现成本统筹：通过统计场部模型中的场部元素，自动计算工程量，提供临建成本和结算依据。

BIM 场地布置在投标阶段可实现：进行可视化投标展示，展现精确逼真的模型构件；支持路线漫游与施工模拟述标；为商务标提供临建工程量；可视化投标展示，为投标“加分”。

BIM 场地布置在施工阶段可实现：进行施工进度交底；进行现场资源调配交底；面向社会进行项目观摩；施工进度展示及物料调配交底。

12.6 施工管理计划与技术经济指标

12.6.1 施工管理计划的制订

施工管理计划包括进度管理计划、质量管理计划、安全管理计划、环境管理计划、成本管理计划及其他管理计划等内容。在编制施工组织设计时，各项管理计划可单独成章，也可穿插在相应章节中。各项管理计划的制订应根据项目的特点有所侧重。编制时，必须符合国家和地方政府部门有关要求，正确处理成本、进度、质量、安全和环境等之间的关系。

1. 进度管理计划

进度管理计划应按照项目施工的技术规律和合理的施工顺序，保证各工序在时间上和空间上顺利衔接，其主要内容如下：

(1) 对施工进度计划进行逐级分解，通过阶段性目标的实现保证最终工期目标。

(2) 建立施工进度管理的组织机构并明确职责，制订相应管理制度。

(3) 针对不同施工阶段的特点，制订进度管理的相应措施，包括施工组织措施、技术措施和合同措施等。

(4) 建立施工进度动态管理机制，及时纠正施工过程中的进度偏差，并制订特殊情况下的赶工措施。

(5) 根据项目周边环境特点，制订相应的协调措施，减少外部因素对施工进度的影响。

2. 质量管理计划

质量管理计划应按照《质量管理体系 要求》(GB/T 19001—2016)，在施工单位质量管理体系的框架内编制，主要内容如下：

(1) 按照工程项目要求，确定质量目标并进行目标分解。

(2) 建立项目质量管理的组织机构并明确职责。

(3) 制订符合项目特点的技术和资源保障措施、防控措施（如原材料、构配件、机具的要求和检验、主要的施工工艺、主要的质量标准和检验方法，夏期、冬期和雨期施工的技术措施，关键过程、特殊过程、重点工序的质量保证措施，成品、半成品的保护措施，工作场所环境以及劳动力和资金保障措施等)。

(4) 建立质量过程检查制度，并对质量事故的处理作出相应规定。

3. 安全管理计划

建筑施工安全事故（危害）通常分为七大类：高处坠落、机械伤害、物体打击、坍塌倒塌、火灾爆炸、触电、窒息中毒。安全管理计划应针对项目具体情况，建立安全管理组织，制订相应的管理目标、管理制度、管理控制措施和应急预案等。安全管理计划可参照《职业健康安全管理体系　要求及使用指南》(GB/T 45001—2020)，在施工单位安全管理体系的框架内编制。其主要内容如下：

(1) 确定项目重要危险源，制订项目职业健康安全管理目标。

(2) 建立有管理层次的项目安全管理组织机构并明确职责。

(3) 根据项目特点，进行职业健康安全方面的资源配置。

(4) 建立具有针对性的安全生产管理制度和职工安全教育培训制度。

(5) 针对项目重要危险源，制订相应的安全技术措施；对达到一定规模的危险性较大的分部（分项）工程和特殊工种的作业，应制订专项安全技术措施的编制计划。

(6) 根据季节、气候的变化，制订相应的季节性安全施工措施。

(7) 建立现场安全检查制度，并对安全事故的处理作出相应规定。

4. 环境管理计划

施工中常见的环境因素包括大气污染、垃圾污染、施工机械的噪声和振动、光污染、放射性污染、生产及生活污水排放等。环境管理计划可参照《环境管理体系　要求及使用指南》(GB/T 24001—2016)，在施工单位环境管理体系的框架内编制，其主要内容如下：

（1）确定项目重要环境因素，制订项目环境管理目标。
（2）建立项目环境管理的组织机构并明确职责。
（3）根据项目特点，进行环境保护方面的资源配置。
（4）制订现场环境保护的控制措施。
（5）建立现场环境检查制度，并对环境事故的处理作出相应规定。

5. 成本管理计划

成本管理计划应以项目施工预算和施工进度计划为依据进行编制，其主要内容如下：
（1）根据项目施工预算，制订项目施工成本目标。
（2）根据施工进度计划，对项目施工成本目标进行阶段分解。
（3）建立施工成本管理的组织机构并明确职责，制定相应管理制度。
（4）采取合理的技术、组织和合同等措施，控制施工成本。
（5）确定科学的成本分析方法，制订必要的纠偏措施和风险控制措施。

6. 其他管理计划

其他管理计划包括绿色施工管理计划、防火保安管理计划、合同管理计划、组织协调管理计划、创优质工程管理计划、质量保修管理计划，以及对施工现场人力资源、施工机具、材料设备等生产要素的管理计划等。

其他管理计划可根据项目的特点和复杂程度加以取舍。各项管理计划的内容应有目标，有组织机构，有资源配置，有管理制度和技术、组织措施等。

12.6.2　技术经济指标

在单位工程施工组织设计的编制基本完成后，通过计算各项技术经济指标，作为对施工组织设计评价和决策的依据。其主要指标及计算方法如下：

（1）总工期。从破土动工至竣工的全部日历天数，它反映了施工组织能力与生产力水平，可与定额规定工期或同类工程工期相比较。

（2）单位面积用工。单位面积用工是指完成单位合格产品所消耗的主要工种、辅助工种及准备工作的全部用工。它反映了施工企业的生产效率及管理水平，也可反映出不同施工方案对劳动量的需求。

单位面积用工＝总用工数（工日）/建筑面积（m^2）

（3）质量优良品率。质量优良品率是施工组织设计中确定的重要控制目标。其主要通过保证质量措施实现，可分别对单位工程、分部分项工程进行确定。

（4）主要材料（如三大材）节约指标。主要材料节约指标为施工组织设计中确定的控制目标，靠材料节约措施实现。其包括主要材料节约量和主要材料节约率。

主要材料节约量＝预算用量－施工组织设计计划用量

主要材料节约率＝主要材料计划节约额/主要材料预算金额×100％

（5）大型机械耗用台班数及费用。该项反映机械化程度和机械利用率，通过以下两个公式计算。

单方耗用大型机械台班数＝耗用总台班（台班）/建筑面积（m^2）

单方大型机械费用＝计划大型机械台班费（元）/建筑面积（m^2）

（6）降低成本指标。降低成本指标包括降低成本额和降低成本率。

降低成本额＝预算成本－施工组织设计计划成本

降低成本率＝降低成本额/预算成本×100％

式中，预算成本是根据施工图按预算价格计算的成本，计划成本是按施工组织设计所确定的施工成本。降低成本率的高低可反映出不同施工组织设计所产生的不同经济效果。

12.7 绿色施工技术组织措施

随着国家对环境保护的重视，对施工现场环境与卫生要求不断提高，并提出了绿色施工的要求。因此，过去在安全文明施工中，所包含的环境保护和绿色施工技术组织措施，要求单独编制，并加以细化。制订时主要参照《建筑工程绿色施工规范》(GB/T 50905—2014)、《建筑与市政工程绿色施工评价标准》(GB/T 50640—2023)、《建设工程施工现场环境与卫生标准》(JGJ 146—2013)和《工程施工废弃物再生利用技术规范》(GB/T 50743—2012)等相关规范和当地的具体要求进行制订。绿色施工技术组织措施的主要制订内容包括以下两个方面。

12.7.1 施工现场环境与卫生技术组织措施

施工现场环境与卫生技术组织措施，应制订保护环境，创建整洁文明的施工现场，保障施工人员的身体健康和生命安全，改善建设工程施工现场的工作环境与生活条件的具体措施。

视频 12.1：检查扬尘网铺盖情况

环境保护措施主要解决现实的或潜在的环境问题，协调施工活动与环境的关系，保障经济社会的健康持续发展。环境卫生包括施工现场生产、生活环境的卫生，还包括食品卫生、饮水卫生、废污处理、卫生防疫等。根据规范和实际情况要求制订具体、可行、满足现场环境和卫生要求的措施、制度和实施方案。

12.7.2 绿色施工技术组织措施概述

在保证质量、安全等基本要求的前提下，通过科学管理和技术进步，最大限度地节约资源，减少对环境的负面影响，实现节能、节材、节水、节地和环境保护（“四节一环保”）的建筑施工目标。针对工程实际情况，依据《建筑与市政工程绿色施工评价标准》(GB/T 50640—2023)，按照各分部分项工程特点逐项制订。

思考题

1. 简述单位工程施工组织设计的内容。
2. 什么叫作单位工程施工程序？确定施工程序应遵守哪些原则？
3. 什么叫作单位工程的施工起点和流向？室内外装修各有哪些施工流向？
4. 确定施工顺序应遵守哪些基本原则？分别叙述砖混结构和现浇钢筋混凝土框架结构的施工顺序。
5. 单位工程施工进度计划的作用和编制依据是什么？
6. 怎样确定某个施工项目的劳动量和机械台班量？
7. 怎样确定某个施工项目的工作延续时间？确定班组人数时，需要考虑哪些因素？
8. 怎样检查和调整施工进度计划？
9. 单位工程施工平面图的设计内容、依据和原则是什么？
10. 试述起重机的布置要求。
11. 试述施工道路的布置要求。
12. 现场临时设施有哪些内容？临时供水、供电有哪些要求？

第 13 章 施工组织总设计

课程导学

了解施工组织总设计的作用、总进度计划及总平面图编制的内容与方法；熟悉施工组织总设计的内容、编制依据、程序和步骤，掌握临时用水、用电的计算方法。

施工组织总设计是以若干个单位工程组成的群体工程或特大型项目为编制对象，根据初步设计或扩大初步设计图及其他资料和现场施工条件而编制的。其对整个建设项目进行统筹规划和重点控制，是指导整个建设项目施工活动的全局性的技术经济文件。施工组织总设计由项目负责人主持编制，总承包单位技术负责人审批。

13.1 施工组织总设计概述

13.1.1 施工组织总设计的任务与作用

施工组织总设计的任务是对整个建设工程的施工过程和施工活动进行总的战略性部署，并对各单位工程的施工进行指导、协调及阶段性目标控制。其主要作用包括为组织全工地性施工业务提供科学方案；为做好施工准备工作、保证资源供应提供依据；为施工单位编制生产计划和单位工程施工组织设计提供依据；为建设单位编制工程建设计划提供依据；为确定设计方案的施工可行性和经济合理性提供依据。

13.1.2 施工组织总设计的编制程序

施工组织总设计的编制程序如图 13-1 所示。该编制程序是根据施工组织总设计中各项内容的内在联系而确定的。

（1）编制施工组织总设计时，首先要从全局出发，熟悉原始工程资料，对建设地区的自然条件、技术经济状况，以及工程特点、施工要求等进行系统的研究分析，找出影响施工的主要环节、薄弱环节，确定施工部署。

（2）根据施工部署和工程特点，对重要单位工程和主要工种工程的施工方案进行技术经济比较，确定合理的施工方案，并估算出相应的工程量。

（3）根据制订的施工方案，合理安排施工总进度计划和单位工程进度计划，以确保工程能分期分批地展开，按照工期要求均衡连续地进行施工，以便使建设项目分期投入生产或交付使用，提早充分发挥投资效益。

(4) 根据施工总进度计划，编制劳动力、材料、构件、成品、半成品、机械、运输工具等资源需要量计划。

(5) 根据资源需要量计划，编制运输、仓库和临时设施等的生产计划。

(6) 根据临时设施供应计划，编制施工准备工作计划和设计施工总平面图，在空间上对现场资源进行合理布置，有必要时根据进度编制不同时段的平面布置图。

(7) 计划编制完成后，计算施工组织设计的技术经济指标，报经主管部门审批后实施。

调查研究是编制施工组织总设计的准备工作，目的是获取足够的信息，为编制施工组织总设计提供依据。施工部署和施工方案是第一项重点内容，是编制施工进度计划和进行施工总平面图设计的依据。施工总进度计划是第二项重点内容，必须在编制了施工部署和施工方案之后进行，且只有编制了施工总进度计划，才具备编制其他计划的条件。施工总平面图是第三项重点内容，需依据施工方案和各种计划需求进行设计。

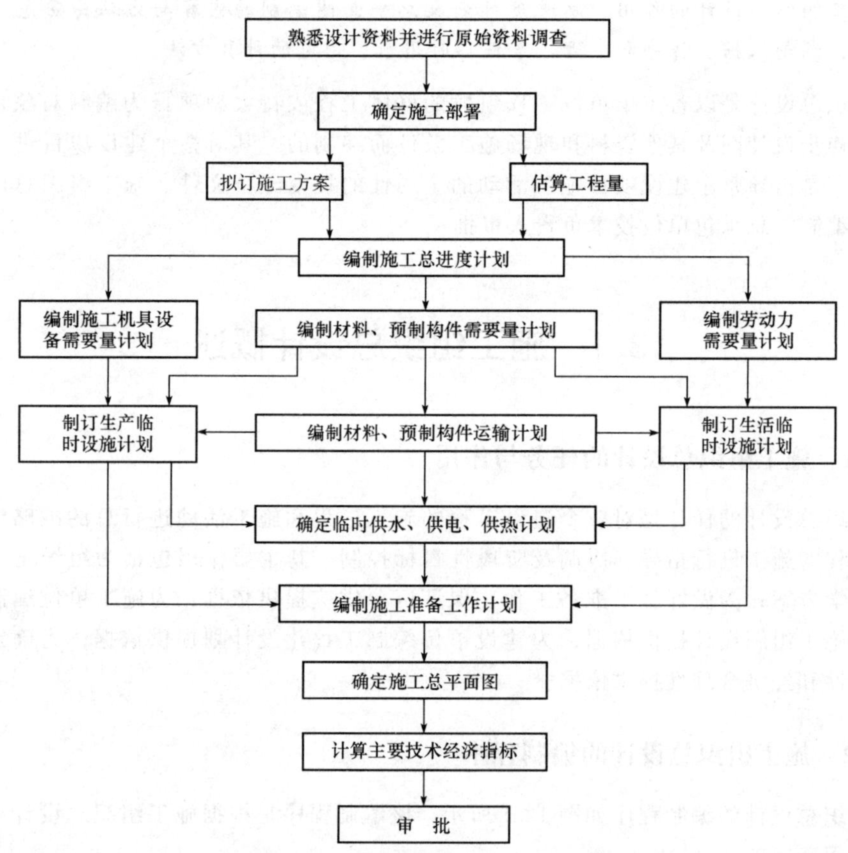

图 13-1　施工组织总设计的编制程序

13.1.3　施工组织总设计的内容

施工组织总设计一般包括如下内容：

(1) 编制依据。编制依据包括与工程建设有关的法律、法规和文件，设计文件及有关资料，施工组织纲要，现行法规、标准，工程勘察和技术经济资料，类似建设项目的施工组织总设计和有关总结资料。

(2) 工程概况。工程概况包括建设项目的特征、建设地区的特征、施工条件、其他有关项目建设的情况。

(3) 施工部署和施工方案。施工部署和施工方案包括施工任务的组织分工和安排、重要单位工程施工方案、主要工种工程的施工方法及“三通一平”规划。

(4) 施工准备工作计划。施工准备工作计划包括现场测量、土地征用、地下障碍物处理、地面附着物清除；根据设计目标研究有关技术组织措施，包括新结构、新材料、新技术、新设备的试制和试验工作；大型临时设施工程，施工用水、电、路及场地平整工作的安排；技术培训；物资和机具的准备等。

(5) 施工总进度计划。施工总进度计划用以控制总工期及各单位工程的工期和搭接关系。

(6) 各种需要量计划。各种需要量计划包括劳动力需要量计划，主要材料及加工品需用量、需用时间及运输计划，主要机具需用量计划，大型临时设施建设计划等。

(7) 施工总平面图。施工总平面图对建设空间（平面）的合理利用进行设计和布置。

(8) 技术经济指标分析。技术经济指标分析的目的是评价上述设计的技术经济效果，并作为承包单位内部考核的依据。

13.1.4　施工组织总设计的编制依据

为了保证施工组织总设计的编制工作顺利进行，且能在实施中切实发挥指导作用，编制时必须密切地结合工程实际情况。其主要编制依据如下。

(1) 与工程建设有关的法律、法规和文件。与工程建设有关的法律、法规和文件主要包括国家批准的基本建设计划、可行性研究报告、工程项目一览表、分期分批施工项目和投资计划；地区主管部门的批件、建设单位对施工的要求；施工单位上级主管部门下达的施工任务计划；工程施工合同或招标投标文件；工程材料和设备的订货指标；引进材料和设备供货合同等。

(2) 设计文件及有关资料。设计文件及有关资料主要包括建设项目的初步设计、扩大初步设计或技术设计的有关图样、设计说明书、建筑区域平面图、建筑总平面图、建筑竖向设计、总概算或修正概算等。

(3) 施工组织纲要。施工组织纲要（或称投标施工组织设计）提出了施工目标和初步的施工部署，在施工组织总设计中要深化部署，履行所承诺的目标。

(4) 现行法规、标准。现行法规、标准包括与本工程建设有关的国家、行业和地方现行的法律、法规、规范、规程、标准、图集等。

(5) 工程勘察和技术经济资料。工程勘察资料包括建设地区的地形、地貌、工程地质及水文地质、气象等自然条件。技术经济资料包括建设地区可能为建设项目服务的建筑安装企业、预制加工企业的人力、设备、技术和管理水平；工程材料的来源和供应情况；交通运输情况；水、电供应情况；商业和文化教育水平和设施情况等。

13.2　工程概况

工程概况是对整个工程项目的总说明。工程概况应包括项目主要情况和主要施工条件等。

1. 项目主要情况

描述工程的主要特征和工程的全貌，为施工组织总设计的编制及审核提供前提条件，应写明以下内容：

（1）项目名称、工程性质、地理位置和建设规模；总期限及分期分批投入使用的规模和期限；项目设计概况，包括占地总面积、建筑面积、竖向标高等；管线和道路长度，设备安装台数或吨数；总投资；建筑安装工作量及厂区和生活区的工作量；生产流程及工艺特点；建筑结构类型特征，技术复杂程度；主要工种工程量，一般应列出主要建筑物和构筑物一览表和工程量总表。

（2）参与工程项目的各参建单位，包括建设、勘察、设计、监理、设备供应等相关单位的情况。

（3）项目设计概况。

（4）项目承包范围及主要分包工程范围。

（5）施工合同或招标文件对项目施工的重点要求。

（6）其他应说明的情况。

2. 项目主要施工条件

（1）项目建设地点气象状况。收集该地区的气象历史资料，作为编制施工组织总设计的依据内容之一。

（2）项目施工区域地形和工程水文地质状况。

（3）项目施工区域地上、地下管线及相邻区域的地上、地下建（构）筑物情况。

（4）与项目施工有关的道路、河流等状况。

（5）当地建筑材料、设备供应和交通运输等服务能力状况。

（6）当地供电、供水、供热和通信能力状况。

（7）其他与施工有关的主要因素。

13.3　总体施工部署与施工方案

施工部署与施工方案是对整个建设项目通盘考虑、统筹规划后所做出的战略性决策，明确了项目施工的总体设想。它是施工组织总设计的核心，直接影响建设项目的进度、质量、成本三大目标的实现。

施工组织总设计应对项目总体施工做出下列宏观部署。①确定项目施工总目标，包括进度、质量、安全、环境和成本等目标；②根据项目施工总目标的要求，确定项目分阶段（期）交付的计划；③确定项目分阶段（期）施工的合理顺序及空间组织。对于项目施工的重点和难点应进行简要分析。总承包单位应明确项目管理组织机构形式，并宜采用框图的形式表示。对于项目施工中开发和使用的新技术、新工艺应做出部署。对主要分包项目施工单位的资质和能力应提出明确要求。

（1）项目总体施工部署。首先要确定工程项目实施总目标；根据工程项目实施总目标的要求，确定工程项目分期分批实施的合理顺序，确定部分功能能够提前发挥作用或投入使用；确定每个单位工程开、竣工时间；确定项目独立或部分交付的工作计划；划分项目施工任务。

（2）工程组织管理机构。根据工程施工的总目标，确定施工管理组织的目标，建立有效的组织机构和管理模式，制订出切实可行的计划；根据施工区段，划分各施工单位的工程任务，明确各承包单位之间的关系，建立施工现场统一的组织领导机构及职能部门，明确各单位之间的分工协作关系；划分出施工阶段，确定各单位分期分批施工的项目，明确质量、工期、成本等控制目标。建设工程项目管理组织体系应包含建设单位、承包和分包单位及其他参建单位，明确各单位在本项目的地位及负责人，如图 13-2 所示。

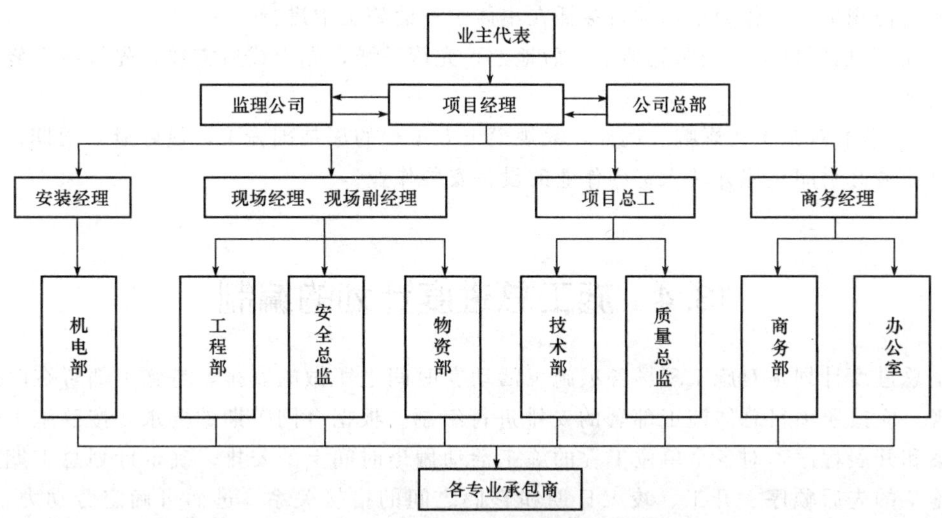

图 13-2　建设工程项目的管理组织体系

(3) 施工准备工作计划。根据施工开展程序和主要工程项目实施目标，编制好施工项目全场性的施工准备工作计划。其主要内容包括技术准备计划、物资准备计划、现场准备计划、人力资源准备计划、资金准备计划等。

(4) 总体施工方案。施工组织总设计中要拟订出主要工程项目的施工方案。这些项目通常是建设项目中工程量大、施工难度大、工期长的单位工程，对整个建设项目计划的顺利实施起到关键性作用，或者是全场范围内工程量大、影响全局的特殊分部分项工程。制订总体方案是为了进行技术和资源的准备工作，同时也是为了项目能够顺利进行。

总体施工方案的内容包括确定工程量、施工方法、施工工艺流程、施工机械设备等。施工方法的确定要兼顾技术的先进性和经济上的合理性；施工工艺流程要求兼顾各工种各施工段的合理搭接；对施工工程机械的选择，应考虑使主导机械能满足工程的需要，并能发挥其效能，辅助配套机械的性能应与主导施工机械相适应，以充分发挥主导施工机械的工作效率。施工方法和施工机械设备是施工方案重点考虑的内容。

(5) 各主要单位工程的施工展开程序。根据建设项目总目标的要求，确定合理的工程建设分期分批开展的程序。在确定施工开展程序时，主要应考虑以下几点：

1) 实施分批建设的目标。在保证工期的前提下，实行分期分批建设，既可使各具体项目迅速建成，尽早投入使用；又可在全局上实现施工的连续性和均衡性，减少暂设工程数量，降低工程成本，充分发挥国家基本建设投资的效果。

一般大中型工业建设项目都应该在保证工期的前提下分期分批建设。对于小型企业或大型建设项目的某个系统，由于工期较短或生产工艺的要求，也可不必分期分批建设，采取一次性建成投产。

2) 统筹安排各类项目施工。开展程序要保证重点，兼顾其他，确保工程项目按期投产。一般情况应优先考虑的项目：按生产工艺要求，需先期投入生产或起主导作用的工程项目；工程量大，施工难度大，需要工期长的项目；运输系统、动力系统，如厂内外道路、铁路和变电站等；供施工使用的工程项目，如各种加工厂、搅拌站等附属企业和其他为施工服务的临时设施；生产上配套使用的机修、宿舍等生活设施等。

对于建设项目中工程量小、施工难度不大，周期较短而又不急于使用的辅助项目，可以考虑与主体工程相配合，作为平衡项目穿插在主体工程的施工中进行。

3）一般工程项目均应按照先地下、后地上，先深后浅，先干线后支线，先管线后修路的原则进行安排。

4）考虑季节对施工的影响。例如，大规模土方工程的深基础施工，最好避开雨期；寒冷地区入冬以后最好封闭房屋并转入室内作业的设备安装作业。

13.4 施工总进度计划的编制

施工总进度计划是对施工现场各项施工活动在时间上所做的安排，是施工部署在时间上的具体体现，应按照项目总体施工部署的安排进行编制。根据合同工期的要求，按照施工部署的施工方案和开展程序，对各个单位工程的施工活动做出时间上的安排，确定计划总工期及各单位工程施工的先后顺序、开工、竣工日期和它们之间的搭接关系。进而可确定劳动力、材料、成品、半成品、机具等资源需要量及其供应计划；与企业的生产能力比较，确定临时房屋、堆场和仓库的面积，计算出临时供水、供电、供热、供气的要求等。施工总进度计划可用横线图表达，也可用网络图表达。

1. 编制原则

(1) 合理安排各单位工程或子单位工程之间的施工顺序，优化配置劳动力、物资、施工机械等资源，保证建设工程项目在规定的工期内完工。

(2) 合理组织施工，保证施工的连续、均衡、有节奏，以加快施工速度，降低成本。

(3) 科学地安排各年各季度的施工任务，充分利用有利季节，尽量避免停工和赶工，从而在保证质量的同时节约费用。

2. 编制步骤

施工总进度计划的一般编制步骤：划分项目→计算工程量→确定各单位工程的施工工期→确定各单位工程的开、竣工时间和相互搭接关系→编制初步施工总进度计划→编制实施施工总进度计划。

(1) 划分项目并计算工程量。根据工程项目一览表，分别计算所划分的主要项目的实物工程量，据此选择施工方案和施工机械，规划流水施工，确定项目施工工期，确定资源需要量计划。总进度计划主要是起到控制总工期的作用，因此项目划分不宜过细，应突出主要项目，一些附属的、辅助的及小型项目可以合并。

计算各工程项目工程量是为了确定施工方案所涉及的施工工艺、施工机械，初步规划施工过程的流水施工、估算完成各项目所需的时间、计算劳动力、材料需要量等。计算工程量可根据初步或扩初设计图，依据有关定额、资料进行计算。

对于施工组织总设计，根据合同内容，结合总图，除计算建筑工程工程量外，还应计算附属工程的工程量，如厂区道路、地下管线、场地平整等。

(2) 确定各单位工程的施工工期。单位工程的施工工期可参考有关工期定额，综合考虑影响工期的各种因素来确定。因为各单位施工技术与管理水平的差异，机械化程度的不同，以及劳动力、材料供应的状况不同，会导致工程工期的差异。在制订进度计划时应充分考虑企业自身的特点和施工能力，制订出切合实际的进度计划。

影响单位工程施工工期的主要因素包括工程类型、施工技术、施工方法、施工管理、各种资源的供应情况、现场的地形和地质条件、气候条件等。

(3) 确定各单位工程的开、竣工时间和相互搭接关系。在总工期已经确定的情况下，确定各单位工程的开、竣工时间和相互搭接关系时，要根据施工部署的安排，考虑各单位工程的施工工期要求，正确处理好重点项目和一般项目的关系、季节性施工与全年均衡施工的关系、土建施工与设备安装的关系、临时设施与永久性建筑的关系，对各单位工程的开、竣工时间和相互搭接关系进行合理安排和调整。通常考虑的因素如下：

1) 保证重点项目的工期。重点项目是指工程量大、结构复杂、采用新技术、施工难度大的部分，这些项目对工期起着关键的影响作用，在人员、材料、设备上应重点考虑，并优先安排生产。

2) 满足连续均衡施工的要求。在制订施工总进度计划时应保证重点项目连续施工，其他项目穿插施工，以保证项目的人员、设备能够在全项目和全施工过程能够连续的施工，不出现高峰和低谷，方便工程项目的管理和资源调配。

3) 满足生产工艺的需要。有生产工艺要求的项目，应按照生产工艺的要求安排各个项目的施工顺序，以缩短施工工期，使项目尽可能提前投产，尽早发挥投资效益。

4) 考虑施工场地的约束条件。工程项目的安排应考虑材料堆放、设备和构件的运输与堆放要求、大型构件的拼装与吊装、大型机械设备的布置要求等，尽可能缩短道路及各类管线的长度。在场地约束的条件下，应分批考虑项目的开工顺序，减少相互干扰。同时，还应优化平面设计，尽可能紧凑布置场地，减少场地的占用范围。

(4) 编制初步施工总进度计划。编制时，应尽量安排全工地性的流水作业。安排时应以工程量大、工期长的单位工程或子单位工程为主导，组织若干条流水线，并以此带动其他工程。

(5) 编制实施施工总进度计划。初步施工总进度计划绘制完成后，应对其进行检查。检查内容包括是否满足总工期及起止时间的要求、各施工项目的搭接是否合理、资源需要量动态曲线是否较为均衡。如发现问题应进行优化。其主要方法是改变某些工程的起止时间或调整主导工程的工期。如果是利用计算机程序编制计划，还可分别进行工期优化、费用优化及资源优化。经调整符合要求后，编制实施总进度计划。

13.5　总体施工准备与主要资源配置计划

总体施工准备应包括技术准备、现场准备和资金准备等。技术准备、现场准备和资金准备应满足项目分阶段（期）施工的需要。

主要资源配置计划应包括劳动力配置计划和物资配置计划等。劳动力配置计划应包括确定各施工阶段（期）的总用工量，根据施工总进度计划确定各施工阶段（期）的劳动力配置计划。物资配置计划应包括根据施工总进度计划确定主要工程材料和构配件的配置计划，根据总体施工部署和施工总进度计划确定主要施工周转材料、施工机具和设备的配置计划。

13.5.1 总体施工准备

总体施工准备包括技术准备、现场准备和资金准备。其主要内容如下：

(1) 土地征用、居民拆迁和现场障碍物拆除工作。

(2) 确定场内外运输及施工用干道，水、电来源及其引入方案。

(3) 制订场地平整及各场区排水、防洪方案。

(4) 安排好生产和生活基地建设，包括混凝土集中搅拌站预制钩件厂，钢筋、木材加工厂，机修厂及职工生活福利设施等。

(5) 落实材料、加工品、构配件的货源和运输储存方式。

(6) 按照建筑总平面图要求，做好现场控制网测量工作。

(7) 组织新结构、新材料、新技术、新工艺的试制、试验和人员培训。

(8) 编制各单位工程施工组织设计和研究制订施工技术措施等。

13.5.2 主要资源配置计划

1. 劳动力配置计划

施工总进度计划编制完后，可以据此编制各种资源需求量计划，主要包括劳动力需求量计划、各种物资需求量计划和主要施工机械需求量计划等。

各施工阶段的劳动力需求量计划见表 13-1。主要是根据进度计划，组织劳动力进场，调配劳动力、安排生活等临时设施。将各个施工阶段（季、月、旬）所需要的劳动力按照工种进行汇总，即可编制出劳动力需要量进度计划。

表 13-1 劳动力需求量计划

<table>
<tr><td rowspan="4">工程项目
工种</td><td rowspan="4">总计
/工日</td><td colspan="7">其中包括</td><td colspan="2">居住建筑</td><td rowspan="4">临时性
建筑物
及机械
化装置</td><td colspan="6">总计</td></tr>
<tr><td rowspan="3">建筑物</td><td rowspan="3">外部
工程</td><td rowspan="3">电气
工程</td><td colspan="4">工业建筑</td><td rowspan="3">永久</td><td rowspan="3">临时</td><td colspan="4">××年</td><td>×年</td><td>×年</td></tr>
<tr><td colspan="2">主要</td><td colspan="2">辅助</td><td colspan="4">季度</td><td>…</td><td>…</td></tr>
<tr><td></td><td></td><td></td><td></td><td>一</td><td>二</td><td>三</td><td>四</td><td>…</td><td>…</td></tr>
<tr><td>钢筋工</td><td></td><td></td><td></td><td></td><td></td><td></td><td></td><td></td><td></td><td></td><td></td><td></td><td></td><td></td><td></td><td></td><td></td></tr>
<tr><td>混凝土工</td><td></td><td></td><td></td><td></td><td></td><td></td><td></td><td></td><td></td><td></td><td></td><td></td><td></td><td></td><td></td><td></td><td></td></tr>
<tr><td>起重工</td><td></td><td></td><td></td><td></td><td></td><td></td><td></td><td></td><td></td><td></td><td></td><td></td><td></td><td></td><td></td><td></td><td></td></tr>
<tr><td>…</td><td></td><td></td><td></td><td></td><td></td><td></td><td></td><td></td><td></td><td></td><td></td><td></td><td></td><td></td><td></td><td></td><td></td></tr>
</table>

2. 物资配置计划

(1) 主要材料、构配件配置计划。各个施工阶段主要材料、构配件需求量计划见表 13-2。主要是根据进度计划，编制出各个施工阶段所需要的材料、设备、构配件的名称和种类，提前安排生产和运输，以保证项目的顺利实施，避免停工待料现象的发生。根据图纸和相应定额，计算出各个阶段施工所需要的材料、设备的品种和规格，编制出符合进度计划要求的材料、设备种类、构配件的需要量计划。

表 13-2　主要材料、构配件需求量计划

工程项目 工种		量度单位	总计	其中包括							居住建筑		临时性建筑物及机械化装置	总计					
				建筑物	外部工程	电气工程	工业建筑				永久	临时		××年				×年	×年
							主要		辅助					季度				…	…
														一	二	三	四	…	…
构件及其成品	预制混凝土梁	m^3																	
	预制楼板	m^3																	
	钢结构	m^2																	
	…																		
主要材料	水泥	t																	
	碎石	m^3																	
	…	…																	

（2）主要施工机具和设备配置计划。各个施工阶段所需要的主要施工机具和设备需求量计划见表 13-3。主要是根据进度计划，编制出各阶段施工方案所规定的设备名称、型号、功率等，并确定所施工机械的数量、进出场时间等，以保证施工部署和施工方案的顺利实施，达到进度计划的目标。

表 13-3　主要施工机具和设备需求量计划

主要施工及运输机械名称	型号	生产率	数量	电动机功率	需求量				
					××年				××年
					季度				…
					一	二	三	四	…
…									
…									
…									

除以上三项计划外，还应该编制资金需要量计划。在项目实施之前，应该根据进度计划编制资金需要量计划，对资金的使用做出合理规划，减少筹资成本，提高资金的使用效益。

13.6　全场性暂设工程

全场性暂设工程也称临时设施工程，是指为满足工程项目需要，在工程开工之前，按照工程项目施工准备工作计划的要求建造的相应暂设工程。其为工程创造良好的施工条件。全场性暂设工程因工程规模不同而有所差别，其主要包括工地临时房屋、临时道路、临时供水和供电设施等。在工程正式开工前，应按施工进度计划做好准备工作计划，本着有利施工、方便生活、

勤俭节约和安全使用的原则，统筹规划，合理布局，及时完成全场性暂设工程。为减少成本，尽可能利用现场已有临时设施，如房屋、道路等，待工程项目结束后再拆除房屋，重新修筑道路等。

13.6.1 工地临时房屋

1. 工地临时房屋的搭设要求

工地临时房屋包括生产性临时设施、工地仓库和行政生活福利临时设施，如加工厂、仓库、办公室、宿舍、食堂等临时建筑物。布置时应将施工（生产）区和生活区分开，考虑施工、交通和职工生活的需要；根据场地地形，注意防洪水、泥石流、滑坡等自然灾害，充分利用项目现有的场地，如不能满足要求，可考虑将生活设施设在场外。临时房屋要尽量利用施工现场及其附近原有的和拟建的永久建筑物，对必须搭设的临时建筑应因地制宜，尽量降低费用；尽可能使用新型建筑材料或可以重复利用的材料来搭设临时设施，如活动房屋、彩钢板、铝合金板、集装箱等，其重复利用率高，周转次数多，搭拆方便，保温防潮，维修费用低，施工现场文明程度高；临时房屋的搭设还必须符合防火和安全的要求。暂设工程的设计应满足《施工现场临时建筑物技术规范》(JGJ/T 188—2009) 的要求。

2. 工地临时房屋搭投

(1) 生产性临时设施。生产性临时设施是指工地上常设的临时加工厂（如预制构件加工、木材加工、钢筋加工、金属结构加工等）、现场作业棚（库房）、机械检修间等。生产临时设施的占地面积需要进行规划设计，面积太大需要大量资金，不经济；太小又满足不了进度计划要求。因此，应该根据进度计划要求，合理确定现场的库房面积和材料储备量，并充分考虑运输条件和气候等外界条件的影响。表 13-4 及表 13-5 列出了部分临时加工厂所需面积参考指标。

表 13-4 临时加工厂所需面积参考指标

<table>
<tr><th rowspan="2">序号</th><th rowspan="2">加工厂名称</th><th colspan="2">年产量</th><th rowspan="2">单位产量所需建筑面积/（$m^2 \cdot t^{-1}$）</th><th rowspan="2">占地总面积/m^2</th><th rowspan="2">备注</th></tr>
<tr><th>单位</th><th>数量</th></tr>
<tr><td>1</td><td>钢筋加工厂</td><td>t</td><td>500
1 000
2 000</td><td>0.25
0.20
0.15</td><td>380～750
400～800
450～900</td><td>加工、成型、焊接</td></tr>
<tr><td rowspan="5">2</td><td rowspan="5" colspan="3">金属结构加工（包括一般铁件）</td><td colspan="2">所需场地/（$m^2 \cdot 台^{-1}$）</td><td rowspan="5">按一批加工数量计算</td></tr>
<tr><td>10</td><td>年产 500 t</td></tr>
<tr><td>8</td><td>年产 1 000 t</td></tr>
<tr><td>6</td><td>年产 2 000 t</td></tr>
<tr><td>5</td><td>年产 3 000 t</td></tr>
</table>

表 13-5　现场作业棚所需面积参考指标

序号	名称	单位	面积/m^2
1	木工作业棚	m^2/人	2
2	钢筋作业棚	m^2/人	3
3	搅拌棚	m^2/台	10～18
4	卷扬机棚	m^2/台	6～12
5	电工房	m^2	15
6	白铁工房	m^2	20
7	油漆工房	m^2	20
8	机、钳工修理房	m^2	20

（2）工地仓库临时设施。工地仓库按材料保管方式分为封闭式仓库、库棚和露天仓库。工地仓库的材料储备量要做到在保证施工正常需要的情况下，不宜储存过多，以免加大仓库面积、积压资金或材料过期变质。工地仓库面积的参考指标见表 13-6。

表 13-6　工地仓库面积计算数据参考指标

序号	材料名称	储备天数	每 m^2 储存量	单位	限制高度/m	仓库类型
1	钢材	40～50	1.5	t	1.0	露天
	工字钢、槽钢		0.8～0.9		0.5	露天
	角钢		1.2～1.8		1.2	露天
	钢筋（直筋）		1.8～2.4		1.2	露天棚或库
	钢筋（箍筋）		0.8～1.2		1.0	约占 20%
	钢板		2.4～2.7		1.0	露天
2	五金	20～30	1.0		2.2	库
3	水泥	30～40	1.4		1.5	库
4	生石灰（块）	20～30	1～1.5		1.5	棚
	生石灰（袋装）	10～20	1～1.3		1.5	棚
	石膏	10～20	1.2～1.7		2.0	棚
5	砂、石子（机械堆置）	10～30	2.4	m^3	3.0	露天
6	木材	40～50	0.8		2.0	露天
7	红砖	10～30	0.5	千块	1.5	露天
8	玻璃	20～30	6～10	箱	0.8	棚或库
9	卷材	20～30	15～24	卷	2.0	库
10	沥青	20～30	0.8	t	1.2	露天
11	钢筋骨架	3～7	0.12～0.18			露天
12	金属结构	3～7	0.16～0.24			露天
13	铁件	10～20	0.9～1.5		1.5	露天或棚
14	铁门窗	10～20	0.65		2	棚
15	水、电及卫生设备	20～30	0.35		1	棚、库各占 1/2
16	模板	3～7	0.7	m^3		露天
17	轻质混凝土制品	3～7	1.1		2	露天

(3) 行政生活福利临时设施。行政生活福利临时设施包括办公室、宿舍、食堂、医务室、活动室等。需要根据资源需要量计划计算出直接参加生产的工人、行政技术管理人员等，确定临时设施的面积。其搭设面积可参考表 13-7。

表 13-7 行政生活福利临时设施面积参考指标

临时房屋名称		参考指标/（$m^2 \cdot 人^{-1}$）	说明
办公室		3～4	按管理人员人数
宿舍	双层床	2.0～2.5	按高峰年（季）平均职工人数（扣除不在工地住宿人数）
	单层床	3.5～4.5	
食堂		3.5～4	按高峰年平均职工人数
浴室		0.5～0.8	
活动室		0.07～0.1	
现场小型设施	开水房	10～40	
	厕所	0.02～0.07	

13.6.2 工地临时道路

根据工程规模的大小和特点，确定现场的运输道路。工地的运输方式主要有铁路运输、水路运输、陆路运输三种方式。需要考虑工程所需要的材料设备的性质和规格，对于超重、超高、超长、超宽的设备和构件，需要特别考虑。工地临时道路可按简易公路进行修筑，有关技术指标可参见表 13-8。

表 13-8 简易公路技术指标

指标名称	单位	技术标准
设计车速	km/h	≤20
路面宽度	m	双车道 5～5.5；单车道 3～3.5
平面曲线最小半径	m	平原、丘陵地区 20；山区 15；回头弯道 12
最大纵坡	%	平原地区 6；丘陵地区 8；山区 9
纵坡最短长度	m	平原地区 100；山区 50
桥面宽度	m	木桥 4～4.5
桥涵载重等级	t	木桥涵 7.8～10.4

13.6.3 工地临时供水

建设项目临时供水的水源，有城市供水管网供水和天然水源供水两种。尽可能利用城市供水管网供水，在城市供水管网无法满足使用要求或没有供水管道时，才使用江河、水库、井水、湖水等天然水源。选择水源时应考虑水量、水质符合饮用水标准和生产用水要求，取水、输水、净水设施要安全可靠。工地临时供水要满足生产、生活和消防用水的需要，其设计一般包括决定需水量、选择水源、设计配水管网（必要时应设计取水、净水和储水构筑物）。

1. 工地临时需水量的计算

(1) 生产用水。生产用水（Q_1）包括施工用水、施工机械，单位为 m^3/s。

生产用水的需要量可按式（13-1）来确定。

$$Q_1=\frac{K}{3\ 600}\left[\frac{K_1\sum Q_{施}}{8}+\frac{K_2\sum Q_{机}}{8}\right] \tag{13-1}$$

式中　K——未考虑到的生产用水系统，取 1.1；

$Q_{施}$——现场施工的需水量（m^3/班），它根据施工进度计划中最大需水时期的有关工程的工程量乘以相应工程的施工用水定额求得；

$Q_{机}$——施工机械、运输机械和动力设备需水量（m^3/班），它根据工地上所采用的机械和动力设备的数量乘以每台机械或动力设备的每班耗水量求得；

K_1——施工用水不均匀系数，取 1.25～1.5；

K_2——机械和动力设备用水不均匀系数，取 1.1～2。

(2) 生活用水。生活用水（Q_2）是指施工现场生活用水（Q'_2）和生活区的用水（Q''_2），单位为 m^3/s，其需水量应分别计算：

$$Q'_2=\frac{K'}{3\ 600}\times\frac{N'q'}{8} \tag{13-2}$$

式中　K'——施工现场生活用水不均匀系数，取 2.7；

N'——施工现场最高峰的职工人数；

q'——每个职工每班的耗水量，通常采用 0.01 m^3/人·班。

生活区的用水量（Q''_2），单位为 m^3/s，按式（13-3）计算。

$$Q''_2=\frac{K''}{3\ 600}\times\frac{N''q''}{24} \tag{13-3}$$

式中　K''——生活区用水不均匀系数，取 2.0；

N''——生活区居民人数；

q''——每个居民昼夜的耗水量，通常采用 0.04 m^3/人·昼夜。

生活用水总量：

$$Q_2=Q'_2+Q''_2 \tag{13-4}$$

(3) 消防用水。消防用水量（Q_3）包括施工现场消防用水和生活区消防用水。

当工地面积在 250 000 m^2 以下时，一般采用 0.01～0.015 m^3/s 计算；当面积在 250 000 m^2 以上时，按每增加 250 000 m^2 需水量增加 0.005 m^3/s 计算。

生活区消防用水量则根据居民人数确定。当人数在 5 000 人以下时，消防用水量取 0.01 m^3/s；当人数在 5 000～10 000 人时，取 0.01～0.015 m^3/s。

(4) 工地总需水量（Q）。

当 $Q_1+Q_2\leqslant Q_3$ 时

$$Q=\frac{1}{2}(Q_1+Q_2)+Q_3 \tag{13-5}$$

当 $Q_1+Q_2>Q_3$ 时

$$Q=Q_1+Q_2 \tag{13-6}$$

当工地面积小于 50 000 m^2 且 $Q_1+Q_2<Q_3$ 时，取

$$Q=Q_3 \tag{13-7}$$

最后计算出的总需水量，还应增加 10%，以补偿管网漏水损失。

2. 临时供水水源的选择、管网布置及管径的计算

临时供水的水源包括已有的给水管道系统供水、地下水及地面水三种，应优先考虑采用已有的给水管道系统供水。

配水管网布置的原则是在保证连续供水和满足施工使用要求的情况下，管道铺设距离尽可能短。

水管管径根据计算用水量按式（13-8）确定：

$$D=\sqrt{\frac{4Q}{\pi V}} \tag{13-8}$$

式中 D——给水管网的内径（mm）；

Q——计算用水量（m^3/s）；

V——管网中的水流速度（一般采用 1.3～2 m/s，消防供水情况可采用 2.5～3 m/s）。

13.6.4 临时供电

临时供电业务的组成包括计算用电量、选择电源和确定变压器、布置配电线路和确定导线截面面积。

1. 工地总用电量的计算

工地上临时供电包括动力用电和照明用电两类。计算时应考虑全工地使用的电力设备、工具及照明用电量；施工总进度计划中所涉及的施工高峰期同时用电量；电力机械的利用情况。

（1）施工用电。施工用电量（$P_{施}$）可按式（13-9）计算。

$$P_{施}=K_1\sum P_{机}+\sum P_{直} \tag{13-9}$$

式中 $P_{机}$——各种机械设备的用电量（kW），它以整个施工阶段内的最大负荷为准（一般以土建和设备安装施工搭接阶段的电力负荷为最大）；

$P_{直}$——直接用于施工的用电量（kW），如电热混凝土等；

K_1——综合用电系数（包括设备效率、同时工作率、设备负荷），通常电动机在 10 台以下，取 0.75；10～30 台，取 0.70；30 台以上，取 0.60。

（2）照明用电。照明用电（$Q_{照}$）是指施工现场和生活区的室内外照明用电。照明用电量（单位为 kW）可按式（13-10）计算。

$$Q_{照}=0.001(K_2\sum P_{内}+K_3\sum P_{外}) \tag{13-10}$$

式中 $P_{内}$、$P_{外}$——室内与室外照明用电量（W）；

K_2、K_3——综合用电系数，分别取 0.8 和 1.0。

由于照明用电量远小于施工用电量，因此也可以按施工用电量的 10%来估算照明用电量。

最大用电负荷量是按施工用电量与照明用电量之和计算的。当单班制工作时，则不考虑照明用电，此时最大电力负荷量等于施工用电量。

2. 选择电源和确定变压器

工程施工的电力来源，可以利用施工现场附近已有的电网和变压器或新建变压器。如附近无电网或供电不足时，则需自备发电设备。

临时变压器的设置地点，取决于负荷中心的位置和工地的大小与形状。当分区设置时，应按区计算用电量。一般应尽量设在用电负荷最集中及输电距离最短的地方。

变压器的功率（P）可按式（13-11）计算，单位为 kV·A。

$$P=\frac{1.10}{\cos\varphi}(\sum P_{max}) \tag{13-11}$$

式中　$\cos\varphi$——用电设备的平均功率因数，一般取 0.75；

1.10——线路上的电力损失系数；

P_{max}——各施工区的最大计算负荷（kW）。

根据计算所得容量，可从变压器产品目录中选用相近的变压器。

3. 布置配电线路和确定导线截面

工地配电线路的布置可采用枝式、环式及混合式三种。一般情况，3～10 kV 的高压线路采用环式，380/220 V 的低压线路采用枝式。导线截面的选择时，根据供电距离、电压要求、供电量的大小等确定不同的选择方法，应满足机械强度、安全电流强度及允许电压降的要求，可先根据电流强度选择，再以机械强度和电压损失的允许值校核。安全电流是指导线本身温度不超过规定值的最大负荷电流。

13.7　施工总平面图

施工总平面图是对主体施工及其临时加工厂、交通系统、各类房屋及临时设施等做出全面部署和安排的图纸。施工总平面图是施工组织设计的一个重要组成部分。它把拟建项目组织施工的主要活动描绘在一张总图上，作为现场平面管理的依据，实现施工组织设计平面规划。施工总平面图是对拟建项目施工现场的总体布置图，它具体指导现场施工的平面布置，对于有组织、有计划地进行文明和安全施工有重大意义。它是按照施工部署、施工方案和施工总进度计划的要求，在确定了各项施工准备工作之后，对各项生产、生活设施做出合理规划。

施工总平面图包括：水源、电源及引到现场的各种临时管线；排水沟渠；工人临时住所；各种必须建在现场附近的加工厂、材料堆场，半成品周转场地、设备堆场、各类物资仓库、易燃品仓库、垃圾堆放区和工地临时办公室等；临时道路系统和计划提前修筑供施工期间使用的正式道路、铁路编组站、专用线、水运码头等。这些建筑物和构筑物的平面位置、面积、规模必须和施工组织总设计相符。

有些大型建设项目，当施工工期较长或受场地所限，施工场地需几次周转使用时，可分阶段分别设计施工总平面图。施工总平面图要按照施工的不同阶段，如土建施工、管线敷设、设备安装、生产调试等的不同内容和需要，进行调整和规划。当拟建项目的建设工期跨越几个年度时，还可以根据总进度计划绘制分年度的现场施工总平面图。把已经建成的单位工程、当年正在施工的单位工程和尚未动工的单位工程，分别加以标志，展示出不同建设阶段现场总平面的变化，以利于充分使用场地，保证不同时期的不同需要，节约资源。

13.7.1　施工总平面图的内容

为明确地表示出施工平面图的内容，平面图范围内的所有临时设施应标注外围尺寸，并应有相应的文字说明。施工总平面图的比例一般为 1∶2 000 或 1∶1 000。现场的所有设施、用房用图表示，避免采用文字叙述的方式表达。

施工总平面布置图应包括下列内容：

（1）项目施工用地范围内的地形状况。

（2）全部拟建的建（构）筑物和其他基础设施的位置。

（3）项目施工用地范围内的加工设施、运输设施、存储设施、供电设施、供水供热设施、排水排污设施、临时施工道路和办公、生活用房等。

(4) 施工现场必备的安全、消防、保卫和环境保护等设施。

(5) 相邻的地上、地下既有建(构)筑物及相关环境。

13.7.2 施工总平面图的设计原则

(1) 平面布置科学合理,施工场地占用面积少。

(2) 施工区域的划分和场地的临时占用应符合总体施工部署和施工流程的要求,减少相互干扰。

(3) 合理组织运输,减少二次搬运。

(4) 充分利用既有建(构)筑物和既有设施为项目施工服务,降低临时设施的建造费用。

(5) 临时设施应方便生产和生活,办公区、生活区和生产区宜分离设置。

(6) 符合节能、环保、安全和消防等要求。

(7) 遵守当地主管部门和建设单位关于施工现场安全文明施工的相关规定。

施工总平面图的设计应根据上述原则并结合具体工程情况编制,宜设计若干个可能的方案并进行比较优化,最后选择合理的方案。

13.7.3 施工总平面图的设置要求

(1) 办公区、生活区和施工作业区应分区设置,且应采取相应的隔离措施,并应设置导向、警示、定位、宣传等标识。办公区、生活区宜位于建筑物的坠落半径和塔式起重机等机械作业半径之外。办公区应设置办公用房、停车场、宣传栏、密闭式垃圾收集容器等设施。

(2) 临时建筑与架空明设的用电线路之间应保持安全距离。临时建筑不应布置在高压走廊范围内。

(3) 生活用房宜集中建设、成组布置,并宜设置室外活动区域。厨房、卫生间宜设置在主导风向的下风侧。

(4) 临时建筑不应建造在易发生滑坡、坍塌、泥石流、山洪等危险地段和低洼积水区域,应避开水源保护区、水库泄洪区、濒险水库下游地段、强风口和危房影响范围,且应避免有害气体、强噪声等对临时建筑使用人员的影响。当临时建筑建造在河沟、高边坡、深基坑边时,应采取结构加强措施。

13.7.4 施工总平面图的设计步骤

(1) 确定场外交通的引入方式。设计施工总平面图时,首先应确定主要材料进入工地的运输方式。工程中主要材料运输量大而面广,施工中必须合理确定运输方式及附属设施的布置,以减少重复搬运,降低工程费用。

主要材料的运输方式有铁路、水路和公路三种。当主要材料由铁路运入工地时,一般应先解决铁路引入及卸货的方案,要考虑和永久性铁路的关系,以及铁路的转弯半径和坡度限制等问题,铁路线路一般布置在工地或独立施工区的周边。当主要材料由水路运入工地时,应考虑码头的吞吐能力,码头的数量一般不少于两个,在码头附近可布置生产企业或转运仓库。当主要材料由公路运入工地时,因其运输灵活,可先解决仓库及临时加工厂的位置,使其布置在最经济合理的地方,然后布置道路路线。

(2) 确定仓库、堆场和加工厂的位置。仓库、堆场位置应尽量靠近使用地点。由铁路线路运输时,仓库、堆场位置可以沿着铁路线路布置,其位置最好设置在靠工地一侧,以免内部运输跨越铁路线路;必要时可设转运仓库或转运站,以便临时卸下材料再转运到工程仓库中;装卸作业频繁的材料仓库，应该布置在支线尽头或专用线上，避免妨碍其他工作。由公路运输时，材料仓库、堆场的布置比较灵活，中心仓库、堆场最好布置在工地中央或靠近使用的地方，在没有条件时，可将仓库、堆场布置在外围，靠近与外部交通线的连接处；直接为施工对象所用的材料和构件，可以直接放在施工对象附近，以免二次搬运，如砂石堆场和水泥库在搅拌站附近，砖、预制构件堆场在垂直运输设备工作范围内，钢筋、木材等在加工厂附近。

工地附属加工厂在布置时，应要求材料运入方便，由加工厂生产的加工品运至使用地点的运输费用少。工地附属加工厂可以视条件集中设置在工地边缘，并将相关的加工厂集中在一个地区，以便于管理和简化供应工作，减少铺设道路、动力管网及给排水管道等费用。

(3) 布置场内运输道路。根据各附属生产企业、仓库及各施工对象的相对位置，货物周转情况，进行场内道路规划，区分主要道路与次要道路。临时道路布置时要保证附属生产企业、仓库及各施工对象间的贯通，保证运输通畅和车辆的行驶安全，避免交通断绝或阻塞。

可以提前修建永久性道路或其路基为施工服务；主要道路采用双车道，宽度不小于 6 m，次要道路可采用单车道，宽度不小于 3.5 m；在规划道路时，还应尽量考虑避免穿越池塘河滨，以减少土方量。

(4) 确定行政管理及文化生活福利房屋的位置。全工地行政管理办公室宜设在工地入口处，以便接待外来人员，而施工人员办公室尽可能靠近施工对象。工人服务的文化生活福利设施，如商店、小卖部、活动室等应设在工人较集中的地方。食堂可以布置在工地内部，也可以布置在宿舍区内，可视具体情况而定。职工宿舍应布置在生活区。如有条件，行政管理及文化生活福利房屋可尽量利用已有或先建的永久性建筑。

(5) 布置临时水电管网及其他动力线路。尽量利用已有水源、电源，管线应从外面接入工地，沿主要干道布置干管、主线，然后与各用户接通。当无法利用现有供水网和供电网时，则要进行供水设施、发电站、管线网的设计和布置。主要水、电管网应环状布置；水池、水塔等储水设施应设在地势较高处；总变电站应设在高压电线引入点附近。

(6) 布置消防、保安及文明施工设施。消防站、消火栓的布置要满足消防规定。按照防火要求，工地应在易燃建（构）筑物附近设立消防站，并须有畅通的出入口和消防通道，其宽度不得小于 6 m，与拟建房屋的距离不得大于 25 m，也不得小于 5 m。沿着道路应设置消火栓，其间距不得大于 100 m，消火栓与邻近道路边的距离不得大于 2 m。

在工地出入口处设立保安门岗，必要时可在工地四周设立若干瞭望台。

施工场地应有畅通的排水系统，并结合竖向布置设立道路边沟涵洞、排水管（沟）等，场地排水坡度应不小于 0.3%。在城区施工，还应设置污水沉淀池，保证排水达到城市污水排放标准。

思考题

1. 试述施工组织总设计的编制程序和依据。
2. 施工组织总设计中的施工部署包括哪些内容？
3. 编制总进度计划的基本要求是什么？
4. 全场性暂设工程包括哪些内容？应如何确定？
5. 施工总平面图包括哪些内容？
6. 试述施工总平面图的设计步骤和方法。
7. 施工组织总设计的内容是什么？

参考文献

[1] 穆静波．土木工程施工［M］．北京：机械工业出版社，2017.
[2] 王鑫，杨泽华．智能建造工程技术［M］．北京：中国建筑工业出版社，2022.
[3] 叶雯．智能建造施工技术［M］．北京：中国建筑工业出版社，2023.
[4] 中华人民共和国住房和城乡建设部．GB/T 50502－2009 建筑施工组织设计规范［S］．北京：中国建筑工业出版社，2009.
[5] 中华人民共和国住房和城乡建设部．GB 50300－2013 建筑工程施工质量验收统一标准［S］．北京：中国建筑工业出版社，2014.
[6] 中华人民共和国住房和城乡建设部．GB 50202－2018 建筑地基基础工程施工质量验收标准［S］．北京：中国计划出版社，2018.
[7] 中华人民共和国住房和城乡建设部．GB 50203－2011 砌体结构工程施工质量验收规范［S］．北京：中国建筑工业出版社，2011.
[8] 中华人民共和国住房和城乡建设部．GB 50204－2015 混凝土结构工程施工质量验收规范［S］．北京：中国建筑工业出版社，2015.
[9] 中华人民共和国住房和城乡建设部．GB 50205－2020 钢结构工程施工质量验收标准［S］．北京：中国计划出版社，2020.
[10] 中华人民共和国住房和城乡建设部．GB 50207－2012 屋面工程质量验收规范［S］．北京：中国建筑工业出版社，2012.
[11] 中华人民共和国住房和城乡建设部．GB 50208－2011 地下防水工程质量验收规范［S］．北京：中国建筑工业出版社，2011.
[12] 中华人民共和国住房和城乡建设部．GB 50209－2010 建筑地面工程施工质量验收规范［S］．北京：中国计划出版社，2010.
[13] 中华人民共和国住房和城乡建设部．GB 50210－2018 建筑装饰装修工程质量验收标准［S］．北京：中国建筑工业出版社，2018.
[14] 中华人民共和国住房和城乡建设部．GB 50339－2013 智能建筑工程质量验收规范［S］．北京：中国建筑工业出版社，2013.
[15] 中华人民共和国住房和城乡建设部，国家市场监督管理总局．GB 50411－2019 建筑节能工程施工质量验收标准［S］．北京：中国建筑工业出版社，2019.